劉正偉 著

現代文學研究叢刊

早期藍星詩史

文史哲出版社印行

國家圖書館出版品預行編目資料

早期藍星詩史/劉正偉著. -- 初版 -- 臺北市：
　文史哲, 民 105.01
　　頁; 公分（現代文學研究叢刊；44）
　ISBN 978-986-314-286-7（平裝）

1.藍星詩社 2.臺灣詩 3.詩評

863.064　　　　　　　　　　104028880

現代文學研究叢刊　44

早期藍星詩史

著　　者：劉　　　　正　　　　偉
出 版 者：文　史　哲　出　版　社
　　　　　http://www.lapen.com.tw
　　　　　e-mail：lapen@ms74.hinet.net
登記證字號：行政院新聞局版臺業字五三三七號
發 行 人：彭　　　　正　　　　雄
發 行 所：文　史　哲　出　版　社
印 刷 者：文　史　哲　出　版　社
　　　　　臺北市羅斯福路一段七十二巷四號
　　　　　郵政劃撥帳號：一六一八〇一七五
　　　　　電話886-2-23511028・傳真886-2-23965656

定價新臺幣六〇〇元

二〇一六年（民一〇五）一月初版

ISBN 978-986-314-286-7　　08344

愛護「藍星」，愛護詩的美善環境

― 劉正偉《早期藍星詩史（1954-1971）》序

12 月 13 日廣州出版的《羊城晚報》「人文週刊」有一篇文章，其首段這樣寫：

進入新世紀以來，舊體詩對社會空間（某些當屬新詩領地）的擠佔，使人聯想到駱駝擠佔帳篷的故事：始而怯生生地要求伸進一腳，繼而第二隻又伸進來了。幾個突出的表現：其一，繼古典詩詞讀物熱銷之後，當代舊體詩刊讀者也在放量，《中華詩詞》訂戶首度超過《詩刊》，《詩刊》以上半月刊加下半月刊力扛而不敵；其二，隸屬國務院參事室、中央文史研究館的中華詩詞研究院成立（2011），「舊體詩詞有了體制內的第一個國家戶口」，隨後《中華辭賦》創刊（2014），闢有相當的篇幅刊發舊體詩詞；其三，新詩大佬詩刊社順勢變法，隆重創辦「子日詩社」（招募會員），推出舊體詩增刊，斥重金，高調打造「子日詩歌獎」；其四，對舊體詩向無青眼的中國作協「魯迅文學獎」，破天荒增設舊體詩一席（第五屆），並於第六屆產生了第一位「魯獎」舊體詩人。詩刊社新詩年度詩人獎獎金人民幣 10 萬元，而「子日詩人獎」獎金 30 萬元（外加出版獲獎者詩集一部），這還是第一屆，第二屆更許下獎金百萬的重諾。從這贊助商的「砸錢」裏面，是否也透露了某些春消息？

文章的作者是朱子慶，標題是《舊體詩「鹹魚翻生」？》。該文次段開首引了蔡世平《舊體詩又成新時尚》一文的話：

「如果說 20 世紀最後 20 年是舊體詩詞的復蘇期，那麼進入 21 世紀，伴隨中華民族復興，分明看到舊體詩詞復興在望。」

據我觀察，臺灣的舊體詩詞作者和刊物也很多。《乾坤》詩刊好多年前已開始既刊新詩，也刊舊體詩詞。在香港，黃坤堯等學者，近年曾主辦過好幾次的舊體詩詞學術研討會，大型的舊體詩詞創作比賽更是舉辦過多屆。

舊體詩詞為什麼「鹹魚翻生」？朱子慶說原因之一是「新詩表現令人失望」。我認為很多新詩的表現，確實令人失望。數十年了，我在欣賞、標榜眾多新詩作者和作品之際，也抨擊了不少新詩寫作，指出其最大的毛病是雜亂晦澀，讓人看不懂；而看不懂或是由於盲目崇洋，或是根本沒有章法——說得難聽一點，就是所謂詩人根本不會寫詩。對於享詩人盛名的 BD，某大陸的教授批評道：其詩中「組合這些語詞的邏輯鏈條只能是一種超現實主義的非邏輯的聯想軸」，他「在淡化自己的政治身分的同時，追求的是『詩更往裏走，更想探討自己內心歷程，更複雜，更難懂』」。

2010 年 10 月初在臺灣一個文學研討會上，一位學院詩人 YGZ 針對現代詩說了重話：「什麼大報設的現代詩獎，我不再做評判了。現代詩沉淪了，我不再讀現代詩，寧可讀古老的《詩經》、《楚辭》！」他長年擔任現代詩獎評判，讀不懂很多參賽作品，而其他評判偏偏要讓這些作品得獎，令這位文壇祭酒非常氣憤。

這難怪，YGZ 與另一位資深著名詩人 XM 曾多年擔任臺灣一大型文學獎新詩組的評判，我看過某年他們兩位元老對參賽作品的評語，幾乎一律是：「題旨不能把握、內容難以理解」；「意象跳得太快，接不上，甚至互相排斥」；「意象失之零碎」；「太晦澀」、「實在難懂」；「主題不明，令我再三閱讀，不得要領」；「太雜太繁」、「讀了三遍，

仍不明所以」；「主題難以掌握」；「取象怪異，如入洪荒，亂相畢露」；「詩人一己的主觀私密聯想，實在無法讓旁人進入」；「非常異類，難尋脈絡」；「喃喃自語」」；「朦朧不清……無法整理出一條理性的思路」。

我們怎能昧著良心說，這樣的新詩作品是成功的？

我一向的觀點是：好的詩，不論新舊，都有章法，都應該大體明朗而相當耐讀。新詩與舊體詩詞，各有其強項與弱點；對於舊體詩詞和新詩，我們應該有持平的態度。以律詩和絕句為代表的古典詩，句式整齊、聲韻鏗鏘、便於記誦，這是它形式上的優點。新詩在便於記誦方面，甚遜於舊體詩詞，但它長短開闊皆宜，具有很大的彈性。

今天寫新詩，一方面固然由於古典詩傑作太多、成就太輝煌，今人難以超越；一方面也由於新詩形式較為自由，可以相體裁衣，使形式和內容作最佳的配合。舊體詩詞講究詩藻，有一套常用的詞彙，很多舊體詩詞不歡迎俚俗的字眼、排斥當代的話語，因此讀起來古雅而欠時代感。新詩則容納古今詞彙，因此讀起來較為親切而富時代感。但舊體詩詞仍大有價值，有其唱酬娛人娛已的功用，也能反映與批判時代社會；另一方面，我們要警惕那些寫法雜亂、內容晦澀的所謂新詩。新詩和舊體詩詞的優劣善惡如此，詩人和讀者，乃可各就其興趣選擇新舊而寫之，而讀之；當然，詩人和讀者也可既擁新也抱舊，成為詩歌的「多妻主義者」。新舊兩體何妨作公平民主的競爭？

如果新詩可分為善惡兩類，則上面提過的 YGZ 先生和 XM 先生所寫作品，屬於「善性新詩」；他們兩位，正是臺灣「藍星詩社」的健將余光中和向明。余光中和向明之外，藍星詩人還有鍾鼎文、周夢蝶、夏菁、羅門、蓉子、張健等，都是新詩天宇上的星星。我讀他們的作品，對其大體詩風之

「隱惡揚善」，滿心歡喜。藍星詩社是臺灣最重要的新詩詩社之一。高高天宇上的眾星，在詩社的集體活動方面，向來卻十分低調；對舉辦社慶活動、出版詩社詩集、撰寫詩社歷史等事，近乎老莊之無為。

　　劉正偉君受益于藍星詩社的諸位前輩，喜愛其詩作，認識到這詩社對詩壇的貢獻和影響；在不惑之年，懷著一股堅定的使命感，為藍星詩社編寫歷史，以此完成其博士論文，數年後修訂增益之而成為本書。

　　《文心雕龍・史傳》篇這樣指出史書的價值：「原夫載籍之作也，必貫乎百氏，被之千載，表徵盛衰，殷鑒興廢，使一代之制，共日月而長存，王霸之跡，並天地而久大。」正偉的這本書，當然並無「百氏」「千載」「王霸」「天地」那樣偉大，但其「表徵」現象、作為「殷鑒」、希望業績「長存」的用心，與劉勰對史學家的期許，殊無二致。劉勰指出史學家的嚴肅認真治學，在於「閱石室，啟金匱，紬裂帛，檢殘竹，欲其博練于稽古也」。正偉並無「石室」「金匱」「裂帛」「殘竹」這些古物要「閱」要「檢」，但其「閱」「檢」之勤奮辛勞，我忝為他的論文導師，眼明而心知。《史傳》篇論述歷史的編寫，必須注意「尋繁領雜之術，務信棄奇之要，明白頭訖之序，品酌事例之條」；我們師生間反複討論斟酌這博士論文的寫作，而正偉基本上都做到以上這些了。

　　這本《早期藍星詩史（1954-1971）》的主要內容是：探討藍星詩社成立的動機與初期詩社的建構與發展。對於早期藍星詩社全部六種公開發行的詩刊，即《藍星週刊》、《藍星宜蘭版》、《藍星詩選》、《藍星詩頁》、《藍星季刊》、《藍星年刊》，就抽取樣本，介紹並評論這些作品的寫作背景與內容，並試圖指出當時各種流行的詩學觀點在作品中的呈現。1950-60 年代很多台灣詩人，對新詩仍處於摸索階段，

詩壇內外論戰頻繁，實驗性寫作甚多。正偉通過其細密的觀察與分析，認為藍星詩社的成員以其穩健的步伐與堅定的態度，不論是為維護新詩的正面發展挺身而出的論戰與辯護，或是新詩的創作與譯介、推廣與教育，都擔當重要的角色，在台灣文學史上均有其不可磨滅的特殊意義。我可以補充說，藍星詩社的大將，已為上面我所說的「善性新詩」豎立了一面鮮明的旗幟。

　　正偉取得博士學位後，在大學任教，並在研究與創作上繼續精進，而且畫起畫來，多方面顯示其才藝。至今出版的詩集有《思憶症》、《夢花庄碑記》、《遊樂園》、《我曾看見妳眼角的憂傷》、《新詩絕句 100 首》五本；著編的評論集，本書之外，還有《覃子豪詩研究》、《新詩播種者——覃子豪詩文選》、《台灣詩人選集—覃子豪集》。「詩外有畫」，劉正偉教授除了獲得台灣日報台中風華現代詩評審獎、全國優秀青年詩人獎、鹽分地帶文學獎新詩第二名、苗栗縣夢花文學獎散文佳作、苗栗縣夢花文學獎新詩佳作、首獎等之外，還參加油畫聯展，並成為 2015 年雲林縣文化局草嶺創作者計畫得主。

　　正偉寫的詩，正是「善性新詩」。例如詩集《遊樂園》有一首題為〈觀音與蓮〉，曾在 2008 年一展場的詩牌列出的，既取資於「藍星」健將的名作句式，卻又自出機杼，意象清麗而脈絡分明，是《文心雕龍·通變》篇所說既有因循又有革新（「參伍因革」）的佳例。其詩如下：

　　翩翩，妳走來
　　從印度不遠千里而來
　　翩翩，妳走來
　　從苦難中不遠千里而來

翩翩，妳走來
從周敦頤的「愛蓮說」中走來
翩翩，妳走來
出淤泥而不染，濯清漣而不妖

觀音與蓮，前世的因緣
觀音與蓮
相遇桃花源
觀音庇祐，庇祐觀音

2008.6.16 為觀音蓮花季而作

這本厚實都五百頁的《早期藍星詩史(1954-1971)》即將出版，我欣喜之餘，回想十年的師生情誼，非常溫馨美好。我在佛光大學期間，生活上蒙他多方面的襄助；我觀察到他勤工儉學、實幹苦幹、尊師敬老、愛家重友，又能樂觀隨緣、凡事感恩，正偉是個守正道而很有作為的人。藍星詩社的選集名為《星空無限藍》（該社好像只有這一冊集體選集），正偉《遊樂園》的自序中有「惟有詩，能與永恆對壘」之語；詩歌藝術的追求是無限的、是永恆的。

無限藍的天空，明朗而無污染。愛護無限藍的詩歌天空，正是愛護、保護詩的美善環境，也就是要清理「惡性新詩」。舊體詩詞目前有復興之勢，我認為只有「善性新詩」可與之作良性競爭。愛護「藍星」，正是愛護詩的美善環境。正偉這本書，為「藍星」修史，有其重要的學術價值。目前詩的新體舊體競爭雄長，包括競爭吸引讀者；就此而言，這本書愛護「星空無限藍」的「藍星」，還有其詩學的時代意義。

黃維樑教授曾專任於香港中文大學、

佛光大學、澳門大學

2015 年 12 月 20 日

自 序

　　《早期藍星詩史》主要在收集、整理、釐清早期
(1954-1971)藍星詩社的歷史，探討藍星詩社成立的動機與初
期詩社的建構與發展等等。對於早期藍星詩社全部六種公開
發行的詩刊，即《藍星週刊》、《藍星宜蘭版》、《藍星詩
選》、《藍星詩頁》、《藍星季刊》、《藍星年刊》就抽取
樣本，討論這些新詩作品的作者背景與內容，作史實的探究
與作品風格的分析；並深入論述當時各種詩學觀點在作品中
的呈現。

　　1950 年代的台灣詩人對新詩仍處於摸索階段，經過詩壇
內外幾場新詩論戰的洗禮：經歷外部的質疑與論辯，以及內
部詩人自身的反省與實驗，漸漸能夠對各種詩學觀點與技法
融會貫通，懂得以中學為體、西學為用。在 1950 年代以降的
十多年中，藍星詩社的成員以其穩健的步伐與堅定的態度，
不論是為維護新詩的正面發展挺身而出的論戰與辯護，或是
新詩的創作與譯介、推廣與教育，都擔當重要的角色，在台
灣文學史上均有其不可抹滅的特殊意義。

　　《早期藍星詩史》係根據筆者《早期藍星詩社
（1954-1971）研究》增修而來，增加更多圖片與解說等。藍
星詩社在二十世紀台灣文壇上有一定的地位，基於個人對藍
星詩人、詩刊、詩作的喜好與敬意，感於前輩詩人逐漸凋零，
使我對於著手寫早期藍星詩社的發展史，有一份使命感。

　　《早期藍星詩社（1954-1971）研究》能夠初步完成，要

特別感謝指導教授黃維樑老師，維樑師不棄嫌學生的駑鈍，在五年半的時光中，不管是生活上或是學習上，一而再、再而三，不厭其煩的給我叮嚀與指導。他對學術的認真與執著，實屬罕見；對後生晚輩的照顧與鼓勵，盡是慈愛。

詩史與其筆法要廣博而兼顧深入、周延，並不容易，牽扯到各種批評角度與主觀的看法，許多論述也許有斟酌之處；後期藍星詩史（1972-）限於個人時間、精力等因素(因本書從收集資料到寫完，大概花了十五年的時間。筆者兼任教職，無助理，舉凡打字、資料蒐集、影印掃描等瑣事都需親力親為。)暫未寫入，不足之處，希望以後有機會能夠繼續努力。

黃維樑、王潤華、孟樊、潘美月、陳鵬翔老師的批評指教，他們從各個角度的深入看法，使我能夠盡量修訂自己論述的不足之處，特致謝忱。中華民國新詩學會的鍾雷等前輩詩人們的協助；藍星詩人鍾鼎文、夏菁、周夢蝶、余光中、向明、羅門、蓉子、張健、曹介直等前輩，以及洪兆鉞、瘂弦、張默、麥穗、藍雲、梅占魁、蕭蕭、向陽、白靈、李瑞騰、渡也、蘇紹連、林煥彰、方群、朱嘉雯、陳謙、綠蒂、彭正雄等詩人前輩給予珍貴資料、照片與寫作上的指導與協助，還有其他師長、親朋好友們曾經在學習路程上的協助與鼓勵，一併致謝。

學如逆水行舟，希望我們能持之以恆、繼續奮鬥。謹以此書，獻給曾在詩壇奮鬥的藍星詩人與所有詩人們！

關鍵詞：新詩、現代詩、藍星詩社、覃子豪、余光中

劉正偉

早期藍星詩史

目　　次

緒　　論

　　論者以為，現代主義遲至 1960 年代白先勇創辦《現代文學》才宣告文學現代化的到來，而將 1960-1970 年代定位為現代主義時期。實則，文學的現代化甚至現代主義在台灣的出現應該更早，至少可追溯到日本殖民統治時期伴隨著現代資本主義的引入、風車詩社的成立，以及當時台籍留學生分別從中國與殖民母國日本攜回殖民地台灣的思想啟蒙階段。

　　而現代主義在二次世界大戰後的再次引入台灣與狂飆時期，如果不以《自立晚報》的《新詩週刊》算起，也應以 1953 年紀弦創刊《現代詩》後，1954 年成立現代派，激進的提倡所謂「橫的移植」等六大信條而引起喧然大波為顯著的開端。亦有學者認為現代詩比小說搶先一步成為台灣現代主義的主流，即從此開始。

《現代詩》第 13 期封面與現代派信條

　　紀弦（路易士，1913-2013）為不甘寂寞的孤傲詩人，本為上海現代派一員，他在淪陷期的上海詩壇與活動雖受爭議，但甚為活躍。據筆者訪談詩人鍾鼎文，《新詩週刊》也是紀弦邀其向《自立晚報》爭取來的，可見紀弦對現代詩運動推

紀弦畫像與書影

廣與積極的態度。因此，繼創《現代詩》後創「現代派」，大力鼓吹現代詩「橫的移植」，也就不足為奇了。然而現代派運動是屬於激進的，就不得不談藍星詩社諸詩人穩健的制約與批判，更經由論戰而調和當時現代派運動的紛歧。

學者陳芳明說：「他（覃子豪）所領導的藍星詩社，在現代主義的實踐上篤定而穩重。要了解現代主義在台灣的擴張，藍星詩社所扮演的角色不容忽視」。《現代詩》與「現代派」，談的人多，甚至有學位論文的專門研究。而藍星詩社早期的作為卻少有詳實的、全觀的面貌出現。本文即欲呈現藍星詩社早期的具體樣貌。

法國學者戈德曼（L. Goldmann, 1913-1971）的發生結構主義也假設：「作品世界的結構乃是與特定社會群體的心理原素結構相通，或至少有明顯的關聯，文學創作的集體特徵也就源自於此。」以及埃斯卡皮在研究文學生產時提出「班底」（Equipe）概念，都可以來討論與驗證 1950 年代現代主義思潮，在同時期的《現代詩》、《藍星》、《創世紀》以及其他的刊物出現的痕跡，也可觀察到他們刊載的稿源，與所謂集體創作特徵的「班底」，其實都大同小異。本文即可凸顯與驗證這個觀點。

一、研究動機與旨趣

我國自古以來即是喜愛詩的國度,縱使從《詩經》、《楚辭》、漢賦,到唐詩、宋詞、元曲,詩常常變換出不同的形式與文體風貌,卻仍能呈現我國詩寫實與抒情的固有內涵與本質。尤其唐代近體詩發展成熟以後,歷經唐、宋、元、明、清乃至於到民國的今天,古典詩的際遇雖有起落,卻也一直流唱至今,未曾中斷。文人雅集、聚會吟唱,一直是文人間詩文往來贈答酬酢呈現的媒介與要角,例如李白與杜甫間交遊往來的詩作呈現等等。文人集社或因文(詩)風相近或者傳襲等而被歸流納派者,亦多有所聞。

王國維在《人間詞話》中說:

> 四言蔽而有楚辭,楚辭蔽而有五言,五言蔽而有七言,古詩蔽而有律絕,律絕蔽而有詞。蓋文體通行既久,染指遂多,自成習套。豪傑之士,亦難於其中自出新意,故遁而作他體,以自解脫。一切文體所以始盛終衰者,皆由於此。

根據這種文體創作隨著時代思潮演進的思考方式,因為近代東方普遍受到西方文化的影響,以及民國初年五四運動白話文的提倡,促成新詩體的產生與興盛,是謂文有代變也。[1]

---

1 「新詩」與「現代詩」的界定一直眾說紛紜,本文的運用概念為:「新詩」一詞是相對於傳統的古典詩等舊詩詞而言,乃泛指五四白話詩運動以來的新詩總稱;「現代詩」則是專指廣義的受西方現代主義觀念與技法影響而創作的新詩。在台灣,「現代詩」則是用來統稱五〇年代「現代詩運動」後,接受西方現代主義影響而超越稍早氾濫的白話詩、格律詩與濫情的詩

　　五四運動是中國文學再生與邁向現代,而與時代脈動同時進步的關鍵,尤其是小說、散文與新詩等,是以白話文創作文類的第一次重大革命與集體攜手出發,獲得突破與成功的第一階段。繼而國內不靖,軍閥割據、日本侵略、國共內戰等內憂外患,造成新文學的坎坷發展。直到國民政府播遷來台,產生與中國大陸政經文化的隔絕,影響政經情勢的轉變與後來時局轉危為安的發展,繼而美援與西方文化思想的導入,引發新文學的再次出發與革命,例如現代小說的發展與「新詩的再革命」等等,是為新文學邁向現代文體發展的第二階段。

　　1950 年代的「新詩的再革命」等現代詩運動與論戰,是台灣新詩發展的重要里程碑,而五〇年代台灣的三個主要新詩社團:現代詩社、藍星詩社與創世紀詩社,扮演著舉足輕重的角色。[2]他們出版刊物、引領現代主義思潮,促進台灣現代詩蓬勃發展,有其重要的貢獻,共同建構了台灣戰後初期主要的現代詩重建、再生與興盛的版圖。[3]

　　尤其「詩社」或「詩派」發行出版的詩刊,在當時台灣

　　等新詩創作。本文為不同的行文需要,有時會將兩者交互運用。

2　戰後初期台灣現代詩壇的狀態是:鍾鼎文、紀弦、葛賢寧、覃子豪、李莎等人,於 1951 年 11 月 5 日洽自立晚報創刊《新詩週刊》,開始專刊純粹的新詩作品;後有紀弦獨自分別於 1952 年 8 月 1 日創刊的《詩誌》與 1953 年 2 月創辦的《現代詩》;以及由覃子豪、鍾鼎文、余光中、夏菁、鄧禹平等人於 1953 年 3 月組織「藍星詩社」,發行《藍星週刊》、《藍星詩選》等;同年 10 月由張默、洛夫、瘂弦等人在高雄左營組織「創世紀詩社」發行《創世紀詩刊》等為主。當然還有其他如《中國新詩》、《海鷗詩刊》,以及許多不加盟詩社或組織的詩人等。

3　本文「重建」是指此時期仍有省籍詩人的活動,是延續台灣在日據時期就有「風車詩社」、「銀鈴會」等「跨越語言的一代」的現代詩人社群活動的延續與重建;「再生」是指此時期大陸來台詩人如覃子豪、紀弦、鍾鼎文、鍾雷、葛賢寧、李莎、余光中等人的活動,是延續其在大陸時期新詩活動的一種再生的精神。

新詩界顯得非常重要，常常是詩創作、相關論述或翻譯的載體，亦是詩社詩人之間或與其他詩人間相互學習，乃至相濡以沫的重要媒介。在五、六〇年代經濟困頓、交通與通訊尚不發達的年代，尤能突顯其帶給詩人、文友間溝通與交流的重要性。

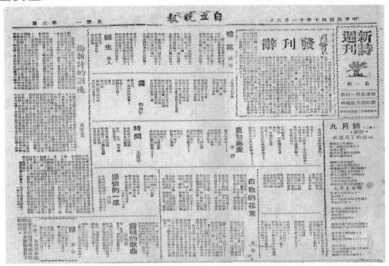

《自立晚報·新詩週刊》創刊號

1951 年 11 月 5 日由時任《自立晚報》總主筆的詩人鍾鼎文接洽，創立《新詩週刊》的版面，每週附在《自立晚報》刊登詩作，並先後由鍾鼎文、紀弦、葛賢寧、覃子豪、李莎等人主編，為戰後台灣新詩定期而穩定地大規模發聲的園地。紀弦先後獨自於 1952 年 8 月 1 日創刊《詩誌》與 1953 年 2 月創辦《現代詩》；以及由覃子豪、鍾鼎文、余光中、夏菁、鄧禹平等人於 1954 年 3 月組織「藍星詩社」，發行《藍星週刊》、《藍星詩選》等；同年 10 月由張默、洛夫、瘂弦等人在高雄左營組織「創世紀詩社」發行《創世紀詩刊》等。

筆者收藏：《創世紀》創刊
號與三巨頭 60 週年慶簽名

五○年代的這些詩人前輩們，在台灣詩壇所引發的以現代主義為主的現代詩運動，無論是詩創作的實踐、理論的辯證或西方詩歌的譯介，在台灣文學史上均有其不可抹滅的意義。一連串的現代詩運動從而引發現代小說、現代散文與現代藝術：如現代舞蹈、繪畫、雕塑等，集體跳脫國民政府來台初期戰鬥文藝政策的指導與干擾，而蓬勃繁榮的持續發展。

由於戰後國民政府退守台灣，面臨著「退一步即無死所」生死存亡的迫切問題，所以嚴厲的反共政策與箝制人民各種自由的權利，如言論、集會、遊行、出版、政治選舉等等的天賦人權皆被控制、削減或剝奪，各種特務如影隨形，何時被關押或無故離奇失蹤皆不可測，無形中形成寒蟬效應的「白色恐怖」。所有對自由與生存權利的渴望，只能暗自在內心深處發出強大的吶喊，那是苦悶的年代。[4]

1950 年代是台灣社會狀態由動盪趨於平靜的過渡時期，也是現代詩運動與論戰風起雲湧的階段，正當大陸陷入鐵幕之中，而台灣現代詩壇卻是各路英雄會聚之地，「長安不見使人愁」 —— 台北正是當時華文現代詩壇的長安。

1950 年代台灣現代詩的奠基與發展，正是台灣從此得以

---

4 我外祖父被日軍徵召為軍伕遠赴大陸，半年後病死他鄉；祖父在民國 41 年因某「白色恐怖」案件而被關押十年，家族一直以來對政治言論等皆噤若寒蟬，使我自小即略能體會當時嚴肅社會與政治氣氛的壓抑。

領先與風靡華文詩壇的關鍵時期。所謂時勢造英雄，當時叱吒風雲的詩壇英雄至今仍寶刀未老，但卻垂垂老矣，逐漸凋零。所以當代詩史的研究蒐羅與書寫，是與時間賽跑的刻不容緩的要務。

　　研究藍星個別詩人的學術論著已多，例如覃子豪、余光中、周夢蝶、羅門、蓉子等，都有多篇學位論文出現；但對詩社整體的研究，尤其是早期藍星詩社（1954-1971）的歷史，是明顯不足的。一般人對藍星詩社整體的認識，幾乎都處於模糊狀態，不若對現代詩社、創世紀詩社或後起的笠、葡萄園、龍族、陽光小集等詩社有較清楚的了解與研究。

　　論者以為藍星詩社個人成就總是大於詩社成就；藍星詩社是沙龍式的鬆散集社組織，沒有宣言、規章；又認為其宣傳不若其他詩社般積極，其對台灣新詩的影響與貢獻，似乎不及其他詩社。[5]

　　然而事實是否如此？值得吾人深入探討。

二、文獻檢討

　　近年來兩岸以及華人地區研究台灣現代詩的學者日益增多，例如古繼堂 1989 年由文史哲出版社出版有《台灣新詩發展史》；2006 年 8 月張雙英由五南圖書公司出版《二十世紀台灣新詩史》，這兩本詩史皆有些相同錯誤之處，例如未詳加考證即將楊牧列為藍星成員。以及 2008 年由文津出版社出版的古遠清的《台灣當代新詩史》，其中對台灣戰後初期詩人、詩社與詩刊的討論，尤其是藍星詩社的討論，大多是概

5　參見向明：〈五〇年代現代詩的回顧與省思〉，《藍星詩刊》第 15 期（1988年 4 月），頁 89。余光中：〈藍星詩社發展史〉，《藍星詩學》第 24 期（2007 年 12 月），頁 3。

括式、泛論式的描述。

　　在台灣，詩刊的發行史，幾乎等同新詩社團的發展史；詩刊的發行，基本上維繫著詩社的存續。早期的藍星詩刊，肩負著藍星詩社重大使命，一方面是詩社的發聲管道，是詩社詩人與外界詩人溝通與交流的橋樑；另一方面是詩社內外，所有詩人們重要的發表園地，也是論戰的場域之一。更重要的是負有拓展詩社勢力與影響力的使命。

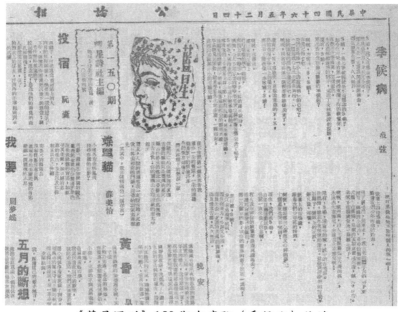

《藍星週刊》150 期有瘂弦〈季候病〉佚詩

（一）藍星詩刊概述

　　歷史，是不容時間的流逝而忽視的。最早的藍星詩刊物《藍星週刊》在 1954 年 6 月 17 日面世，距現在（2015 年）已經有 62 年的歷史，超過一甲子。年代久遠的因素，造成現

代詩人對這些詩刊蒐集與研究不易,更遑論一睹其廬山真面
目。這些詩刊涉及當時詩人們的學習與發表,以及反映當時
的文風詩潮、思想軌跡。

　　藍星早期各種詩刊的編輯、發行與傳播影響,探索其對
台灣新詩發展的歷史意義。茲將參照下附 1-1 表,分述各種
藍星詩刊如次:

表 1-1:藍星詩社各種期刊與主編表

詩刊名稱	起訖年月	出版期數	主　編	形式與備註
藍星週刊	1954.06.17- 1958.08.29	211 期	1-160 期覃子豪 161-211 期余光中	週刊:《公論報》 報紙半版版面, 每週刊出一次
藍星宜 蘭分版	1957.01- 1957.07	7 期	覃子豪	月刊:16 開,每 期共 8 頁
藍星詩選	獅子星座號 1957.08.20- 天鵝星座號 1957.10.25	2 期	覃子豪	詩刊:20 開本 (名為詩選實為 季刊形式)每期 48 頁
藍星詩頁	1958.12.10- 1965.06.10	1-63 期	夏菁(1-12 期) 覃子豪(13 期) 黃用(14 期) 余光中(15-27 期) 羅門、蓉子 (28-45 期) 余光中(46-57 期) 王憲陽(58-63 期)	詩頁;月刊(後期 有脫期情形): 40 開褶頁
藍星季刊	1961.06.15- 1962.11.15	4 期	覃子豪	季刊:20 開本
藍星年刊	1964 及 1971	2 期	羅門、蓉子	年刊:20 開本
藍星季刊 復刊號	1974.12- 1983.10.20	17 期	張健(1-4 期) 向明(5-8 期) 向明、敻虹合編 (9-10 期) 方莘(11 期) 羅門(12-14 期) 羅智成(15 期) 王憲陽(16、17 期)	季刊:25 開本 成文出版社(1-11 期)、林白出版 社(12-17)贊助

藍星詩頁復刊號	1982.10.10-1984.06.10	64-73 期	向明（64-73 期）	詩頁、雙月刊：40 開褶頁
藍星詩刊	1984.10.5-1992.07	32 期	羅門（第 1 期）向明（2-32 期）	季刊：25 開本九歌出版社贊助每期約 170 餘頁
藍星詩學	1999.03.31-2007.12.31	1-24 期	趙衛民	詩刊：25 開本淡江大學中文系發行

（2007.03.01 製表；2008.01.08 修改；2011.11.02 修定）[6]

各種藍星詩刊封面

（二）台灣研究新詩詩派、詩社的相關論文有：[7]

---

6 藍星各種刊物大大小小加計各種復刊號等，共有 10 種型態出現。從 1954 年的《藍星週刊》創刊到 2007 年《藍星詩學》第 24 期停刊止，共跨越 53 個年頭，總計出版有 372 期。

7 參考國家圖書館，《台灣博碩士論文知識加值系統》：http://ndltd.ncl.edu.tw/cgi-bin/gs32/gsweb.cgi/ccd=K6DMiZ/webmge?webmgemode=graduate

　　1、戴寶珠：《『笠詩社』詩作集團性之研究》（台北：
國立政治大學中文所碩士論文，1995 年），主要對於「笠」
詩社的詩創作，做集體、集團性的研究。

　　2、阮美慧：《笠詩社跨越語言一代詩人研究》（台中：
東海大學中文所碩士論文，1996 年），主要在探討笠詩社十
位跨越語言一代詩人受到了戰前、戰後文學思潮的影響，並
就這兩個時代的文學概況作一簡述，然後再論跨越語言一代
詩人的集結與笠詩社的成立，以此探討跨越語言一代詩人所
處的處境、創作的關係及其影響等等。

　　3、陳全得：《台灣《現代詩》研究》(台北：國立政治
大學中文所博士論文，1998 年)，主要探討由《現代詩》創
刊到「現代派」成立的背景、成員的特色、詩學理論發展、
藝術風格分析，及其主要作家之活動與作品論評、對台灣文
壇的影響等等。

　　4、蔡明諺：《龍族詩刊研究－兼論七〇年代台灣現代詩
論戰》(新竹：國立清華大學中文所碩士論文，2001 年)，
主要以龍族詩刊（1971-1976）的發展為線索，試圖描述現代
詩論戰前後，台灣現代詩壇的概況，試圖探索七〇年代初期
台灣整體社會思潮的發展，並以較長篇幅勾勒保釣運動以迄
革新保台派中挫的歷史背景，並接續說明龍族詩刊及現代詩
論戰在此歷史條件下所產生的遭遇與其突破。

　　5、解昆樺：《論臺灣現代詩典律的建構與推移：以創世
紀、笠詩社為觀察核心》（嘉義：國立中正大學中文所碩士
論文，2003 年），則以創世紀與笠兩詩社作為討論比較的對
象，研究兩詩社頻繁地發生互動交鋒的現象，探討兩者所建
構之詩歌典範各具有其詩美學的特殊意義，並藉此探究台灣
現代詩典範內部中衝突與融合的問題等等。

前左起麥穗、鍾鼎文、李瑞騰、楊允達
（筆者攝於乾坤詩社 15 週年慶）

（三）台灣研究藍星詩社的相關論文有

1、侯作珍：《自由主義傳統與台灣現代主義文學的崛起》
(台北：文化大學中文系博士論文，2002 年)，主論 1950 年
代的台灣，自由主義傳統經《自由中國》、《文學雜誌》、
《文星》刊物而延續，亦論及對台灣的政治、思想文化與文
學發展產生影響。並兼論台灣現代詩運動的興起與發揚，以
及現代詩論戰的傳播與影響。

2、陳義芝：《台灣現代主義詩學流變析論》（高雄：國
立高雄師範大學國文系博士論文，2005 年），探討 1930 至
1990 年代，台灣新詩發展各階段與現代主義詩學相辯證的關
係，以不同於西方起源的順序，交錯地引進台灣，經過論戰
激盪、創作修正，鎔鑄成新的風貌以及對當代詩人的影響。

　　3、蔡明諺：《一九五○年代臺灣現代詩的淵源與發展》
（新竹：國立清華大學中國文學系博士論文，2007 年），該
文回顧 50 年代台灣現代詩的史料，並試圖重新描述台灣現代
詩的興起過程，著重於現代詩學觀念與反共愛國文藝的延
續，以及現代主義詩人與學院派自由主義知識份子的矛盾對
立關係。

　　4、陳政彥：《戰後台灣現代詩論戰史研究》（桃園：國
立中央大學文學所博士論文，2007 年），此論文整理並論析
20 世紀台灣戰後的現代詩論戰，為現代詩論戰史留下一個可
供參考的基本資料，並提出一個較全面的看法，即現代詩的
論戰是現代詩文類知識不同主張之間互動協調的過程。

　　5、何雅雯：《孤獨詩學：藍星詩人群的自我書寫》（台
北：國立台灣大學中文系博士論文，2009 年），是以廣義的
藍星詩人群詩作為取樣對象，探究戰後臺灣現代詩人的孤獨
意識與自我書寫等。

（四）其他相關論文

　　研究整體藍星詩社或藍星詩刊物的專著，除何雅雯的《孤
獨詩學：藍星詩人群的自我書寫》外，並不多見。專研藍星
詩人個人的學位論文則非常多，例如：曾進豐《周夢蝶詩研
究》（1995）、夏聖芳《蓉子詩研究》（2001）、尤純純《羅
門詩的時空觀》（2001）、曾香綾《余光中詩研究》（2003）、
劉正偉《覃子豪詩研究》（2004）、虞慧貞《向明詩的現實
關懷研究》（2007）、鄭禎玉《余光中與中國古典詩歌》（2007）、
彭瑞惠《夐虹詩研究》（2008）、鄭玉釧《夐虹詩作研究》
（2009）等，以及兼論 2、3 位詩人的羅任玲《台灣現代詩自
然美學——以楊牧、鄭愁予、周夢蝶為中心》（2005）、黃

如瑩《臺灣現代詩與佛 —— 以周夢蝶、敻虹、蕭蕭為線索之考察》（2006）等，為數眾多，皆具豐富參考價值。

　　單篇回憶性文章或一般探討藍星詩社與個人單篇論文，也非常多，例如余光中的〈第十七個誕辰〉（1972）、余光中〈星空無限藍 ——《藍星詩選》序言〉（1986）、張健〈藍星大事記〉（1986）、白靈〈九歌版藍星詩刊的歷史意義〉（1993）、張健〈藍星詩人的成就〉（1998）、侯作珍〈藍星詩社對現代詩發展的貢獻 —— 以五〇年代三次論戰為探討中心〉（2003）等等。其中約略描述各種藍星詩刊的有張健的〈藍星大事記〉與白靈的〈九歌版藍星詩刊的歷史意義〉二篇，但是縱使身為藍星一份子的張健，其文仍稍嫌簡略與有錯誤之處，例如「《藍星週刊》1 至 160 期是由覃子豪主編，161 期至 211 期是由余光中主編。」他卻誤記為「1 至 60 期由覃子豪主編，61 期以後，由余光中主編。」[8]其中出入頗大，何故？實因現代詩社是由紀弦一人「寡頭式的領導」經營；而早期藍星詩社卻是眾詩人「齊頭式的領導」，誰有辦法弄到版面或經費，誰就負責主導或編輯這份刊物，是一個沒有社長、社規或教條的沙龍式的自由詩社。

　　藍星前期的主要建構者覃子豪的早逝（1902-1963），而各種詩刊名目與種類繁多，同時期甚至有兩三個刊物同時發行的特殊例子，所以即使是藍星成員亦難以對藍星各種刊物有詳細的資料掌握或描述。

8　張健、羅門編：《星空無限藍》（台北：九歌出版社，1986 年 6 月 10 日初版）。頁 485-486。張健的錯誤導致後來的白靈〈九歌版藍星詩刊的歷史意義〉（1993）與曾進豐碩論《周夢蝶詩研究》（1997）所附的藍星詩刊出版表等亦出現同樣錯誤。

《藍星詩頁》64期

　　本論文除參考各種藍星詩刊，例如《藍星週刊》、《藍星宜蘭分版》、《藍星詩選》、《藍星詩頁》、《藍星季刊》、《藍星年刊》、《藍星季刊復刊號》、《藍星詩頁復刊號》、《藍星詩刊》、《藍星詩學》與各種藍星詩人個人創作與詩選外，並參考各期《現代詩》、《創世紀》、《笠》、《文星》、《筆匯》等等同時代相關詩刊與雜誌。以及相關詩選，例如《十年詩選》、《六十年代詩選》、《中國現代詩論選》、《星空無限藍》等。以及回憶或相關論述，如向明〈五〇年代現代詩的回顧與省思〉、呂正惠〈一九五〇年代的現代詩運動〉、應鳳凰〈臺灣五十年代詩壇與現代詩運動〉、陳明柔〈敲打自己的鑼鼓 ── 試論現代詩論戰〉、林淑貞〈覃子豪在台之詩論及其實踐活動探究〉、陳建忠〈尋找台灣詩的航向 ── 試論戰後多次現代詩論戰的時代意義〉、蔡明諺〈新詩論戰之後 ── 對六〇年代初期現代詩壇的幾個考察〉等。舉凡與早期藍星詩人、詩社、詩刊相關的史料與刊物，皆為

參考、徵引之對象。

三、研究範圍與方法

筆者對新詩創作與詩學流變等素有所好，且對台灣1950、60年代的新詩創作與詩人，更有濃厚的情感投注。尤其是走中道路線、提倡傳統與現代接軌的藍星詩社與藍星諸詩人及其人文歷史，頗感興趣。在個人攻讀碩士學位前，即致力蒐羅現代詩史料，主要是五○年代的，如《現代詩》、《新詩週刊》、《藍星週刊》、《藍星宜蘭分版》、《創世紀》、《藍星詩選》等。

在筆者碩士論文《覃子豪詩研究》的基礎上，本論文的寫作是上述議題進一步的探討。筆者擬將藍星詩社發展的歷程與藍星詩刊的發行作觀察，將以 1954 年藍星詩社創立至1971 年《藍星年刊》停刊為一個斷代，來考察藍星詩社發展前（早）期的歷史。

1971 年為中華民國退出聯合國的一年，是本地政治、民間思想與民主改革開放關鍵的一年，恰逢《藍星年刊》停刊，爾後為藍星各種復刊號與《藍星詩刊》（九歌版）登場的時代，時代背景與大環境皆有所不同；以及考量個人財力、才學與時間等因素，而以 1971 年為界，應為適當的決定。而早期藍星詩社以覃子豪為精神領袖；後期則以余光中為精神領袖。

《早期藍星詩史》將以這時期的藍星詩社相關人（詩人）、事（詩社、詩社發展史）、物（文本、詩刊、詩人作品）為經；以這期間的時間因素為緯；以當時台灣的國際處境與社會環境為背景，呈現一個完整的早期台灣藍星詩社的真實面貌、成就與貢獻。

研究方法主要分為：對詩刊將以客觀的統計分析法，初

覃子豪書影與雕像（爾雅出版）

步統計刊登詩作的概況、與其他詩選的比較等等，再客觀推論其成就與貢獻；關於詩社史方面，將以文學社會學的角度，探討詩人詩作藉由詩社之詩刊發行而與讀者、社會所產生的互動關係與相互之影響；對詩人風格與作品特色的考察，將以客觀取樣分析法，探討詩人作品的實質內涵，以新批評方法來細讀文本，以一般文史研究者常用的一般常識性理論，作客觀、公正的評價。

　　夾敘夾議為本論文陳述的手法之一。本論文將以實事求是的精神，透過田野調查等方式獲取資料，並透過分析文獻史料，運用歷史之綜合、比較等方法，研究早期藍星詩社在1950、60年代的發展，並探討他們創社結盟的歷程、與其反映時代思潮的意義及其創作風格的轉變等等。

早期藍星詩社發展史

　　藍星詩社在二十世紀戰後台灣新詩發展上有卓越的貢獻，不管是藍星詩人個別的創作成就，或詩刊的發行、編輯與新詩教育的推廣，或為維護新詩的論戰[1]，均有不可磨滅的功績。

　　藍星一半以上的成員幾乎都曾參與藍星的各種編務。他們經由創作與編輯，積極地追求新詩的榮景；藍星諸詩刊提供的園地則成為當代詩人馳騁的重要場域，自有其重要的歷史意義。本章將探討藍星詩社成立的動機、經過與其時代背景。

一、藍星詩社成立的動機與初期建構

（一）成立動機與經過

　　「詩是必然，詩社卻是偶然。」── 余光中說[2]。但藍星詩社卻是在醞釀許久之後，在一次聚會中凝聚了成立詩社的共識後誕生的。

1　侯作珍：〈藍星詩社對現代詩發展的貢獻 ── 以五〇年代三次論戰為探討中心〉，《文學新鑰創刊號》（嘉義：南華大學文學系出版，2003 年 7 月），頁 51-72。

2　張健、羅門編：《星空無限藍》，（台北：九歌出版社，1986 年 6 月 10 日初版），頁 3-10。

　　藍星詩社成立於民國 43 年 3 月 20 日（星期六）[3]，發起
創社詩人為覃子豪、鍾鼎文、鄧禹平、夏菁、余光中等。據
夏菁的回憶，成立詩社的事，在此之前已經醞釀一、二年，
惟只在與鄧禹平兩人之間所共有的構想[4]。而另一方面，據余
光中在〈藍星詩社發展史〉的說法：「那時正值紀弦初組現
代詩社，口號很響，從者甚眾，幾乎三分詩壇有其二。一時
子豪沉不住氣，便和鼎文去廈門街看我，透露另組詩社之意。」
[5]兩方詩友都分別有籌組詩社的念頭，後來一拍即合。

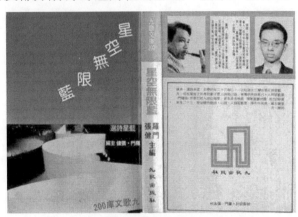

羅門、張健主編《星空無限藍》書影

　　眾所周知，國民政府失守大陸的原因之一是文藝宣傳的

3　在《藍星詩頁》56 期，（1964 年 3 月 31 日）有一篇本社：〈藍星的誕生〉
　　上說，根據蓉子不克前來的信，日子可能是 43 年 3 月 18 日晚上 6 時至
　　11 時，是不正確的，根據當時參與詩人余光中等人的記憶，聚會當天是
　　週末。而 3 月 20 日才是當週的週末。
4　夏菁：〈早年的藍星 —— 重刊〈藍星憶往〉〉，《藍星詩學季刊》24 期，
　　（2007 年 12 月 31 日），頁 23。
5　余光中：〈藍星詩社發展史〉，《藍星詩學季刊》創刊號，（1999 年 3
　　月 31 日），頁 5-19。

失敗，加以 1950 年代初期，島內社會氣氛低迷、經濟條件落後，島外受到中共武力威脅與國際外交現實條件的形勢影響，政府文藝政策趨向宣傳反共與戰鬥文藝政策。而紀弦於民國 42 年 2 月發行《現代詩》後，持續於詩刊內提倡主知路線，排斥抒情的詩歌。這兩種氣氛的干擾與影響所及，抒情詩的愛好者，醞釀組成自己的沙龍團體 —— 即傾向抒情的詩社。

　　當時夏菁、鄧禹平他們想要成立的詩社，就是這種以純正詩藝與抒情取向為主的詩社。但因彼此工作繁忙，一直到民國 43 年春天的 3 月中，才付諸行動，由夏菁與鄧禹平具名邀約，對象為當時近期有出版抒情詩集的詩人。如剛出版《海洋詩抄》的覃子豪、《行吟集》的鍾鼎文、《舟子的悲歌》的余光中、《青鳥集》的蓉子，而鄧禹平則剛出版《藍色小夜曲》，夏菁當時雖未出版詩集，卻是新詩的愛好者，與鄧禹平熟識且同為藍星詩社的催生者。

　　余光中所寫的一篇回憶性文章〈第十七個誕辰〉中透露：

> 　　一開始，我們似乎就有一個默契，那就是，我們要組織的，本質上便是一個不講組織的詩社。基於這個認識，我們也就從未推選什麼社長，更未通過什麼大綱，宣揚什麼主義。大致上，我們的結合是針對紀弦的一個「反動」。紀弦要移植西洋的現代詩到中國的土壤上來，我們非常反對。我們雖不以直承中國詩的傳統為己任，可是也不願意貿然作所謂「橫的移植」。紀弦要打倒抒情，而以主知為創作的原則，我們的作風則傾向抒情。[6]

6　余光中：〈第十七個誕辰〉，載於《現代文學》第 46 期，（1972 年 3 月），頁 11-27。其後余光中《藍星詩學季刊》創刊號的〈藍星詩社發展史〉等，皆出於此文。

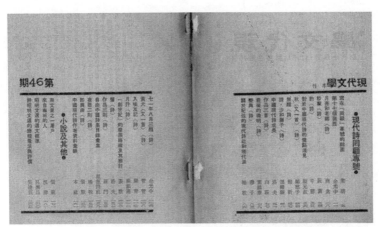

《現代文學》第 46 期現代詩回顧專號目錄

《現代文學》第 46 期封面

　　藍星詩社最初的結合是針對紀弦的一個「反動」，但是如前述，早已經醞釀一、二年的時間，詩社組成期間與成立

後，紀弦及其強烈的「橫的移植」與「打倒抒情」的主張，無疑的給了藍星詩社一個組成的動機與目標。當時紀弦要全盤的移植西洋的現代詩技法到自由中國的土地上，藍星詩人是持反對立場的，紀弦要打倒抒情，而以主知為創作的指導原則，藍星詩社的作風則傾向於傳統文人的抒情詩風。本質上，余光中說藍星詩社是一個沒有社長、沒有大綱、沒有主義的不講組織的詩社7。如果準以此觀早期藍星詩社的活動，似乎頗有中國文人傳統普遍溫文儒雅的樸實的性格。

麥穗《詩空的雲煙》書影

藍星詩社成立於何處？據麥穗的考證，民國 43 年 3 月 20 日周末，為成立詩社的晚宴，是在台北市鄭州路 135 巷 2 弄 3 號（今已拓寬為塔城街）夏菁家中，也是紀弦的成功高中學生號稱路門五傑之一的楊允達家中。原因是當時夏菁是與楊家租屋而居，是屬於鐵路局的宿舍。8楊允達與詩評家司徒衛，當時還參加藍星詩人成立時的聚會，參與旁聽，可算是藍星詩社的見證人。夏菁回憶說：

---

7 後來因為九歌出版社贊助出版發行的《藍星詩刊》，需向新聞局登記為「藍星詩刊雜誌社」，乃推舉余光中為發行人、羅門為「社長」，就才開始有社長一職。因此，古繼堂的《台灣新詩發展史》，頁 181，稱覃子豪為社長，有誤。

8 麥穗：《詩空的雲煙》，（北縣‧新店：詩藝文出版社，1998 年 5 月初版），頁 67-69。

現在我已記不清談些什麼，那晚一直到深夜才散。似
乎先是針對現代詩社的紀弦，後來再談到有組一詩社
的必要。司徒衛那時好像已和現代詩社有關係，楊允
達（我租他父親房子住）參加旁聽，他已是現代的一
員。因此，他們兩人只能算是證人；真正的發起人，
只有我們五個。[9]

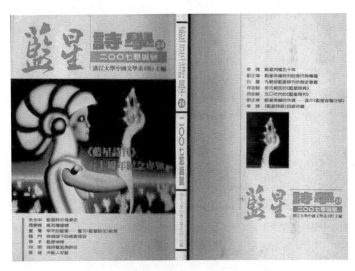

《藍星詩學季刊》24 期封面封底

詩社成立後，他們就時常在台北市萬國戲院的咖啡室或
中山堂的露天茶座聚會談詩，詩人辛魚[10]也常參加，並傳閱
彼此的新作，頗有互相激勵的意味。余光中說：「現在回憶

---

9 夏菁：〈早年的藍星 —— 重刊〈藍星憶往〉〉，《藍星詩學季刊》24 期，
　（2007 年 12 月 31 日），頁 24。
10 辛魚本名邢鴻乾，曾與台糖公司同事師範、金文、魯鈍及黃楊合資創辦
　的純文藝《野風》雜誌，以「創造新文藝，發掘新作家」為宗旨，在當
　時的發行量曾高達七千多份，許多明日之星由此誕生，對今日文壇影響
　深遠。著有：《擷星錄》，列為藍星詩叢之一。

起來，覺得那真是一個天真而且可愛的時期，也許幼稚些，可是並不空虛。」[11]可見當時詩人們相濡以沫的赤子之情。到了 6 月初，覃子豪透過關係在《公論報》副刊覓得一週一次的半版欄位，當他們再次於中山堂露天咖啡座聚會，都為即將刊行的新詩刊與詩社名稱而煩惱。就在眾人苦思社名而不得時，覃子豪忽然胸有成竹的說：「就叫藍星如何？」大家也沒多加推敲，一時就通過了，或許「藍星」二字本身就充滿詩意吧！覃子豪的構想應是來自法國的「七星詩社」，因為他曾在北京就讀中法合資的「中法大學」，懂得法文，又對法國各大詩派，尤其是象徵詩派等現代詩派素有研究[12]，社名應該在他腦海醞釀多時。因此，這個台灣詩壇的新生兒，在誕生近三個月後，終於有了自己閃亮的名字 ──「藍星詩社」。而藍星詩社最早的詩刊與發聲的刊物 ──《藍星週刊》，就在 6 月 17 日星期四《公論報》的第六版正式創刊。

（二）初期建構

藍星詩社初期的建構，不得不提藍星詩社初期最重要的靈魂人物 ── 覃子豪，其次是余光中、夏菁等人。（有關藍星詩人與刊物的細部探究，將在後面章節討論）他們一方面上班或就學，一方面參與各文藝函授學校新詩的教育工作，一方面透過詩刊的編輯與交流，還有積極參與新詩論戰，多方面的進行藍星詩社新詩版圖的擴張與影響力。分述如下：

---

11 余光中：〈第十七個誕辰〉，《現代文學》第 46 期，（1972 年 3 月），
　　頁 11-27。
12 陳義芝：〈覃子豪與象徵主義〉，《聲納 ── 台灣現代主義詩學流變》
　　（台北：九歌出版社，2006 年 3 月 10 日），頁 65-81。

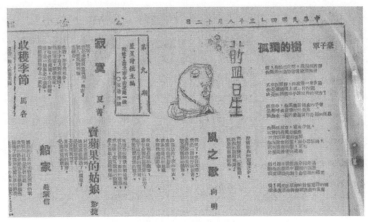

《公論報‧藍星週刊》

1.藉由刊物與編輯擴張勢力

　　在政治因素箝制、物質缺乏的年代，早期藍星詩社的刊物一直是提供現代詩人發表的重要園地，進而經由詩刊傳播到讀者接受的重要媒介。從早期民國 43 年 6 月 17 日的藉《公論報》發行的《藍星週刊》，到與救國團系統的宜蘭青年月刊社合作發行的《藍星宜蘭分版》，瑩星資助的《藍星詩選》，到夏菁創辦的《藍星詩頁》等等，因為環境與經費的關係，除了少數由成員克勤克儉勉力經營外，其他多依附在其他刊物或出版社的贊助而發行。這證明了風格各有特色的藍星諸詩人對於繆斯的熱愛程度，常常於環境困頓的逆勢中，前仆後繼的在為成員與其他現代詩人找尋發表的刊物，一直努力不懈的在尋找藍星詩社與現代詩「生命的出口」。

　　首先是覃子豪，他白天在物資調節委員會（後為糧食局）上班，其他時間則全心全意的投入中華文藝函授學校詩歌班的教學工作。他也將批改的學生新詩習作，擇優發表在其主編的詩刊物上，最早是《藍星週刊》，後來拓展到《藍星宜

蘭分版》等。對於新詩的推廣與培養提供園地與貢獻。後來
因此加入藍星詩社的學生，著名的有向明等人。其它陸續加
入的成員，如蓉子、張健、敻虹、周夢蝶、黃用、吳望堯等，
都是藉由《藍星週刊》與藍星詩社結緣。

　　余光中在詩刊編輯方面，除了提升《藍星週刊》選稿的
質量外，還開拓了《現代文學》與《文星》等雜誌的詩版。
他對早期藍星詩社影響力的延伸，有重要的貢獻。余光中還
編譯了一本《現代中國詩選》，選了當時台灣著名詩人的作
品，翻譯為英文，向美國以至全世界推廣台灣的新詩。

2.藉由新詩的教育推廣擴張影響

　　政府播遷來台初期，百廢待舉。本地詩人亦大部分面臨
由日語到國語的語言銜接與轉換問題。因此，當時國語與新
詩等語言和文學的教育、推廣工作，就顯得非常重要。

　　最初，早期藍星詩社詩人參與中華文藝函授學校詩歌班
的教學工作的主要有覃子豪與鍾鼎文，其他詩社還有現代詩
社的紀弦，以及當時著名的詩人如侯佩尹、鍾雷等人。[13]不
久後，就只剩覃子豪獨撐大局了。他也不負眾望，獨自勉力
編起講義、親自回信給學生，並在《中華文藝》月刊上，每
期選刊約十首左右學生優秀的作品，每期並在月刊上刊出「批
改示範」，讓學員了解新詩的創作與內涵，對台灣新詩的發
展具有深遠的影響。[14]

13　中華文藝月刊編委會編：〈中華文藝函授學校教職員簡歷〉《中華文藝》
　　月刊創刊號，（北縣汐止：中華文藝月刊社，1953 年 12 月 1 日），頁
　　20-22。
14　例如覃子豪在《中華文藝》第二卷第四期的「批改示範」題目為〈雨〉，
　　（1955 年 3 月 1 日）；第三卷第三期的「批改示範」題目為〈山〉，（1955
　　年 9 月 1 日）；第四卷第一期的「批改示範」題目為〈寄意〉，（1956
　　年 2 月 1 日）等等。

《中華文藝》第三卷第三期，封面與內頁新詩班學員名單：
　王慶麟（瘂弦）、楊華康（麥穗）、董平（向明）、
　劉炳彝（藍雲）、小民（劉長民）、彭捷等。

　　覃子豪先後擔任「中華文藝」、「文壇」、「軍中文藝」
與「中國文藝」等數個函授學校的現代詩教職與班主任職務
達十年之久，甚至遠赴菲律賓傳授現代詩。編寫講義、批改
示範，實際參與台灣現代詩壇的推廣與培育工作，可說是桃
李滿天下。其學生不計其數，大部分成為台灣現代詩壇或文
壇要角，如向明（董平）、瘂弦（王慶麟）、辛鬱、小民（劉
長民）、麥穗（楊華康）、邱平、藍雲、彭捷、趙玉明（一
夫）、秦嶽（秦貴修）、張拓蕪、董劍秋、張效愚、楊華銘、
孫建吾（雪飛）、林煥彰等以及菲律賓的詩人雲鶴、和權等。
其他學生如文曉村、藍雲等詩人，在文協研究班結業後，馬
上成立了「葡萄園詩社」，發行以純正詩藝為號召的《葡萄
園詩刊》。

　　余光中、蓉子、羅門、向明等成員的新詩教育推廣，他
們主要透過演講；擔任文藝營講師、文學獎評審等等。例如

余光中、蓉子就是在東海大學的文藝營，與當時東海大學學生的楊牧，結下深厚的文學因緣。而 60 年代，余光中赴美前的一次在耕莘文教院的演講，更吸引了五百多個新詩愛好者，將現場擠得水洩不通。覃子豪、鍾鼎文、余光中、蓉子、羅門等人，並曾先後至菲律賓擔任暑期文藝營的新詩課程講師，對當地華文新詩的發展與推廣，影響甚多。[15]

藍星詩社是台灣 1950、60 年代三大詩社中，社員向心力較強，活動力旺盛的主要詩社；現代詩社除了紀弦主導與撐持外，其他社員如林亨泰、方思、鄭愁予等人，比較注重個人創作，對於詩編輯或教育、推廣與論戰等，似乎參與不多；創世紀詩社當時仍在摸索詩社定位與路向，主要社員大部份仍羈旅軍中，除張默、洛夫、瘂弦等三巨頭參與編輯、論戰及其他新詩相關活動外，其他主要社員也仍未嶄露頭角。

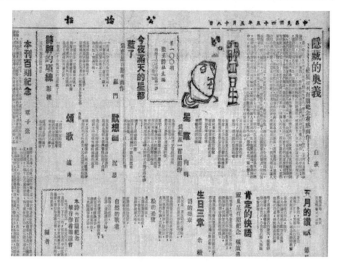

《公論報·藍星週刊》100 期紀念號

---

15 可參閱各期的《藍星詩頁》詩訊欄。

　　早期藍星詩社主要的活動還有數次的週年或詩刊滿期紀念會。首次舉辦作者聯誼會是在《藍星週刊》百期紀念，舉行的作者聯誼會[16]。接著是《藍星詩刊》三週年紀念，於台北青年服務社舉行作者聯誼會，參加者踴躍，在週刊上連續三期都有實況報導、賀函發布與紀念詩文的刊登。[17]接著是《藍星週刊》二百期紀念，舉行的作者聯誼會，甚至於《藍星詩頁》所刊載，每週年慶幾乎都有紀念或慶祝的活動。這些活動，對於連絡詩人、作者與讀者間的感情，無疑有加溫的效果。

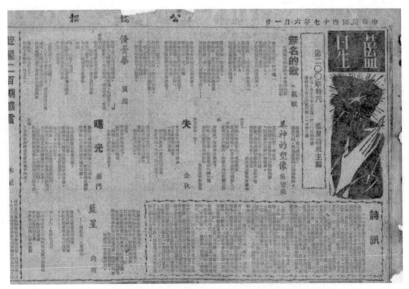

《公論報・藍星週刊》200 期紀念特刊

16　本社：〈本詩刊百期紀念，舉行作者聯誼會〉，《藍星週刊》第 100 期（1956 年 5 月 18 日）。

17　為第 153、154、155 期。參見〈本刊三週年紀念大會紀盛〉，《藍星週刊》第 154 期（1957 年 6 月 21 日）。

3.藉由新詩論戰擴張影響

　　國民政府播遷來台初期，新詩的的地位仍未受學院與傳統作家認同；新詩的影響力也還未顯現，猶如待開墾灌溉的沙漠地帶。待《新詩週刊》與《現代詩》、《藍星》、《創世紀》等詩刊、詩社的發行與成立後，新詩的創作與活動，才漸漸復甦與活絡起來。

　　真正引領新詩走入群眾與引起各界人士的關注，應該是如上述各種「新詩函授班」教育、詩刊發行與論戰所引起的結果。第一個引起各界矚目的，是紀弦的「橫的移植」說所引起的現代派論戰；接著是蘇雪林質疑現代詩人引起的象徵派論戰；然後是言曦一些「閒話」、「餘談」所引發的新詩閒話論戰。這三場論戰最主要提筆上陣的詩人，大多是藍星詩社的成員，例如第一、二場論戰由覃子豪、黃用等人為主要應戰者。第三場論戰則是余光中、黃用、夏菁等人出頭。

《言曦短論集》封面書影

由此可知，藍星詩社詩人不止致力於創作，對於新詩創作理論的回應與實踐，更是積極參與。對爾後文化界與詩人間的活動交流，也密切關注。

二、藍星詩社發起人與主要成員辯疑

（一）藍星詩社發起人辯疑

藍星詩社草創時期的歷史，距今已逾半個世紀，若干記述的真實性值得懷疑。不僅如此，藍星詩人由於參與程度的不同，成員間對早期歷史的印象與記憶難免不一致。例如發起人與主要成員的認定，就多有出入。

筆者試著就台灣主要幾種刊物所載，各詩人、作家對於早期藍星詩社的成員名單作一列表，以刊出時間先後次序呈現，並探討其中的主要認定與變動。

1983 年藍星詩人詩友餐敘。

前排左起：余光中、王潤華淡瑩夫婦、余夫人、蓉子、羅門；

後排左起：周夢蝶、敻虹、張健、吳宏一、王憲陽、沉思、向明。

附表 2-1：藍星詩社發起人、成員的各家看法：[18]

作者：出處（初版年）	藍星發起人	早期藍星成員	80 年代加入藍星成員
本社：《藍星週刊》200期（1958 年）	覃子豪、鍾鼎文、夏菁、鄧禹平、余光中、司徒衛、辛魚	梁雲坡、吳望堯、羅門	
羅門：《藍星詩頁雙月刊》64 期（1982 年）		覃子豪、夏菁、余光中、蓉子、羅門、周夢蝶、張健、向明、敻虹、黃用、吳望堯、阮囊、商略、王憲陽、曹介直、吳宏一、曠中玉	
張默：《感月吟風多少事》（1982 年）		覃子豪、鍾鼎文、夏菁、余光中、鄧禹平、蓉子、羅門、周夢蝶、張健、向明、敻虹、黃用、吳望堯、阮囊、王憲陽、商略、吳宏一、葉珊	
羅門：《藍星詩刊·第一號》（1984 年）	覃子豪、鍾鼎文、夏菁、鄧禹平、余光中、蓉子、司徒衛	羅門、周夢蝶、張健、向明、敻虹、方莘、黃用、吳望堯、阮囊、商略、王憲陽、沉思	苦苓、羅智成、方明、天洛、趙衛民
羅門、張健：《星空無限藍 —— 藍星詩選》（1986 年）		覃子豪、鄧禹平、夏菁、余光中、周夢蝶、羅門、蓉子、阮囊、向明、曹介直、商略、吳望堯、黃用、張健、方莘、敻虹、王憲陽	羅智成

---

18 雖然此表中許多本刊物或詩史，有沿襲他人說法或道聽塗說，為尊重史的真實性以及並置各家看法，供後續考證，仍有臚列之必要。

古繼堂:《台灣新詩發展史》（1989 年）	覃子豪、鍾鼎文、夏菁、鄧禹平、余光中、蓉子、司徒衛	羅門、周夢蝶、張健、向明、敻虹、方莘、黃用、吳望堯、阮囊、商略、沉思、曹介直、王憲陽、楚戈、曠中玉、吳宏一、菩提、白浪萍、楊牧	
張健：《藍星詩學》創刊號1999 年	覃子豪、鍾鼎文、夏菁、鄧禹平、余光中、辛魚	蓉子、羅門、周夢蝶、張健、向明、敻虹、黃用、吳望堯、阮囊、商略、王憲陽、曹介直、楊拯華、曠中玉、彭捷、沉思	羅智成、趙衛民
張雙英:《二十世紀台灣新詩史》（2006 年）	覃子豪、鍾鼎文、夏菁、鄧禹平、余光中、蓉子	羅門、周夢蝶、張健、向明、敻虹、黃用、吳望堯、阮囊、楚戈、曠中玉、楊牧	苦苓、羅智成、方明、天洛、趙衛民
夏菁：《藍星詩學》24 期（2007 年）	覃子豪、鍾鼎文、夏菁、鄧禹平、余光中、	辛魚、季予、黃騰輝、黃用、吳望堯	
古遠清:《台灣當代新詩史》（2008 年）	覃子豪、鍾鼎文、夏菁、鄧禹平、余光中	羅門、周夢蝶、張健、向明、敻虹、方莘、黃用、吳望堯、阮囊、商略	

　　早期藍星詩社沒有組織與章程，成員大部分來去自如。因此參照上表，本文對早期藍星主要成員的定義有狹義與廣義兩方面：（一）、狹義的認定：因為藍星詩社沒有組織、沒有社規，成員的認定應該取決於大多數社員的認同與共識。這其中最重要的認定應該以該社唯一的一次詩選 ──《星空無限藍 ── 藍星詩選》[19]內的成員為主，因為此份名單必經反覆討論後的共識與定本。當然，仍需審酌其他客觀史實，例如漏列的發起人之一的鍾鼎文，實因其退出甚早的緣故。（二）、廣義的認定：基本上，筆者認為對藍星詩社社員廣

---

19 張健、羅門編：《星空無限藍》，（台北：九歌出版社，1986 年 6 月 10 日初版）。

義的認定，必須要他有最低限度的參與，即參與者本人的意
願與被參與組織起碼的接受與認同。如以此觀之，則如上附
表所列詩人的藍星成員身份，多存有疑義。再如資深藍星詩
人向明所描述：

《公論報·藍星週刊》200 期感言

「藍星」則既不成派別，
也無任何號召主張，唯一
的好處是在當時的《公論
報》副刊獲一每週一次的
版面，稱之為《藍星週
刊》。從此凡能在這份週
刊上發表作品的便是「藍
星」的一員，既不用填申
請表，也無需繳會費，完
全以作品來當身份證明，
這種所謂的「柔性」詩社
自能更吸引詩人參與。[20]

　　若如向明上文所述，
「從此凡能在這份週刊上
發表作品的便是「藍星」
的一員」則其認定不合邏
輯也，果真如此的話，藍星社員不就千百名了嗎？又其他如：
創世紀詩社詩人張默、洛夫、瘂弦；現代詩社成員紀弦、方
思、鄭愁予等其他詩社詩人的投稿登載，其作者本人就真有

---

20 向明：〈為詩奮起為詩狂〉，《藍星詩學季刊》24 期，（2007 年 12 月
　　31 日），頁 57。

意願成為藍星詩社的一員嗎？答案恐非如此。因此，本文探討早期藍星詩社的主要詩人身分認定，主要在如前述的「狹義的認定」之基礎上。

《星空無限藍 —— 藍星詩選》這份同仁詩選的名單，除了 1980 年代後期加入的羅智成外，其他大部分為早期加入的成員，有：覃子豪、周夢蝶、鄧禹平、夏菁、余光中、羅門、蓉子、阮囊、向明、曹介直、商略、吳望堯、黃用、張健、方莘、敻虹、王憲陽等（依年齡序）。加上羅智成共十八位成員的同仁詩選。余光中在這本詩選的序中說：

> 這本《星空無限藍》的人選與作品，來自全體編輯委員的決定，對於同人創作的風格與成就，具有相當的代表性；由於這是歷年來第一部也是僅有的集體選集所以更具有重大的歷史性。[21]

因此，以這份參考名單認定為藍星主要成員，應該是當時大多數藍星詩人的共識，否則漏列任何一位重要成員的歷史筆墨責任，相信都非全體藍星編輯所能承受的。因此，據以探討來來去去，或因裙帶關係而偶而列名（或掛名）的成員，相信更有依據。[22]

雖然《星空無限藍 —— 藍星詩選》這份同仁詩選的名單沒有鍾鼎文，但是他為藍星發起人之一，是毋庸置疑的。不管是藍星詩人的文章認知或者上述附表 2-1 大部分表列名單，都可證實。惟其退出藍星詩社甚早，肇因在民國 47 年 6

---

21 同前註，頁 9-10。
22 例如古繼堂的《台灣新詩發展史》，除了上述藍星成員外，還列有司徒衛、楚戈、曠中玉、吳宏一、菩提、白浪萍等，不知所據為何？並無附註可考，疑道聽塗說。見《台灣新詩發展史》，頁 181。

月 1 日藍星詩社舉辦《藍星週刊二百期紀念》，並頒發「藍星詩獎」，得獎者有吳望堯、黃用、瘂弦、羅門等。23據夏菁的回憶：

> 就在儀式開始的前一刻，社內的幾位同仁，排定工作
> 及座次。當時，擔任主席的可能人選有兩位，一是鍾
> 鼎文，一是覃子豪。他們兩位，年歲較長，寫詩資歷
> 亦深。由誰擔當，均無不可。當時不知是鼎文姍姍來
> 遲，還是子豪當仁不讓！或是有人建議由子豪擔任，
> 因他出力較多，對社務較為熱心。總之，這一角色促
> 成藍星的一次分裂。頒獎過後不久，鼎文起立發言，
> 即席提出脫離藍星……。24

鍾鼎文與筆者（2007 年詩運獎典禮）

---

23 參見本社：〈二百期慶祝會記盛〉，《公論報・藍星週刊》第 201 期，
　　1958 年 6 月 6 日，第 6 版。
24 夏菁：〈早年的藍星 —— 重刊〈藍星憶往〉〉，《藍星詩學季刊》24 期，
　　（2007 年 12 月 31 日），頁 30。

　　一個頒獎典禮主席的任務與名譽，竟然產生藍星內部的齟齬，令人匪夷所思。我國傳統文人大多不求利，惟獨在乎名聲。當時出席者有梁實秋、夏濟安、林海音等文人，而鍾鼎文時任國民大會代表，有當時總統的直接選舉權，地位的尊崇不在話下，或許當時自己感到未受應有的尊重，所以一時意氣，脫離了藍星。但是爾後鍾鼎文對藍星以及詩壇的維護，依然功不可沒。

　　許多本詩史似乎將蓉子列為發起人之一，例如古繼堂與張雙英的詩史[25]。但根據余光中、夏菁等人的說法，蓉子是在邀約的名單中，卻因當時蓉子與眾人不熟識，遂託辭請假未到。過了一段日子，由於蓉子常為藍星各種詩刊寫稿，才和藍星諸君子漸漸熟悉，時間久了，而自然成為藍星的一份子[26]。所以，蓉子嚴格說起來並非藍星的發起人，而是較早加入藍星詩社的一位資深成員。所以余光中說藍星詩社名義上的發起人就只有鍾鼎文、覃子豪、鄧禹平、夏菁和余光中。[27]且蓉子在一篇文章裡說：

　　　　在我的詩集（《青鳥集》）問世後四個月，也就是民
　　　　國四十三年三月中旬的某一天，突然收到當時以詩集
　　　　《藍色小夜曲》風靡讀者的鄧禹平和資深詩人也是詩
　　　　社原始發起人夏菁共同具名的信，邀我參加他們籌辦
　　　　詩刊（社）的會議，同時參加的尚有前輩詩人覃子豪

---

25 張雙英：《二十世紀台灣新詩史》，（台北：五南圖書公司，2006 年 8 月），頁 179。

26 蓉子：〈藍星瑣憶〉，《藍星詩學季刊》24 期，（2007 年 12 月 31 日），頁 51-52。文中作者證實這一點。

27 余光中：〈藍星詩社發展史〉，《藍星詩學》創刊號，（1999 年 3 月 31 日），頁 5。

和鍾鼎文兩位，名詩人余光中共五六位。當時我寫詩
不久，對詩社活動和辦詩刊毫無經驗，同時又另外有
事情，只好回函表示歉意並感謝他們函邀我的盛情和
美意，此事就這樣結束了！

過了一段日子，由於常為藍星各類不同詩刊物諸如：
《藍星宜蘭版》、《藍星詩選》、《藍星週刊》……
等寫稿，這時和藍星諸君子才慢慢熟識起來，時間久
了也就自自然然地成為藍星的一份子。[28]

蓉子與羅門（筆者 2008 年訪問後攝於燈屋）

　　從蓉子的回憶可知，當時她婉拒了鄧禹平等人辦詩社、
詩刊的邀請。蓉子甚至在紀弦的第一批「現代派」加盟名單

---

28 蓉子：〈藍星瑣憶〉，《藍星詩學季刊》24 期，（2007 年 12 月 31 日），
　　頁 51-52。

中出現，與後來陸續成為藍星詩人的羅門、周夢蝶等人，都
是現代派初期加盟的一員，後來經由投稿藍星諸刊物，慢慢
熟識起來並經時間久了，才自然地成為藍星一份子。從蓉子
這段話解讀可知，雖然早期藍星詩社沒有社長、沒有組織、
沒有規章，社員的認定仍須經過創作投稿與時間長久的醞
釀、累積，且與藍星詩人間熟識並獲得大多數成員的認同，
才有機會成為藍星詩社的一份子。

　　從上附 2-1 表可見，發起人名單有多種版本，例如羅門、
古繼堂加列有司徒衛（羅門誤植史徒衛）29，張健則加上辛
魚。司徒衛、辛魚兩人最早出現在發起人名單，則是在《公
論報・藍星週刊》200 期：

> （一）本社創立於四十三年三月，而正式定名為「藍
> 星」，則在同年之六月。當時發起創社之同人為鍾鼎
> 文、覃子豪、夏菁、余光中、鄧禹平、司徒衛及辛魚
> 等。其後陸續入社者有梁雲坡、吳望堯、羅門等及其
> 他廣大讀者群。30

　　《藍星週刊》200 期紀念特刊的這份簡介，可說是藍星
詩社最早出現的一份社員名單，雖然並不正式、也不完整，

---

29 羅門：〈紀念藍星詩社成立三十週年〉，《藍星詩刊》第 1 號，（1984
　年 10 月 5 日），頁 42。司徒衛（祝豐，1921-2003）江蘇省如皋縣人。
　曾任成功中學國文教師多年，後來在中國文化中文系文藝組任教；曾任
　《幼獅月刊》主編、《文藝論壇》總編輯、《自立晚報》副刊主編（民
　國 57-70 年）。並策畫主編「驚聲文藝叢書」及「當代中國新文學大系」。
　長期為《聯合報》、《中華日報》副刊撰寫專欄。著有評論：《五十年
　代文學評論》等。
30 參見本社：〈藍星二百期感言〉，《公論報・藍星週刊》第 200 期特刊，
　（1958 年 6 月 1 日星期日，第 6 版）。

但仍可看出蓉子並不在名單內。而司徒衛與辛魚卻列名發起人，何故？據麥穗的考證，藍星詩社發起聚會當天晚宴，司徒衛並不在邀請名單內，而是覃子豪私下邀約一同前往的，當時參與「旁聽」的還有夏菁夫人以及夏菁房東的兒子，也就是年輕詩人、紀弦學生楊允達[31]。辛魚也是覃子豪的朋友，初期曾經幾次參加藍星的聚會，並有詩集曾經列名藍星詩叢，後來就淡出了。以至於後來的藍星詩人都不識司徒衛與辛魚，會列名發起人，是當時社友尊重藍星初期領袖覃子豪的緣故，此二人的參與意願與是否獲得大家的認同，仍是個疑問。也從不曾見司徒衛與辛魚二人在其著作或創作履歷上，曾經公開表明或自稱是藍星詩人。

因此，余光中說名義上藍星詩社的發起人，只有鍾鼎文、覃子豪、鄧禹平、夏菁和余光中五人而已，並無疑義。[32]

（二）早期藍星詩社主要成員辨疑

早期藍星詩社發起人名單有各種差異外，從前述各家看法附表 2-1 可見，早期藍星詩社成員名單也有多種版本。本論文將以較嚴謹的狹義之定義來認定藍星詩社主要成員，討論並排除一些並不為大多數成員認定的社友，或者為掛名的名單。除了前述探討過的早期發起人名單與不擬在本文討論的 80 年代後加入的成員外，並以《星空無限藍 —— 藍星詩選》名單為主要成員參考，來討論其他詩人在前述各詩人與文史專家的各家看法與名單，附表 2-1 的其他列名而有爭議的早

---

31 麥穗：〈藍星詩社成立於誰家〉，《詩空的雲煙》（北縣：詩藝文出版社，1998 年 5 月），頁 67。
32 余光中：〈藍星詩社發展史〉，《藍星詩學》創刊號，（1999 年 3 月 31 日），頁 5。

前藍星詩人成員名單的出現次數統計與名單如下：

附表 2-2：

列名次數：	四次	三次	二次	一次
詩人名單：	曠中玉	吳宏一、楊牧（葉珊）	楚戈	梁雲坡、菩提、白浪萍、楊拯華、辛魚、季予、黃騰輝、彭捷

　　前述附表 2-2 為早期藍星詩社主要成員有爭議的各家看法次數統計與名單，其中曠中玉出現四次最多，其次吳宏一與楊牧（葉珊）三次、楚戈二次外，其餘梁雲坡、菩提、白浪萍、楊拯華、辛魚、季予、黃騰輝、彭捷等都各出現一次。

1961 年余光中英譯《中國新詩選》在
美國駐華大使館官邸舉行出版酒會。

前排左起：鄭愁予、羅家倫、覃子豪、胡適、莊大使夫人、
　　　　　余光中夫婦、蓉子、夏夫人。
後排左起：夏菁、鍾鼎文、莊萊德大使、紀弦、羅門、楊牧、
　　　　　周夢蝶、洛夫。

　　先從上述表列最多次的曠中玉討論，他與名單中出現一次的彭捷皆為覃子豪的學生，曠中玉在早期一般詩人皆以為他是女性詩人，其實他與周夢蝶一樣皆為行伍出身，至今仍是隻身在台的單身漢。張健曾說：

> 四十四年來，在藍星刊物上發表作品的作者已有數百人，真正屬於藍星同仁的作者，約二十人左右，其中鍾鼎文已於創社三年後當眾宣佈退出藍星，故一九八六年我和羅門主編藍星詩選《星空無限藍》時未選入鍾氏的詩（但我自己編著的《中國現代詩》中則選了他好幾首），《星》集共選十八人，其中鄧禹平（一九二五～一九八五）作品較少，且作品亦不多，羅智成、曹介直與藍星的關係較淡，其餘十五人都可說是藍星的中堅份子，且除了周夢蝶、阮囊、商略，均曾主編過《藍星》詩刊（包括季刊、雙月刊、週刊、半月刊、年刊）。另外，葉珊、白萩、辛鬱、青芬、藍菱等亦曾將詩集列入「藍星詩叢」，袁德星、白雨的作品大部分發表在藍星。楊拯華曾短期為藍星同仁，曠中玉、趙衛民也曾客串過藍星編務。早期女詩人彭捷、沈思，亦可算藍星同仁。胡品清可算藍星的客卿，還有洪兆鉞，長久以來是忠實的藍星之友。[33]

---

[33] 張健：〈藍星詩人的成就〉，《藍星詩學季刊》創刊號，（1999 年 3 月 31 日），頁 20-33。文中袁德星即是楚戈。

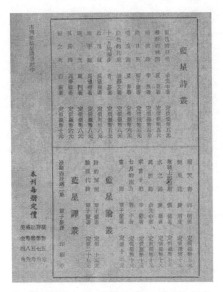

藍星詩叢（藍星季刊第 3 期封底）

　　曠中玉雖曾客串過藍星編務，但弔詭的是他唯一的詩集卻是由創世紀詩社出版[34]，亦不見他本人在任何場合或文中自稱為藍星詩人，可見他本人與藍星社友對其為成員的身分認同的存疑。可能的解釋是他基於對詩的愛好與對老師覃子豪的懷念而對藍星詩社所做的默默參與。懷抱同樣無怨無悔的默默為藍星奉獻的還有張效愚（蜀弓）[35]，早期他幾乎每期為《藍星週刊》仔細校對，是覃子豪得力的助手，卻不見名於藍星詩社。

34 曠中玉：《數星的人》，（台北：創世紀詩社，1981 年 6 月）。
35 蜀弓（張效愚，1927-），四川省巴縣人，曾任報社校對、助理編輯。青
　　年軍 201 師戰士、防空砲兵部隊基層幹部、軍文人員等，後以上校官階
　　退伍。轉業雲林農田水利會任職達 23 年。著有詩集：《五弦琴》、《鼓
　　手》、《異鄉人》等。評論集：《方眼中的跫音》等。

　　其次出現名單三次的有吳宏一[36]與楊牧（葉珊）。吳宏一的第一本詩集《回首》是由藍星詩社在 1965 年出版，列名藍星詩叢，他在藍星詩刊的作品主要發表在《藍星詩頁》上，約有 17 首，並在第 18 期發表〈從「畫鬼者流」談到新詩難懂〉[37]，為對當時新詩論戰的回應與看法，他除在《藍星詩頁》的投稿參與外，很少再見其詩作的發表，或許是專心從事學術研究的關係。後來，很多人都不知道他早期的詩人身分，甚至是與藍星詩社的淵源了。因此，《星空無限藍 ── 藍星詩選》的藍星同仁詩選，自然也沒有他的名字。吳宏一會出現在上述附表 2-1 的名單中，可能是他與藍星詩社詩風相近且與藍星詩友關係密切的緣故。同樣因此被認為是藍星詩社成員的還有楊牧（葉珊），他在花蓮讀高中時即投稿給藍星，在台北時期以及在台中就讀東海大學時更是與藍星諸詩友往來密切，最早將他列名藍星詩人的是張默的《感月吟風多少事 ── 現代百家詩選》[38]，書中詩史的回顧部分，提及葉珊（楊牧）與吳宏一等皆為藍星詩人，以至於後來的蕭蕭、羅青等人都認為葉珊（楊牧）是藍星一員，甚至張雙英以及大陸學者古繼堂、洪子誠、劉登翰都為楊牧在藍星詩社名下單獨設有專節討論[39]。但是文內卻都沒交代楊牧如何成為藍

36　吳宏一（1943-），臺灣省高雄縣人，臺灣大學中文所博士，後曾任臺大、中山、清華、淡江、東吳等大學中文系副教授、教授；中央研究院文哲所籌備處主任、香港中文大學客座教授；《新潮》、《海洋詩刊》、《中外文學》等刊物主編；中小學國語文教科書編輯小組。曾獲中興文藝獎章、國家文藝獎；著有《回首》、《微波集》、《繡風集》及《常州派詞學研究》、《清代詩學初探集》等散文、詩集及學術論著。

37　吳宏一：〈從「畫鬼者流」談到新詩難懂〉，《藍星詩頁》第 18 期（1960年 5 月 10 日）。

38　張默：《感月吟風多少事 ── 現代百家詩選》（台北：爾雅出版社，1982年 9 月 1 日），頁 2。

39　古遠清：《台灣當代新詩史》（台北：文津出版社，2008 年 1 月），頁 119。

星一員，也沒註明所依據的出處及來源。考查所有藍星詩刊物與楊牧本人的著作，並無「本社同仁」或「藍星詩社詩人楊牧」一詞；楊牧也未曾在公開場合表示為藍星詩社詩人。筆者曾當面詢問過蓉子、羅門、向明等藍星資深成員，都否定其為藍星一員，因此綜觀前述論點，葉珊（楊牧）並非藍星詩社的詩人。

　　楚戈（袁德星）[40]在前述附表中出現兩次，分別是古繼堂與張雙英的詩史，從名單出現先後次序來看，後者顯有參考前者之嫌，同樣沒有註明出處與列名成員的理由，致使後來的研究者無從查考。只憑一己之認定，而無查訪本人與核對史料，將發生與將楊牧認列為藍星成員而產生同樣史實的謬誤，不可不慎。楚戈並非藍星詩社成員，倒是曾經以德星的名字加入紀弦的現代派，成為第一批加入的 83 名成員之一。[41]

　　表列名單出現一次的其他八位詩人：梁雲坡（梁在正）[42]、菩提（提曰品）[43]、白浪萍[44]、楊拯華[45]、辛魚、季予（宋

---

40 楚戈（袁德星 1931-2011）湖南省汨羅縣人。為台灣知名畫家和青銅器專家在學術、藝術和文學上的成就都同樣亮眼，他跨越多種領域和文類，著有詩集《散步的山巒》、《流浪的房屋》；散文集《咖啡館裡的流浪民族》、《火鳥再生記》；雜文集《審美生活》；藝術評論《視覺生活》；繪畫集《楚戈作品集》等多種。

41 紀弦主編：〈現代派詩人群第一批名單〉《現代詩》第十三期（1956 年 2 月 1 日）頁 3。

42 梁雲坡（梁在正，1926-）河北高陽縣人，著有詩集《碎葉集》《射手》等，與夫人梁丹丰皆為台灣著名的畫家。

43 菩提（提曰品，1931-），河北滄州市人。1946 年 8 月從軍避難。25 年的軍中生涯，官至心戰官，而後擔任雜誌編輯達 13 年。26 歲，從詩開始，繼之以小說、散文、乃至評論。散文著有：《知風草》、《火車想開》、《菩提自選集》等。

44 白浪萍（蔡良八，1938-）高雄縣彌陀鄉人。省立高雄商職畢業，曾任華南銀行行員，觀光飯店及建設公司經理；曾主編《流星》、《山水》詩

漢章）、黃騰輝[46]、彭捷[47]。其中菩提為創世紀詩社詩人，白
浪萍也只短暫現身詩壇，被古繼堂列為早期藍星詩社成員，
不知其根據為何。季予是藍星發起人之一夏菁當時工作的新
店文山茶場（林場）場長的兒子，後來推介吳望堯加入藍星，
並與麥穗合出一本詩集《鄉旅散曲》，他列名早期藍星陣容，
是因夏菁的關係。而梁雲坡、辛魚、黃騰輝、彭捷等四人與
司徒衛、曠中玉一樣，都是覃子豪的友人或學生，幾乎都是
因為覃子豪的關係而有連結或是站在他這邊而參與的。以至
於當時藍星其他少壯派詩人如黃用等人崛起後，以及他們個
人學業、工作等因素，這些詩友漸漸離藍星就越來越遠了，
不論投稿或參與活動。[48]

三、結　語

　　綜觀前述，筆者認為早期藍星詩社（1954-1971）主要成
員名單，剔除短暫來來去去或依附成員參與者，當以《星空
無限藍 —— 藍星詩選》這份同仁詩選的名單為基礎，加上鍾

刊、《藝術》季刊。白浪萍早於 17 歲時，即有作品發表於《野風》月刊、
　　《藍星》詩刊。著有詩集：《曉鐘》、《白鷗書》、《停雲的山》《寒
　　月集》等。，1980 年代移民中美洲貝里斯後動向不明。
45 楊拯華（1946-）青島市人。文化大學文學系畢業，華岡詩社創辦人之一。
　　曾任教省立彰化仁愛實驗學校、省立臺中啟聰學校、臺灣省立桃園啟智
　　學校校長，現已退休。著有詩集：《二十四橋曲》、《如夢令》等。
46 黃騰輝（1931-），新竹縣竹北人。東吳大學法律系畢業。中國菱電公司
　　總經理，長期擔任笠詩社發行人。
47 彭捷（1919-2014）廣州市人。廣州女高畢業，曾參加中華文藝函授學校
　　第 1 期詩歌班，自民國 43 年起作品發表於《公論報・藍星週刊》、《現
　　代詩》季刊等。作品曾多次被選入各種詩選集中。民國 65 年移民加拿大。
　　同時期的詩人多稱她「彭大姐」。
48 例如黃騰輝參加了笠詩社，彭捷後來去了加拿大。

鼎文共十八名主要成員。

　　發起人為：覃子豪、鍾鼎文、鄧禹平、夏菁、余光中（依年齡序）。

　　後來陸續加入的成員為：周夢蝶、蓉子、羅門、阮囊、向明、曹介直、商略、吳望堯、黃用、張健、方莘、敻虹、王憲陽（依年齡序）。

　　本文將在後章，分別小評傳的方式，論述早期藍星詩社主要成員的生平行誼與創作風格的轉變及其成就。

早期藍星詩刊探究

　　在台灣，詩刊的發行史，幾乎等同新詩社團的發展史；詩刊的發行，基本上維繫著詩社的存續。早期的藍星詩刊，肩負著藍星詩社重大使命，一方面是詩社的發聲管道，是詩社詩人與外界詩人溝通與交流的橋樑；另一方面是詩社內外，所有詩人們重要的發表園地，也是論戰的場域之一。更重要的是負有拓展詩社勢力與影響力的使命。

　　歷史，是不容時間的流逝而忽視的。最早的藍星詩刊物《藍星週刊》在 1954 年 6 月 17 日面世，距現在（2015 年）

附著在《公論報》半版的《藍星週刊》

已經有 62 年的歷史，超過一甲子。年代久遠的因素，造成現
代詩人對這些詩刊蒐集與研究不易，更遑論一睹其廬山真面
目。這些詩刊涉及當時詩人們的學習與發表，以及反映當時
的文風詩潮、思想軌跡。本章將梳理藍星早期各種詩刊的編
輯、發行與傳播影響，探索其對台灣新詩發展的歷史意義。

　　藍星各種刊物大大小小加計各種復刊號等，共有十種型
態出現。從 1954 年的《藍星週刊》創刊到 2007 年《藍星詩
學》第 24 期停刊止，共跨越 53 個年頭，總計出版有 372 期。

　　請參照表 1-1：藍星詩社各種期刊與主編表，分述各種
藍星詩刊如次：

一、《藍星週刊》

　　《藍星週刊》為藍星詩社第一份刊物，附著在《公論報》
發行 211 期，有其重要地位，篇幅甚大而將在下一章專章探究。

二、《藍星宜蘭版》

（一）《藍星宜蘭分版》的出版與發行

　　《藍星宜蘭分版》單行本創刊於 1957 年 1 月，至 7 月號
停刊止，總共出版七期。它的出版與發行單位為救國團所屬
的「宜蘭青年月刊社」。《宜蘭青年》月刊等「青年月刊」
原係全台各縣市救國團專為中等學生與大專生辦的文學刊
物，作者與讀者多為各縣市當地的青年學生。

　　《藍星宜蘭分版》單行本是以八開紙張雙面印刷，經對
折再對折，裝訂成 32 開本，每期八頁的小詩冊，封面為套色

印刷，西方詩人畫像與「藍星」二刊頭字皆為深藍色系。

　　《藍星宜蘭分版》是在物質困乏的逆境中順勢而為的產物。談到《藍星宜蘭分版》，不得不談到筆名朱橋的朱家駿（1930-1968），時任救國團宜蘭縣團委會文教組長，因為編輯《宜蘭青年》月刊的關係，接洽當時在《公論報》主編《藍星週刊》的覃子豪，協商在《宜蘭青年》內發行藍星分版，本意其實是「專係刊登宜蘭青年詩作者之作品」。《藍星週刊》第107期的詩訊：

> 宜蘭青年主編朱家駿先生與本刊編者協商出版藍星宜蘭分版，本刊編者業已同意，並請朱家駿先生主編，該刊篇幅關於宜蘭青年之內，約佔兩頁，專係刊登宜蘭青年詩作者之作品。[1]

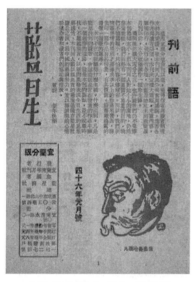

《藍星宜蘭分版》創刊號

　　由此觀之，朱橋初期想在《宜蘭青年》內發行藍星分版，其實只是想開闢一個新詩專欄而已。不久，《公論報》上《藍星週刊》第125期的詩訊還有：

> 藍星宜蘭分版創刊以來，立刻獲得廣大讀者之愛好與擁護，第二期已出版，三期在付印中，從第四期起決定讀者之要求擴大篇幅，革新內容，單獨

1　覃子豪主編：《公論報・藍星週刊》107期，（1956年7月6日）。

　　向全省發行，每月出版一期，革新號定於四十六年元
　　旦出版，每冊只收紙張費印刷費郵資台幣一元，全年
　　十二期，長期訂戶全年收八元，半年四元。直接訂閱
　　通訊處：宜蘭市渭水路一〇〇號宜蘭青年社藍星宜蘭
　　分社。[2]

　　最初的分版，的確是附著在《宜蘭青年》月刊內，約佔
兩頁左右。且不只是專門刊登宜蘭當地青年學生的作品，從
內容看有當地宜蘭高中等學生的作品，亦有其他《藍星週刊》
覃子豪主編轉手過來的詩作。從民國 45 年 10 月開始共有三
期，至分版結束後，民國 46 年 8 月起又回復為附著在《宜蘭
青年》月刊內的形式。

　　《藍星宜蘭分版》獨立發行期間（民國 46 年 1 月至 7
月），則完全沒有當地青年學生的作品。作者群幾乎是《公
論報・藍星週刊》的翻版，所以一般認為此乃為覃子豪主導
的編務至為明顯，如為朱橋主編，斷不可能全無宜蘭青年學
生的作品。[3]這其中的刊物發行變化，可能是朱橋與覃子豪互
相善用彼此資源的結果，而後來詩壇人士談到的《藍星宜蘭
分版》，與本文討論的範圍，則是專指民國 46 年 1 月至 7
月間獨立出版發行的《藍星宜蘭分版》的詩專刊。

---

2 覃子豪主編：〈詩訊〉《公論報・藍星周刊》第 125 期，（1956 年 11 月
　23 日）。
3 宜蘭分版單獨發行前，已依附在宜蘭青年月刊發行了 3 期。惜筆者手頭只
　有 1 張殘缺剪下頁碼 27-28 的詩頁：刊頭署名「藍星」，27 頁是糜文開翻
　譯印度大文豪泰戈爾的詩作〈夢中情人〉；28 頁是詩人阮囊的詩作〈三
　人行〉與宜蘭青年署名「宜中西凌」的詩〈父親〉並列。

（二）《藍星宜蘭分版》的發刊詞與辦刊宗旨

　　《藍星宜蘭分版》在第一期的〈刊前語〉，即預告這份從《宜蘭青年》月刊獨立發行的詩刊，短暫的命運：

> 藍星宜蘭分版發刊以來，獲得作者與讀者熱情支持與愛護，使本刊同人萬分興奮與感謝。為答謝各作者與讀者期望，本刊決定擴大篇幅，充實內容，單獨印行，發行全省各地，在藍星總社未出版藍星月刊以前，本分版極願作一個急先鋒。
>
> 篇幅雖然擴大四分之三，也許讀者們仍不免嫌本刊篇幅太小，但本刊同人對此小小的園地，仍然非常愛惜，我們始終有一個重質不重量的目的，我們不怕篇幅小，只怕內容不夠精彩。所以，我們在精益於精的原則下選擇水準以上的作品來發表，務使每一篇作品有其份量，有其價值。給蕪雜紛亂的詩壇一個新的觀感。本刊不在這裡標榜什麼主義，什麼派別。凡是藍星詩刊的讀者，會認識藍星常在發表的作品中顯示一個創作的道路，就是本刊的觀點，是不脫離時代，不超越現實，以新的風格表現今日生活的思想與感情，本刊同人願以極忠實的態度追隨在藍星社諸公之後。為中國的新詩努力。並以極誠懇的心情盼望作者和讀者們的協助與指教。

　　這裡說出了《藍星宜蘭分版》的特色，就是「本刊不在這裡標榜什麼主義，什麼派別。」凡是藍星詩刊的讀者與作者，會認識藍星常在發表的作品中顯示一個創作的道路與風

格，這也就是分版的觀點與宗旨：即「不脫離時代，不超越現實，以新的風格表現今日生活的思想與感情」，這明顯與當時覃子豪傾向現實主義的詩觀與風格是一致的。又說：「本刊同人願以極忠實的態度追隨在藍星諸公之後。為中國的新詩努力。」追隨藍星諸公，亦即追隨藍星寫實與抒情的風格。為中國的新詩努力，顯然是以當時自由中國為主體自居的台灣新詩壇而言。

　　這個預告很快就實現了。因為由覃子豪主編的《藍星詩選》即將在 46 年 8 月出刊，一開始即定調為藍星詩刊急先鋒的《藍星宜蘭分版》單行本或因稿件質量因素，或者覃主編分身乏術，就此功成身退了。《藍星宜蘭分版》第七期的刊頭，即刊出〈預祝《藍星詩選》的誕生〉：

> 本刊在元月號的刊前語中說：「在藍星總社未出版藍星月刊以前，本分版極願作一個急先鋒。」因為本刊篇幅小，不能容納多數作者的創作，與較為長篇的詩論與介紹。對此，常覺遺憾。目前，藍星總社方面，決定在八月間出版《藍星詩選》，二十四開本，共五十頁每兩月出版一輯，為有永久性之叢刊。為覃子豪先生主編，我們相信這類似選集而又有期刊性質之大型新詩出版物，是自由中國詩壇出版界之創舉，《藍星詩選》無疑的能給予自由中國詩壇以決定性的影響。我們認為新詩刊物之出版不再求多，而要求精、求佳作與物力之集中，方能有更良好之表現，藍星詩選第一輯，既然決定在八月間問世。作為急先鋒之本刊，其任務算是達成。我們決定以七月號為終刊號，將力量集中「藍星詩選」，因為「藍星詩選」絕對能夠達到本刊同人和讀者願望。就此除向本刊作者致謝外，

《藍星宜蘭分版》第七期刊頭與
詩頁展開狀

謹以最大的熱忱預祝「藍星詩選」的誕生。[4]

覃子豪在《藍星詩選》誕生的同時，編完《藍星週刊》160 期就辭卸了主編的職責，委請余光中自第 161 期起接編。只可惜，滿懷大志的覃子豪，放棄手中主編的《藍星週刊》與《藍星宜蘭分版》，全心全意想要投注於《藍星詩選》，卻因不明因素，只出版兩期就無以為繼了。

（三）《藍星宜蘭分版》的主編及作者

　　《藍星宜蘭分版》雖然許多人認為是由當時的《宜蘭青年》月刊的朱家駿所主編，但是分版版權頁明白記載是「主編者：藍星詩社」[5]。而藍星詩社當時的代表靈魂人物不就是覃子豪嗎？所以，實際的組稿與編輯則與當時仍在發行的《藍星週刊》主編覃子豪脫不了干係。但在 2007 年清華大學蔡明諺的博士論文則極力主張為「孫家駿」所編，「朱家駿」與「孫家駿」本為不同人，一為著名編輯；一為著名詩人（孫家駿現居桃園大溪），這是事實與史實上的錯誤，不知其所

---

4 藍星詩社主編：《藍星宜蘭分版》46 年 7 月號，（宜蘭：宜蘭青年月刊社，1957 年 7 月）。
5 參見《藍星宜蘭分版》1-7 期，版權頁。

據為何[6]。無論如何，絕非「孫家駿」所主編。《藍星宜蘭分版》由誰主編？筆者所持為覃子豪所主編的理由有四：

1、分版的版權頁明白記載是「主編者：藍星詩社」，版面與編輯手法幾乎與覃子豪主編過的《新詩週刊》與《藍星週刊》之編排方式雷同，在單行本版權頁上印的發行者是《宜蘭青年月刊》，主編者是藍星詩社。

2、分版上出現的詩作水準與作者群都是一時之選，與《藍星週刊》上的作品與作者群幾乎一致，作者幾乎都與覃子豪交遊淵源甚深，甚至無任何一篇署名為「宜蘭青年」等當地學子的作品。

3、分版封底皆有覃子豪所翻譯的《法蘭西詩選》，除第七期為念汝（宋穎豪）所譯外，其餘配合封面刊登所譯者的肖像如馬拉爾美、凡爾哈崙等法國象徵派詩人多為覃子豪所常引述的對象，且封面上的刊頭短論多為覃子豪所撰。

4、在《公論報·藍星週刊》第 200 期紀念特刊中，主編余光中所露出的「馬腳」，在〈藍星二百期感言〉中透露：「除《藍星週刊》外，本社四年來之成績尚有：《藍星宜蘭版》，單行本創刊於 46 年元月，每月一期，共出版七期，由覃子豪主編。」[7]

由以上四點分析可知，《藍星宜蘭分版》共七期的單行本，概由覃子豪組稿與主編當無疑義。

---

6 蔡明諺：《一九五〇年代台灣現代詩的淵源與發展》（新竹：國立清華大學中國文學研究所博士論文，2007 年 6 月），頁 180。

7 余光中編：《公論報·藍星週刊》第 200 期紀念特刊，（1958 年 6 月 1 日）。

《藍星宜蘭分版》第二、三期刊頭

　　一首發表在《藍星宜蘭分版》46 年 2 月號的詩作，差點釀成白色恐怖氛圍中的冤獄與災難。即梅占魁「動物素描」的 12 首短詩，是對自由與生存權的發抒與渴望，據作者透露主要是想表達當時的人們，如同生活在動物園中的囚禁動物，非常的荒謬與可悲，毫無自由可言。然而詩中有多篇有意無意中表達對當權者（前總統蔣介石與蔣夫人）的描述與諷刺，差點造成作者、主編覃子豪與當時軍中詩人向明等人的「文字獄」。文字獄向來是中國傳統當權者對付政敵或整肅異己的絕佳利器，萬幸當時政工人員的維護而非告密，一念之間，得以逃過一劫；或者他覺得詩人們並非政敵，亦非異己，只是發發牢騷罷了。無論如何，作者在一片戰鬥文藝聲中，本於良知與本能，真誠的寫出了心中的苦悶與理想，實屬難能可貴，證明其勇氣可嘉也，例如第一首〈獅〉：

你的王國，你的群臣呢
你的尊嚴，囚於鐵檻
飛鳥歌頌自由
喚起你王者之夢？[8]

《藍星宜蘭分版》46 年 2 月號
梅占魁「動物素描」12 首短詩

這首〈獅〉以動物園鐵欄裡的獅子作比喻，獅子原是非洲草原裡的萬獸之王，如今卻失去自由囚禁在鐵籠裡，不僅暗示個人人身的不自由，更有暗喻當權者因種種政策失利或其他因素導致從大陸撤退而蝸居寶島的窘境。一首詩可以讓人有多重的聯想，需要讀者親自去細細品味與尋幽訪勝，才能獲致柳暗花明的驚嘆。

（四）結　語

綜觀《藍星宜蘭分版》的成就有三：

---

8 參見《藍星宜蘭分版》2 月號，頁 14。梅占魁的《動物素描》12 首為：
〈獅〉、〈虎〉、〈豹〉、〈雄鹿〉、〈黑熊〉、〈狐〉、〈波斯貓〉、
〈錦蛇〉、〈鱷魚〉、〈孔雀〉、〈火雞〉、〈鷹〉。

　　1、提供蘭陽地區青年學子現代詩的精神食糧,並埋下現代詩的種子。在第五期的〈編後記〉記載:

　　　本刊原附於《宜蘭青年月刊》,該刊每期發行量五千份並另印本刊一千份單獨發售,可以說本刊發行總數為六千份,實為自由中國詩壇發行數最大之詩刊。……[9]

　　就通常居於少數的詩刊發行數量來比較,《藍星宜蘭分版》總發行量 6 千份,是非常可觀的。
　　2、為我們留下了美麗的詩篇,就選稿方面可謂達到〈刊前語〉所言重質不重量的目的。可以從發表的詩人余光中、蓉子、瘂弦、白萩、羅門、向明、鄭愁予、張秀亞、吳望堯、阮囊、趙天儀等來看,皆是一時之選。詩作有瘂弦成名的佳作〈土地祠〉、〈羅馬〉、〈野荸薺〉、〈季候病〉、〈斑鳩〉、〈秋歌 ── 給暖暖〉等,以及余光中的〈宇宙的鄉愁〉,蓉子的〈白雪之戀〉等。
　　3、提供當時現代詩人馳騁的操場,發表的園地,並幫藍星詩社與現代詩壇拓展了現代詩更寬廣的疆界。

三、《藍星詩選》

(一)《藍星詩選》的出版與發行

　　《藍星詩選》創刊於 1957 年 8 月 20 日,至同年 10 月

9　藍星詩社主編:《藍星宜蘭分版》46 年 5 月號,(宜蘭:宜蘭青年月刊社,1957 年 5 月)。

25 日出版第二期後停刊，總共出版二期，每期約 48 頁左右的篇幅。第一期又名獅子星座號，第二期又名天鵝星座號。

　　《藍星詩選》名為詩選，實為詩刊的形態，是藍星詩社第一本正式的大型詩刊，前二種詩刊分別都是寄人籬下的《公論報・藍星週刊》與《藍星宜蘭分版》。《藍星週刊》為報紙副刊形式，後來獨立發行的《藍星宜蘭分版》充其量也只是摺疊的詩頁形式而已。覃子豪將《藍星週刊》的主編位置交給余光中，並停掉《藍星宜蘭分版》，只為專心辦好這一份大型詩刊以與紀弦的《現代詩》抗衡，並且增加藍星詩社所發行詩刊的內容與份量，可見他對這份詩刊的重視程度。

《藍星詩選》第一期獅子星座

　　《藍星詩選》的發行人為瑩星，另有筆名邱瑩星，本名邱水源，為台南市人。[10] 台南二中畢業後曾經經商，據聞為覃子豪函授學校學生，在覃子豪急需資助辦一份大型詩刊時，慷慨出資。所以《藍星詩選》的發行人登記為瑩星。在蔡明諺的論文中提及瑩星為《藍星詩選》發行人並為藍星詩社成員的身分[11]，雖然在《藍星週刊》164 期所推出詩選的廣告裡有描述，可能為成員尊重覃子豪主編而刊，但其是否為藍星成員？是

10 鍾肇政編：《本省籍作家作品選集 10 —— 新詩集》（北縣永和：文壇社，1965 年 10 月出版），頁 399。
11 參見蔡明諺：《一九五〇年代台灣現代詩的淵源與發展》（新竹：國立清華大學中國文學研究所博士論文，2007 年 6 月），頁 176。

否為其他藍星主要成員所認同，有待商榷。如果出資即為成員，那後期資助發行《藍星詩刊》32 期的九歌出版社老闆蔡文甫，是否當然就是藍星詩社一員？答案卻是存疑的，因為資助、贊助者並不必然是成員。事實上，瑩星除了覃子豪外與藍星詩社其他成員幾乎無往來，反而與笠詩社似乎更親密些。

　　覃子豪在《藍星詩選》第一期的編後記中說：「本詩選的出版，為發行人瑩星之熱誠與信心所促成，又賴其鈞君負責校對與奔跑印刷所的工作，熱誠至為可喜。」[12]無論如何，《藍星詩選》是否因為發行人的熱誠減退了，或者是因為資力還是其他的因素影響，卻在僅僅出版二期後即停刊。

（二）《藍星詩選》的發刊詞與辦刊宗旨

　　《藍星詩選》雖然沒有發刊詞或刊前語，但從〈編後記〉中可以發現這份醞釀三年之久的詩刊及其主事者覃子豪的辦刊宗旨：

> 實現一個理想，頗為不易，編者想編一個理想的詩刊，已經有三年之久了！費了多少的勞力與心思，今日始得實現，編者在校完本輯全部稿件之際，實感到無限的喜悅。
> 中國詩壇目前確呈一種新興蓬勃的氣象，所缺少的是一個共同努力的方向，本詩選願負上一個探索者的任務，為中國新詩覓一個正確的道路，結束詩壇目前一片混亂。所以在這裡發表了一篇〈新詩向何處去？〉一文，提醒全中國作者及讀者對中國新詩今後方向問

---

12 覃子豪主編：《藍星詩選・獅子星座號》，（1957 年 8 月 20 日），頁48。

題的注意。以期作更詳盡與具體的認識和檢討，這對
中國新詩的前途，實有莫大的助益。[13]

　　由上述可以發現在藍星詩社成立之初，覃子豪就有創辦
一份大型詩刊的念頭。或許礙於經費或者其他條件，最初都
只能寄人籬下的先後發行《公論報・藍星週刊》以及《藍星
宜蘭分版》。

　　紀弦藉由《現代詩》詩刊發表他的理想與成立「現代派」，
進而提倡他全盤西化的「橫的移植」現代詩改革運動時[14]，
更激發覃子豪辦一份現代大型詩刊以與之抗衡的想法。他想
為中國新詩覓一條正確的道路，結束詩壇的一片混亂。所以
在這期他發表了一篇〈新詩向何處去？〉[15]，想要提醒全國
的作者及讀者對中國新詩今後方向的問題，做一個指引的工
作。由此可知，覃子豪對新詩的改革與提倡推廣，一直都懷
抱著熱誠與使命感。他在〈編後記〉說：

> 本集子雖名為詩選，實乃一叢刊性的出版物。每兩月
> 出版一輯。名為詩選者，是表示是表示我們對詩創作
> 選擇的謹慎態度，實在的，這輯的作品經作者自己選
> 擇後，又經編者選擇，才決定發表。因為，我們要提
> 高創作的水準，不是一句空話，而是要實踐。本輯內
> 容如何，不必由編者一一介紹，高明的讀者，定可識
> 別。中國詩壇，讀物貧乏，除創作外，我們同樣重視

---

13 同前註。
14 參見紀弦：《現代詩》13 期，（1956 年 2 月 1 日）。封面的〈現代派成
　立宣言〉，及頁 4〈現代派信條釋義〉等文。
15 覃子豪：〈新詩向何處去〉《藍星詩選・獅子星座號》（1957 年 8 月 20
　日），頁 2。

理論，批評，介紹和翻譯；……。[16]

《藍星詩選》第二期天鵝星座號

　　由文中可知，此時的《藍星詩選‧獅子星座號》，雖名
為詩選，實際上是詩刊。與後來九歌出版社所出版的羅門、
張健所編《星空無限藍 ── 藍星詩選》的同仁詩選，是完全
不同的性質。此乃覃主編想要「表示我們對詩創作選擇的謹
慎態度」，那是否表示他對當時剛交接給余光中主編的《公
論報‧藍星週刊》的選稿態度還不夠謹慎呢？

　　無論如何，《藍星詩選》與余光中主編後《公論報‧藍
星週刊》的各種評論、翻譯之選稿與刊載詩創作方面，初步
觀察，有較審慎的選稿態度。當然時代的進步、新詩論戰的
洗禮、作者新詩創作內涵的提升，都有一定的幫助。所以覃
子豪在〈新詩向何處去？〉中說：「富創造性的詩，永遠能

────────────

16 覃子豪主編：《藍星詩選‧獅子星座號》，（1957 年 8 月 20 日），頁 48。

給讀者以清新之感。『萬古常新』為新詩所努力的目標之一，亦為新詩創造的原則。」綜觀《藍星詩選》的編輯與內容，即是當時藍星詩社往創新與改革的方向做努力的展現。

（三）《藍星詩選》的主編及作者

　　《公論報‧藍星週刊》與《藍星宜蘭分版》的版權頁上，是以「藍星詩社主編」字樣刊載。而《藍星詩選》的封面上，卻註記著主編為覃子豪，這或許是造成爾後余光中、黃用等藍星成員，對覃子豪凡事喜歡獨攬而不滿的起因之一。雖不知當時誰籌得經費誰主導的默契是否已經存在，卻惹的藍星詩人許多人不高興，余光中回憶：

> 因為黃用的加入，藍星對現代的論戰，一時軍容大壯。四十六年夏天，藍星同人又在中和鄉夏菁的家中，議定要辦一個季刊，由鼎文、子豪、夏菁和我各編一期。不知怎麼一來，子豪籌到一筆錢，又演成他一人獨攬之局。他在封面上大書「覃子豪主編」五個字，令眾人不高興。夏菁與我引以為戒，所以後來我們主持編務的時候，都不肯自己出面，只將光榮歸於全社。[17]

---

17 余光中：〈藍星詩社發展史〉，《藍星詩學》創刊號，（1999 年 3 月 31 日），頁 7。文中的季刊，應該就是《藍星詩選》，因為 46 年夏天創刊的只有《藍星詩選》。

《藍星詩學》創刊號書影

　　《藍星詩選》由覃子豪獲得瑩星資助發行，並由其主導，本無不可。或許是其自身對新詩推展的熱誠與期許，在當時除了紀弦外，少有人有如此對新詩教育與詩刊發行的熱情與毅力，否則為何在覃子豪死後，藍星詩社的活動與刊物即沉寂許久。

　　《藍星詩選》不僅有詩創作、理論，還有國外新詩創作、評論與詩人的翻譯介紹等，以及國際詩壇動態的報導。尤其在理論方面，第一期覃子豪的〈新詩向何處去？〉就是針對紀弦發起的「現代派」現代詩全盤西化改革運動所做的批評；第二期則是由藍星詩社其他詩人對紀弦回應的再回應，有黃用的〈從現代主義到新現代主義〉、羅門〈論詩的理性與抒情〉，以及余光中翻譯作為的回應〈現代主義的運動已經沉寂〉一文，《藍星詩選》在當時堪稱藍星詩社的重要發言台。

　　《藍星詩選》在詩創作方面，篇幅明顯少於理論與詩人的翻譯介紹等。藍星詩社發行的詩刊除了《藍星年刊》外，

幾乎少有此例。在第一期詩創作只佔五分之二左右，第二期更縮減至約佔四分之一左右。編者似乎是想要加強新詩創作以外的理論與譯介。

《藍星詩選》新詩創作方面的作者，雖然不多，時至今日仍都是一時之選，例如鍾鼎文、余光中、夏菁、鄭愁予、吳望堯、蓉子、林泠、瘂弦、沉思、白萩、羅門、黃用、向明、張秀亞、阮囊等等。余光中發表了〈世紀的夢〉；瘂弦發表他的南海軍旅見聞的〈死亡飛行〉組詩；白萩不僅於《公論報・藍星週刊》與《藍星宜蘭分版》發表他的情詩〈給洛利詩〉組詩，在《藍星詩選》仍繼續展示他〈給洛利詩〉的熱情。[18]

吳望堯雖有原子詩人的稱號，在詩選發表的《都市組曲》七首詩，也為他贏得了「都市詩人」的雅號，陳大為、楊宗翰皆稱他是台灣詩人中以都市詩為主題的先驅。[19]例如〈大廈〉：

> 龐大的怪物，巨人
> 驕傲地站立在城市的中央
> 鋼的骨骼，水泥的肌膚
> 花崗石般堅硬的，冷冷的牙床
> 可吞沒黃金的落日
> 而排列得整齊的一百支透明的眼
> 是阿葛斯的再生？到夜晚
> 乃閃著光，眈眈地監視著 —— 夜

---

18 白萩：〈給洛利詩〉《藍星詩選・獅子星座號》（1957 年 8 月 20 日），頁 22-23。
19 楊宗翰：〈鍛接期台灣新詩史〉，《台灣詩學》第 5 號（2005 年 6 月）。

是怕它有太多的秘密和陰謀？[20]

　　〈大廈〉一詩的背景，即在 1950 年代台灣接受美援，從農業社會才剛剛要進入工業時代，台北市才開始有現代化城市的雛型，吳望堯以其詩人敏銳的眼光開發都市詩這個題材，在他筆下水泥、鋼骨皆可入詩了，而大廈像巨人一般聳立在城市中央，連站立的姿勢也是驕傲的，可見現代化的大廈多麼使人嚮往。並且把百盞明亮的燈火，想像成希臘神話中的百眼巨人阿葛斯（Argus），永遠在夜晚的高處監看著你；可能也有諷刺戒嚴時期人民無時無刻都受到監視、監控著，無法享受充分自由的感觸，這在當時可說是前衛的題材。

四、《藍星詩頁》

（一）《藍星詩頁》的出版與發行

　　《藍星詩頁》創刊於 1958 年 12 月 10 日至 1965 年 6 月 10 日止共發行 63 期，採 40 開紙雙面印刷，然後摺頁發行，為月刊形式。到 1982 年 10 月 10 日《藍星詩頁》復刊時，卻是採用雙月刊發行，復刊號出版到 1984 年 6 月 10 日，為 64-73 期，共十期。在摺頁的封面頁，從創刊號到 55 期都是用楊英風為藍星詩獎所雕塑的作品當封面，為一纖纖玉手欲攀摘一顆光芒四射的大藍星，此設計頗具摩登與創新的特色。

20　吳望堯：〈都市組曲〉《藍星詩選・獅子星座號》（1957 年 8 月 20 日），
　　頁 16。

《藍星詩頁》刊頭標誌是楊英風雕塑為藍星詩獎作品

　　《藍星詩頁》是第一份由藍星詩社成員自己出資發行的詩刊，因此在《藍星詩頁》的版權頁上第一次註記著「發行人：藍星詩社」，因為前三次發行的《公論報‧藍星週刊》或《藍星宜蘭分版》都是依附報紙或期刊社而發行，而《藍星詩選》是由瑩星出資贊助發行的。羅門說：

> 《藍星詩頁》是中國現代詩壇首創的一種至為便捷、精緻與迷你型的詩刊，由子豪、夏菁、望堯與我本人（光中在國外）在西門町凱利餐廳策劃推出。[21]

　　對照《藍星宜蘭分版》，卻可見《藍星詩頁》並非首創，《藍星宜蘭分版》已經是這種設計與發行，可能羅門記錯或忘記了。

　　《藍星詩頁》出版時的社址設在覃子豪台北市中山北路的家中，雖然初期藍星詩社沒有推選社長，可見他當時是實質的領導人。基本上詩頁開始是由夏菁主導，編輯部剛開始也設在當時他台北縣永和鎮保福路的家裡，後來則隨著主編人選的異動，而跟著主編的住所而改變編輯部的地址。這是蠻有趣的，也為後來的研究者追尋主編最有力的佐證。

---

21 羅門：〈《藍星詩頁》再度出發〉，《藍星詩頁》雙月刊第 64 期，（1982 年 10 月 10 日）。

　　《藍星詩頁》相較於前幾份詩刊，最明顯的改變就是幾乎每期都有一篇論述，以及大概 10 則左右的詩訊。詩訊記載著大部份這一時期藍星同仁與其他詩人的生活與創作、出版等動態活動情形。例如余光中的留美去返的訊息、向明的婚禮、張健的軍旅生活；羅門、夏菁、黃用的赴美情形，以及覃子豪、蓉子等人赴菲律賓講學的經過等，更多的是出版與創作的消息，生動記錄了當時藍星詩人的生活狀況，是後人探究當時相關詩人活動最好的線索與史料。

（二）《藍星詩頁》的發刊詞與辦刊宗旨

　　《藍星詩頁》的發刊詞署名為編者，而當期的主編為夏菁，所以應為其所撰。從這篇〈發刊詞〉，可以看出當時新詩發展的處境：

> 　　我國新詩雖然已經有四十餘年的歷史，但一般人對它的認識顯然不夠。有人說：「自新文藝運動開始以來，最失敗最有成績的要算新詩」，有人說：「中學生寫不好作文，就去寫新詩。」也有人說：「所謂新詩，就是分行的散文，加上些感嘆詞而已！」凡此種種都表示對新詩的忽視、誤解以及輕蔑。我們果然不屑與之爭辯，只要努力創作，拿出作品來證明。但一般人的如此誤解，新詩人不能說絲毫沒有責任。
> 　　新詩的所以遭人忽視，我們認為有兩大原因。第一、在一般人的腦中，舊詩尚有根深蒂固的印象。尤其在上了年紀的人中，具有成見的更多。事實上以短短數十年新詩的成就，來和數千年舊詩的精華比較，當然是不公平的。……

第二、新詩的介紹工作做得不夠。有些人腦中的新
詩，還停留在五四時代的作品。他們沒有耐心讀一讀
現在的新詩，即大發議論說新詩沒有成就，沒有進
步。……[22]

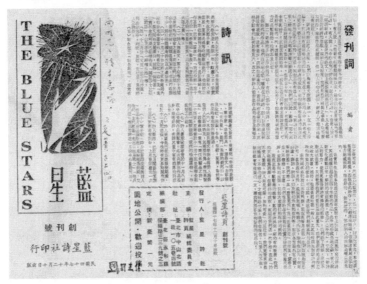

《藍星詩頁》創刊號、詩訊與發刊詞

〈發刊詞〉共有六段，一開始即為新詩的處境辯護，並
認為面對一般人對新詩的誤解與忽視，最好的作為就是詩人
努力創作，拿出最好的作品來示範與證明。並感慨舊詩（古
典詩）人根深蒂固的偏見與敵視立場，認為只要堅持下去，
舊詩人對新詩的壓力也只是暫時的。文中認為新詩人對新詩
的介紹工作做得不夠，大家只顧創作，很少注意新詩的評論
與介紹，尤其缺乏純正客觀的介紹或批評，因此造成外界的

---

22 編者：〈發刊詞〉《藍星詩頁‧創刊號》（1958 年 12 月 10 日）。

誤解與忽視了新詩的進步。

　　〈發刊詞〉並舉梁實秋的話自勉，把對新詩的推介與發展的重責大任扛起來，彷彿是當時台灣新詩發展的中流砥柱一般：

　　　　梁實秋先生在本社成立四週年慶祝會上曾說：「這幾年來的新詩，其成績確已超過三四十年前的作品，此非過譽或恭維之辭。有人說新文化運動以來，新詩的成就最差，這是不公平的。」又說：「新詩人的努力，使我更覺得新詩有輝煌的前途。」我們聽了這話，非但不敢沾沾自喜，反而覺得我們的責任是如此重大。我們要好好地拿作品來給大家看。同時，也要負起培養一般人、尤其年輕朋友對新詩的興趣和欣賞力的使命。可以說，這就是我們創辦本刊的目的。

　　　　本刊純係本社同仁出資興辦，現在先每月出版一次，以後如情形許可，當改為用半月刊，或擴展篇幅。每期的內容，除創作以外，尚有詩論、譯詩、詩訊，以及詩的欣賞和批評等。務求各方面內容充實，寧缺毋濫。我們將一本《藍星週刊》及《藍星詩選》的作風，實事求是，不標榜、不玄虛。我們也深盼各方面能切切實實的給我們鼓勵及批評。並因本刊的出版，引起大家讀詩和寫詩的興趣。

　　　　現在正是千載難逢的機會：舊的有待揚棄，新的有待發展。我們的天地極為廣闊。但新詩的成敗，就握在我們這一代手裡。在此「詩不受人重視，詩人無名可圖，無利可貪」的現社會，我們更要有宗教的熱誠，不移的信心，才能始終勿渝。我們也確信，只要人性不泯，新詩總會有燦爛的一天，讓我們攜手奔向黎明

的地平線！[23]

詩不受人重視，詩人無名可圖，無利可貪。詩無法當飯吃，自古以來除非躋身仕途官場或商場學界，否則詩人幾乎處境艱困且尷尬，也無利可貪，詩人不受重視幾乎是大部分詩人的感嘆。盡管無名無利可圖，他們還是自己出資興辦詩刊，只圖詩刊的出版，能引起大家讀詩和寫詩的興趣。當時的詩人們對於新詩幾乎抱持著宗教的熱誠與不移的信心，著實因為這些眾多前仆後繼的熱誠詩人，新詩才有今日的成熟與發展。

舊的有待揚棄，新的有待發展。《藍星詩頁》接續著藍星詩社一貫實事求是，不標榜、不玄虛的作風，追求新詩的發展與進步。而它的辦刊宗旨就是要努力展示好的創作；同時也要負起培養一般人、尤其年輕朋友對新詩的興趣和欣賞力，這在在顯示當時藍星詩人繼往開來的使命感。

（三）《藍星詩頁》的主編及作者

《藍星詩頁》與《藍星季刊》復刊號的主編是藍星各種詩刊中，最多同仁輪編的詩刊，各有七名同仁輪流編過。但是版權頁卻是寫著主編：「藍星詩頁編輯委員會」，到了 56 期以後，更乾脆連版權頁都取消了。一直到 1982 年的 64 期復刊號才又再度出現。

《藍星詩頁》的主編分別為：夏菁（1-12 期）、覃子豪（13 期）、黃用（14 期）、余光中（15-27 期）、羅門、蓉子（28-45 期）、余光中（46-57 期）、王憲陽（58-63 期）。

---

23 編者：〈發刊詞〉《藍星詩頁・創刊號》（1958 年 12 月 10 日）。

《藍星詩頁》發行 63 期共歷時七年，期間主編同仁因就學、就業、服兵役或赴美等因素，而交接主編的棒子，是在所難免。《藍星詩頁》的編排與版面幾乎是沒有變動的，似乎是想要維持詩頁欄位一貫的配置與風格。

夏菁在主編《藍星詩頁》時期，為了充實詩頁論述欄位，多次以筆名「李淳」親自上陣，先後大概發表過五篇論評。例如第二期的〈當前新詩的危機〉，點出當時新詩的兩種危機，就是：作品風格趨於類似的危機；二是重技巧而輕內容的危機。期勉詩人要做自己，走自己的路，以創造自己的風格等等。都是對當時抄襲、模仿與晦澀，提出詩人應該反省與自省的看法，至為懇切。

《藍星詩頁》主編之一的羅門在詩頁復刊號上回顧：

> 《藍星詩頁》的特色是著重創作的質感，因篇幅有限，幾乎每首詩均為精選與具水準之作，作品被發表的作者，也往往有一種喜悅感。而且它包容了各種風格，只要有創意與好的作品，均被重視，不強調任何派別與主義，以限制與縮小創作的範圍與通道，這也是藍星詩社一向的作風，此外幾乎每期都有一篇極短而精采的詩論以及讀者喜欣看的詩壇消息。
>
> 那七年，正是中國現代詩與現代藝術至為蓬勃、狂熱與接受挑戰最多的時期。《藍星詩頁》在當時，確是令詩壇注目與重視，幾乎成為詩人們在月初的一種美麗的期待，也在那段日子中，對現代詩的成長提供不少實力。[24]

---

24 羅門：〈《藍星詩頁》再度出發〉，《藍星詩頁》雙月刊第 64 期，（1982 年 10 月 10 日）。

《藍星詩頁》復刊號（雙月刊）刊頭與復刊詞

　　《藍星詩頁》發行的七年當中，新詩面對詩壇內外的質疑眼光與論戰仍多，因此初期每期的評介或論述都非常豐富多元，是研究當時新詩論戰時藍星詩人與新詩人的回應，不可忽視的刊物。《藍星詩頁》的篇幅有限，每期只有 4-8 小版，容納詩作有限，因此精挑細選是必須的。而隨機抽樣第 4、16、19、30、54 期等樣本檢視，藍星詩人刊登的詩創作與社外來稿的首數比，分別是 5：3、5：7、6：6、4：4、3：4 等，約在伯仲之間[25]。因此推論藍星社內菁英余光中、張健、羅門等，仍須與社外詩人如楊牧、瘂弦、鄭愁予等詩人一起競逐創作版面，也是一種互相激勵的原動力。

　　最後主編的棒子交到了王憲陽手上，他編了六期，到

---

25 其中胡筠是敻虹、汶津是張健、浮塵子是曹介直、商略是唐劍霞、聶敏是余光中的筆名。可參見余光中：〈藍星詩社發展史〉，刊《藍星詩學》創刊號，（1999 年 3 月 31 日），頁 10。

1965 年 6 月 10 日第 63 期時，寫了一篇小啟告訴讀者，因為他要去成功嶺當兵受訓，但是社內卻無人有暇可以接編，因此就暫時停刊。

《藍星詩頁》的名作有向明〈狼煙〉、葉珊〈水之湄〉、周夢蝶〈守墓者〉、浮塵子（曹介直）〈第五季〉、紀弦〈貓〉、余光中〈恐北症〉、楓堤〈長巷〉、桓夫〈故事〉以及張健的「陽光詩抄」系列等等外，余光中〈蓮的聯想〉（節錄）更有深層的意涵：

> 戰爭不因漢明威不在而停止
> 仍有人歡喜
> 在這種火光中來寫日記
>
> 虛無成為流行的癌症
> 當黃昏來襲
> 許多靈魂便告別肉體
>
> 我的卻拒絕遠行，我願在此
> 伴每一朵蓮
> 守小千世界，守住神秘[26]

〈蓮的聯想〉標示著一個名詩人的轉變與堅持，當戰爭與對峙仍在世界上的各個角落進行著，人們是無可奈何的。當詩人們紛紛出賣真誠的靈魂，崇洋媚外向西方取經，向虛無主義靠攏時，「我」卻因認清方向而拒絕隨波逐流，堅持站在固有優良傳統的基礎上，以傳統精神出發，成為一個融

---

26 余光中：〈蓮的聯想〉，《藍星詩頁》第 36 期（1961 年 11 月 10 日）。

合古典與現代的中國詩人。

五、《藍星季刊》

（一）《藍星季刊》的出版與發行

　　《藍星季刊》創刊於 1961 年 6 月 15 日，採 20 開本形式，每期約 60 頁。在當時可算是大型的詩刊了。雖然是季刊，而且版權頁也註明是《藍星季刊》且每年出版四期，但不知是經費問題或主編繁忙，第一期 6 月出版，第二期拖到 12 月才發行，季刊竟成了半年刊。《藍星季刊》總共發行二年，出版了四期，恰巧成為名符其實的半年刊，而非季刊。

《藍星季刊》第一期目錄

　　《藍星季刊》是由藍星詩社發行的。沒有史料記載是由
誰出資發行出版的，但是依據當時誰爭取到版面或募得經費
就由誰主導主編的藍星不成文默契來看，應該是主編覃子豪
自己出資興辦的。否則一位政府糧食局的中階官員（專員），
在台無家眷，亦無不良嗜好，去世時竟然身無分文，更別說
遺產。據說他的薪資都無怨無悔的拿來辦詩刊，供養詩神，
難怪在他去世後，余光中曾說詩壇走了一位繆斯的孝子[27]。

　　《藍星季刊》的內容是豐富的，更多篇幅大量的譯介國
外的論述或作品，甚至每期還開闢《海外之頁》專欄，容納
與介紹菲律賓華僑等人的作品，促進兩地交流以及與世界詩
壇接軌的企圖心至為明顯。當然本地優秀新詩創作者的篇幅
也無忽視，每期約刊載 30 首左右的詩作。

　　《藍星季刊》本有無可限量的發展，無奈第四期出版後
不久，1963 年初第五期的詩稿與編輯已經初步完成，主編覃
子豪卻發現罹患膽道癌，從此住進台大醫院，於當年 10 月
10 日去世。覃子豪在病榻上雖念念不忘要《藍星季刊》繼續
發行，然而《藍星季刊》的編輯與發行卻無人接手，也就因
此劃下休止符。後來，覃子豪的詩友羊令野等人為完成其遺
志，乃將第五期的稿件，都搬到《南北笛》詩刊上發表，算
是為他了一樁心願。

（二）　《藍星季刊》的發刊詞與辦刊宗旨

　　《藍星季刊》沒有發刊詞，但是在九歌版的《藍星詩刊》
創刊號，卻把張健的發表在季刊的一篇〈我對現代詩的瞻

27　余光中：〈藍星詩社發展史〉，《藍星詩學》創刊號，（1999 年 3 月 31 日），
　　頁 16。

顧〉，列為「藍星各種類型詩刊創刊號的發刊詞」專欄中[28]，可見藍星詩社與當時的主編對此文的認同。覃子豪在〈編後語〉也有對此文相關的看法：

> 現代詩所努力的是新領域的拓展，自詩論戰「結束」以後，詩壇卻缺少自我批判的精神。對於現代詩所產生的若干流弊，而視之為新領域的發現，無疑的是現代詩的危機。張健先生的〈我對現代詩的瞻顧〉一文，雖是他個人的見解，卻代表本社多數同人的意見。詩作者確有去掘「同型且同深淺的井」以及「借他人嗓音說自己心緒」的風氣，「過度的詼諧」、「將新奇與現代混為一談」等，確成了今日現代詩的流弊。這些流弊若不加以檢討，必然是現代詩拓展新領域的阻礙。而且會成為偽詩的源流。
>
> 于還素先生的〈詩為什麼晦澀？〉一文，把詩的晦澀剖析得極為透徹。他認為詩的晦澀底形成是作者「在創作過程中，去發掘自己的還不大清澈的詩想，深入自我的幽冥之境，或操縱並不十分準確的形象，作意象的支使」所造成的結果。但他並不否認晦澀之於詩不可能完全的避免，而且相對的提出了一個解決之道。這是詩作者值得參考的。[29]

　　《藍星季刊》刊載的幾篇論述文章，以及主編的〈編後語〉，充分表現出幾場現代詩論戰後，詩壇內部自省的聲音。探討的主題不外乎現代詩晦澀、難解、頹廢與追逐新奇等現象，闡述詩人的觀點與因應的作法。批評急欲叩關而入的新

---

28 參見《藍星詩刊》創刊號，（1984 年 10 月 5 日），頁 4、15-20。
29 參見〈編後記〉，《藍星季刊》創刊號（1961 年 6 月 15 日），頁 46。

《藍星詩刊》九歌版第一期封面

（詩）人，對現代詩的誤解，誤以為現代詩是一種高級的魔術，是一些新奇與怪異的語言組合，去追求標奇立異，反而忽視新詩該有的質素、內涵與現代趣味。

　　《藍星季刊》創刊號中，于還素的文章不僅指出目前新詩風格的沉鬱，是時代病。他並分析辯明新詩晦澀與難解的問題，還為新詩應追求精鍊，為使作品的質稠密一些，而必須適度晦澀來辯解。並提出兩點看法來幫助新詩人解決晦澀問題，使詩人作品明晰、透徹：一是喚發詩人的理性；二是詩人要做感情復活的自我反省的自覺運動，以期望詩人們都能脫離沉鬱、頹廢、難解與過度晦澀的當時新詩呈現的氣氛。因此，可以看出藍星詩社及《藍星季刊》與詩人們追求新詩發展自省的功夫。

（三）《藍星季刊》的主編與作者

　　《藍星季刊》的主編是覃子豪，他仍在每期的封面上大書「覃子豪主編」字樣。是否如 1957 年夏天出版《藍星詩選》時，引起藍星許多同仁的不快，不得而知。或許覃主編有其不同的想法和負責任的堅持吧。藍星同仁當時如有不快，應該也是短暫或者為少數人。至少《藍星季刊》封面內頁的廣

告推介著香港中外畫報社委託覃子豪主編的「中外詩叢」系列詩叢，第一本就是余光中的《鐘乳石》、第二本則是夏菁的《石柱集》。

隨著主編覃子豪到菲律賓講習詩學的經歷，他也在每期開闢「海外詩頁」，主要刊載菲律賓當地華僑詩人的作品，尤其是以當地「自由詩社」與「星座詩社」的詩人為主，以促進兩地新詩的交流。以及比前幾次藍星相關詩刊篇幅更多的翻譯與海外詩學、活動等的引介，似乎想擴大當時台灣新詩人視野的企圖，相當明顯。

值得一提的是後來擔任文化大學法文系主任的胡品清，當時仍在法國而開始與覃子豪密切魚雁往返，並陸續在《藍星季刊》發表〈花房五題〉等詩作與法國相關詩人、詩作與活動的翻譯與介紹。還有難得一見的當時覃子豪小女友西蒙的詩作發表，有〈合昏花〉、〈長春藤〉等。

1960 年代初期的詩壇，多模仿與千篇一律的傾向，也有更多傾向於自我反省的聲音。主編認為本刊幾乎容納當時全國優秀詩人的作品，例如鄭愁予、洛夫、楚戈、方莘、羅門、余光中、管管、向明等人的作品。選稿避免千篇一律的詩作，而著重在新詩現代化與重視創造個人風格的作品。

《藍星季刊》除了有名作如阮囊〈大流徙〉、余光中〈放逐季〉、洛夫〈初生之黑〉、羅門〈第九日的底流〉、周夢蝶的〈豹〉、夏菁的〈少年遊〉、蓉子〈我的粧鏡是一隻弓背的貓〉、方莘〈練習曲〉外，鄭愁予一系列山嶽詩令人驚艷。例如「南湖大山一輯」的〈北峯上〉：

　　歸家的路上，野百合站著
　　谷間，虹攔著
　　風吹動

一枝枝的野百合便走上軟軟的虹橋
便跟著我，閃著她們好看的腰

而我鄰舍的頑童是太多了
星星般地抬走一個黃昏
且扶著百合當玉杯
而那新釀的露酒是涼死人的[30]

《藍星季刊》第二期封面

此詩的用詞乾淨俐落，不拖泥帶水。詩中的野百合隨風搖曳，「閃著他們好看的腰」把百合搖曳的枝幹擬人化為「腰」，讓詩活潑生動起來，好像要跟著詩人走上山谷間「軟綿綿的虹橋」，彷彿要一同回家似的。

　　第一段的描述，幾乎是在構建一幅美麗的水彩畫，顏色鮮豔，構圖優美生動。高山上無光害與高海拔，星星就在四週攜手環繞，彷彿隨手可摘取一般，第二段即把星星看做是鄰家的孩子且都是調皮的「頑童」，多到可以把黃昏輕易「抬走」。「閃著他們好看的腰」的野百合的白色花朵，彷彿是天上天成的晶瑩玉杯，盛著新釀的露酒（露水）彷彿正要邀你共飲，若詩人沒有喝過怎會知道是涼死人

30　鄭愁予：〈北峯上〉，《藍星季刊》第 2 期（1961 年 12 月 1 日），頁 22。

的呢？

　　全詩最後一句渾然天成，像是少男或少女初嚐冰紅露酒而自然發出的讚嘆般，整首詩充滿童趣與詩趣，意象新奇而活潑，詞句創新且結構完整，幾乎無法增損一字。詩中的情境融入了詩人的情感，如入無人之境，達到了物（境）我合一的境界。[31]

六、《藍星年刊》

（一）《藍星年刊》的出版與發行

　　《藍星年刊》創刊於 1964 年詩人節，採 20 開本形式，第一期約 70 頁。

　　創刊號的發行人為藍星詩社，第二期《藍星年刊 1971》的出版者是林白出版社，約有 133 頁，主編皆為蓉子、羅門。《藍星年刊》是由羅門、蓉子夫婦構思產生，一起出錢出力的主導編輯與發行。

　　《藍星年刊》的誕生，是因為覃子豪因病去世以及《藍星季刊》的突然停刊。羅門回憶：

> 辦完子豪喪事的中午，本社詩人光中、夏菁、蓉子及編者在美而廉小聚，便自然地面對了一些問題，那是我們當中的一位重要的伙伴永別了。這一別，它不但影響藍星的光度，而且是整個詩壇的電壓也作直線形的下降。於是我們覺得應該繼續去做一些有關於補救

31　劉正偉：〈《鄭愁予詩集 I》之山嶽詩析論〉，《育達學院學報》第 16 期，（2008 年 8 月），頁 1-20。

的工作；首先談起恢復《藍星詩頁》，並希望能接編季刊。但在事後，《藍星詩頁》總算恢復了；《藍星季刊》則因受經濟、稿源、時間等三方面加來的壓力，誰都知道在目前接編它（一個有份量的刊物）是一項超載的工作（子豪在經營時，也是勉強撐住的，仍免不了脫期），帶輪胎壓破了停下來，不如事先計劃好順利地跑它的一二十年長途。於是編者便居於與《藍星詩頁》有同樣子持久性的想法下，開始構想一個為讀者所寄望的大型詩刊。就在第二次同光中夏菁的商談中，編者將編一九六四、一九六五……年《藍星詩刊》的計畫提出，並得一致通過；擬定在每年詩人節出版，每人輪流主編一期。於是，這一個美好的設想便開始出發了；《藍星詩頁》每月出版一次，藍星詩專號每年出版一期，酷似十二支石柱支撐住的一座建築，每年以新的風貌與內容向我們的詩壇奉獻 —— 藍星一九六四年詩刊就如此誕生了。[32]

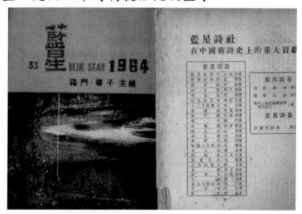

《藍星年刊》創刊號封面與封底

32　參見編者：〈創刊號有感〉，《藍星年刊》創刊號（1964 年詩人節出版），頁 2。

　　私人自己辦一份季刊或詩刊，需耗費的人力與財力，是相當可觀的。覃子豪妻女都羈留大陸，在台無家眷之累，又因對新詩推廣與發行的熱衷，願意全心全意將薪水與精力都奉獻給詩神。因此他的驟然因病去世對當時的藍星詩社與詩壇來說，都是一大損失。

　　然而，愛護新詩的詩人仍然前仆後繼，繼續為了新詩的傳承與創作，尋找發行與出版的道路。卻仍不免需要節衣縮食，羅門在創刊號說：

> 藍星一九六四年創刊號，總算順利地在詩人節出版了，高興的是它如一支火箭在精神的領空裡發射出去；可是也有難過的一面，那是當我執住印刷廠的估價單與收據時，我發覺我下半年的自己提前抵押給現實了。雖然不好過，可是我相信較「藍星一九六四」受經濟壓力更甚更難過的刊物仍有人辦，我們好像就是屬於這種為別人所不易了解的悲劇性人物，將自己抵押給「薪水」掌管的現實，然後拿其所得將一半交給腸胃，另一半積起來，奉獻給詩神，贖回另一個「自己」。[33]

　　在 1950、60 年代甚至到目前，詩人為了理想，不管辦詩刊或是出版詩集，大部分都是自掏腰包的。現在雖有不少文化單位補助出版發行，仍有不少詩集或詩刊是自費出版。當時台灣的經濟條件不好，所得自然不高，所以發行一份詩刊，竟然用去羅門、蓉子的半年的半數薪水，令人感嘆與敬佩。因此，《藍星年刊》第二號《藍星年刊 1971》因為經濟等因

---

33 同前註。

素，自第一期出版後，拖到七年後才出版，也就可以理解。

（二）《藍星年刊》的發刊詞與辦刊宗旨

《藍星年刊》的發刊詞，即主編羅門的〈創刊號有感〉，篇幅相當長，約有 4000 字，要承載的感言非常多，無法精簡扼要。或許這就是羅門式的作風，為人急切、熱情，是個性情中人。對於新詩與藝術，有獨到的見解與鍾愛，千言萬語總是無法道盡。

這篇創刊號感言開頭即闡述如前段所言，從覃子豪的去世談起，欲恢復季刊與詩頁的發行，以繼續「整個新詩運動與發展的推動」。雖然詩頁恢復了，可是季刊卻因經濟、稿源與時間等因素不得不停刊。後來羅門提出年刊的計畫，並獲得同仁一致的贊成。而他在文中對主編自己與作者、讀者的期待是：

> 本刊在撰稿方面，將儘可能在不同的方向上採取優秀與比較上接近水準的作品，讓讀者自由的去選其所好來欣賞。因為在自我創作時，我們可絕對的強調主觀，但編刊物時則必需主觀與客觀兼顧，以便園地裡多開幾種花。對於這個刊物，我們極希望它能站在純粹的方向上接待詩神與藝術！近來有人高喊明朗反對晦澀，我真不知他們的箭究從那裡射出，究竟射得多遠，是否真的射中了現代詩與藝術的死敵？（晦澀當真是現代詩與藝術的死敵嗎？）[34]

---

34 同前註。

　　主編的觀點，頗有現代派盟主紀弦提倡新詩創作的「大植物園主義」詩壇觀點的味道。對於當時有人認為新詩創作應該提倡明朗而反對晦澀，有非常獨到的看法與分析，他舉艾略特的說法：「詩是潛藏在奧祕中的真境。」來說明：「明朗它不一定就是好詩的證據，晦澀也不一定是壞詩的證據。」重點不在於詩的明朗或晦澀，而在詩的內容與本質，因為明朗既可產生好詩，也可產生大量壞詩，並闡明適度的明朗與理性的晦澀之必要，確實有其獨到的見解。他的結語更可凸顯其性情中人的個性：

> 當別人問我們是詩人嗎？千萬記住，拿作品給他們看，切勿伸手到口袋裡去摸名片或去摸鬍子，因為那動作往往是與詩神告別的手勢。[35]

　　作品會自己證明一切，好的作品是詩人最好的身份證。《藍星年刊》的宗旨，是繼續《藍星季刊》與《藍星詩頁》的理想，它要求作者更嚴肅的創作與為新詩努力，以推動新詩更蓬勃的發展。

（三）《藍星年刊》的主編與作者

　　《藍星年刊》的主編是羅門、蓉子，封面上也印記著主編的名字。詩人好名、商人好利，況且文章千古事誰不想名留青史，與永恆對壘呢？辦詩刊從來幾乎都是無利可圖，甚至是出錢出力的賠錢生意，在新詩發展史上留點奮鬥過的名號，應不為過！因此，應該也可理解覃子豪在各主編詩刊寫

---

35 同前註，頁 4。

上大名，並勤於辦詩刊，熱衷新詩的教育與推廣。

　　《藍星年刊》的主編羅門與藝術家往來密切，所以這兩本年刊採用不少現代畫家的作品當封面與插圖，例如莊喆、陳庭詩等人的作品，豐富了詩刊的視野與內容，使其更具前衛感與現代性。但是第二期卻沒有任何目錄可以索引，可說是失誤。

　　《藍星年刊》每期約容納 20 多位詩人的創作，第一期的譯介更有余光中、蓉子等人翻譯西班牙、法國、英國、匈牙利等多國詩人的作品。還有余光中以英文翻譯國內楊牧等六位詩人的作品。

　　但是到了七年後的第二期，《藍星年刊 1971》如果扣除一篇翻譯與其他詩人的創作，佔了一半篇幅以上的論述等部份，幾乎都是羅門主筆或與其有關，或許會讓人以為是羅門的專輯或特刊。例如有蕭蕭的〈論羅門的意象世界〉與陳慧樺〈論羅門的技巧〉，以及羅門的三篇論述：〈從批評過程中看讀者批評者與作者〉、〈詩的預言〉、〈詩人與藝術家內在生命定期檢驗〉等，幾乎都是與其有關的，使得本刊充滿濃厚的羅門風。

　　羅門曾自稱其論文為「散文式的論文」，散而無法精鍊是其特色，也是常遭受批評的所在。例如張健曾批評說：「對有心的讀者，它是值得耐性一覽的，裡面塞的東西也許稍嫌繁多。」洛夫則說：

> 嚴格說來這本集子（《現代人的悲劇精神與現代詩人》）並不是一本純客觀的論文，卻有點似紀德或愛默生的散文，因為它的啟示性實較論說為多……。[36]

36　轉引自羅門：〈從批評過程中看讀者批評者與作者〉，《藍星年刊 1971》（1971 年出版），頁 116。

《藍星年刊》第二期封面

趙天儀曾批評該書是「空架子」。當然，讚譽的詩人也是有的。他散文式的論文啟示性較論說的成分為多，如果能深入探討，並重新組織其觀點，的確會使人獲得一些不同的啟發。

《藍星年刊》的佳作不少，有羅門〈死亡！它是一切〉、葉珊〈驚蟄後〉、王憲陽〈燈節〉、大荒的〈夸父〉、施善繼〈娃娃酒店〉，管管的散文詩〈月眉老店〉、張默的贈詩「作品五首」、胡品清的〈華崗組曲〉以及蓉子的「憂鬱都市組曲」：〈我們的城不再飛花〉等，還有李春生的「收穫」組詩〈第五季〉等等，都有凝鍊的詩句與意象。例如李春生的〈第五季〉：

她正低急的喘息歷史在痙攣
吻吧吻吧……
而從慾焰裡卻爆出冷冷的笑
骷髏們風乾的心臟仍然感到巨大的震盪

佔全世界的胴體
靈魂已超過法碼的沉重
於是陷下的季節深了

　　　　成熟不朽成熟吶喊與哭聲成熟滿眼橘黃…[37]

　　浮塵子（曹介直）也在《藍星詩頁》25 期寫過〈第五季〉：「相視微笑……然後躺下／讓紫外線殺死我們的憂鬱」，與李春生的〈第五季〉內容不同，題目卻一樣。一年有春夏秋冬四季，人生也像春夏秋冬的一樣，依照時序變化著生老病死。可是他們二人，以及更多因為戰亂隨國民政府來台的老兵，經歷過對日抗戰與國共內戰的慘烈遭遇，能生存已經不容易，能活著彷彿是老天爺賞賜的第五季，是多出來的季節，原來皆不在原有的人生規劃的劇本裡。這是一種無奈的人生遭遇中的自我解嘲，兩人的〈第五季〉想表達的意涵與遭逢其實差不多，「歷史在痙攣」著，皆在嘲諷命運的捉弄和人生的無常與無奈。

---

37 李春生：〈第五季〉，《藍星年刊 1964》（1971 年出版），頁 55。

《藍星週刊》文本考察

一、前　言

　　論者以為，現代主義遲至 1960 年代白先勇創辦《現代文學》才宣告文學現代化的到來，而將 1960-1970 年代定位為現代主義時期。實則，文學的現代化甚至現代主義在台灣的出現應該更早，至少可追溯到日本殖民統治時期伴隨著現代資本主義的引入、風車詩社的成立，以及當時台籍留學生分別從中國與殖民母國日本攜回殖民地台灣的思想啟蒙階段。

　　而現代主義在二次世界大戰後的再次引入台灣與狂飆時期，如果不以《自立晚報》的《新詩週刊》算起，也應以 1953 年紀弦創刊《現代詩》後，1954 年成立現代派，激進的提倡所謂「橫的移植」等六大信條而引起軒然大波為顯著的開端。亦有學者認為現代詩比小說搶先一步成為台灣現代主義的主流，即從此開始。雖則現代主義在台灣的出現，並不限於文學，而是繪畫、建築、音樂等西方全盤現代主義文化的湧入。

現代派信條不只在《現代詩》13 期有，14、15 期封面亦有。

　　紀弦（路易士）為不甘寂寞的孤傲詩人，本為上海現代派一員，他在淪陷期的上海詩壇與活動後來雖頗受爭議，但甚為活躍[1]。據筆者訪談詩人鍾鼎文，《新詩週刊》也是紀弦邀其向《自立晚報》爭取來的，可見紀弦對現代詩運動推廣與積極的態度。因此，繼創《現代詩》後創「現代派」，大力鼓吹現代詩「橫的移植」，也就不足為奇了。然而現代派運動是屬於激進的，就不得不談藍星詩社諸詩人穩健的制約與批判，更經由論戰而調和當時現代派運動的紛歧。陳芳明也說：「他（覃子豪）所領導的藍星詩社，在現代主義的實踐上篤定而穩重。要了解現代主義在台灣的擴張，藍星詩社所扮演的角色不容忽視。」《現代詩》與「現代派」，談的

1　唐捐曾為文為之「平反」。見劉正忠：〈藝術自主與民族大義：「紀弦為文化漢奸說」新探〉，《政大中文學報》，11 期（2009 年 6 月），頁 163-198。

人多，甚至有學位論文的專門研究。而藍星詩社早期的作為卻少有詳實的、全觀的面貌出現。本文即欲呈現《藍星週刊》的具體樣貌。

法國學者戈德曼（L. Goldmann, 1913-1971）的發生結構主義也假設：「作品世界的結構乃是與特定社會群體的心理原素結構相通，或至少有明顯的關聯，文學創作的集體特徵也就源自於此。」以及埃斯卡皮在研究文學生產時提出「班底」（Equipe）概念，都可以來討論與驗證 1950 年代現代主義思潮，在同時期的《現代詩》、《藍星週刊》、《創世紀》以及其他的刊物出現的痕跡，也可觀察到他們刊載的稿源，與所謂集體創作特徵的班底，其實都大同小異。本文即在凸顯與驗證這個觀點。

藍星詩社成立於 1954 年 3 月中旬，距今超過一甲子，其第一份詩刊為依附在《公論報》上發行的《藍星週刊》。早期的報紙保存不易，當時的文人也較無保存史料的觀念，所以要收齊全部 211 期《藍星週刊》實非易事。筆者以研究之便，獲得紙本剛好一百期，餘為影本。

本文主要對《藍星週刊》的出版、發行、編輯等作為，以及作品、翻譯、評論等主要內容，考察現代主義在其中的軌跡，做一全面性的探查。

二、《公論報》與《藍星週刊》的出版發行

《藍星週刊》創刊於 1954 年 6 月 17 日，至 1958 年 8 月 29 日停刊，總共發行 211 期，借《公論報》報紙半版版面[2]，每週刊出一次，為藍星詩社成立後的第一份機關刊物，無

---

2 當時《公論報》每天也不過出版一張半的報紙，合計 6 版而已。

論是聯繫同仁感情、提供社內外創作園地或壯大詩社的力量，都有其灘頭堡的重要性。戰後台灣物資缺乏，國共內戰仍在沿海持續進行，局勢非時人所能想像[3]。《藍星週刊》為當時現代詩人排除萬難、跳脫「戰鬥文藝政策」的干擾，爭取純粹的藝術創作發表的場域[4]。

　　藍星詩社是先有詩社，後發行詩刊；同時期的現代詩社則先發行詩刊，再成立詩社。兩個當時隱然對現代詩發展隱隱較勁的詩社，詩社與詩刊的出現卻大異其趣。突顯兩個詩社組成型態的不同，較早成立的現代詩社，儼然是紀弦一人獨大、一人獨撐大局的態勢；而稍晚組成的藍星詩社，卻像春秋戰國時期的諸侯，覃子豪似是這個邦聯的共主；覃子豪去世後的藍星詩社，似乎以余光中為精神領袖。

　　《藍星週刊》是一份單純質樸的刊物，它秉持著藍星詩社的立場：「不講究什麼組織、未推選什麼社長、未通過什麼大綱、未宣揚什麼主義」的藍星「無為而治」、「自由創作」之精神。它走的可以說是「抒情傳統的溫和現代主義」路線。所以藍星詩人因反對紀弦激進的現代主義全盤西化與「橫的移植說」而成立，是可以理解的。[5]

---

3 當國共內戰仍在持續時，金門「古寧頭戰役」（大陸稱「金門戰役」）在1949 年 10 月 25 日至 27 日戰鬥期間，雙方死傷幾近萬人；在 1958 年 8 月 23 日至 10 月 5 日又爆發中共向金門射擊 47 萬多發砲彈的「八二三砲戰」，期間雙方海軍在 9 月 2 日還發生激烈的「九二海戰」以及空軍間的數次空戰；十年間沿海島嶼還發生數十次大大小小的戰鬥，如「一江山戰役」、「大陳島撤退」等等。在這種時空環境中，國民政府在台灣提倡「戰鬥文藝」政策，似乎是有其不得已的苦衷與背景，雖然一直以來專家學者對「戰鬥文藝」政策多持負面的看法。

4 梅家玲：〈性別 vs 家國：五○年代的台灣小說 —— 以《文藝創作》與文獎會得獎小說為例〉，《台大文史哲學報》第 55 期（2001 年 11 月），頁 31-76。

5 余光中：〈第十七個誕辰〉，載於《現代文學》第 46 期，（1972 年 3 月），頁 11-27。

　　在藍星詩社成立之初，覃子豪即洽得《公論報》的每週半版版面，於同年 6 月 17 日開始每週四或五發行《藍星週刊》一次。主要刊登詩創作、翻譯與詩話詩論等。選稿主要以自由創作與抒情傳統為取向，頗契合藍星成立的宗旨。覃子豪編到 160 期時，為了專心編一份大型詩刊《藍星詩選》以與《現代詩》抗衡，他不只停了《藍星宜蘭分版》，《藍星週刊》亦自 161 期開始交由余光中接棒，一直編到余光中赴美留學前的 1958 年 8 月 29 日停刊止，總共出版了 211 期。

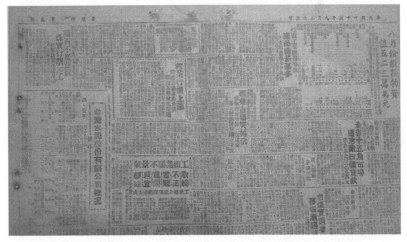

1954.9.23《公論報》第五版半版樣貌

　　《藍星週刊》的出版與發行單位是《公論報》。《公論報》創刊於 1950 年 10 月 25 日，由時任台灣省議會議員的李萬居創辦，成為二次大戰後台灣第一家民間獨立報業，立論公正、報導詳實，主張「民主、自由與進步」。與雷震所創辦的《自由中國》半月刊，一報一刊同為台灣 50、60 年代的新聞言論自由的指標和輿論重鎮。崇尚自由主義的《公論報》在創刊初期一度是除了黨營公營的《中央日報》、《新生報》、

《中華日報》外，在民營報紙中銷量最大。但在 1951 年 9 月王惕吾聯合《經濟時報》、《全民日報》、《民族報》組成《聯合報》，繼而取代《公論報》，成為民營報中銷量最大者。1953 年 11 月到 1963 年 4 月林海音主編《聯合報》副刊時期，開創了文學副刊的嶄新局面。由下表可知，到藍星詩社成立並發行《藍星週刊》當年與前一年，《公論報》的發行量與《中國時報》的前身《徵信新聞》在伯仲之間。

表 4-1：1953、4 年台灣主要報紙每日發行份數統計表[6]

	中央日報	新生報	中華日報	聯合報	公論報	徵信新聞
1953 年	61274	61333	30066	23932	5570	4780
1954 年	67170	62238	33494	45193	4550	6243

　　1950 年代「白色恐怖」時期，政府箝制新聞自由，利用公營事業與公家機構的廣告量，控制報紙的收益與經營；繼而管制報業用紙與油墨的進口數量，嚴重影響發行的品質與規模。乃有余光中接編《公論報‧藍星週刊》後，抨擊《公論報》油墨與紙質的粗劣，以及排版錯誤甚多。甚至常常忘了送 50 份贈刊轉寄作者，常勞駕余光中親自去取[7]。由此可知，在各種因素的干擾與影響下，當時《公論報》的經營與發行已經每況愈下了[8]。

　　《公論報》歷經許多次政治壓迫事件，編採人員屢遭莫

6　余昭玟：〈《文友通訊》與戰後初期的台灣文壇〉，「2003 海峽兩岸華文文學學術研討會」論文，（2003 年 12 月 6 日），頁 10。

7　余光中：〈第十七個誕辰〉，載於《現代文學》第 46 期，（1972 年 3 月），頁 11-27。其後余光中《藍星詩學季刊》創刊號的〈藍星詩社發展史〉等，皆出於此文。

8　王鼎鈞：〈我與公論報的一段因緣〉，刊《聯合報》副刊，（2007 年 5 月 10、11 日）。文中對《公論報》副刊，以及《公論報》的興衰史，有更深入的報導。

明地被搜捕，報社言論自由一再遭受打壓。報紙本身也曾於
1959 年 9 月 2 日遭到被迫停刊的命運，旋於 9 月 28 日復刊。
其後，李萬居參加組織「中國民主黨」，該報遂成為當時新
政黨及民主派人士之大本營，此舉亦為日後遭受執政當局的
迫害，埋下伏筆。終於因政治上的壓力與財務上的拮据，使
得《公論報》的經營每況愈下，報社前途日趨險惡。不得已
於 1961 年 3 月 5 日被迫休刊。

　　《藍星週刊》是一份單純質樸的刊物，它秉持著藍星詩
社的立場：「不講究什麼組織、未推選什麼社長、未通過什
麼大綱、未宣揚什麼主義」的藍星「無為而治」、「自由創
作」之精神。它走的可以說是「抒情傳統的溫和現代主義」
路線。因此，在 1954 年藍星詩社成立後不久，覃子豪即洽得
《公論報》的每週半版版面，於同年 6 月 17 日開始每週四或
五發行《藍星週刊》一次，主要內容都在刊登現代詩創作、
翻譯與詩話詩論等。

三、《藍星週刊》的發刊詞與辦刊宗旨

　　基本上《藍星週刊》延續著覃子豪先前主編而已經停刊
的《新詩週刊》的風格、精神與使命9。《藍星週刊》的刊前
語說：

> 詩，自有其存在的理由，也自有其光輝的前途，市儈
> 文化儘管猖獗，而詩不僅未被消滅，而且日益有其發
> 展，那就是寫詩的朋友們不曾因勢利與利〔益〕而動

---

9 鍾鼎文、紀弦、葛賢寧、覃子豪等主編：《新詩週刊》，《自立晚報》第
　3 版第 1 期至第 94 期（1951 年 11 月 5 日-1953 年 9 月 14 日）。

搖其信心。《新詩週刊》之創刊就憑著這個信心，後
因故停刊，寫詩的朋友們，惋惜不已；如《新詩週刊》
之不停刊，藍星也不會在今天誕生。

《新詩週刊》出了兩年，將近一百期，所可惜的，我
們竟不能為《新詩週刊》舉行一個百期紀念，就停刊
了。《藍星週刊》之誕生，我們自然懷有無限欣喜與
無窮希望。那就是為《新詩週刊》寫過詩的朋友們，
團結起來，為藍星的將來努力。

《藍星週刊》的態度和《新詩週刊》的態度是一致的。
我們所要求的，是要藍星的內容更健全、更充實。尤
其要緊的，是我們的作品，不要和時代脫節：太落伍，
會被時代的讀者所揚棄；太超越，會和現實游離。我
們不寫昨日寫過的詩，不寫明日幻想的詩，要寫今日
生活的詩，我們要揚棄那些陳舊的內容，與裝腔作勢
的調子。要創造現實生活的內容和能表現這種內容的
新形式、新風格。

這是我們的認識，也是我們的信念，藍星的園地，就
是一片遼闊的天空，忠實於詩的朋友們：來吧！來放
射出藍星奇異的光輝吧[10]！

10　參見《藍星週刊‧刊前語》，載《公論報》第 6 版（1954 年 6 月 17 日）。

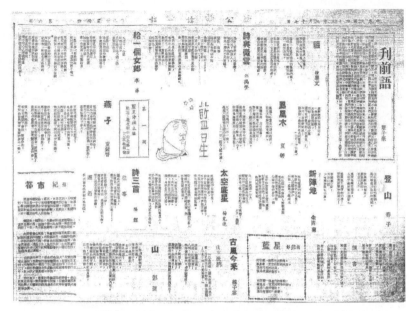

《藍星週刊》第一期與〈刊前語〉（1954.6.17）

　　觀此刊前語，覃子豪對於《新詩週刊》因依附的《自立晚報》換老闆並倉促改版，以至於失去舞台，對於只差四期就滿百期的《新詩週刊》突然停刊，不無遺憾。他在《新詩週刊》96期的告別語中，即向作者與讀者預告將努力尋找並開墾新詩的新園地。因此，《藍星週刊》的創刊頗有賡續前志的理念與期待。

《自立晚報・新詩週刊》創刊號（1951.11.5）

　　覃子豪說：「《藍星週刊》的態度和《新詩週刊》的態度是一致的。」又說：「我們不寫昨日寫過的詩，不寫明日幻想的詩，要寫今日生活的詩。」從上文可以看出初期《藍星週刊》與詩社的風格與立場，是要與激進的擬全盤西化、要全面「橫的移植」的紀弦主知的《現代詩》區隔的做法，屬於溫和的現代主義的提倡，亦即追求循序漸進式的沉穩與進步，不與時代脫節、不寫陳舊的詩、也不寫幻想的詩，而要求表現與創造現實生活的內容，以及表現這種內容的新形式、新風格的選稿取向，亦有現實主義的意涵。覃子豪除了想延續《新詩週刊》時期的作法與選稿態度外，也頗有他從大陸時期就有的傾向寫實主義的看法，但從刊登的詩創作概觀，《藍星週刊》初期由覃子豪主編時期的選稿取向則以抒情風格與寫實主義為主，與161期後由余光中主編的選稿風格，有顯著的差異。

四、刊頭圖案及其變異之考察

　　《藍星週刊》的刊頭總共有四種形式出現，前三種形式
應為覃子豪設計，第 1 期到 115 期的刊頭如下（圖二），為
一沉思的男子，右上方有三顆星；第 116 期到 152 期為第二
種刊頭（圖三），是一亮麗女子頭像四週綴滿閃亮的星子，
頗有浪漫情調；第 153 期到 199 期為第三種刊頭，是一男子
在樹下休憩，仰望右側星空的圖像（圖五）；第 200 期到 211
期終刊為第四種刊頭，是一女子的纖纖玉手試圖摘取夜空中
最大的一顆星（圖六）。

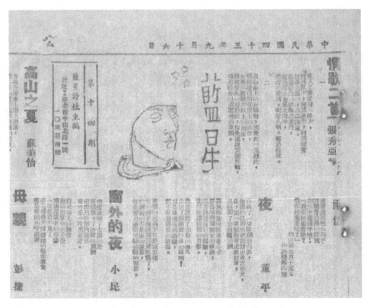

《藍星週刊》第一種刊頭形式

　　上圖為《藍星週刊》第 14 期,可見到作家小民(劉長民)、張秀亞在台初期可能是以新詩出發,詩人向明有時亦以董平本名發表詩作,社址設在覃子豪中山北路宿舍。

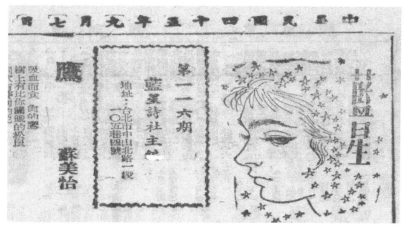

《藍星週刊》第二種刊頭形式

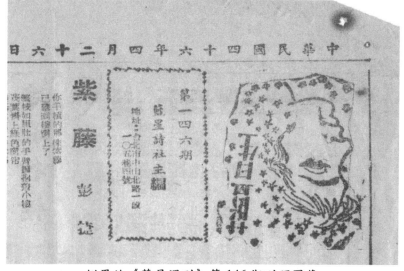

倒置的《藍星週刊》第 146 期刊頭圖像

　　上圖為倒置的《藍星週刊》第146期刊頭圖像，若非編者無意中倒植，就是編排的《公論報》或印刷廠故意倒置，箇中原由雖不可考，仍頗值得玩味。

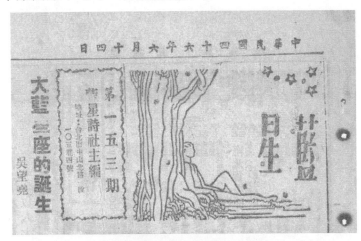

《藍星週刊》第三種刊頭圖像

覃子豪《海洋詩抄》〈獨語〉與插圖

　　《藍星週刊》第153期開始，以上圖為第三種刊頭，由
這張刊頭可以看出應為覃子豪所設計，因為這張圖像與其在
台第一本詩集《海洋詩抄》[11]內，第85頁的十張插圖之一〈獨
語〉，造型與意境十分相似，皆為一男子倚靠在大樹下仰望
夜空的情景，男子姿勢與樹的位置都一模一樣，唯一不同的
是後者沒有畫上星星而已。

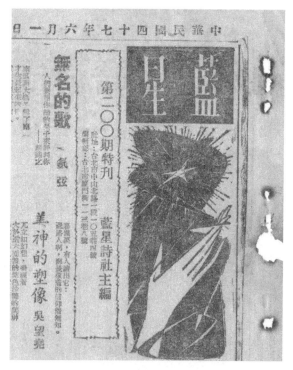

《藍星週刊》第四種刊頭圖像

11　覃子豪：《海洋詩抄》（台北：新詩週刊社，1953.04）。

　　《藍星週刊》的第四種刊頭，是楊英風為「藍星詩獎」設計的獎座圖像，顯現台灣當時的現代繪畫與現代雕塑水平。《藍星週刊》第 200 期詩訊說明該獎座為：「一鍍金之浮雕，由名雕刻家楊英風設計，詩人吳望堯監製，其構圖為一敏感之手攀摘一熠熠藍星之形狀。」上圖中〈無名的歌〉一詩作者「氫弦」應為「瘂弦」，筆者曾親詢瘂弦查證確認過，況且 200 期前後也只有瘂弦詩作發表，而無「氫弦」出現。

　　第一屆藍星詩獎在民國 47 年 6 月 1 日頒發，為藍星詩社慶祝四週年慶與《藍星週刊》200 期慶祝大會上，由梁實秋頒發給吳望堯、黃用、瘂弦、羅門四位詩人。由於夏菁與楊英風為「農復會」同事，因此委託當時為該機關《豐年》雜誌畫插畫的楊英風設計「藍星詩獎」獎座，由此獎座呈現的意象與現代感，可以看出台灣當時的現代繪畫與現代雕塑，已經發展到成熟的階段。

五、《藍星週刊》的主編、作者與詩作考察

　　《藍星週刊》的主編有兩位：覃子豪主編 1 至 160 期；余光中主編 161 至 211 期；其間黃用曾經代余光中編輯一期。

　　藍星詩社成立不久後，尚無社名。而覃子豪在洽得《公論報》的每週半版版面後，即在台北市中山堂的露天咖啡座聚會時，主張以藍星為社名，並獲大家的認同。他也當仁不讓的主編起《藍星週刊》，於 1954 年 6 月 17 日開始每週四或五發行一次，一直編到 160 期時，為了專心編一份大型詩刊《藍星詩選》以與紀弦的《現代詩》抗衡，他不只停了《藍星宜蘭分版》，《藍星週刊》亦自 1957 年 8 月 9 日的第 161期開始交由余光中接編，至 1958 年 8 月 29 日 211 期停刊，隨後 10 月 8 日余光中即赴美留學。

　　覃子豪在抗戰前夕從日本回國，不久他參加了國民政府辦的留日學生訓練班。訓練班先是集中在南京，不久轉移到廬山，再轉移到湖北江陵，最後在 1938 年初夏時搬到武漢，他曾經在武漢時參加「詩時代社」的新詩社團。訓練班畢業後，他被分配到浙江前線，主持《掃蕩報》工作，稍後他又在《前線日報》上創立並主編《詩時代》雙周刊，真正把「詩時代社」推廣新詩的理念帶到東南戰場來實踐。他在 1939 年 7 月赴重慶沙坪壩參加中央訓練團新聞研究班第一期受訓，同期的同學有魏子雲等；第二期同學有來台後成為摯友的洪兆鉞等。覃子豪在大陸時期，就已經將這種推廣現代詩的工作結合報紙，並依附在副刊發行，以期能以最小成本，達到最大推廣效益的先例。他在來台後仍樂此不疲，積極藉由《公論報》推動《藍星週刊》；以及藉由《宜蘭青年月刊》發行《藍星宜蘭分版》等等。

　　余光中在接編《藍星週刊》前後，還同時是《文學雜誌》、《文星》雜誌等詩作專欄編輯。他曾說過主編《藍星週刊》末期憎喜參半的經驗：

> 主編週刊的經驗，是憎喜參半的：憎，是因為《公論報》的紙張和印刷都比別的報紙差，誤排既多，每星期五出刊後又往往會忘了送我五十份贈刊給我，還要我親自去報社領取；喜，是因為投稿的作者很是踴躍，佳作亦多，編起來也就有聲有色。當時經常出現，且有不少是初次出現，在週刊上的名字，包括向明，阮囊，夏菁，望堯，黃用，張健，葉珊，夐虹，周夢蝶，唐劍霞，袁德星，金狄等多人[12]。

---

12 參見余光中〈藍星詩社發展史〉，刊《藍星詩學季刊》創刊號，（1999 年 3 月 31 日），頁 8。

　　余光中的記憶或許有出入。上述的名字除了黃用、張健、夐虹、金狄等四人是在余光中主編任內首次出現外，其他幾位詩人早已刊登詩作過。且夏菁只在前後期各出現一兩次外，並非經常投稿。還有袁德星（楚戈）的詩作並不曾出現在余光中主編期間。覃、余兩任前後主編對於詩人與詩作的編輯取向，似乎存有諸多差異。許多覃子豪主編時期活躍的詩人，在余光中主編時幾乎銷聲匿跡了。從下列附表，可以看出當時詩人發表詩作的數量變化：

表 4-2：《藍星週刊》登載詩作統計表

	50 期（覃子豪編）	第 51-100 期（覃子豪編）	第 101-160 期（覃子豪編）	第 161-211 期（余光中編）	總數
艾笛	0	146	63	0	209
白萩	39	40	11	1	91
吳瀛濤	23	34	28	0	85
向明（董平）#	20（董平 1）	37	12	10	80
彭捷	31	24	20	4	79
黃荷生	41	22	0	0	63
風鈴草	8	26	24	5	63
曠中玉	19	31	7	0	57
羅暉	17	24	12	0	53
蔡淇津	24	20	9	0	53
騰輝（黃騰輝）	40	8	3	0	51
沈思	0	21	22	5	48
羅門#	19	16	13	9	47
德星（袁德星）	0	30（袁德星 1）	15	0	46
阮囊#	0	0	18	23	41
張效愚	5	24	11	0	40
吳望堯（巴雷）	0	0	19	17（巴雷 4）	40
唐劍霞	0	0	12	26	38

（商略）#					
蘇美怡	9	11	18	0	38
江萍	25	12	1	0	38
瑩星	19	14	3	0	36
立爾	2	15	17	0	34
葉珊	0	0	2	27	29
梅占魁	1	9	10	7	27
晶心（王晶心）	20	4	（王晶心 3）	0	27
梅其鈞	4	8	13	1	26
辛鬱	0	0	4	20	24
楚風	8	12	4	0	24
蓉子#	11	10	1	1	23
林泠	3	15	4	0	22
周夢蝶#	0	0	4	18	22
敻虹#	0	0	0	18	18
張健#	0	0	0	18	18
黃用#	0	0	0	17	17
覃子豪#	6	10	0	0	16
瘂弦	0	0	1	12	13
夏菁#	9	0	0	3	12
梁雲坡	0	6	0	6	12
小民（劉長民）	6（劉長民 4）	0	0	0	10
趙天儀	0	8	2	0	10
余光中#	2	0	1	3	6
鍾鼎文#	3	1	0	1	5
鄧禹平#	2	0	1	0	3
紀弦	2	0	0	0	2

【凡例及說明】：

一、刊登詩創作統計總首數以本名加筆名（或筆名加本
　　名）的總數為準。例如：向明（董平）。

二、名字後加上#，為藍星詩社同仁。例如：羅門#。

三、仿泰戈爾《漂鳥集》的詩作，每一數字代表一首。
　　例如：艾笛《愛的禮讚》共 126 首。

四、覃子豪與余光中主編時的「詩訊」，屬於常態性報
　　導，不列入計算。

五、其他翻譯、論文等，不列入詩創作統計。

　　從上述表 4-2 中可以發現，在詩作總數 30 首以上的當時
主要 22 位發表詩人當中，除了向明、羅門、阮囊、吳望堯、
唐劍霞等五人比較看不出在覃、余主編時期，前後期重大發
表數量變化外，其他十七位詩人幾乎發表的詩作數量都明顯
減少。甚至有：艾笛[13]、吳瀛濤、黃荷生、曠中玉、羅暉、
蔡淇津、黃騰輝、袁德星（楚戈）、張效愚、蘇美怡、江萍、
瑩星、立爾等，多達十三人在余光中主編時期發表數掛零。
　　從詩人詩作發表數量表的變化來看，在余光中主編時期
崛起而後頗負盛名的，除了藍星中堅詩人周夢蝶、敻虹、張
健、黃用等人外，其他還有葉珊（楊牧）、辛鬱、瘂弦等人。
其中突顯覃、余兩位主編的交友圈與編輯取向的明顯重大差
異，值得玩味。前者較重視現實主義與學生故舊詩作；後者
明顯以現代主義詩作為主，或者後來余光中接編時，正是現
代派論戰方殷時期，對作者作品產出風格也有影響。
　　《藍星週刊》發行約四年多，覃、余兩任主編選稿方面，
在當時並無省籍考量，也發掘非常多本省籍青年詩人。週刊
除刊登覃子豪任職的「中華文藝函授學校」詩歌班學員的優
秀作品外，亦發掘許多新人以及提供新詩人發表的園地：例

---

13 艾笛（1932-2007），本名張作丞，另有筆名古橋。瀋陽市人，生於北平，
　　長於臺灣，與隱地、曹又方等人為政工幹校（今政治作戰學校）新聞系
　　同學，曾任《國魂月刊》主編八年。曾經和王憷、隱地、沈臨彬等 3 人，
　　一起出版詩集《四重奏》（台北：爾雅出版社，1994 年 8 月 20 日。）
　　在當時似乎是覃子豪刻意栽培的新人之一，其在《藍星週刊》刊登詩作
　　是最多的。

如向明、白萩、麥穗、葉珊（楊牧）、夐虹、雪飛、藍雲、趙天儀、張拓蕪、周夢蝶等。甚至如「跨越語言的一代」前輩詩人陳千武（桓夫），因白色恐怖與語文的因素中斷創作，戰後經過長達十年的中文摸索，至 1958 年 1 月 10 日才開始以千武為筆名，在《藍星週刊》182 期發表中文詩〈外景〉，重新出發。

　　1955 年 4 月 28 日《藍星週刊》第 46 期刊出了十八歲的白萩的〈羅盤〉，這首詩不久即獲得中國文藝協會第一屆新詩獎，學習中文不過七年之久的他，純熟精鍊的文字魅力，受到詩壇矚目，後成為台灣現代詩壇的重要詩人。其成名作〈羅盤〉，利用一行之內的停頓造成頓挫有力的節奏感，又以各行句式的重疊和變換強化海洋之上的波濤洶湧，以及駕船前行的豪情，整首詩充滿著年輕人的熱情與對前途光明的願景，頗具現代感。

　　《藍星週刊》第 51 期刊出林泠的〈不繫之舟〉：

沒有什麼使我停留
　── 除了目的
縱然岸旁有玫瑰，有綠蔭，有寧靜的港灣
我是不繫之舟

也許有一天
太空的遨游使我疲倦
在一個五月燃著火焰的黃昏
我醒了
海也醒了
人間與我又重新有了關聯
我將悄悄自無涯返回有涯，然後

再悄悄離去

啊，也許有一天 ——
意志是我，不繫之舟是我
縱然沒有智慧
沒有繩索和帆桅

　　〈不繫之舟〉是首充滿現代主義內心刻劃與隱喻的詩作，也是充滿想像力的抒情詩。雖也可解釋為不願受束縛（不繫）而追求自由、理想的佳作，但詩中顯示的卻是更多滿載著青年人不畏艱苦、冒險犯難的內心精神的刻劃與勇敢向未來挑戰的決心。不僅入選如張默編的《剪成碧玉葉層層 —— 現代女詩人選集》等各種詩選，還與鄭愁予的〈錯誤〉一同入選《高中國文》第六冊的現代詩選讀部分；同年並與白萩的〈羅盤〉，同獲覃子豪推薦而獲得「中國文藝協會詩人獎」與新台幣一百元獎金。她寫成這首充滿現代主義風格，且令人驚艷的〈不繫之舟〉時，也僅僅十七歲。

　　此外，也發現瘂弦不曾面世的佚詩〈季候病〉二首之一（下圖），我們知道瘂弦寫詩初期深受何其芳影響，同名詩作〈季候病〉也是何其芳的佳作之一。《瘂弦詩集》各版本皆不曾收入此其二首佚詩，其中緣由耐人尋味。當留待另文深入探究。

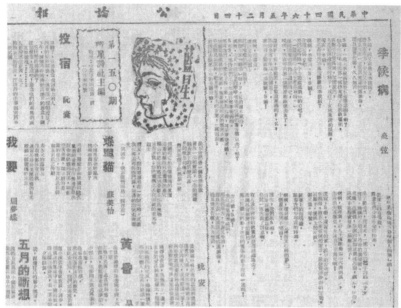

圖七：瘂弦佚詩之一〈季候病〉，刊《藍星週刊》150 期，（1957.5.24）。

綜觀覃子豪編輯時期的《藍星週刊》，投稿者或獲刊登詩作的作者，是以其在中華文藝函授學校新詩班的學生或交往詩友為主力，可能是當時現代詩作者不多、稿源不豐，或者也是想就近提攜自己學生、詩友等，選稿風格夾雜現代主義與現實主義風格的作品。余光中編輯時期並不以刊登詩作的數量取勝，而著重在詩作質量與呈現現代主義前衛風格的詩作為主。

六、《藍星週刊》翻譯與譯介考察

《藍星週刊》的翻譯是從《詩經》開始的。第一期開始，魏子雲（1918-2005）將《詩經》直接翻譯再創作為新詩的形

式，名為「古風今采」。無形中，意味著藍星詩社是從中華文化傳統縱的繼承出發，融合西方詩學技法，在台灣開展屬於中國式新詩的發端。例如〈古風今采·山有扶蘇〉：

> 『山有扶蘇，隰有荷華；不見子都，乃見狂且！山有喬松，隰有遊龍；不見子充，乃見狡童！』

> 扶蘇，綠遍山崗；
> 荷華，紅滿池塘；
> 人啊！你在那廂？
> 那旁倒有個吹口哨的輕薄郎！

> 喬松，高聳入雲；
> 遊龍，浮在水層；
> 愛啊！你在那兒；
> 眼前卻站著一個擠眉弄眼的搗蛋虫[14]！

　　〈山有扶蘇〉出自於《詩經·鄭》。本意是與女子相約的男士沒來或遲到，旁邊倒是有不懷好意的少年郎在覷覬著。魏子雲將原文放在前面，後為翻譯再創作的新詩，兩相對照，淺顯易懂，亦富情趣。他也陸續發表類似的〈古風今采〉，共有六篇，可見古典文學學者仍對新詩有興趣與期待，並試圖為古典與現代作一連結。

　　翻譯西方詩作、詩學，是從第三期起陸續有名為「漱玉」的譯者，主要翻譯美國詩人康明斯（e.e.Cummings，

---

14 魏子雲：〈古風今采·山有扶蘇〉《公論報·藍星週刊》第 1 期（1954年 6 月 17 日）。

1894-1962）、愛默生（R.W.Emerson，1803-1882）等人的詩作。在覃子豪主編《藍星週刊》1-160 期間的譯者，陸續有漱玉、法天[15]、張秀亞、夏菁、念汝、西平、童鍾晉、何瑞雄、申強、郭文圻、林子、覃子豪等人，主要以翻譯英美詩人為主，尤其以翻譯美國詩人作品為多，可能與台灣當時接受美援，取得相關資訊方便；或者也與美國新聞處的運作有關。形式則有單純翻譯外國詩作與譯介外國詩人生平、作品，後附譯幾首詩作為介紹兩種，例如：法天所翻譯的〈女詩人狄欽蓀〉（附譯詩：〈知更鳥〉、〈秋天〉）[16]。

　　葉泥與覃子豪也翻譯介紹以法國為主的歐洲詩人與作品。日本詩、詩論與詩人介紹的翻譯也屬大宗，翻譯者則以葉泥與吳瀛濤為主。吳瀛濤也常常翻譯介紹當時日本詩壇、詩社與詩人活動的相關訊息，使台灣詩人們能貼近日本詩壇的脈動，貢獻甚大。葉泥時在介壽館（總統府）任職，每天至少接觸三份日文報刊，因此就第一手資訊翻譯，分別發表在《文星》、《現代詩》與各種藍星刊物上，是當時最貼近日本文壇、詩壇的資訊來源與傳遞者。

　　本文前言中所述及埃斯卡皮在研究文學生產時提出的「班底」概念，在《文訊》雜誌第 272 期人物春秋〈維葉泥泥更護花 —— 戴蘭村的文學與書法〉中即談到當時《筆匯》與《復興文藝》等雜誌，對西方現代主義、象徵主義等作品翻譯的盛況：

　　　　《復興文藝》在葉泥主編的短短四期之中，就網羅了

---

15 法天本名于宗先（1930-），山東平度人。台大經濟系畢業，美國印地安那大學經濟學博士，現任中央研究院院士，為著名經濟學家。
16 參見《藍星週刊》第 28 期（1954 年 12 月 23 日）。狄欽蓀（Emily Dickinson，1830-1886），為美國著名女詩人。

許多現今文壇上的大家。例如：紀弦〈論新詩的移植〉刊載於創刊號第一篇。我問葉泥是否贊同紀弦主張，他分從幾個角度來分析這個問題，表現他的詩觀的開放胸襟。此外，《復興文藝》還蒐羅：青空律（紀弦）所譯日本橫光利一小說〈蒼蠅〉、覃子豪所譯法國詩人梵樂希和魏爾崙詩作、方思翻譯〈里爾克詩選〉、金溟若翻譯的谷崎潤一郎小說〈小王國〉，和葉泥自己翻譯的法國詩人古爾蒙的詩作多首等等。另外，也刊載路加（鍾肇政）翻譯的日本島村抱月〈「傀儡家庭」與易卜生的編劇法〉、吳瀛濤所寫〈日本文壇現況〉、方思介紹〈二十世紀的美國詩〉等等。其他，還包括：李薺（林泠）、艾雯、E弦、童真、黃仲琮（羊令野）、王聿均、孫陵、孫旗、羅馬（商禽）、琦君、魏子雲、尹雪曼、白荻、袁德星（楚戈）等人的作品，甚至包括一篇中篇連載小說，以及張秀亞的散文名篇〈曼陀羅〉。最令人詫異的，《復興文藝》每期只有 36 頁，卻含括了中、法、匈、美、日等國文學面向，而且幾乎每一頁都是精心佳作。從這裡，不難看出葉泥的文學美感與視野。

　　《復興文藝》、《筆匯》與在同時期在《文星》、《現代詩》、《藍星週刊》、《創世紀》等詩刊或雜誌，其翻譯群與創作作者群紀弦、覃子豪、余光中、方思、葉泥、魏子雲、孫旗、楚戈、張秀亞、吳瀛濤等，有大部分重疊的身分。由此可以顯現 1950 年代現代主義思潮傳播面的廣與深，也可以觀察到這些同時期報刊雜誌所刊載的稿源，與所謂集體創作特徵的「班底」，其實都大同小異。
　　《藍星週刊》中難得的是翻譯家族的出現。當時曾任駐

印度大使舘通譯的印度文學
專家糜文開，以及其夫人裴
普賢[17]，還有二個女兒糜榴
麗、糜鳳麗，都曾在《藍星
週刊》上發表翻譯作品，幾
乎都以翻譯泰戈爾詩為主，
次為翻譯與介紹印度文學。
例如糜文開翻譯泰戈爾的
《漂鳥集》第 25 首：「鳥兒
希望牠是一朵雲。／雲兒希
望它是一隻鳥。」第 26 首：
「瀑布唱道：『我得到自由
時我便唱出歌來了[18]。』」
四人中以糜文開的翻譯作品
發表最多，其他三人只出現

《文星》第一期封面

幾次而已，對時人了解印度文學與泰戈爾作品，卻有很大的
助益。

　　余光中主編《藍星週刊》161-211 期間，翻譯者主要有
余光中、黃用、許國衡、糜文開、裴普賢等人。尤以余光中
翻譯為主，其中艾倫‧泰特（Allen Tate）所寫的〈詩的三型〉
就從 184 期起連載了十一期。其餘譯者都各只出現翻譯作品
一次，頗耐人尋味。余光中主編時期刊登發表的翻譯，多為
評論或譯介方面的文章，而少詩作，可能是配合當時新詩論
戰的氣氛，所採取一舉兩得的作法：一、既可以引介西方理
論或學說；二、又可以藉此反擊對方，何樂不為？例如余光

17　裴普賢，本名裴溥言（1921- ）山東諸城縣人，現為台大中文系名譽教授。
18　參見《藍星週刊》第 69 期（1955 年 10 月 7 日）。

中所譯艾略特的詩論〈詩的欣賞〉、〈試驗〉、〈詩的時代性〉、〈難懂的詩〉、〈詩與哲學〉等等[19]，多為此類性質的論述。

　　就以艾略特的短論〈試驗〉來說，蔡明諺的論文中比較了《現代詩》第八期方思所譯與《藍星週刊》第 171 期余光中所譯的二個版本，批判二人甚至二個詩社間利用翻譯的專長與各自立場，各取所需，互相爭奪對艾略特等的詮釋權。似乎掌握了對現代詩、現代主義西方來源的詮釋權，就掌握了對台灣現代主義詩壇的制空權[20]。可理解的是，為何香港詩人馬朗在《現代詩》第 17 期發表翻譯《T.S.艾略脫詩抄》六首以及第 19 期刊出〈紀念葉芝〉（葉慈）後不久，余光中即在《藍星週刊》發表專文〈關於譯詩〉提出原文對照，以批判馬朗譯文的諸多缺失與謬誤之處，如：「The Airport Almost Deserted，意為『機場幾不見人』，他譯成『機場幾乎委棄』；誰委棄誰？這還像中文嗎？[21]」等等，言詞愷切。余氏甚至諷刺紀弦領導的現代派運動，試圖連結台港兩地詩人以壯聲勢的企圖：

> 難道這就是所謂「以台港兩地為中心的東方現代主義文藝革命運動」嗎？難道這就是香港現代主義的領袖馬朗先生對於英美現代主義的認識的表現嗎？連代名詞都弄不清楚的「死翻字典的翻譯家」，也配譯奧登的詩嗎？這豈非污辱奧登，污辱葉芝？紀弦先生對

---

19 艾略特：（T. S. Eliot，1888-1965）為當代美國著名詩人，曾獲諾貝爾獎，著有詩集《荒原》等。
20 蔡明諺：《一九五〇年代台灣現代詩的淵源與發展》（新竹：清華大學中國文學系博士論文，呂正惠先生指導，2008 年 6 月），頁 395。
21 余光中：〈關於譯詩〉《藍星週刊》第 169 期（1957 年 10 月 4 日）。

於新詩自有其貢獻，但他有時候做出來的傻事卻傻的
驚人。與馬朗的結合，便是一例[22]。

外文系畢業的高材生、年輕自負的余光中，在這裡可謂
得理不饒人。從此，馬朗的翻譯也在《現代詩》銷聲匿跡了。
翻譯見解與詮釋角度的不同，促使余光中重新翻譯方思等人
曾經翻譯過的艾略特詩與論述，並陸續發表在《藍星週刊》。
余光中主編時期的《藍星週刊》似乎與《現代詩》不管在詩
觀上、翻譯詮釋上都有不同的看法。這時《現代詩》主要的
譯者有方思、薛柏谷、馬朗與葉泥、林亨泰（二人皆由日文
轉譯）；《藍星週刊》的譯者則有余光中、黃用、許國衡等。
雙方不僅在論戰上爭辯，翻譯也形成兩方對壘、暗中較勁的
場面。

《藍星週刊》所刊登的翻譯作品大部分都沒有中英文對
照，可能限於篇幅，以致常無從對照翻譯的優劣，卻是當時
在台灣的新詩人們，接收外國詩壇訊息與吸收西方現代主義
詩藝非常重要的途徑。

七、《藍星週刊》的評論探察

《藍星週刊》的評論從第五期開始，埃斯不僅發表翻譯
作品，第一篇評論也是其大作，其〈論詩的風格〉（上）與
（下），分別在第五、六期發表[23]。

所謂風格，就是文學作品中所流露的特殊風味與品格。
也就是作家的個性與人格在作品內容與形式上的綜合表現，

---

22 同前註。
23 埃斯，本名孫旗（1924-），江蘇淮陰人，曾任政治作戰學校教授。為 50、
  60 年代著名藝評家。

所顯示出來的某種特色。亦與我國自古以來人如其文的說法相似。風格的產生有二：一、內在因素，即先天之才與氣；二、外在之因素，即後先之學與習。劉勰在《文心雕龍‧體性篇》將文學風格分為八種；司空圖《詩品》論詩的風格分為二十四品；姚鼐則分為陰柔與陽剛二大類。除此之外，風格尚有：作者之風格、時代之風格、地域之風格、民族之風格、文體之風格等等，可供討論[24]。

　　埃斯不僅引劉勰《文心雕龍》「詩總六義，風冠其首，斯乃化感之本源，志氣之符點也。」論風格，也引司空圖的說法論個人風格：

> 風格便是詩人心靈全貌的呈現與深切的感應，它心須脈脈含情，與詩人的心情心心相映，沒有心境上的光，意象便無從化生。風格是詩的靈魂，正如人有人格，而藝術的風格，也正是藝術家的風采，他不僅止於外在的閃爍，而且更是內在的光耀[25]。

　　埃斯強調詩風格即人格的展現，要寫好詩要先了解自我生命的意義，更要先學會做人。他同時也在文中論時代風格：

> 歷史時代精神的風格，實際上也不過在那一時代裡，居於主導地位的社會思想型態的精神力量。惠特曼的搏大汎愛底高揚的風格，正是社會底民主時代的精神表現。而莎士比亞底哈姆雷特式的，深思的浪漫蒂克

---

24 沈謙、段昌國、鄭基良編著：《人文學概論‧文學的風格》（北縣：國立空中大學，1994 年 8 月），頁 69-93。

25 埃斯：〈論詩的風格〉（上）（下）《藍星週刊》第 5、6 期（1954 年 7 月 15、22 日）。

（羅曼蒂克）的風格，也正是文藝復興時代新興市民
階層的醒覺神糧的凸現[26]。

　　埃斯認為詩應該反應時代與生活的現況，要能深刻反映、積極探索當代社會深層的觀念與思想。而且更應該超越傳統，創造一個屬於當代的新風格、新傳統。可見當時的新詩批評是有其一定的水準。其間還有司徒衛的幾篇書評：〈蓉子的《青鳥》〉、〈方思的《時間》〉、〈覃子豪的《海洋詩抄》〉等等，穿插其間。

　　覃子豪在年輕的天才詩人楊喚為趕一場勞軍電影，穿越平交道被火車撞死半年

方思的《時間》封面

後的《藍星週刊》第十三期發表〈論楊喚的詩〉，追念與評價其詩。他論楊喚的戰鬥詩「像反抗暗夜的向日葵，我們永遠朝向真理的太陽」等詩句，說：「楊喚詩裡的戰鬥氣息，給予讀者的是一種自然的呼吸，為讀者所共同需要，而不是無生命標語的口號。」，他並舉楊喚詩例「詩，是一隻能言鳥，要能唱出永遠活在人們心裡的聲音。」，盛讚楊喚是個善用比喻的詩人：「他的詩，格調新鮮，但不歐化；音節協

---

26 同前註。

和，但不陳舊。其形象生動，比喻深刻[27]。」，可謂給予楊喚非常高的評價。

　　楊宗翰曾讚賞本省籍詩人吳瀛濤發表在《現代詩》第三期的〈原子詩論〉頗具創意，可惜未見後續發展[28]。可能是其未見吳瀛濤發表在《藍星週刊》的其他篇〈原子詩論〉，吳瀛濤在《藍星週刊》共發表二批〈原子詩論〉，第一波從第 14 期開始到第 17 期共發表四篇；第二波則從 58 期到 62 期陸續共發表三篇，前後時間差七個月。前批〈原子詩論〉謂科學已經進步到原子能時代，新詩也應該追求自由性與純粹性，追求原子般細微的質素與融入各種科學實驗的精神。並試圖溯源自愛因斯坦的相對論、詹姆斯的實用主義等等，可惜其〈原子詩論〉的理論太過空泛，原子詩的定義與形式依舊模糊；組織與中心思想不夠嚴謹、明確，易導致流於空談的窘境。吳瀛濤在《藍星週刊》第 32 期發表〈主題與變奏〉詩「每一個樂音都是我們真正需要的『原子』」，應該就是其原子詩的創作與實驗了[29]。

27　覃子豪：〈論楊喚詩〉《藍星週刊》第 13 期（1954 年 9 月 9 日）。
28　該文：「詩人吳瀛濤早在 1953 年就以「瀛濤」之名，在《現代詩》上發表過〈原子詩論 —— 論 AtomAge 的詩〉。這篇論述指出，『原子是這時代的詩的新的象徵，是這時代最純粹最崇高最有力的詩精神之總稱，詩人需要認清它，詩人要開始寫出原子時代的新詩 —— 原子詩』。吳瀛濤並從「它與最高科學精神符合」、「原子與原子詩的同質」、「它的純粹性自由性」三點切入，申論原子與新詩之間的關連。這篇〈原子詩論〉頗具創意，可惜未見後續發展；至於其是否曾受日本詩學影響，猶待深入研究、比較。」參見楊宗翰：〈鍛接期台灣新詩史〉《台灣詩學》學刊第 5 號，「詩與史專輯」，（2005 年 6 月），註 46。
29　吳瀛濤：〈主題與變奏〉《藍星週刊》第 32 期（1955 年 1 月 20 日）。

吳瀛濤《藍星週刊》60 期的〈原子詩論〉

　　吳瀛濤第二波〈原子詩論〉試圖連繫德國哲學家海德格
（1889-1976）的存在哲學理論為其依據，意即對存有哲學研
究與應用解釋的方法，來詮釋「存在」的意義，對人的生存
結構進行詮釋。然而，這三篇論文大多在解釋海德格的理論，
甚少詮釋原子詩乃至原子詩論與西方哲學思想體系的連結。
其〈原子詩論〉的思想體系顯得空洞與貧乏，當時未見引起
讀者共鳴或反應，因此注定失敗的命運。但是吳瀛濤〈原子
詩論〉的勇於提出是值得肯定的，其期許新詩人們追求原子
般細微的質素與融入各種科學實驗的精神，在當時是前衛的
思潮。在張默、瘂弦主編的《六十年代詩選》中，吳望堯被
選入的一系列科學、科幻詩，讓主編在介紹前文驚嘆：「我
們所期待的『原子詩人』莫非就是吳望堯嗎？」或許就是吳

瀛濤〈原子詩論〉對當時詩人或讀者的造成影響或啟發30。

　　吳瀛濤的在《藍星週刊》發表的〈原子詩論〉與《現代詩》上發表的文章是同時間完成的，為何無法繼續刊登，頗耐人尋味。具前衛感與現代主義思潮的〈原子詩論〉，等待二年後才在覃子豪主編的《藍星週刊》繼續問世，可見覃子豪的編輯選稿取向與詩觀並不保守，也再次驗證前述文學「班底」的重複性。除此之外，覃子豪主編時期的選登的論述作品，數量上相對於余光中主編時期是比較少的。

　　余光中從 161 期開始主編《藍星週刊》，每期必有論述或翻譯選刊，不論創作、論介或翻譯，都有少數、精英的集中取向。其中論述部分黃用即發表十一篇、余光中四篇（其他翻譯西洋評論十幾篇）、夏菁六篇，以及覃子豪一篇短論〈論難懂的詩〉和書序〈法蘭西詩選緒論〉（連載六期）、〈《詩的解剖》序〉外，別無藍星詩社社外人士的評論文章。這時期刊登的論述與翻譯的評論，幾乎都與論戰有關，這是呼應同時期覃子豪主編的《藍星詩選》上一系列與紀弦激進的現代派作法互相批評的文章。原來雙方一開始是各自闡述，《現代詩》卻不斷的在社論提出〈從「形式」到「方法」〉（14 期）、〈自反而縮雖千萬人吾往矣〉（16 期）、〈抒情主義要不得〉（17 期）等現代派主知的論點；藍星詩社這邊則有黃用談〈誰才配發出「詩亡」之歎？〉（161 期）、〈略談詩中的「頓」〉（163-165 期共三篇）、〈「歐化」與「現代化」〉（168 期），以及夏菁談〈談詩中的哲理〉等，雙方論戰期前呈現的是各彈各的調，互相暗中較勁之態勢。

---

30 在張默、瘂弦主編的《六十年代詩選》中，吳望堯被選入的一系列科學、科幻詩，讓主編在介紹前文驚嘆：「我們所期待的『原子詩人』莫非就是吳望堯嗎？」。文見張默、瘂弦主編：《六十年代詩選》（高雄：大業書局，1961 年 1 月出版）頁 68。

　　不料自從覃子豪在《藍星詩選》發表針對（紀弦）性強的〈新詩向何處去〉後[31]，雙方即開始劍拔弩張、你來我往，都是為了各自認同的真理：《現代詩》、現代派詩人強調主知，要橫的移植，紀弦等人主要的認知是新詩（現代詩）必須在形式上與傳統古典詩、格律詩區別，而提倡新詩的再革命，因此激進的提出必須全盤師法西方的形式與作法、大破大立；而藍星詩社覃子豪、余光中、黃用等人則認為要延續抒情傳統，不可偏頗，其主要認知是對新詩實質內容與形式的掌握，以及強調知性與抒情同等重要的觀點。

　　當現代派的林亨泰據法國詩人阿保里奈爾（Apollinaire, 1880-1918）的立體主義主張與圖像詩試驗，而在《現代詩》發表符號詩與〈符號論〉說：「很數學的也就是很藝術的」時候[32]，余光中即在《藍星週刊》發表〈論數字與詩〉以古今中外名詩句「白髮三千丈」、「常懷千歲憂」、「太湖三萬六千頃，多少清風與明月？」等為例說：

> 　　數字本身確（有）一種神祕的魅力，表現在詩中時更是如此；偶數予人以平衡之感，奇數予人以尖新之感。多數暗示豪華、壯闊，少數洩漏悽涼、冷落；無論如何，它使人覺得可靠，它不含糊，不逃避，有來歷，有根據[33]。

---

31 覃子豪：〈新詩向何處去〉《藍星詩選·獅子星座號》（1957 年 8 月 20 日）頁 2-9。

32 林亨泰在《現代詩》第 17 期發表符號詩 2 首〈進香團〉〈電影中的佈景〉（1957 年 3 月 1 日）頁 6。林亨泰也在《現代詩》第 18 期發表符號詩 2 首〈體操〉、〈患砂眼病的都市〉及〈符號論〉文 1 篇，（1957 年 5 月 20 日），頁 30-31。的確是新奇與奇怪的試驗。經過沉澱後林亨泰發表在《創世紀》第 13 期的圖像詩〈風景 NO.2〉，卻是一篇名作。

33 余光中：〈論數字與詩〉《藍星週刊》第 162 期（1957 年 8 月 16 日）。

《藍星週刊》162 期〈論數字與詩〉

余光中想表達的是古今中外以數字入詩，幾乎都是追求無理而妙，或說合理而妙（反常合道）的誇飾技法，試圖導正數字詩、符號詩諸多新奇誇張的實驗，回歸合理與常規的方向。黃用則直接發文〈排除「低級的圖畫性」！〉批判指出「詩中有畫、畫中有詩」是我國傳統的概念，詩中的畫是在心中形成的景象（圖像），而批判說「近來常有人異想天開（其實只是拾人牙慧），真個在詩中畫起畫來了。這種安排在詩中簡單幼稚的構圖，無以名之，姑且稱之為詩中『低級的圖畫性』」[34]。

黃用甚至在文末戲擬一首符號詩（圖像詩），諷刺的說是為「低級的圖畫性」的詩作道別 ——〈賦別〉。黃用主要談的是詩中的意境，而當時《現代詩》刊出的幾乎都是立體詩形式上的實驗，並沒有抓住圖像詩真正的精髓！現代派在《現代詩》刊物上，對符號詩（圖畫詩）的大力鼓吹與推廣，在余光中與黃用這幾篇論文論辯後，幾已停止或修正。《現代詩》也不再刊出這些黃用所稱「低級的圖畫性」符號詩的

---

34 黃用：〈排除「低級的圖畫性」！〉刊《藍星週刊》第 172 期（1957 年 11 月 1 日）。

試驗。這些事後看來有趣的你來我往的論戰面向，是在歷來
如蕭蕭、陳政彥、蔡明諺等人討論現代派論戰的文章中，甚
少提到的[35]。但是黃用的批判，對以後的圖像詩發展有無影
響，則有待討論。

　　現代派論戰中雙方的歧見，也發生在對西方現代主義詩
人作品翻譯的詮釋權上，彷彿誰能確實掌握正確翻譯的主導
權，即勝券在握。因此當《現代詩》陸續刊出青空律（紀弦）、
馬朗等人的翻譯後，余光中即在《藍星週刊》發表〈關於譯
詩〉[36]提出原文對照，以批判馬朗譯文的諸多缺失與謬誤之
處，因此從香港來以詩文（翻譯）來「聲援」現代派的馬朗，
受到批判後，其翻譯也不再出現於《現代詩》。

　　林亨泰的〈談主知與抒情〉發表在《現代詩》第 21 期，
試圖修正紀弦主導的現代派「抒情主義要不得」的完全主知
的說法：

> 如果有首詩竟有百分之六十以上的「抒情」，這就是
> 所謂「抒情主義的詩」而我們加以反對之；換句話說，
> 我們真正歡迎的詩就是其「抒情」的分量要在百分之
> 四十以下，而這就是所謂「主知主義的詩」[37]。

---

35 蕭蕭：〈五○年代新詩論戰述評〉《台灣現代詩史論》（台北：文訊雜
　誌社，1996 年 3 月），頁 114。蔡明諺：《一九五○年代台灣現代詩的
　淵源與發展》（新竹：清華大學中國文學系博士論文，2008 年 6 月）。
　陳政彥：《戰後臺灣現代詩論戰史研究》（桃園：中央大學中文所博士
　論文，2007 年）。
36 余光中：〈關於譯詩〉《藍星週刊》第 169 期（1957 年 10 月 4 日）。
　相關評論參閱本章翻譯部分。
37 林亨泰：〈談主知與抒情〉（代社論一）《現代詩》第 21 期（1958 年 3
　月 1 日），頁 1。

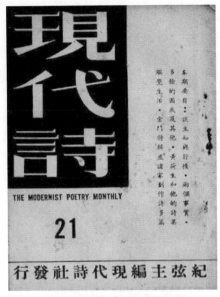

《現代詩》第 21 期封面

《現代詩》第 21 期林亨泰的〈談主知與抒情〉與紀弦的〈兩個事實〉、〈多餘的困惑及其他〉二篇文章，都是針對《藍星詩選・天鵝星座號》上黃用、余光中等人的批判文章，所做的回應。余光中因此也寫了二篇短論〈兩點矛盾〉（上）（下），主要談格律詩與抒情的問題，分別刊在《藍星週刊》207、208 期以為辯駁。所謂以子之矛、攻子之盾，余光中善用林、紀之間論點與創作上的矛盾大加撻伐，並謂抒情成分超過百分之四十一必被其帶上抒情主義或浪漫主義的大帽子等等。真理愈辯愈明，所以說現代派論戰的結果，即在消溶各方的歧見與誤會，使現代詩的前進路向趨於各方可接受的康莊大道。余光中在其文章結尾說的中肯：

> 自由中國的現代派對於新詩自然不無貢獻，然而新詩的繁榮需要各家各派的共同努力來促成，並非現代派一家的功勞。一年以來，《藍星週刊》始終保持著「兼容並包」的作風，既欣賞水之所以成為水的價值，亦不願抹煞火之所以成為火的精神[38]。

余光中以火的熱情與衝勁來比喻現代派的精神；以水的

---

38 余光中：〈兩點矛盾〉（下）《藍星週刊》第 208 期（1958 年 8 月 10 日）。

溫柔與涵融來比喻藍星詩社的穩健,在評價上給予現代派一定的讚賞,並不偏頗,值得肯定。現代派論戰的主戰場,分別在現代詩社的刊物《現代詩》與藍星詩社的兩種詩刊《藍星詩選》、《藍星週刊》上,但是蕭蕭、陳政彥、蔡明諺等人的論文,往往焦點放在《現代詩》紀弦與《藍星詩選》的覃子豪文論上,而忽略《藍星週刊》上余光中、黃用、夏菁等其他詩人的聲音,可能是早期報紙副刊保存的困難的緣故。

八、結　語

《藍星週刊》初期的翻譯從《詩經》開始,第一期魏子雲將《詩經》直接翻譯再創作為現代詩的形式,意味著藍星詩社是從中華文化傳統縱的繼承出發,融合西方詩學技法,在台灣開展屬於自己的現代詩。就翻譯來說,不論古今中外,內容與形式的掌握是基本要素,但是原作者意境的把握與其風格的傳神更難完整傳達,因此譯者更需盡心去揣摩,從宋穎豪在藍星詩刊前後翻譯桑德堡的詩作譯本來看,印證早期藍星詩刊的翻譯者也不斷的在追求創新與進步。

余光中主編時期刊登發表的翻譯,多為評論或譯介方面的文章,而少詩作。翻譯與評論的結合,可能是配合當時新詩論戰的氣氛,所採取一舉兩得的作法:一、既可以引介西方現代主義理論或學說;二、又可以藉此反擊對方。雙方不僅在論戰上爭辯,翻譯也形成兩方對壘、暗中較勁的場面。《藍星週刊》的翻譯以英美語系詩人作品為主,其次為歐陸詩人,然後是日本詩人的譯介。可能是外文翻譯家、詩人,外文主修以英文為主,例如余光中、黃用、糜文開等;歐陸詩人的譯介,則多透過日文或英文的轉譯而來。無論如何,都為當時貧瘠的文學土壤,增添了肥料養分;為封閉的台灣

文學，開啟了一扇通往世界的門窗。

　　《藍星週刊》的評論方面，不只清楚顯示藍星詩人參與多次論戰與維護現代詩的積極態度，更挺身檢討自己創作的缺失，以此勉勵詩人們要有反躬自省的精神，以走出當時虛無與晦澀當道的創作氣氛。余光中後來更指出他《萬聖節》裡的作品，是屬於廣泛富有現代精神的作品。回顧覃子豪與紀弦為主的現代派論戰，可知當時藍星詩人追求的是廣義漸進的現代主義溫和改革路線；而現代派追求的，則是狹義的現代主義理論為基礎的激進改革運動。兩者的論戰與路線修正，不僅調和西方現代主義與傳統文化精神，也激勵了當時的現代詩人創作風氣向現代主義加速傾斜，進而使現代主義深化且溶入台灣詩壇，為詩人所用。

　　藍星詩人們實事求是的態度與務實的作風，穩健的步伐與堅定的態度，是建立在對現代詩發展有清楚認識的基礎上。當局者迷、旁觀者清，最終在論戰過後，真理浮出水面，雙方的看法互相調和，遂清理出一條台灣現代詩自己的康莊大道。

　　《藍星週刊》發行約四年多，覃、余兩任主編選稿方面，在當時並無省籍考量，也發掘非常多本省籍青年詩人。覃子豪編輯時期的《藍星週刊》，投稿者或獲刊登詩作的作者，以其在中華文藝函授學校新詩班的學生或交往詩友為主力，選稿風格夾雜現代主義與現實主義風格的作品。余光中編輯時期並不以刊登詩作的數量取勝，而著重在詩作質量與呈現現代主義前衛風格的詩作為主。

　　綜觀《藍星週刊》的出版與發行，與《現代詩》、《現代文學》等刊物一樣，都是現代主義在台灣詩壇發展過程中，一段不可抹滅的重要歷史見證。

　　・本文刊《當代詩學》第 10 期（國立台北教育大學台文所學報：2015.01），（頁 215-246）。

藍星詩社發起人及早期作品析論

一、覃子豪及其作品析論

（一）生平概述

　　覃子豪（1912-1963），譜名天才，學名基，後改名覃子豪。四川省廣漢縣人。詩人 1912 年 2 月 12 日出生於廣漢縣城，父親在鎮上經營店舖生意，家境不錯。成都成城中學畢業後，於北京中法大學肄業，後留學日本東京中央大學肄業。在學生時代即致力於新詩創作及翻譯。抗戰期間，擔任戰區軍事委員會政治部少校主任等職，從事戰地新聞與簡報社的工作，曾任報社主筆、總編輯。抗戰期間與簡報社同事邵秀峰女士結婚，並育有二女，但都羈留大陸，與詩人分隔兩岸。這或許是其後來能心無旁鶩、全心全意主編詩刊與致力推廣新詩教育的遠因。

覃子豪四十五歲玉照

對於台灣詩壇來說，可謂「國家不幸詩家幸」的寫照！

　　覃子豪來臺後，曾於物資調節委員會及省糧食局任職。後為反對紀弦與《現代詩》一時偏激的提倡全面主知傾向與全盤西化的「橫的移植」論調，與鍾鼎文、夏菁、鄧禹平、余光中等人創立「藍星詩社」，是藍星詩社初期重要領導人物。曾主編《新詩週刊》、《藍星週刊》、《藍星宜蘭版》、《藍星詩選》、《藍星詩頁》、《藍星季刊》等。

　　他曾擔任中國文藝協會及中國詩人聯誼會理監事，同時並主持「中華文藝函授學校」等各種文藝函授學校新詩講座，學生後來成名者，至少有向明、瘂弦、小民、麥穗、秦嶽等人。甚至如文曉村、藍雲等人，在文協研究班結業後，馬上成立了「葡萄園詩社」發行以純正詩藝為號召的《葡萄園詩刊》，其影響至為深遠，因此他在台灣新詩教育與推動上，功不可沒。可惜於 1963 年因膽道癌病逝，享年 52 歲。著有詩集：《自由的旗》、《永安劫後》、《海洋詩抄》、《向日葵》、《畫廊》等；翻譯：《裴多菲詩》、《法蘭西詩選》、《世界名詩欣賞》等；散文：《東京回憶散記》；詩論：《詩的解剖》、《論現代詩》、《詩的表現方法》等。後人為其編輯有《覃子豪全集Ⅰ、Ⅱ、Ⅲ》等三部。[1]

---

1 劉正偉：《覃子豪詩研究》（台北：文史哲出版社，2005 年 3 月）。彭邦楨：〈覃子豪評傳〉，《覃子豪詩選》（香港：文藝風出版社，1987 年 3 月第 1 版），頁 229-258。李華飛：〈隔海祭詩魂 —— 憶覃子豪〉，《新文學史料》34 期（1987 年 1 月 22 日），頁 153-158。朱顏（錫侯）：〈"五人詩社"及《剪影集》的由來〉，《覃子豪紀念館落成專輯》（四川‧廣漢：廣漢市覃子豪紀念館籌建組，1988 年 6 月），頁 44。

《覃子豪全集 I 》封面與版權頁

（二）作品評析

　　覃子豪在東京中央大學法科留學期間，主修政治經濟，
課餘時間幾乎全心全力花在讀詩、寫詩與譯詩上面。這時期
他積極參加抗日詩歌運動，苦痛的日子造成的苦悶的心理，
終於在他再次的離鄉背井遠赴日本求學後得到緩解，一方面
是環境的改變帶來自身的覺醒與成長，一方面是洞燭了日本
積極侵華的陰謀。當時，他曾寫了一首與台灣有關的詩：〈偉
大的響應〉副題為「一讀中華台灣革命大同盟總部，為反對
日本帝國主義侵略祖國告台灣同胞書後寫給台灣革命諸同
志。」可見其當時是位熱血的愛國青年。這時期的作品多為
寫實主義詩作或反日抗日詩為主。

　　1937 年發生蘆溝橋事變，抗日戰爭全面展開，詩人毅然
參加教育部辦的第一期留日學生訓練班，積極參與對日抗
戰。在抗戰期間翻譯《裴多菲詩》，以及出版詩集《自由的

旗》、《永安劫後》等。並在東南戰區主編《詩時代週刊》
達三年半之久，積極推廣詩教育與抗日宣傳。這時期的作品
充滿著熱血的情操與積極戰鬥的決心，從詩作可以嗅出戰爭
的緊張氣息，例如：〈給我一桿來福槍〉、〈戰爭的消息在
催促我〉等。當抗日的戰線在全國展開時，詩人的愛國心自
覺不能有片刻的停留，當他聽著抗戰的號角響起，熱血就在
胸中沸騰。他無心再讀拜倫沉痛的詩章，當前線響起巨大的
炮聲，他只想要立刻換上戎裝，踏上戰場。他只需要一桿來
福槍、一套戎裝、一匹戰馬，不需要長期的準備，他要立刻
去廝殺。他的詩篇不僅把他的愛國心表露無疑，也鼓勵了當
時廣大的苦難同胞。此時覃子豪的詩風與心情走出了苦悶的
世界與大時代的陰霾。國家民族又何嘗不是呢？因為有了一
致的共同目標，即是全民一致共同積極的抵抗外侮、抵抗日
寇的屠殺與侵略。由此可見，覃子豪的強烈愛國心和與時代
脈動的寫實手法，充分的反應了時代的心聲。

彭邦楨編《覃子豪詩選》、張白帆《覃子豪》書影

　　覃子豪來台初期，因為糧食後勤補給等職務的關係常在台灣附近島嶼間奔波，例如 1950 年 8 月出差至花蓮，於花蓮港寫下著名的短詩〈追求〉：

　　　　大海中的落日
　　　　悲壯得像英雄的感嘆
　　　　一顆星追過去
　　　　向遙遠的天邊

　　　　黑夜的海風
　　　　括起了黃沙
　　　　在蒼茫的夜裏
　　　　一個健偉的靈魂
　　　　跨上了時間的快馬
　　　　—— 三十九年八月花蓮港[2]

　　這首詩全篇充滿了詠嘆光陰流逝之速，與追求永恆的健者之身影、有積極的人生態度。在詩人悲壯眼中，黃昏時的落日，竟然只像是英雄的感嘆，詩中投射了詩人自我的形影，期望自己是「一個健偉的靈魂」，期許自己能與永恆競走。這何嘗不是每個詩人的願望呢？當百年以後，能與時間永恆競走的，大概就只有詩人嘔心瀝血的傳世名篇了。1951 年 6 月出差至澎湖、馬公港；6 月、7 月出差至大陳島；8 月回到高雄，陸續醞釀完成《海洋詩抄》一書中的詩作。

---

2 覃子豪：《海洋詩抄》（台北：新詩週刊社，1953 年 4 月初版），頁 10。

《海洋詩抄》封面與覃子豪出殯日紀念書籤

　　覃子豪在創作與發表並出版《海洋詩抄》的時候，同時正在負責編輯《新詩週刊》。在《新詩週刊》出發與成長的詩人至少有：黃騰輝、林泠、鄭愁予、李政乃等人。其編輯《新詩週刊》負責任的作為與熱心服務作者的誠懇態度，並主導《新詩週刊》的編輯審稿走向脫離「戰鬥文藝」等政策干擾，轉向純正詩藝的自由路向，使他的詩名更形增益；加以《海洋詩抄》的出版，完全與當道盛行的反共八股詩背道而馳，因此今詩壇耳目一新。《海洋詩抄》是兩岸有史以來，第一本以海洋為主體的詩集，也是第一本大量描寫台灣本土與地理情感的詩集，此時期詩風明朗、寫實，深得大眾喜愛，一推出即獲好評。

　　覃子豪的貢獻有大部分是在詩教育方面，自 1953 年 10月應聘為中華文藝函授學校（校長李辰冬）詩歌班教授，三

個月後升任詩歌班主任。因為教學認真、批改作業積極而廣
受好評，陸續有多所函授學校邀約擔任教職，如：軍中文藝
函授學校、文壇社函授學校、中國文藝協會函授學校等。甚
至遠赴菲律賓擔任暑期文藝營詩歌班講座，作育無數英才。
對於新詩與台灣現代詩的發展有卓越的貢獻。許多學生成為
著名的詩人仍持續創作且享譽文壇，如：向明、瘂弦、麥穗、
小民、秦嶽、邱平、藍雲、張效愚、文曉村、雪飛等等。[3]〈詩
的播種者〉一詩即是他當時自我心境與熱心詩教作為的表現：

> 意志囚自己在一間小屋裡
> 屋裡有一個蒼茫的天地
>
> 耳邊飄響著一支世紀的歌
> 胸中燃著一把熊熊的烈火
>
> 把理想投影於白色的紙上
> 在方塊的格子裡播著火的種子
>
> 火的種子是滿天的星斗
> 全部殞落在黑暗的大地
>
> 當火的種子燃亮人類的心頭
> 他將微笑而去，與世長辭[4]

　　〈詩的播種者〉第一段描寫他當時的寂寥的心情與身陷

---

3 中華文藝月刊編委會編：〈本校同學通訊錄〉《中華文藝》月刊創刊號，
　（北縣汐止：中華文藝月刊社，1954 年 5 月 1 日），頁 34-36。
4 覃子豪：《向日葵》（台北：藍星詩社，1955 年 9 月初版），頁 23-24。

苦悶社會的處境；但是耳邊卻響起新世紀現代詩升火待發的號角，於是他胸中充滿著熱情與意欲一番作為的希望；希望將現代詩推廣的理想，見諸新詩函授教學講義與詩刊的編輯選稿上面，即是現代詩種子培育的工作；現代詩的種子就像是滿天的星斗，全部將灑落在自由中國現代詩壇未開發的、如同黑暗的大地；當現代詩的種子發芽、茁壯，感動更多人類的心靈時，他（播種者）將微笑而去，與世長辭。〈詩的播種者〉是覃子豪自我心靈的寫照，彷彿是自我一生冥冥中的暗示，當他持續主持更多函授學校，如「文壇函授」、「軍中函授」、「中國文藝」等學校的詩教與播種工作 8 年後，於 1963 年因罹患膽道癌而微笑而去，與世長辭了。彷彿當初〈詩的播種者〉詩中的「預言」一語成讖。

　　覃子豪在創作詩集《向日葵》這個時期，有苦悶的心境、也有理想的追求，具體表現在他詩作的進步與詩園地的開拓，還有詩種子的培育函授教育工作上。此時他創作的基調漸漸脫離《海洋詩抄》浪漫與自然主義的手法，趨向於實驗性的象徵主義。《向日葵》詩集可說是覃子豪詩創作歷程中的一個試驗，介於《海洋詩抄》與下一本詩集《畫廊》之間。但是卻提供我們探求詩人當時複雜苦悶的心境與熱心詩種子培育工作的實際作為，這種無私無我的奉獻精神，為他贏得台灣「新詩播種者」的榮耀。

《向日葵》與《畫廊》書影

　　《向日葵》出版後,其工作與編務的忙碌更甚以往。但他對於創作上尋求自我的超越,卻是不曾片刻停止。《畫廊》是覃子豪生前出版的最後一部詩集,距離上一部詩集《向日葵》的出版,約有七年之久,卻只有收入詩作 31 首。他說:

> 自《向日葵》出版後的六、七年間,我對於詩:思索多於創作,創作多於發表;恒在探求與實驗中。是常因發現而有所否定,或因否定而去發現。[5]

　　《畫廊》不論斷句或意象都更準確與完整,詩語言的創新更為豐富。可見他在經歷大時代苦難的磨練、現代詩論戰

---

5 覃子豪:《畫廊》(台北:藍星詩社,1962 年 4 月),頁 1。

的相互洗禮與現代詩教學的教學相長，對於他創作的影響是
互動的，是成長的助益。就在詩藝進入爐火純青之際，詩人
罹患了膽道癌，到天國向繆斯朝聖去了。現代詩的天空，一
顆奮進的藍星化為流星殞落黑暗的大地，留下無數的驚嘆與
懷念。

　　〈雲屋〉、〈過黑髮橋〉是他最後的兩首創作，當在《畫
廊》出版之後，形式與內容跳脫了《向日葵》時期象徵主義
的實驗與苦悶的轉寫；也超越了《畫廊》古典主義的嚴密結
構和巴拿斯詩派冷峻的刻劃，而趨向神秘主義的意境。甚至
可以說是其融合各種現代主義，所做的突破與進步。試看〈過
黑髮橋〉：

　　　　佩腰刀的山地人走過黑髮橋
　　　　海風吹亂他長長的黑髮
　　　　黑色的閃爍
　　　　如蝙蝠竄入黃昏

　　　　黑髮的山地人歸去
　　　　白頭的鷺鷥，滿天飛翔
　　　　一片純白的羽毛落下
　　　　我的一莖白髮
　　　　溶入古銅色的鏡中
　　　　而黃昏是橋上的理髮匠
　　　　以火焰燒我的青絲

　　　　我的一莖白髮
　　　　溶入古銅色的鏡中
　　　　而我獨行

於山與海之間的無人之境

港在山外
春天繫在黑髮的林裏
當蝙蝠目盲的時刻
黎明的海就飄動著
載滿愛情的船舶
註：黑髮橋為台東去新港途中之一橋名[6]

　　黑髮橋位於臺東去新港途中，是詩人因糧食局職務需要，奔波花東之際，先為橋名黑髮所懾，繼則環顧觀察，醞釀詩情、有感而發。詩人創作，不乏這種興於末而成於本的情形。

　　詩人先是寫景，預作伏筆，寫黃昏所見的情景與意象，繼而由景入情，由白鷺鷥落下羽毛而導入「我的一莖白髮」，相對時已入黃昏，而黃昏燃燒我的青春，層層進逼，詩人的寂寥與悲悵之情，躍然紙上。〈過黑髮橋〉虛寫黑髮，實寫白髮，亦即對人生自我的觀照，有深沉的思想內涵與對人生漸入老年，時不我與的感慨。但是詩人並不因此而自怨自艾，反如其一生的奮鬥過程一般，在最後一段詩裡，轉落寞消極為積極主動進取的創造。

---

6 參見：《覃子豪全集 I 》（台北：覃子豪全集出版委員會，1965 年詩人節），頁 434-435。筆者與向明編的爾雅版《新詩播種者－覃子豪詩文選》本詩漏一個字「配腰刀」的「刀」字，特此註明。

《覃子豪資料彙編》與《覃子豪詩研究》書影

（三）結　語

　　覃子豪隻身滯台，是其個人的不幸，是時代造成的悲劇。但他因此無家累的傾全力灌溉各種藍星詩刊與詩教推廣上，他以全部收入投入詩刊與編輯出版。甚至書信往返與剪報付郵，都是自掏腰包，他以一己之力支撐著新詩的志業，無怨無悔。總計他扶植、開墾與灌溉過的園地有：《自立晚報・新詩週刊》、《公論報・藍星週刊》、《藍星宜蘭分版》、《藍星詩選》、《藍星季刊》等，在 1950、60 年代荒蕪的年代裡，都是詩人們重要的創作發表園地。

　　詩人張默說：「覃子豪一直是中國詩壇的扛鼎人物，論戰中叱吒風雲的鬥士，詩運的帶動者以及頗具熱誠的創作

者、翻譯者與批評者。」[7]綜觀覃子豪的一生都致力於現代詩的創作與教育推廣上面，嘔心瀝血、鞠躬盡瘁，死而後已。他擁有一個健偉的靈魂，寫詩的風格與時俱進，從寫實主義到象徵主義到現代主義的試驗，永遠在追求創新與突破；與時俱進的身影和為現代繆斯奉獻的無私無我之精神，足為現代詩人的典範。

二、鍾鼎文及其作品析論

（一）生平概述

1967 年鍾鼎文獲國際桂冠詩人協會名譽桂冠詩人獎

鍾鼎文（1914-2012），本名鍾國藩，筆名番草，1914 年 4 月 29 日出生於安徽省舒城縣。上海中國公學（大學）政經系畢業，赴日本就讀京都帝國大學哲學系後轉社會學科畢業。1936 年自日本返國後，擔任南京中央軍校教官，兼任復旦大學教授。次年任上海《天下日報》總編輯，詩人艾青任其副刊主編。抗戰初期應聘赴桂林任《廣西日報》總編輯，艾青也隨其任副刊主編。後以戰事擴大，乃投筆從戎出任第五戰區少將參議，兼安徽省黨政軍聯合辦公廳主任秘書。抗戰末期，應召赴重慶任職中樞，迄於抗戰勝利隨政府遷都，

---

7 張默：〈獨留青塚向黃昏 —— 試評覃子豪的《畫廊》〉，《飛騰的象徵》（台北：水芙蓉出版社，1976 年 9 月 10 日），頁 122-128。

定居南京。

　　鍾鼎文 1949 年隨政府來台。曾
任國大代表、《自立晚報》與《聯
合報》、《中國時報》主筆，世界
詩人大會榮譽會長，世界藝術文化
學院院長，臺北市民營報業聯誼會
秘書長等職。著有《行吟者》、《白
色的花束》、《山河詩抄》等。曾
獲中山文藝獎、中國文藝協會榮譽
文藝獎章及國際桂冠詩人獎，第一
屆世界詩人大會傑出詩人獎，第三
屆世界詩人大會傑出詩人獎及大會
獎、第五、六屆世界詩人大會獎等。

2012 年鍾鼎文百歲近影，
攝於乾坤十五週年慶

　　鍾鼎文來臺後，曾與紀弦、葛賢寧等人在《自立晚報》
創刊《新詩周刊》，爭取《新詩周刊》版面，是在紀弦的慫
恿下創刊，並請立法院長張道藩先生題刊頭《新詩周刊》四
字。主要因為當時新詩人苦無發表的園地，而自己同為新詩
的作者與愛好者，於是促成了現代詩在台灣的蓬勃發展。他
開啟戰後台灣的新詩運動，居功厥偉。其後又與夏菁、覃子
豪、余光中、鄧禹平等人籌組成立藍星詩社，他與紀弦、覃
子豪並稱為「台灣現代詩壇三老」。[8]

（二）作品評析

　　鍾鼎文的寫作風格主要側重在抒情與明朗上，在詩的語

8　劉正偉：〈仁者的風範 —— 前輩詩人鍾鼎文先生側寫〉，《乾坤詩刊》
　42 期（2007 年夏季號），頁 10-12。鍾鼎文個人史料，皆為筆者親自
　訪談鍾鼎文與當面獲贈資料。

言創造上，特重意象經營與音律的調和。同時他也善於以寫實的筆觸，刻劃事象，使他的詩具有生活感悟與敘事的意味，詩風明朗而真摯。

　　1930 年鍾鼎文十七歲，是安徽安慶第一中學的高中生。有一天，他登臨安慶市區的鎮風古塔並想起陳子昂的〈登幽州台歌〉，有感而發作新詩〈塔上〉。因寫在週記上，被老師發掘並拿去報紙副刊發表，是其第一首正式發表的詩。筆名「番草」，也是老師高歌取的。當時導師兼任報紙副刊編輯，為刊登〈塔上〉，也為避嫌，怕人說袒護自己的學生，於是從本名鍾國藩的「藩」字拆字而成筆名「番草」，一直沿用至今。〈塔上〉：

> 我登臨在塔上 ——
>
> 在塔影的下面，
> 是無邊的屋瓦；
> 在瓦浪的下面，
> 是百萬的人家。
>
> 在那些人家裏，
> 許會有小小的院落；
> 在那些院落裡，
> 許會有各種的花。
>
> 那些花，
> 寂寞地開著、又寂寞地落下……[9]

9　鍾鼎文：《白色的花束》（台北：藍星詩社，1957 年 6 月初版），頁 64-65。

〈塔上〉一詩有登高賦詩的詩人傳統精神，卻出自早慧詩人之手。在民國初期新詩剛開始發展的年代，即有如此作品，實屬不易。詩中還押ㄋ、ㄚ、一等韻，更增加詩的可誦性，這是注重詩音樂性的表現。詩中敘述登高望遠的感受，先由塔影到無邊的屋瓦，再聯想到百萬人家，視界由近而遠；再由遠而近，人家裡有院落、院落裡各種的花。筆法先具象再抽象，前面先實寫景物，最後再以花表述詩人心靈空虛與寂寞的心情：「那些花，／寂寞地開著、又寂寞地落下……」花一直在那自然的開謝，不寂寞也不歡喜，快樂或寂寞都是詩人的感觸，頗能代表當時詩人為賦新辭強說愁的年紀與心情。

鍾鼎文《山河詩抄》、《白色的花束》書影

現代社的詩人杜衡在〈《行吟者》題記〉上評論他說：

新月派與現代派（指大陸時期）在藝術上的成就，不可抹煞，但其末流，亦非無弊。前者做作而枯燥，後

者晦澀而萎靡；前者得譬諸舊詩之在晚唐，後者則如
詞之在南宋，似乎總是一種『偏鋒』而非正路。……
他是接近於較早期的浪漫派，作風是那麼明快、流利
而健康；但他也吸收了其他兩派的長處，而擺脫了那
種表面的形式。我當時心想：這是一個能夠不受時代
影響願意獨自走著自己的路的詩人，縱然這條路是寂
寞的，是漫長而艱苦的。[10]

　　在他的詩集《行吟者》中，上集幾乎都是旅台的見聞與
感觸，例如〈高雄港的黃昏〉、〈台北橋的夜吟〉等；下集
大部分都是在大陸時期發表的舊作，多是對故鄉故土的感懷
之作，如〈蘇州河的歌〉、〈三年〉等。《行吟者》詩集中
許多作品有敘事的筆法與抒情特色，接近新月派的風格。

　　《山河詩抄》在 1956 年出版，分三輯，內頁有題記「舉
目有山河之異」，頗有一抒國仇家恨之感。第一輯海風集為
旅台見聞，第二輯為抒發思鄉之情的鄉愁集，第三輯為在大
陸各地行旅感懷的大陸紀行。三輯各有特色，大陸紀行可見
其明快流利的詩風。

　　《白色的花束》在 1957 年由藍星詩社發行，詩的語言與
內容、形式，則較前兩本詩集更精鍊、簡潔。也較少長詩與
懷鄉之作，相對的則多有抒情之作與對生活更微小的感觸。
例如〈蚊〉、〈貓〉等詩作，以及他的《人體素描》組詩，
更能見其機智與創新。《人體素描》（十首選二）：

---

10 戴杜衡〈《行吟者》題記〉，《行吟者》（台北：臺灣詩壇雜誌社，1951
　年），頁 161-164。

〈髮〉：
寄一切風情於髮吧，
髮是慣於打著旗語的青春底旗。

而我，已經是年逾四十，
在髮裏早有了叛逆的潛藏。
一旦這些叛逆們公然譁變，
從邊陲起義，問鼎中原。
我的髮將成為白色的降幡，
迎接無敵的強者之征服。

〈臂〉：
夫人，在你玲瓏的身上，
寄生著光滑的、狡滑的蛇。

你的晚禮服不僅讓你身上的蛇游出來，
而且暗示著樂園的禁果已經熟透……[11]

　　鍾鼎文是個有創見的詩人，他的詩作〈髮〉在 1953 年就
有了「打著旗語」、「公然譁變」、「從邊陲起義」、「白
色的降幡」等等充滿詩想新穎的意涵與新詩語言創新的實
驗。頭髮展示著青春的風情，也標誌著老年白髮的到來，這
首詩對於人類生老病死等永恆不變的真理，以及時間飄逝在
於頭髮顏色之展示與變化，做了最好的詮釋。最後二行，詩
人卻有不服輸的精神，誓必以無比的勇氣，迎接時間這個無

11　鍾鼎文：《白色的花束》（台北：藍星詩社，1957 年 6 月初版），頁 94-101。

敵強者的到來；換言之，詩人明知不可為而為，明知白髮等
同將來的降幡，仍將以創作與奮鬥，來與永恆相抗衡。

　　〈臂〉這首詩則更富情趣而有深度，不會令人有情色詩
的尷尬。短短四行詩中，夫人光滑的手臂變成游離與狡猾的
蛇，象徵著溫柔與靈活的女人手臂，悠游在愛人的身上。而
曲線玲瓏女人的青春身材，是晚禮服無法掩蓋的，蛇又使人
聯想到伊甸園裡的禁果，充滿著性暗示，整首詩意象優美而
飽滿，充滿著無比的詩趣與情趣！

（三）結　語

1986 年蘇雪林九十大壽與鍾鼎文合影

　　鍾鼎文是一位愛國
詩人，他到上海避禍時
已經改名鍾靈，第一次
留學日本卻失敗了，原
因是他發表了許多抗日
反日的詩作。第二次改
名為鍾鼎文，終於得以
完成留學日本的心願，
考上日本京都帝國大學
哲學系後轉社會學科畢
業。抗日戰爭爆發前他
曾加入馬占山將軍的抗
日義勇軍，欲赴前線參
加長城戰役，卻因氣候適應不良與年紀太小為由被辭退。抗
日戰爭爆發後，他又投筆從戎，積極的參與八年的對日抗戰，
歷任第五戰區少將參議，兼安徽省黨政軍聯合辦公廳主任秘
書。抗戰末期，應召赴重慶任職國民黨中央黨部文書處長，

迄於抗戰勝利隨政府遷都而定居南京。所以說他是一位積極的愛國詩人。

　　鍾鼎文在台灣曾經積極爭取《自立晚報》的版面，創刊並合編《新詩周刊》，造成現代詩在台的再出發與復興運動，功不可沒；並與覃子豪、夏菁、余光中、鄧禹平等人創立「藍星詩社」，積極推動現代詩的活動與發展；在 1953 年 12 月 1 日的「中華文藝函授學校」教職員名錄上有他的名字，他與覃子豪、紀弦、鍾雷等名詩人同任新詩班的教授，推動詩教；後來亦積極參與新詩學會與世界詩人大會的籌組工作與活動等。所以說他是一位現代詩壇的重要推手。[12]

三、夏菁及其作品析論

（一）生平概述

　　夏菁（1925-）本名盛志澄，1925 年 10 月 6 日出生，浙江省嘉興縣人。美國科羅拉多州立大學碩士，為知名水土保持專家。他於浙江大學畢業後來台，並在花蓮山林管理所木瓜山林場工作。後來到台北任職於中美合作的農村復興委員會，因寫詩劇而結識鄧禹平，因而開啟創立「藍星詩社」的契機。

　　他在 1954 年間，由於不滿當時口號充斥詩壇，乃邀集覃子豪、鍾鼎文、鄧禹平、余光中等人創立「藍星詩社」。在

---

12 認識前輩詩人鍾鼎文先生十多年來，他總是和藹可親，從不倚老賣老，對待少者如我輩彬彬以禮，他待人的態度一直維持謙謙的儒家精神與仁者的風範。他常給詩人朋友們提醒：「我們現代詩人應該思考的一個問題就是：『我們應該寫一首比我們生命稍長一點的作品來』。」亦即是詩人對於創作應該嚴肅對待，以追求詩名的不朽與永恆。

他的主導下，藍星詩社於 1958 年 12 月 10 日發行詩刊《藍星詩頁》。他除了主編《藍星詩頁》外，也曾主編《文學雜誌》及《自由青年》之新詩專欄等。

早期的夏菁，是個勤奮的詩人，就像他的農業專長一樣，耕作不息，大概每三年就出版一本詩集。1954年出版第一本詩集《靜靜的林間》，接著是《噴水池》、《石柱集》、《少年遊》等。但 1968 年起以農業專家身分受聘於聯合國，先後在牙買加、薩爾瓦多、泰國等地工作後，詩作產量銳減。1985 年自聯合國退職，任教於

夏菁近影（夏菁提供）

科羅拉多州立大學，現已退休，旅居美國。

退休後仍致力於詩與散文的創作，不僅出版詩與攝影合集《回到林間去：山、林與人的融合》，融合攝影與文學傳達出對大自然的愛。更陸續出版《夏菁散文》、《可臨視堡的風鈴》與詩集《雪嶺》、《夏菁詩選》等，展現其對文學一生無悔的創作與無盡的追求。

一九五五年的夏菁與余光中（夏菁提供）

（二）作品評析

　　藍星詩社成立初期的夏菁與余光中交好，在台北時相往來，詩風相近，共同馳騁詩壇十餘年，又因夏菁《靜靜的林間》封面兩馬同槽飲水的圖案引發聯想，所以梁實秋譽其二人為「兩馬同槽」，乃旗鼓相當、並駕齊驅也。余光中詩〈懷夏菁〉收入在夏菁《少年遊》詩集中，可以看出余、夏二人堅定而真摯的友誼。

　　夏菁的詩不耍炫目花招，不尚激情、不重雕飾，也不走奇詭晦澀一路，冷靜而制約、平淡中見理趣。在台灣詩壇狂熱追逐現代與西化的時刻，依舊維持其一貫具有中國傳統文人溫文典雅、純樸明朗的詩風，是少數具有新古典主義傾向的創作者。

夏菁《靜靜的林間》、《少年遊》書影

他在第一本詩集《靜靜的林間》後記中曾自剖稟性似水，

好冷眼看世界，傾向「澄清蘊涵，澗水一潭；靜觀返照，得乎自然」，而非火的熱情澎湃，灑脫不羈。[13]他與余光中早期的詩作有新月派餘風，兩人也同樣欣賞女詩人狄瑾蓀（Emily Dickinson）而仿傚寫作歌謠體長短句，痕跡俱見其詩集《靜靜的林間》與《噴水池》，這兩部詩集幾乎篇篇用韻，尤其後者似乎刻意學習或仿寫歌謠體長短句，使其詩作顯得具有誦讀的流暢美感與音樂性，例如〈月夜散步〉：

> 此刻正像是水底的世界，
> 一切已沉澱，靜寂。
> 那些遠近朦朧的樹枝，
> 如珊瑚叢生海裏。
>
> 藍空上緩泛過光潔的浮雲，
> 是片片無聲的浪花；
> 只有一隻古代的象牙舟，
> 在珍珠的海上徐划。
>
> 行人看不清彼此的面貌，
> 只感到浮光掠影，
> 像魚兒優遊在深綠的水中，
> 來去僅閃一閃銀鱗。[14]

　　詩人在此詩中描述在月色下散步的靈感所得，在靜夜裡彷彿置身水底世界，朦朧的樹枝就好像是海底叢生的珊瑚，

---

13 夏菁：《靜靜的林間》（台北：藍星詩社，1954年10月初版），頁81-82。
14 夏菁：《噴水池》（台北：明華書局，1957年6月初版），頁13。

行人也像魚兒般的悠游水中，一彎明月就像是古代的象牙舟，在皎潔的月光中徐徐的、靜靜的划行。此詩描寫的是月下散步的靜寂景象，像這類靜觀自得、簡潔明朗、用字經濟的抒情短詩，一直都是詩人早期創作的主力。

　　或許是受到紀弦等提倡現代詩運動的衝擊，或是受到現代詩論戰的影響，夏菁在《石柱集》詩集的出版開始，他認為詩的表達「應該本質多於技巧的玩弄，內容多於文字的裝飾。」[15]因此，內容呈現與嚴謹的形式終於獲得突破，不再只仿寫新月派或歌謠體長短句的形式，或愛與人生等主題[16]。

　　多了寫實記遊與探索人生等哲理的詩作，更有描寫各行各業的人生百態「人物素描」以及藉由「動物園」輯裡各種動物而發揮的諷喻詩。例如〈鷹〉：

　　　兀立在人工矯飾的禿枝上，
　　　猶睥睨籠外的天地。
　　　昔日王者的風範尚存。

　　　他是放逐在聖・赫勒那島上
　　　雄視歐洲的拿破崙。[17]

　　這首描寫圓山動物園老鷹的詩，將失去大自然雄風的鳥之王者比喻為失勢的拿破崙，被放逐在聖・赫勒那島上，非常傳神。作者當時的用意吾人不得而知，但若有多事者將之

---

15 夏菁：《石柱集》（香港：中外文化事業有限公司，1961 年 8 月初版），頁 113。
16 《靜靜的林間》與《噴水池》都各有愛、人生專輯，或是自然與音樂輯等。
17 夏菁：《石柱集》，頁 50。

比喻為蔣介石被放逐在寶島上，在當時戒嚴時期的詩人處境，實在堪慮。[18]無論如何，詩人勇於跳脫新月派等新格律的桎梏，追求新詩主題的多樣性與形式的自由，是為進步。

　　1964 年的《少年遊》記錄詩人留學與訪問美國期間的諸多感懷，他自認為是一具有中國血統的現代少年在遊歷美國時的觀感與反應。例如〈寂寞四行〉：

　　　沼澤中棲著七隻白鷺，
　　　一排寂寞的七日。
　　　沒有動靜，也沒有消息，
　　　似我鎩羽的信鴿。[19]

　　〈寂寞四行〉以淡筆書寫寂寞與鄉愁，一週七日，寄出的信都渺無回音，似鎩羽的信鴿，剛赴美留學的年輕人，獨自在生活在人生地不熟的異國，獨在異鄉為異客，企盼寄望故鄉的音訊杳然，其心理之寂寞孤獨，莫甚於此。〈家書〉一詩也有：「遙遠之響箭，朗朗／射過太平洋的雲層。」一樣卻是故鄉親友的音訊全無，在異鄉只有更感到日日寂寞。而〈簷滴〉詩則到了聽到屋簷的雨滴就泫淚欲下的地步：

　　　有一種語言
　　　勝過鄉音，
　　　使你聞之淚下。

---

18 關於新詩招惹白色恐怖或政治關切的案例描述，請參閱，向明〈詩文的翹楚〉、梅占魁〈自序〉、劉正偉〈為生存而吶喊〉，參見梅占魁著、劉正偉編：《梅占魁詩選》（台北：文史哲出版社，2006 年 3 月），頁1-11。

19 夏菁：《少年遊》（台北：文星書店，1964 年 10 月初版），頁 79。

從這個世界
回到另一個。

家是一個 ——
當聽到簷滴，
就會使你
酸鼻的地方。[20]

　　觸景容易傷情，當異地的簷滴竟然與故鄉的簷滴聲音一
樣時，更容易觸動心靈深處思鄉的共鳴。當你思念一個人或
一個地方時，任何細微的感觸，都足以觸動心弦，更何況是思
念故鄉一切人事物時的鄉愁。聞之、聽之，皆令人為之鼻酸。

夏菁《石柱集》、《噴水池》書影

20 同前註，頁83-84。

　　《少年遊》這時期的作品較前面《噴水池》等詩作，更為成熟與富有理趣，文字的雕琢較少，直覺和率真的成分較多，也呼應美利堅年輕一輩詩人講究詩的可讀性與要求面向真實的態度，和摯友余光中一樣，他的思鄉情懷與中國意識在抵美後愈加強烈，筆下的題材，幾乎皆可見鄉愁與文化中國的意象。

（三）結　語

　　夏菁創作以詩為主，兼及散文，詩風婉約典雅，具有濃厚的東方精神，他寫詩是走自己的路，唱自己的歌。余光中稱他如不周山一樣巍然獨立，我行我素，獨來獨往；楊牧則稱「他是『不裝飾的』，惟其不裝飾，我們欣賞他詩中的真，惟其為真，濟慈許久以前即已說過，其為美；我們知道，真和美的事物是善的。」[21]；夏菁的散文則簡約樸實，親和真摯，他曾在 70 年代提出詩必具有「可讀性」的主張，他認為用字不妨精簡、淺近，內容則新銳、深遠，所以夏菁的詩作平易近人、清新可讀，一直是契合他的創作理念。

　　夏菁曾自言：「詩，在我是終身的追求，不是一時的調情。我寫詩但求句句真誠，出於肺腑。」[22]觀其一生創作，人如其文，無疑服膺其最初的、最真誠的堅持與看法。在台灣詩壇汲汲於追求所謂現代與全盤西化，而日趨晦澀之際，夏菁依舊從容行走在最契合自己心性的道路上，順心隨緣，

21　這兩篇刊在夏菁詩集《山》的序，分別是余光中：〈山名不周〉與楊牧：〈夏菁的詩〉，見夏菁：《山》（台北：純文學出版社，1977 年 3 月初版），頁 3-23。

22　夏菁：〈後記〉，《靜靜的林間》（台北：藍星詩社，1954 年 10 月初版），頁 81。

靜觀返照，得乎自然。

四、鄧禹平及其作品析論

（一）生平概述

　　鄧禹平（1925-1985），四川省三台縣人，生於 1925 年
10 月 05 日，卒於 1985 年 12 月 21 日。四川省立藝專畢業，
東北大學中文系肄業。曾從事文藝寫作、影劇編導、繪畫設
計、詩詞創作等，並主編《綠藝世界》、《作品》、《中學
生文藝》、《中央影劇月刊》等。

　　他創作出許多膾炙人口的新詩與歌詞，如〈高山青〉、
〈離開你走近你〉（王夢麟演唱）、〈我的思念〉（潘越雲
演唱）、〈下雨天的週末〉（邰肇玫演唱）等，1981 年以〈傘
的宇宙〉獲行政院新聞局作詞金鼎獎。另外曾獲全國第一屆
文藝獎冠軍、文復會詩詞榮譽獎、國家文藝詩歌獎等。著有
詩集《藍色小夜曲》、《我
存在，因為歌，因為愛》。

　　鄧禹平的詩詞作品情
意純真，深度內斂，能將
感情成熟而深刻的發抒出
來，字裡行間充滿溫馨甜
蜜的意味，多首歌詞曾被
改為民歌。其作詞的〈高
山青〉，為 1960、70 年代
最流行歌曲，至今仍為大
眾朗朗上口的好歌。晚年

鄧禹平與林海音合影

因為高血壓引發而中風不良於行，但仍勉力創作與出版詩集《我存在，因為歌，因為愛》，其畫家好友楚戈，當時亦在病中，仍為好友畫了八幅插畫，詩畫家席慕蓉也為這本詩集貢獻出 20 多幅的針筆畫，使得這本詩集充滿詩情畫意。雖然他與病魔頑強對抗，還是在 1985 年於新店的安養院中去世。

（二）作品評析

鄧禹平在四川藝專畢業，來台後從事詩劇、話劇與電影劇本的寫作，著有電影劇本《惡夢初醒》等。陸續因從事電影藝術工作，而結識導演張徹等人；又因寫詩而結交李莎、葛賢寧、辛魚、夏菁等。與夏菁的熱絡交往，直接促成藍星詩社的成立與發展。

鄧禹平在 1950 年代初期就陸續在《中央日報》、《台灣新生報》等文藝副刊發表新詩作品，主要都以抒情詩為主，在當時戰鬥文藝政策當道的時代，少數的抒情詩作，為沉悶的社會氣氛注入了一股清流，頗受好評，使其知名度大開。

鄧禹平在 1951 年 7 月就出版了當時少見的抒情詩集《藍色小夜曲》。收錄 40 多首作品，其中包括膾炙人口的〈高山青〉：

高山青
澗水藍
阿里山的姑娘美如水呀，
阿里山的少年壯如山！

啊！──
啊！──

阿里山的姑娘美如水呀，
阿里山的少年壯如山！

高山長青
澗水長藍
姑娘和那少年永不分呀！
碧水常依偎著青山轉……
　　　—— 民歌（為《阿里山風雲》影片插曲而作）[23]

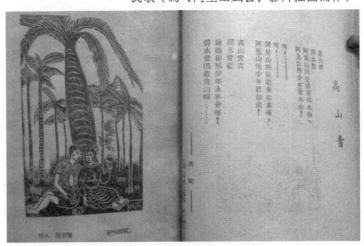

〈高山青〉與陳其茂木刻插畫

　　這首〈高山青〉原為 1950 年張徹所拍攝的電影《阿里山風雲》二首插曲的歌詞之一[24]，由張徹作曲，它歌頌著阿里山的姑娘與少年，無形中也將阿里山高山和碧水轉化為與俊

23 鄧禹平：《藍色小夜曲》（台北：野風出版社，1951 年 7 月初版），頁16。此詩亦收錄在其第二本詩集《我存在，因為歌，因為愛》中，改為〈阿里山之歌 —— 高山青〉。
24 另一首插曲為〈椰樹情歌〉，收入在《藍色小夜曲》，頁17。

男和美女對比的互相印證關係。歌詞中將青壯的阿里山少年
比喻為壯如山，溫柔的阿里山姑娘形容的柔情似水，形成剛
強與柔美的強烈對比。

　　「姑娘和少年永不分」就如「碧水常依偎著青山轉」一
般，象徵著男女堅定的愛情，如永恆的山水一般綿延永固，
氣勢與意境、壯與美兼而有之，歌詞淺白易懂、情意綿延，
男女老少皆能朗朗上口，故得以長期流行，甚至引起大陸人
士以至海外華人對台灣阿里山與日月潭風景之無限嚮往。

　　鄧禹平的詩作以抒情詩為主，葛賢寧曾在《藍色小夜曲》
的序中說他的詩有三個特色：一為詩語言的簡鍊，沒有蕪雜、
冗沓，常能出現明潔的美；二為風格端莊，不落浮艷，有中
外古典詩的醇厚，每於清新中見豐腴；三為能造出完美的形
式。證諸其第一本詩集的作品，以現在的眼光來看，約略只
有第二種說法合宜。只有在其第二本詩集中的表現與成熟，
可以達到葛賢寧描述的三種特色。他的作品以小巧玲瓏者取
勝，例如：

　　　　是誰撥開了我底心扉，
　　　　昨夜
　　　　讓她
　　　　輕輕地飛進了我底夢裡。——〈夢〉[25]

　　　　我送你一首小詩；
　　　　用草原寫上羊群，
　　　　用藍天寫上星星。——〈我送你一首小詩〉[26]

25　鄧禹平：《藍色小夜曲》，頁 1。
26　同前註，頁 16。〈我送你一首小詩〉經過修改後也出現在鄧禹平的第二
　　本詩集中。

　　我有一葉夢舟，

　　在天河中秘密地停泊，

　　那岸頭沒有誰知道，

　　和幾隻幽藏底夜鶯。——〈夢舟〉[27]

　　〈夢〉詩以明知故問句，是誰？輕輕「撥」開我的心扉，「飛」進我的夢中，雖是平凡語詞但意象新穎，能融入新詩創作中，在當時亦是創新作法。〈我送你一首小詩〉就像在草原上畫上的羊群，藍空中畫滿的星星，而無其他任何煩憂，小詩呈現的意象浪漫唯美。

　　鄧禹平的作品中，好詩與佳作幾乎都是以抒情短詩的形式出現。張徹在《藍色小夜曲》的序中說其「詩如其人：小巧精緻，聰敏玲瓏，清新如溪澗，婉麗如流泉。」或許是藝專的訓練，他的詩也注意音韻的協調與音樂性的表現，幾乎都可以變成譜曲的歌詞，後來也以〈傘的宇宙〉獲得 1981 年作詞金鼎獎的殊榮。他的許多詩詞浪漫綺麗、情意綿綿，譜曲轉變成民歌後廣為流唱，更讓他聲名大噪。

《藍色小夜曲》封面

27　鄧禹平：《藍色小夜曲》，頁 48、49。

（三）結　語

　　葛賢寧認為鄧禹平詩有三個特色：即語言的簡鍊，風格的端莊以及能造出新詩巧適而完美的形式。[28]因為新詩無定型，所以能創造完美的形式實為不易。鄧禹平在〈作品〉中說：

> 沒有嚎啕大哭的悲慟，
> 那來破啼為笑的歡欣？
>
> 沒有分娩臨盆的生死掙扎，
> 那來骨肉相連的母子親情？[29]

　　一首詩如能簡潔、完整的表現主題，則可以稱形式完美。〈作品〉一詩以分娩臨盆的婦女生產過程，來象徵詩人創作的過程；以母子連心的親情，比擬作者與作品的關係，詩雖簡短，形式已經完成。他的生命歷程是艱辛的，卻將對愛情與浪漫的追求與憧憬，轉化為一篇篇浪漫情懷的詩篇。他曾在第二本詩集中寫下〈自傳 —— 我最短的歌〉：

> 我存在 ——
> 因為歌！
> 因為愛！[30]

28　葛賢寧：〈序一〉，《藍色小夜曲》（台北：野風出版社，1951 年 7 月初版），頁首。
29　鄧禹平：《我存在，因為歌，因為愛》（台北：純文學出版社，1987 年 9 月初版 14 刷），頁 17。
30　同前註，頁 16。

鍾鼎文說：「我們應該寫一首
比我們生命稍長一點的作品來。」
證諸此言，鄧禹平因為創作優美的
詩歌，詩名已經比有形的生命更為
長久。鄧禹平隻身滯台，一生的歲
月坎坷，他曾自言是因為歌因為愛
而存在，雖然他因病去世了，可是
寶島的阿里山也因為他的詩歌〈高
山青〉的傳唱，而更聲名遠播。

《我存在，因為歌，
因為愛》封面

五、余光中及其作品析論

（一）生平概述

余光中（1928-）福建永春人，重九日生於南京。青少年
時期適逢抗戰和國共內戰，因而輾轉南京、上海、重慶、廈
門、香港等地，1950 年隨家人來台。曾在廈門大學外文系讀
了半年，1952 年從台大外文系畢業，1958 年到美國進修，一
年後獲得愛荷華大學藝術碩士學位。先後擔任臺灣師範大學
英語系教授、政治大學西語系主任、中山大學文學院院長兼
外文研究所所長。曾在 1964 年與 1969 年先後兩度赴美講學
共四年。自 1974 年起到香港中文大學任教 11 年（期間返台
客座一年）。為藍星詩社的發起人之一。曾主編《文星》詩
輯部分與《現代文學》、《藍星週刊》、《藍星詩頁》、《文
學雜誌》等刊物。

《余光中傳》封面

余光中詩文雙璧，其著、譯共計 40 多種，是極具特色和影響力的作家。他是學院詩人，一生創作、著述豐碩而多元，在 1967 年的《五陵少年》自序中，曾說自己是「藝術的多妻主義者」。

余光中活躍於華人文藝界，多年來參與中華民國筆會之工作，並擔任會長。經常赴海內外演講，擔任文學獎評審，也多次獲得文學獎，包括中國文藝協會新詩獎（1962年）、第 15 屆詩歌類國家文藝獎（1990 年）、吳三連獎、中國時報文學獎、金鼎獎等。也曾獲選為 10 大傑出青年（1966年）。除寫詩外，也寫散文、評論，從事翻譯、編輯，被黃維樑譽為手握「璀璨的五彩筆」的著名作家。[31]

（二）作品評析

余光中早在其南京與廈門時期，已經開始創作新詩，在報刊發表。1950 年來台後，更積極從事新詩的創作與其他文

---

31 黃維樑所編著的兩本評論集《火浴的鳳凰 ── 余光中作品評論集》（台北：純文學出版社，1979 年 10 月）與《璀璨的五彩筆 ── 余光中作品評論集》（台北：九歌出版社，1994 年 10 月），可說為「余學」奠定了基礎。錢學武的《自足的宇宙 ── 余光中詩題材研究》（香港：香江出版有限公司，1998 年 12 月），對余光中詩題材的研究，可說是鉅細靡遺。其它關於余光中的評論，網路搜尋可得者在千篇以上。

學的活動。他在《舟子的悲歌》的〈後記〉中自言：「影響我最大的還是英詩的啟發，其次是舊詩的根底，最後才是新詩的觀摩。」[32]關於他早期創作風格演變有不同的分期，大抵是以其詩集創作與出版的先後來分：[33]

1.格律詩時期（1949-1956）

　　這時期以《舟子的悲歌》、《藍色的羽毛》、《天國的夜市》[34]為代表。三部詩集所錄多為豆腐乾體的格律詩作，明顯上承新月派餘緒，大多數篇章均為二段或三段，每段四行，二、四句普遍都押韻。以其最早的詩集《舟子的悲歌》來看，收錄他早期的作品，詩風與形式，都屬於中國早期的格律新詩與自由詩形式，並無特別出色之作品。例如：

> 秋月照在海岸上。
> 他背後的刺刀
> 閃出冷冷的清光。
> 他獨自站在高崗上，
> 向海水的盡頭凝望，凝望。 ——〈中秋夜〉[35]

> 你原是她的遊子，
> 我原是她的迷羊。

---

32 余光中：《舟子的悲歌》（台北：野風出版社，1952 年 3 月），頁 69。

33 相關的分期說法，可參見余光中：〈從古典詩到現代詩〉，《掌上雨》（台北：大林，1980 年），頁 180-182。劉裘蒂：〈論余光中詩風的演變〉《文訊》第 25 期（1986 年 8 月），頁 128-150。以及錢學武的《自足的宇宙 —— 余光中詩題材研究》等等。

34 1956 年余光中原擬出版第三冊詩集《魔杯》，但因故拖到 69 年才由三民書局印行，書名也一併改為《天國的夜市》。

35 余光中：《舟子的悲歌》（台北：野風出版社，1952 年 3 月），頁 15-17。

今夜，我邀你對倚一枕，
陪著我一同懷鄉。 ——〈伊人贈我一髮歌〉[36]

昨夜，
月光在海上鋪一條金路，
渡我的夢回到大陸。
在那淡淡的月光下，
彷彿，我瞥見臉色更淡的老母。 ——〈舟子的悲歌〉[37]

余光中《舟子的悲歌》、《鐘乳石》封面

　　引詩三首，都以思鄉情懷為主，凝望、懷鄉、夢回的，
都是不可企及的故鄉。詩人用《舟子的悲歌》詩名當書名，
或許是形容自己當時如浮萍般漂泊的處境，隨著大時代情勢
的變化，不斷的遷移，從重慶、南京、廈門、香港再到台北，

---

36 同前註，頁 45-46。
37 同前註，頁 23-25。

恍如「不繫之舟」的悲哀。此時，卻隱約可以看出其思鄉情懷等思念故國母土的作品，都屬於其自由詩與格律詩風格時期的懷鄉少作。

此一階段的代表作應為《天國的夜市》裡的〈飲一八四二年葡萄酒〉，品酒思古，音調合諧、文字華美、結構嚴謹，有新月派餘韻。

2.現代化時期（1957-1959）

這時期以《鐘乳石》、《萬聖節》為代表，開始大量衍出長短錯落的自由詩與現代化的句式。這兩冊詩集相繼在1960年的8月與10月出版，寫作期間幾乎一致，只是作者刻意將其留學美國期間的感觸與體驗（或者衝擊），都收入《萬聖節》中，以顯示其在美國所受到現代藝術的影響，境界一新、詩風大變。其實余光中留美前夕已經逐步接受現代主義的洗禮與啟示，愛荷華大學的寫作訓練與藝術課程啟迪了余光中對現代藝術的接觸，吸收西洋音樂樂風，作品開始有抽象的趨勢。作者認為讀者如能以立體派或抽象派的觀點去讀，將更可以把握詩中的精神。[38]例如：

> 零度。七點半。古中國之夢死在
> 新大陸的席夢思上。
> ……
> 早安，憂鬱。早安，寂寞。
> 早安，第三期的懷鄉病！。 ──〈新大陸之晨〉

> 零下的異國。我的日記裡

---

38 余光中：《萬聖節》（台北：藍星詩社，1960年8月），頁4。

有許多加不成晴朗的負數。 ──〈當風來時〉

毛玻璃的三月，
冬之平面外邊巡著
太陽的銅像。 ──〈毛玻璃外〉[39]

以上三首詩，尤其〈毛玻璃外〉詩人把季節形象化、具體化了，三月在美國仍寒冷，彷彿冬天的尾巴，可是三月又像是初春的傳令兵，告訴人們暖太陽初臨的訊息。《萬聖節》中的〈我之固體化〉一詩，以「一塊拒絕融化的冰」自喻，清晰呈現出詩人在中／西文化之間的抉擇與困境：

在此地，在國際的雞尾酒會裡，
我仍是一塊拒絕融化的冰 ──
常保持零下的冷
和固體的堅度。

我本來也是很液體的，
也很愛流動，很容易沸騰，
很愛玩虹的滑梯。

但中國的太陽距我太遠，
我結晶了，透明且硬，
且無法自動還原。[40]

---

39 同前註，3 首引詩〈新大陸之晨〉，頁 8-11。〈當風來時〉，頁 32。〈毛玻璃外〉，頁 30-31。
40 余光中：《萬聖節》，頁 50-51。

　　詩中「國際的雞尾酒」是指其在寫作班的各國同學，也可能是美國這一民族大熔爐的隱喻。之所以拒絕融化，顯然跟作者堅守對中國傳統文化的認同有關。這類中／西文化、傳統／現代間的持續抗衡與拉鋸，在余光中的創作裡一再反覆出現，說明他對尋找、重建自我主體定位的關切與急迫。這類徬徨無助、尚無法自我定位的「主體」在《萬聖節》中，甚至有些虛無傾向，找不到新的主體創作的方向，只有固守，不被融化（同化）。

　　〈西螺大橋〉則是《鐘乳石》中最具氣勢的代表作，以「矗然，鋼的靈魂醒著。／嚴肅的靜鏗鏘著。」開篇；以倒裝句「矗立著，龐大的沉默。／醒著，鋼的靈魂。」結束，現實世界的大橋化身為一座潛意識之橋，命運的自覺喚醒理想的創作者「必須渡河」的啟示：

> 於是，我的靈魂也醒了，我知道
> 既渡的我將異於
> 未渡的我，我知道
> 彼岸的我不能復原為
> 此岸的我。
> 但命運自神秘的一點伸過來
> 一千條歡迎的臂，我必須渡河。
>
> 面臨通向另一個世界的
> 走廊，我微微地顫抖。
> ……41

---

41 余光中：《鐘乳石》（香港：中外畫報社，1960 年 10 月初版），頁 53-55。

余光中《在冷戰的年代》、《天國的夜市》封面

　　從未渡到既渡、從此岸到彼岸，〈西螺大橋〉象徵他正式大步邁向現代主義的道路，不再徬徨遲疑，縱然緊張的微微地顫抖，但他畢竟勇敢渡河了，果真通向全然不同的另一個世界，另一個坦途。

3.虛無時期（1960-1961）

　　這時期具現於《天狼星》[42]。這個時期的余光中在西化、現代化的過程中，急欲找尋自我的定位與未來的方向，也有為自己與同輩的現代詩人（他稱之為表弟們）作「傳」的企圖。但《天狼星》組詩的主題卻不太清晰，雖有意表現詩人在傳統與現代之間的抉擇，卻同時也在詩中顯現對傳統與現

---

42 《天狼星》發表於 1961 年 5 月號《現代文學》的第 8 期，後與《天狼星》新稿都同時收入在余光中：《天狼星》（台北：洪範書店，1983 年）。

代皆無法割捨的曖昧態度。例如：

> 大學那種教堂裡，什麼神都沒有
> 魁偉的名字中住著侏儒
> 當五四的里程碑爬滿青苔
> 一些白髮遂崇高如雪峰
> 蒼白的聯想 —— 石灰質，白圭，與樟腦
> 我們是上教堂的無神論者
> 鐘聲響時，我們就繼續做夢
> 對著黑板催眠的虛無 ——〈表弟們〉[43]

　　當一個學生缺乏信仰時，如教堂般神聖的大學裡，什麼神也不存在。當詩人對西方的各種主義、潮流疑惑時，他再也不相信什麼神；當詩人不再去繼承或回顧五四的傳統時，五四的里程碑對此時的他來說像都爬滿了青苔，被遺忘（或遺棄）淹沒在歷史的草叢中。此詩象徵當時余光中對各種現代主義的疑惑，卻也不願繼承傳統，顯得相當的徬徨無助，只好繼續幻想、繼續做夢，對著黑板發呆，像被催眠的做著虛無的夢。

　　余光中在此時的作品中時常透露出徬徨無助，又始終無法自絕於傳統，而有「真空的感覺」。《天狼星》投影的不但是個人或詩壇的無依、空虛，也是一個文化、民族對傳統繼承的懷疑和對外來文化衝擊的徬徨。繼而引發洛夫〈天狼星論〉[44]的批判與論戰，而後余光中發表〈再見，虛無〉，

---

43 同前註，頁 74。

44 洛夫：〈天狼星論〉（現代文學）第 9 期（1961 年 7 月），頁 77-92。後收入洛夫：〈論余光中的《天狼星》〉，《詩的探險》（台北：黎明文化公司，1979 年 6 月），頁 191-216。

乃正式告別徬徨探索的虛無與實驗期，回歸古典，在傳統文
化歷史寶庫裏尋寶，宣揚其「新古典主義」。[45]

4.新古典時期（1961-1964）

　　這時期以《五陵少年》、《蓮的聯想》為代表。余光中
說：「《五陵少年》之中的作品，在內涵上，可以說始於反
傳統而終於吸收傳統；在形式上，可以說始於自由詩而終於
較有節制的安排。」[46]詩人此時期懷念大陸的鄉愁詩與回歸
傳統抒情風格的詩作，幾乎俯拾可得。例如 1962 年寫的〈春
天，遂想起〉：

　　　　春天，遂想起
　　　　江南，唐詩裏的江南，九歲時
　　　　採桑葉於其中，捉蜻蜓於其中
　　　　（可以從基隆港回去的）
　　　　江南
　　　　小杜的江南
　　　　蘇小小的江南
　　　　……
　　　　復活節，不復活的是我的母親
　　　　一個江南小女孩變成的母親
　　　　清明節，母親在喊我，在圓通寺

---

45 關於對余光中《天狼星》的分析與看法，以及與洛夫間的論戰，陳芳明
　　有精采的解析與評論，分別是〈回望《天狼星》〉與〈回頭的浪子〉，
　　都收入在黃維樑所編的《火浴的鳳凰 —— 余光中作品評論集》（台北：
　　純文學出版社 1979 年 5 月初版，1982 年 3 月 3 版）。
46 余光中：《五陵少年》（臺北：文星，1967 年初版）、（台北：大地出
　　版社 1981 年 8 月初版），頁 2。

　　　　喊我，在海峽這邊
　　　　喊我，在海峽那邊
　　　　喊，在江南，在江南
　　　　多寺的江南，多亭的
　　　　江南，多風箏的
　　　　江南啊，鐘聲裏的江南
　　　　（站在基隆港，想 ── 想
　　　　想回也回不去的）
　　　　多燕子的江南[47]

　　在異鄉的詩人不僅容易觸景生情，且容易多愁善感，所以到了春天遂想起、懷念起美麗而多雨的江南，留下童年美好回憶的江南故鄉。兩岸政治分隔的當下，詩人站在基隆港口懷鄉，彷彿只要一登船就可直達故土的情境，卻是想回也回不去，只有想，也只能想了。

　　余光中認為《五陵少年》中的〈圓通寺〉是重要的轉變，那種簡樸的句法和三行體（三聯句），以及那種古典的冷靜感，無疑是接通了《蓮的聯想》的曲徑。[48]《蓮的聯想》繼承了中國古典詞和曲的傳統，是運用了中國文字本身的許多特點而開展的新詩。例如：

　　　　諾，蓮何田田，葉何翩翩
　　　　你可能想像

───────────

47　參見余光中：《五陵少年》，頁 71-74。
48　關於三聯句與《蓮的聯想》的看法，江萌有精闢的見解：〈論三聯句─關於余光中的《蓮的聯想》〉，收入《蓮的聯想》（台北：水牛出版社，1996 年 11 月），頁 139-157。

美在其中，神在其上

我在其側，我在其間，我是蜻蜓 ── 〈蓮的聯想〉[49]

等你，在雨中，在造虹的雨中
蟬聲沉落，蛙聲昇起
一池的紅蓮如紅焰，在雨中 ── 〈等你，在雨中〉[50]

　　這段期間余光中既歌詠親情倫理、諷誦漢魂唐魄，也把地理的鄉愁乘以文化的滄桑，由早年浪漫懷古轉為寫實傷今，成了低迴的吟詠。無論在文白的相互浮雕上、單軌句法和雙軌句法的對比上、工整的分段和不規則的分行之間的變化上，《蓮的聯想》都以二元手法將中國文學的抒情傳統開闢一個新的方向。[51]

余光中四本詩集封面

5.走回近代中國時期（1965-1969）

　　這時期以《敲打樂》、《在冷戰的年代》為代表。余光中是個敏銳的詩人，幾次在美國留學或講學的停留，都對他產生或大或小的衝擊與影響。1964 年他應邀赴美講學，受環

---

49 同前註，頁 7-10。
50 同前註，頁 11-14。
51 參考，同前註。

境的衝擊更激烈，以及 1966 年大陸文化大革命對他內心產生
的震撼，都因此使其作品自我的剖析更深入，形而上的主題、
同一主題的兩面探索、性與戰爭的交相對映，均有更深刻的
探討。例如：

> 中國中國你跟我開的玩笑不算小
> 你是一個問題，懸在中國通的雪茄煙霧裡
> 他們說你已經喪失貞操服過量的安眠藥說你不名譽
> 被人遺棄被人出賣侮辱被人強姦強姦輪姦
> 中國啊中國你迫我發狂 ──〈敲打樂〉

　　〈敲打樂〉詩中描述的是中國因封建而積弱不振的悲慘
近代史，以及被列強不斷侵略、割據的命運。以敲打樂為名，
頗有敲敲打打、一吐胸中鬱壘為快的意涵，詩句長而節奏緊
湊明快，表現其激昂難平、恨鐵不成鋼的心境。他說：

> 在〈敲打樂〉一詩裡，作者有感於異國的富強與民主，
> 本國的貧弱與封閉，而在漫遊的背景上發為憂國兼而
> 自傷的狂吟，但是基本的情操上，卻完全和中國認
> 同，合為一體，所以一切國難等於自身受難，一切國
> 恥等於自身蒙羞。這一切，出發點當然是愛國。[52]

　　這個時期，余光中的作品吸收搖滾樂的快速節奏，來呈
現他個人的天涯浪子心境；以浪漫精神回歸故土的民族意識
面對眼前的現實。這個階段的余光中也掙脫了自我定位的迷

52　參見余光中：《敲打樂‧自序》（台北：九歌出版社，1986 年 3 月），
　　頁 9。

惘，期待自己創造經由生命的苦楚而臻於永恆的詩藝。

（三）結　語

綜觀前述，早期的余光中常隨著環境的變化與衝擊，不斷的嘗試新的創作題材與風格。他早期詩風格的轉變與成長，幾乎就是台灣當時新詩發展的軌跡。他那不斷的學習與修正的精神，其學習與自省的工夫，都令人敬佩。

歸化美籍的英國詩人奧登（W.H.Auden）認為檢視是否具備為大詩人的要項有五：多產、具有廣度、具有深度、技巧好、作品前後蛻變。且至少須具備三個半左右才行。[53]

余光中歷年來的詩作有一千多首，在華文詩人中，實屬多產。詩題材之廣，包羅萬象，從古至今、從東方至西方、上天下海，幾乎無所不包，無不嘗試。他詩作的深度與技巧，參見上述分析，在現當代華文詩人中，亦屬一流之列。他作品前後蛻變成長的速度之快，從前述其早期風格的轉變分析中，亦見端倪。因此，余光中可以說是近代華文詩壇中的佼佼者。稱之為大詩人，他亦當之無愧。

---

53 余光中：〈大詩人的條件〉，《聽聽那冷雨》（台北：純文學出版社，1974 年），頁 176。以及錢學武：《自足的宇宙 —— 余光中詩題材研究》，頁 9。

早期藍星詩人及其作品析論（一）

一、周夢蝶及其作品析論

（一）生平概述

　　周夢蝶（1921-2014）本名周起述，原籍河南淅川縣人，1921 年 2 月 10 日生。童年失怙，養成他沈默、內向的個性，在私塾熟讀古典詩詞及四書五經，奠定了深厚的古文基礎。後於宛西鄉村師範學校肄業，曾任小學教員及圖書管理員各一年。1947 年赴武漢參加青年軍，次年隨軍來台，服役軍中七年後退伍，在台北市武昌街明星咖啡屋前經營書報攤二十一年，該處因此成為當時文人小聚之地，也是當時台北著名的文學地景。他專賣詩集、詩刊及文哲圖書，生活暫獲安定。1962 年開始禮佛習禪，終日默坐繁華街頭，冷對熙來攘往的紅男綠女，直到 1980 年因胃疾而結束書報攤生意。

　　周夢蝶十七歲那年在家鄉由母親包辦結婚，夫妻感情不錯，婚後生下二男一女，均留在原籍，他孑然一身羈留台灣。他的筆名「夢蝶」取自莊子的《南華經・內篇・齊物論》：「昔者莊周夢為胡蝶，栩栩然為胡蝶也。自喻適志與，不知周也。俄而覺，則蘧蘧然周也。不知周之夢為胡蝶與？胡蝶之夢為周與？」他不僅以此典故為筆名，而且在作品中常用此典。

2009 年餐敘，左起：梅占魁、向明、周夢蝶、劉正偉

　　周夢蝶因寫詩投稿而與藍星詩社結緣，後加入藍星詩社。他性格謙沖，沉靜寡言，寫詩、寫字精雕細琢，苦苦吟思，詩中又充滿禪味，其處女詩集《孤獨國》亦由藍星詩社出版，因而人們送給他的雅號有「孤獨國王」、「苦僧詩人」等。他也不愛交際應酬，不喜拋頭露面，但有關懷生命、慈悲濟世的佛陀襟懷。曾獲得中國文藝協會新詩特別獎、笠詩社詩創作獎、第二屆《中央日報》文學特別成就獎、第一屆國家文藝獎等。著有詩集《孤獨國》、《還魂草》、《周夢蝶·世紀詩選》、《約會》、《十三朵白菊花》等。[1]

1　對周夢蝶的研究與生活照顧最力的是曾進豐。他對周夢蝶相關的論著有：《周夢蝶詩研究》（台北：國立師範大學碩士論文，刊師大國研所集刊第41 號，1997 年 6 月）。《周夢蝶·世紀詩選》（台北：爾雅出版社，2000年 4 月）。《台灣詩人選集 6·周夢蝶集》（台南：國立台灣文學館，2008年 12 月）等。

（二）作品評析

　　周夢蝶早期的詩作，將其人生的坎坷境遇與心境的悲苦，融入詩作當中，以收入在《孤獨國》與《還魂草》詩集中為代表。《孤獨國》以楊英風的雕塑作品為封面，在扉頁上，他曾題上奈都夫人的詩句：「以詩的悲哀征服生命的悲哀」，可看作是周夢蝶一生創作的心境與其藝術風格的概括。

　　周夢蝶的詩作有兩大特色：一是佛教的哲思；一是汲自古典文學的精美。因其詩兼具古典及哲理的深度，而表現出典麗濃縮、詩境深邃的風格。[2]余光中說：「周夢蝶是新詩人裡長懷千歲之憂的大傷心人，幾乎帶有自虐而宿命的悲觀情結。」又說：

　　　　翻遍他的少作，滿紙的寂寞和悲苦全由於這一個情
　　　　字。他的悲情世界接通了基督、釋迦和中國的古典，
　　　　個人的一端直接於另一個時空，中間卻跳過了社會。[3]

　　說的正是在物質生活一無羈絆，在感情上卻超脫不了的、外冷內熱的周夢蝶。因其至情所以至苦，乃自囿於一己的孤獨國內，用純情的悲苦，提煉禪思哲理。例如與詩集同名的〈孤獨國〉：

---

2 古繼堂稱周夢蝶的詩句有以下四大特色：一、詩禪合一。二、大量用典。
　三、突出的哲理思想。四、詩的現身性。參照：古繼堂：《台灣新詩發展
　史》（台北：文史哲出版社，1989 年 7 月初版）頁 246-254。

3 余光中：〈一塊彩石就能補天嗎？〉，收入其著《井然有序》（台北：九
　歌出版社 1996 年 10 月），頁 137。

　　　昨夜，我又夢見我
　　　赤裸裸地趺坐在負雪的山峰上。

　　　這裏的氣候黏在冬天與春天的接口處
　　　（這裏的雪是溫柔如天鵝絨的）
　　　這裏沒有嘿騷的市聲
　　　只有時間嚼著時間的反芻的微響
　　　這裏沒有眼鏡蛇、貓頭鷹與人面獸
　　　只有曼陀羅花、橄欖樹和玉蝴蝶
　　　這裏沒有文字、經緯、千手千眼佛
　　　觸處是一團渾渾莽莽沉默的吞吐的力
　　　這裏白晝幽闃窈窕如夜
　　　夜比白晝更綺麗、豐實、光燦
　　　而這裏的寒冷如酒，封藏著詩和美
　　　甚至虛空也懂手談，邀來滿天忘言的繁星……

　　　過去佇足不去，未來不來
　　　我是「現在」的臣僕，也是帝皇。[4]

《孤獨國》封面與著者題簽

───────────────────────
4 周夢蝶：《孤獨國》（台北：藍星詩社，1959年4月初版），頁25-26。

　　〈孤獨國〉描述的就是作者自我內心孤寂的顯像，離鄉背井、隔別妻兒的流亡之痛，這種來自情感與肉體上切膚的生活之苦，是外人無法想像的。其詩應驗了日本作家廚川白村說的：「文學是苦悶的象徵。」因為來台後他在外部現實世界的幸福與愛情不可得，於是乃藉詩的創作，遁逃於內心想像的烏托邦、孤獨國內，來排解萬般的落寞、孤獨與寂苦。他想像的孤獨國內封藏著詩和美，沒有囂騷的市聲，只有自己與內心對話反芻的微響，當過美好的回憶佇足不去，而未來不敢企求，只好耽於能夠掌握的「現在」。而「我」就是自己建構的孤獨國內唯一的臣僕，也是唯一的帝皇。惟其惟一，所以孤獨。

　　《孤獨國》共收周夢蝶 57 首詩作，其中除了孤寂，宗教情懷與老莊思想已經出現在這本詩集，這些內涵在周夢蝶後來的詩集中依然可以看到。

　　　昨夜，我又夢見我死了
　　　而且幽幽地哭泣著，思量著
　　　怕再也難得活了

　　　然而，當我鉤下頭想一看我的屍身有沒有敗壞時
　　　卻發現，我是一叢紅菊花
　　　在死亡的灰爐裡燃燒著十字
　　　　　　　　　　　　——〈消息〉之二[5]

　　　當我一閃地震慄於
　　　我是在愛著什麼時，

---

5 同前註，頁 43。

> 我覺得我的心
> 如垂天的鵬翼
> 在向外猛力地擴張又擴張⋯⋯
>
> 永恒 ──
> 剎那間凝駐於「現在」的一點；
> 地球小如鴿卵，
> 我輕輕地將它拾起
> 納入胸懷。
>
> ── 〈剎那〉[6]

　　其中「如垂天的鵬翼／在向外猛力地擴張又擴張⋯⋯」，這兩句讓人想到莊子《逍遙遊》的「怒而飛，其翼若垂天之雲」以及「鵬之徙於南冥也，水擊三千里，摶扶搖而上者九萬里，去以六月息者也。」周夢蝶也有御風而行、逍遙遊的想像，當剎那間凝駐於現在的一點時，地球小如鴿卵，我輕輕地將它拾起納入胸懷，口氣很大，詩人以夸飾呈現出作者聰慧的自信，與如莊子逍遙遊般無窮的想像。

　　《還魂草》是周夢蝶第二本詩集，扉頁也引張愛玲《炎櫻語錄》中的句子：「每一隻蝴蝶，都是一朵花底鬼魂，回來尋訪它自己。」彷彿就是作者自己的心聲，他的每一首詩就如同一隻隻的蝴蝶，一朵朵的花魂，回訪著他自己內心深處孤寂淒絕的吶喊。余光中則引戴望舒的詩說：「蝴蝶的翅膀像書頁，翻開，是寂寞，合上，也是寂寞。」說的正是周夢蝶的詩與人，與其詩深處所透出孤寂的內涵。[7]

---

6 同前註，頁 39。

7 余光中：〈一塊彩石就能補天嗎？〉，收入其著《井然有序》（台北：九歌出版社 1996 年 10 月），頁 136。

　　葉嘉瑩為《還魂草》所寫的序，批評精確，周夢蝶正如大謝般，表現出雖非超然的解脫，卻是悲苦的凝鍊，雖然矛盾，卻是真切的情感。周夢蝶在詩中文字的表現，都賦予古今與中外古典交融的實驗與運用，交融著火的淒哀與雪的淒寒，有其極為獨到的一種鎔鑄和實踐的能力，鎔鑄出極為新穎而現代化的詩句，如其：

> 人在船上，船在水上，水在無盡上
> 無盡在，無盡在我剎那生滅的悲喜上 ——〈擺渡船上〉

> 有鳥自虹外飛來
> 有虹自鳥外湧起 ——
> 你底幽思是出岫的羊羣
> 不識歸路，惟見山山秋色 ——〈駢指〉

> 已離弦的毒怨射去不射回
> 幾時纔得消遙如九天的鴻鵠？
> 總在夢裡夢見天空
> 夢見千指與千目網罟般落下來
> 而泥濘在左，坎坷在右
> 我，正朝著一口嘶喊的黑井走去…… ——〈囚〉

> 海若有情，你曾否聽見子夜的吞聲？
> 天堂寂寞，人世桎梏，地獄愁慘
> 何去何從？當斷魂如敗葉隨風
> 而上，而下，而顛連淪落…… ——〈天問〉[8]

---

8 引詩 4 首，參見周夢蝶：《還魂草》（台北：文星書店，1965 年 7 月）。〈擺渡船上〉，頁 13-14；〈駢指〉，（73-76）；〈囚〉，131-132；〈天問〉，137-140。

《還魂草》封面與封底書影

〈擺渡船上〉描寫生命有限，人生如過客，就像在擺渡船上，在水上渡此一程。水是不定形的載體，人在船上、在水上浮浮沉沉、起起落落的過此一生。

〈天問〉，問天。為何天堂寂寞、人世桎梏、地獄愁慘，天堂地獄人間皆無我棲身之處，吾人將何去何從？孤獨國裡，只有我自己默默承受著人間桎梏，縱然有天堂的

周夢蝶去世時，筆者曾為文〈周公夢蝶——悼周夢蝶〉在兩岸三地發表

想望，卻仍只有人間的孤寂陪伴著自己！無盡在我剎那生滅的悲喜上，萬般無奈，剎那的生滅悲喜，也是無盡的，因為我是孤獨的。周夢蝶在詩中文字的表現，賦予現代與古典交融的新感覺與新生命，有其獨到運用的能力，鎔鑄出極為新穎而現代化的詩句，可以說是新古典主義最佳的代言人。

（三）結　語

　　周夢蝶的詩作連結傳統與現代，是藍星詩社的代表人物之一。他的〈菩提樹下〉詩：「誰能於雪中取火，且鑄火為雪」，則吾人以為其詩境所表現的，就是近於禪的境界。他常從景寫到人或從人寫到景，而寫到禪，寫到無我之境界，或將自我寫入虛空之內。把一己之孤寂與悲慘的命運，都寄託在詩句上面，使心靈與情苦能獲得紓解、排遣與安頓。「早期一味情苦，中期諸味雜陳而有逸氣，晚則檀香味濃，但以『情』一以貫之。」是紀錄在周夢蝶傳記書《詩壇苦行僧》裡的句子，如此精妙之筆，可能是傳主的心靈自述。

　　周夢蝶個性沈默拘謹，喜歡獨處，喜歡在孤獨裡默默修持自己，其不得解脫之感情，則似乎是源於其內心深處一份孤絕無望之悲苦。他虛懷若谷，守著清貧，守著那一襲黑衫，如同守著袈裟一般。他堅持著自己，守拙質樸而深情，寧靜孤峭而執著。「詩是感情，佛是觀點」，說周夢蝶是一位披著袈裟的現代詩人，誰曰不宜？

　　趙翼〈題元遺山全集〉詩有「國家不幸詩家幸，賦到滄桑句便工」之句，日本侵略中國與東亞造成人類死亡與顛沛流離的歷史悲劇，在周夢蝶身上是遠離故鄉與隔離家人的不幸遭遇。證諸其詩作，是滿紙的辛酸淚。「天堂寂寞，人世桎梏，地獄愁慘」，他一生的滄桑、寂苦躍然紙上。

二、蓉子及其作品析論

（一）生平概述

　　蓉子，本名王蓉芷（1928-），江蘇吳縣人，1928 年農曆 4 月 4 日生於一個三代篤信基督教的家庭，曾就讀南京金陵女子大學附屬高中、建村農學院等。曾任小學老師與音樂教師。後於南京考入交通部國際電台，1949 年 2 月奉調台北籌備處工作。

　　蓉子寫詩甚早，1949 年開始創作，在《新詩週刊》創刊初期開始陸續投稿並嶄露頭角[9]。也在《藍星週刊》第一期刊出〈登山〉一詩。1953 年葛賢寧主持的中興文學出版社，出版其引人矚目的詩集《青鳥集》，為台灣光復後第一本女詩人專集。

　　蓉子與羅門皆為基督徒，他們的婚禮於民國 44 年 4 月 14 日下午四點四十四分，在台北的一個教堂舉行，轟動當時的詩壇，《藍星週刊》為此連刊二期的詩友賀詩，是當時詩壇令人稱羨的一對王子與公主的結合。婚後他們共同在居處經營裝置藝術 —— 「燈屋」，為文人藝術家常造訪的台北一處著名景點。

　　蓉子曾應聘赴菲講學，並擔任文建會與東海大學合辦的「文藝創作研習班」詩組主任。她曾擔任中國婦女寫作協會

---

9 蓉子在《新詩週刊》第 4 期首次刊出新詩作品〈形像〉，原作者題目為〈為什麼要向我索取形像〉。據時任主編番草（鍾鼎文）所述，為排版便利而改。參照番草：〈晶瑩的珠串 —— 讀《青鳥集》〉，刊《青鳥集》（台北：爾雅出版社，1982 年 11 月），頁 113。

值年常務理事，青年寫作協會常務理事兼詩研究委員會主任
委員。曾出席在菲舉行第一屆世界詩人大會與羅門獲「大會
傑出文學伉儷獎」，獲頒菲總統大綬勳章。1992 年和羅門應
邀赴美參加愛荷華著名的國際作家寫作計劃。後獲得國際婦
女年國際婦女文學獎、青協第一屆文學成就金鑰獎、國家文
藝獎等。

筆者與蓉子在燈屋合影（羅門攝影）

　　蓉子除出版《青鳥集》外，後陸陸續續出版有《七月的
南方》、《維納麗沙組曲》、《這一站不到神話》、《黑海
上的晨曦》和《水流花放》等十幾種詩集。歷年來作品選入
中文詩選不計其數，並分別入選國、高中和大專國文教科書。
部分作品並選入英、法、德、韓、日、南斯拉夫、羅馬尼亞
等外文版詩選集。迄今有數本討論其作品的書，有詩壇「永
遠的青鳥」之譽。[10]

10 周偉民、唐玲玲合著：《日月的雙軌 —— 羅門、蓉子創作世界評介》（文
　　史哲出版社，1991 年 2 月），以及筆者親自訪談時，羅門、蓉子夫婦當
　　面贈交提供的資料等。

（二）作品評析

蓉子出生在教會家庭，宗教
的悲天憫人與博愛慈善的的胸
懷，無形中融入其作品與人格特
質中。因此，日後她詩中絕少戰
爭、仇恨與情色等，大部分是描
寫愛情、親情與人文山水的詩
作。且多為甜美溫煦或含蓄婉約
的抒情風格。

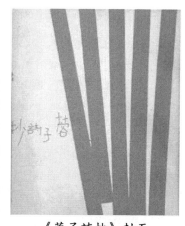

《蓉子詩抄》封面

蓉子早年喜歡徐志摩與冰心的新詩，早期詩作除了西洋
教會詩歌的影響外，明顯有新月派餘韻，明淨簡潔的形式，
婉約低吟的詩韻，流露出真摯、純樸的感情。一出道，不僅
成為當時以男詩人為主的詩壇矚目的焦點，也是藍星詩社最
初鎖定邀約參與組織的對象。

蓉子寫作甚早，在 50 年代初期的台灣詩壇即聲名大噪，
一因 1951 年投稿《新詩週刊》而大獲青睞；二因其詩集《青
鳥集》[11]在 1953 年一出版即大獲好評。應驗張愛玲的話：「成
名要趁早。」《青鳥集》所刊為其早期作品，包括發表的處
女作〈為什麼要向我索取形像〉，以及同書名的成名作〈青
鳥〉：「……老年人說／別忘了，青鳥是有著一對／會飛的
翅膀啊……」詩作傳達著年輕人對愛情的憧憬，也藉著老年
人的口吻，提醒人們對愛情需時時刻刻的呵護與關懷，因為
愛情的青鳥都有著會飛的翅膀，缺乏關愛的幸福也是有可能

11　蓉子：《青鳥集》（台北：中興文學出版社，1954 年；後由台北：爾雅
　　出版社，1982 年 11 月再版）。

溜走的。

　　憧憬愛情、歌頌青春、吟詠鄉愁、探索生命與探求自我的形象，是蓉子這一階段主要的寫作題材。例如〈生命〉：

> 生命如手搖紡紗車的輪子，
> 不停地旋轉於日子底輪軸，
> 有朝這輪子不再旋轉，
> 人們將丈量你織就的布幅。[12]

　　〈生命〉一詩描寫人們一生生命的意義，用紡紗車的輪子比喻每天忙的團團轉的忙碌生活，至為貼切。人類一生忙於生活，何時曾靜下來思考，當有一天生命如紡紗車輪停止轉動，我們一生貢獻的「布幅」、成就，究竟有多少？的確值得吾人探討與省思。

　　蓉子與羅門在 1955 年結婚。婚姻生活就是原本兩個不同生活背景的個體，突然要融入一個家庭生活中，適應彼此不同的習慣，這使得原本自由自在、無憂無慮創作的青鳥蓉子，突然沉默了。因此，其第二本詩集《七月的南方》卻是在八年後才出版。她在後來回憶這一段歷程：

> 我永遠不能忘記當我出了第一本詩集——《青鳥集》後那危險的沉默時期，設若沒有八年後的第二本詩集《七月的南方》出現，此刻我早就不再是詩人了！若說我底第一本詩集是多夢的心靈偶然的產物，則第二本詩集確然給我帶來了與現實掙扎的痛苦體驗，其結果是對於詩的愛更執著了一份，也更確定了一些。[13]

---

12 同前註，頁 47。
13 蓉子：〈後記〉，《維納麗莎組曲》（台北：藍星詩社，1969 年 11 月），頁 94。

　　囿於職業婦女的角色、婚姻家庭現實的建構與詩人理想間的衝突，以及當時現代詩潮風起雲湧的震撼，確實帶給原本單純的蓉子不少的羈絆與困擾。但是，這些都無法阻礙她對繆斯的追求，反而激起她對詩創作更執著的熱愛與堅持。

　　1965 年 5 月 4 日蓉子在她 38 歲生日當天出版了第三本詩集《蓉子詩抄》。

　　她在扉頁上寫著：「詩與藝術使生命產生耐度，在時間裡不朽。」透露她更堅毅的自信，以及對藝術與永恆更深刻的認識和追求。從《七月的南方》到《蓉子詩抄》，蓉子的寫作題材與關懷面向，更顯廣闊了。不只是抒情或鄉愁，有對大自然的觀察與發抒，有旅遊參訪的《海語》一輯，更有探討都市生活的《憂鬱的都市組曲》，以及探索自我存在價值與生命真諦的《一種存在》一輯。尤其她喜愛大自然，而對生活周遭的都市環境不感興趣的題材，也嘗試去發掘與表現。例如《憂鬱的都市組曲》中原來發表在《藍星年刊》1964年號的〈我們的城不再飛花〉：

　　　　我們的城不再飛花在三月
　　　　到處蹲踞著那龐然建築物的獸 ——
　　　　沙漠中的司芬克斯以嘲諷的眼神窺你
　　　　而市虎成群地呼嘯
　　　　自晨迄暮

　　　　自晨迄暮
　　　　煤煙的雨市聲的雷
　　　　齒輪與齒輪的齟齬
　　　　機器與機器的傾軋

時間片片碎裂生命刻刻消褪……

入夜，我們的城像一枚有毒的大蜘蛛
張開它閃漾的誘惑的網子
往行人的腳步
網心的寂寞
夜的空無

我常在無夢的夜原上寂坐
看夜底的都市像
一枚碩大無朋的水鑽扣花
正陳列在委託行的玻璃櫥窗裡
高價待估。[14]

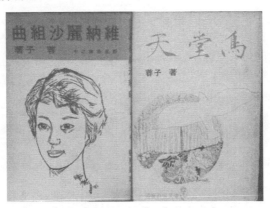

蓉子《維納麗沙組曲》、《天堂鳥》封面

　　這首詩表現她觀看城市的態度，繁榮的城市雖美麗與便捷，然而人心卻是寂寞的。時值台北市由戰後廢墟轉變為現代化都市的過程，蓉子在此詩中見證都市建築物巨獸一棟棟

14 蓉子：《蓉子詩抄》，（台北：藍星詩社，1965 年 5 月 4 日），頁 84-85。

拔地而起，如雨後春筍的震撼；以及污染的氣味、煤煙的酸
雨，還有汽機車呼嘯聲、機器傾軋聲等等，接踵而來的喧囂
市聲，令人無處遁逃。然而，都市人也漸漸感到城市帶來的
人心的孤寂與隔閡，感嘆田野自然被建築物佔據的無奈。因
此，作者也只能諷諭我們的城不再飛花了。她在〈裂帛樣的
市街〉詩中的控訴更驚悚：「……都市是黧黑的／縱然動用
婦女們所有的漂白劑／也不能使它變白……」（頁 95）。蓉
子在其〈詩序〉自言：「藝術貴乎創造，創造乃不斷嘗試。」
因此，她在詩集中也嘗試著不同的題材。

《蓉子集》、《只要我們有根》封面

　　蓉子對於自我形象的塑造，在其第四本詩集《維納麗沙
組曲》[15]有更深刻表現。首先在上集《維納麗沙組曲》的十
二首組詩，就是自我形像的刻劃與完成：「維納麗沙／你不
是一株喧嘩的樹／不需用彩帶裝飾自己」（〈維納麗沙〉），
「讓我也能這樣伸出筆直的腿／如在夢中行走的維納麗沙／

15　蓉子：《維納麗沙組曲》，（台北：藍星詩社，1969 年 11 月）。

走出峽谷躲過現實洶湧的浪濤」（〈維納麗沙之超越〉）期
許自我的超越，「像拿破崙被放逐在聖海倫島上」（〈關於
維納麗沙〉）羈留台灣的思鄉愁緒，「維納麗沙你就這樣的
單騎走向／通過崎嶇通過自己通過大寂寞……」（〈維納麗
沙的世界〉），而終於完成自我的要求與訓練「你自給自足
自我訓練自我塑造／掙扎著完美與豐腴從荒涼的夢谷／……
唯晌午我聞到一聲金石鏗然／一顆星在額前放光！」（〈維
納麗沙的星光〉），進而充滿自信的完成自我形象的塑造，
這過程是孤寂的、痛苦的。

（三）結　語

　　蓉子是藍星詩社著名的女詩人之一。她的新詩創作質量
俱豐，題材廣闊。其詩融合了西洋宗教信望愛與中國古典文
學溫婉的內涵。她大部分的詩作，無論語言、內涵、節奏與
風格，都具有溫婉、均衡與和諧的精神。

　　蓉子善於自我形象的塑造與反省，也善於對自我內在的
探求與對生命存在的探索。例如在〈我的粧鏡是一隻弓背的
貓〉中，她以粧鏡、弓背的貓比喻自己的詩與自我的形像：
「我」的詩不停的變換與成長，「我」是一隻弓背的貓，寂
寞的貓，我的詩也是寂寞的。而波動在其間的是時間？是光
輝？是憂愁？無論如何，我的貓是一迷離的夢，無光無影，
也從未正確的反應我的形像。因為作者的詩風不停的變化與
成長，所以她才認為自己的詩一直都無法準確的反應自我形
像，以此自勉與期許。

　　蓉子的新詩創作取材從最初青鳥的探看開始，憧憬愛
情、吟詠鄉愁，以抒情與懷鄉為主，融合著古典與現代的風
格；到嘗試探索社會的變遷與都市生活的衝擊，形成憂鬱的

都市生活組曲。後來轉向旅遊書寫與大自然的關懷，以及探
索生命與探求自我的形象的創作，在在都顯示做為一個成功
的詩人，皆富有勇於奮鬥與嘗試的精神。

三、向明及其作品析論

（一）生平概述

　　向明，本名董平（1928-），湖南省長沙市人，1928 年 6
月 4 日誕生於湖南長沙臬後街天利亨剪刀店。童年經歷對日
抗戰時期發生在家鄉的「長沙大火事件」與「長衡會戰」，
以及戰亂的流亡生活。十四歲開始逃難，遠離家鄉與母親，
1945 年入中央防空學校通信學兵隊學習通信技術。1949 年隨
軍來台，生活稍獲安定，後參加「中華文藝函授學校詩歌班」，
與瘂弦、麥穗、藍雲、小民等人為第一期同學，並結識影響
其至為深遠的函授老師前輩詩人覃子豪。1960 年赴美修習空
軍通信技術一年，回國後一直在空軍服務，1984 年時以空軍
上校官階退役。

　　向明曾任《中華日報》編輯、《藍星詩頁》、九歌版《藍
星詩刊》主編等，擔任《藍星詩刊》主編時期，對推動兩岸
新詩交流貢獻良多。1992 年與李瑞騰、蕭蕭、白靈、渡也、
尹玲等人成立台灣詩學季刊社，發行《台灣詩學季刊》並擔
任首任社長。在 1988 年以《水的回想》[16]詩集獲得中山文藝創
作獎、於 1994 年以《隨身的糾纏》[17]獲得國家文藝獎，以及獲
得中國文藝協會五四文藝獎章、中國當代詩魂金獎等殊榮。

16　向明：《水的回想》（台北：九歌出版社，1988 年 2 月 10 日再版）。
17　向明：《隨身的糾纏》（台北：爾雅出版社，1994 年 3 月 20 日）。

向明伉儷與筆者，2007 年八十大壽研討會（國北教大）

　　向明創作多從生活中摘取素材，文字上則力求乾淨俐落。早期詩風以典雅浪漫、感時懷鄉為主；退伍前後筆鋒漸轉，多寫生活情趣、家常小品，更多有諷諭時事、懷鄉憂國之作。寫作除新詩外，還有散文、童詩與詩評，尤以新詩創作與詩評詩話最為人稱道。著有詩集《雨天書》、《狼煙》、《親春的臉》、《水的回想》、《隨身的糾纏》等，以及詩評詩話《新詩 100 問》、《走在詩國邊緣》、《窺詩手記》、《我為詩狂》等[18]。

---

18 謝輝煌：〈試窺向明的新詩話〉《儒家美學的躬行者 —— 向明詩作學術研討會論文集》（台北：萬卷樓圖書公司，2007 年 12 月），頁 279-289。

（二）作品評析

　　向明首次在《公論報・藍星週刊》發表作品，是在 1954 年 6 月 20 日第二期《樹的素描專輯》以本名董平發表的〈小樹〉，同在輯內發表的還有劉長民（小民）、蘇美怡、趙一夫等等，幾乎都是「中華文藝函授學校詩歌班」同學。可見「樹」是其老師覃子豪的函授作業，在批改後擇優刊登的。這種登載方式，對初學者的確是一大鼓舞。至第八期發表詩作〈燈籠花〉後，開始以向明為筆名，邁向詩壇。[19]

　　向明於 1957 年獲中國文藝協會頒詩人節優秀詩獎，同時獲獎者有瘂弦、阮囊、戰鴻共四人。1959 年 6 月其處女詩集《雨天書》由藍星詩社出版，集中充滿寂寞、苦悶、等待與鄉愁，但也有自信與樂觀的一面，盡是現實生活中淚與汗水的結晶。例如：

　　　　於是我們的眼便只好闔上
　　　　可不是入眠，是等待 ──〈等待〉

　　　　披著墨綠髮絲如懷春少女的島
　　　　戀情是火辣的
　　　　看哪！墜於她胸前的稻的穗子
　　　　又一次灼黃哪！

　　　　而此刻，標於我心之溫度計的水銀柱

---

19 最終向明在《藍星週刊》上發表的詩作總首數是 80 首，在艾笛、白萩、吳瀛濤之後，排名第 4，可謂是多產者之一。參見本文第三章：附表 3-3：《藍星週刊》登載詩作統計表。

仍駐留於受難母親土地的冰度裏 ──〈鄉愁〉

聖誕紅的翻飛像故鄉年景的招貼
連蝟集的雲也急成趕節的行人了
而我是那座斷了脈的小山
孤獨，荒蕪，且被拘謹得挪不動腳步
──〈十二月〉

我苦悶，像大力者獨豎的巨劍，斬不開這世紀的混沌
──〈埃佛勒斯峰〉[20]

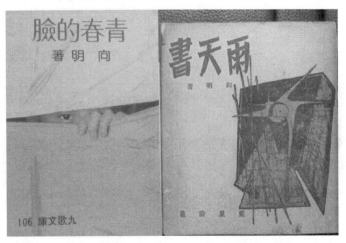

向明《青春的臉》、《雨天書》封面

〈等待〉詩中的闔上眼，可不是入眠，是等待著返家的
時機，可見其輾轉反側、難以入眠的思鄉情緒。〈埃佛勒斯

20 此處引詩 4 首，分別參見向明：《雨天書》（台北：藍星詩社 1959 年 6
月）。〈等待〉，頁 4；〈鄉愁〉，頁 3；〈十二月〉，頁 16；〈埃佛
勒斯峰〉，頁 30-31。

峰〉詩中的苦悶放大到了極點，就算有大力士的巨劍，也斬
不開這山峰隱喻的大時代的混亂與混沌。這時期的向明，孑
然一身在台灣，頓感海峽永隔，像斷線的風箏、斷脈的小山
一般，前途混沌不明。此時，孤獨寂寞與想念家園的苦悶心
情，躍然紙上。「快觸發太陽的憤怒呀／你發霉的記憶需要曝
曬」（《雨天書》，頁 7），故鄉的記憶已經模糊、發霉了，但
也唯有等待，不知哪一天才能回故鄉，重溫母親的懷抱。

　　在這本詩集中，大部分詩作刊登在《藍星週刊》；其中
〈藍星 —— 為藍星二百期而作〉，頗能窺見向明與藍星詩人
的中國傳統意識：

　　　　路易王朝褪色的飾物
　　　　萊茵河畔狂飆突起的餘燼
　　　　世紀末頹廢者不死的幽靈
　　　　………

　　　　不，不的，他們在否定

　　　　一些不眠於六十年代低氣壓的眼睛
　　　　在原子塵的混濁裏
　　　　在太空船的相思裏
　　　　交感出古中國心靈的脈動[21]

　　第一段說明台灣現代主義狂潮來自萊茵河畔歐洲的歷
史，其一些失敗的「頹廢者不死的幽靈」正引進台灣。然而，

21　向明：《雨天書》（台北：藍星詩社 1959 年 6 月），頁 5。及《藍星週
　　刊》第 200 期特刊，（1958 年 6 月 1 日）。

有一些人是持保留與否定的態度，他們就是以藍星詩社為主的詩人。這些在狂潮壓力下的詩人們，雖有現代主義意識，卻也不願全盤西化，於是壓力與衝擊「交感出古中國心靈的脈動」。藍星詩人們最終找出一條屬於中國現代詩的道路，就是融合古典與現代，寫出有現代意識，卻也有中國傳統內涵的新詩。

《雨天書》共有 45 首詩，四行詩佔了 17 首，比率非常高，作者似乎有建立四行詩或某種形式的意圖。其中佳作不少，〈家〉是最常被人提及的：

> 星的眼永不疲憊，因為她有白晝的溫床
> 流水的歌最甜，她正趕赴大海母親的召喚
>
> 風這流浪漢最悲哀了
> 爬山越水的亂跑，故居卻丟在相反的方向[22]

〈家〉整首詩分兩段，第一段述說自然界的定律，就算是流水也有大海母親的召喚。第二段以風來比喻自己這個悲哀的流浪漢，自從少小離家後，隨軍轉戰大江南北，故居卻越來越遠，最終羈留海島一隅，有家歸不得，人生最大的煎熬與悲哀，莫甚於此。

1958 年雙十節向明與鄭林、彭捷、蜀弓、楚風共五人，由藍星詩社出版合輯《五弦琴》以紀念老師覃子豪逝世六周年。向明刊登〈乾癟的眼〉等 10 首詩，其中〈優曇花〉等五首詩後來也收入於隔年出版的《狼煙》[23]中。《狼煙》收入

---

22 同前註，頁 36。
23 向明：《狼煙》（台北：藍星詩社，1969 年 11 月）。

詩作 40 首，初期仍見鄉愁、孤寂的心情發抒，赴美國習藝後，亦有對台島故友、戀人的思念與鄉愁，層次漸漸跳脫來台初期的苦悶與茫然，思想亦有所提升。例如〈百日祭〉：

> 信箱中的鴿籠來自祖國的豐收季
> 想著此刻東方一島上的青空下
> 妳正把溫馨分給病患以及
> 我這遠方的患懷鄉症的病人
> 想著家像唐代宋代
> 總是那麼遠[24]

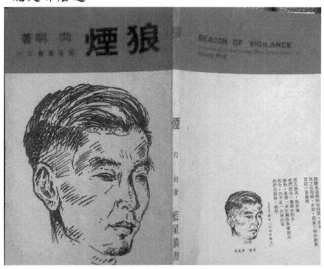

向明《狼煙》封面與封底

　　〈百日祭〉描寫赴美百日的思緒，此詩懷想的是在台灣的愛人；懷想的鄉愁已經從大陸轉移到台灣島上的親友，但仍是文化中國的想像。詩集中也有描寫著同一代人的悲哀，

----

24 同前註，頁 40-42。

例如讀楚風來信而作的〈異鄉人〉：

> 你不要希冀笑的雨水
> 異鄉女子的遮陽傘撐的很低
> 低低地，畏縮得像一枚孤獨的小菌
> 只為，你的短髭裏藏得太多異鄉的悒鬱[25]

〈異鄉人〉描寫向明這一代因戰亂而轉進台灣的大陸籍軍人，思鄉的愁緒濃的化不開，一開始總是難以融入這個剛脫離日本殖民統治的，亞熱帶風情的異鄉。詩集中還有詩覆阮囊的〈今天的故事 —— 兼覆阮囊〉：

> 當許多人湧向巴黎，去叩蒙馬特區的風光
> 當許多靈魂吸進了色斯風的長頸裏
> 當許多軀殼壓注在多變的點子上，
> 當沒有人記起黃帝，沒有人發覺東方失蹤
> 而有那麼一種精靈
> 痛哭國籍，痛哭母親[26]

此段詩前三行暗示當時許多詩人，盲目的崇拜西方的現代主義詩潮，迷失了自主的靈魂，去追求西方各種現代主義多般的樣貌，而遺棄屬於中國、屬於東方固有的傳統內涵與精神。而會因此痛哭失去國籍，痛哭失去母親的，就屬於我們藍星這一群詩人，這一類寫詩的靈魂與精靈了。頗有同仁、朋友間相濡以沫，互相打氣的激勵意味。

---

25 同前註，頁 31-32。
26 同前註，頁 26-30。

　　這時期的向明，升職、結婚、生子，日子更顯忙碌了，
作品產量較少。此時他駐守在台灣東北方的富貴角，詩作多
有描寫與記述，例如〈當戀來臨〉：

　　　　呵！當戀來臨，一切至美
　　　　富貴角的生活真正富貴
　　　　太平洋的水波真還太平

　　　　　　　　　　　　　　·十月（寫）於富貴角[27]

　　〈當戀來臨〉詩中的太平洋名詞，讓經歷過對日抗戰、
國共內戰等戰事的詩人，聯想到此時沒有戰爭的時候，真是
太平日子啊。對十四歲即離家征戰大江南北的戰士向明來
說，此時戀愛、結婚、生子，以至組織一個真正屬於自己的
家庭後，不再需要東征西討的，才稍稍覺得安定下來。於是
在詩中呈現的鄉愁淡了，太平安穩的生活心態，在詩中漸漸
顯露。

（三）結　語

　　向明文武雙全，武的方面從對日抗戰時期開始，歷經征
戰與逃難的學員兵，到自修英文赴美習藝，最後以上校官階
退伍，其奮鬥精神令人感佩。文的方面，從參加文藝函授學
校學習現代詩開始，雖羈旅行伍，活動、思想都受到箝制，
思想活動有如套上了層層的無形枷鎖，但是他仍然勤練詩
藝，執著並致力於新詩創作的探索。

---

27 同前註，頁 36-37。

向明在後來在社會政治思想稍開放後，從《青春的臉》詩集開始，嘗試較多元的題材，這也是後來的評論家謂其「向晚愈明」，知其然而不知其所以然的原因，實因其已成為深受政治事件因素影響下的「驚弓之鳥」也。退伍前後，詩人的詩想與思潮，加以外部社會政治運動的刺激，幾十年鬱積以及蓄積的能量，隨著退伍後踏入社會重新步入職場的衝擊，彷如脫韁的野馬、宣洩的洪水、爆發的火山般，馬上展現出驚人的創作爆發力。

向明與黃維樑教授合影
（2006 攝於台北 101 大樓前）

這些都是向明早期累積的創作功力，後來拓展到童詩與詩話的創作領域，並獲得更多的佳評。早期向明的詩作從孤寂與懷鄉出發，退伍後的向明則從生活中提煉詩思，在日常生活的礦藏中提煉精美的寶石，使得其詩因貼近人們生活的感受，而廣受普羅大眾喜愛。最終使其獲得中國文藝協會五四文藝獎章、中山文藝創作獎、國家文藝獎以及中國當代詩魂金獎等大獎的肯定與殊榮。

四、羅門及其作品析論

（一）生平概述

羅門，本名韓仁存（1928-），1928 年 11 月 20 日出生於廣東省（今海南省）文昌縣。1942 年進入空軍幼校，後進入杭州筧橋空軍飛行官校。到臺灣後，1950 年因踢足球腿部受傷，停止飛行。1951 年考入民航局工作，直至 1976 年退休。1954 年結識蓉子並開始寫詩，民國 44 年 4 月 14 日下午四點四十四分與詩人蓉子在教堂結婚後，兩人成為文學界中的傑出的文學伉儷。

沉浸在愛情滋潤中的羅門因此激發出更多的創作靈感，所以羅門曾說：「貝多芬培養我的詩人心靈，蓉子引燃我的詩人生命。」並說蓉子是「打開創作之門的執鑰者」。他的第一本詩集《曙光》[28]於 1958 年由藍星詩社出版。他並獲得紀弦與覃子豪的賞識，先後加盟現代派與藍星詩社。曾主編《藍星詩頁》、《藍星年刊》、《藍星季刊》等。在 6、70 年代，燈屋是藍星詩人時常聚會之地，在覃子豪逝世後的一段藍星詩社黯淡時期，維繫著藍星的燈火。

28　羅門：《曙光》（台北：藍星詩社，1958 年 5 月出版）。

羅門與筆者在燈屋合影

　　羅門早期出版的詩集有：《曙光》、《第九日的底流》、《死亡之塔》、《隱形的椅子》、《羅門自選集》等。他的詩論集有《現代人的悲劇精神與現代詩人》、《心靈訪問記》、《長期受着審判的人》等。詩創作的成就使羅門獲得了不少榮譽：1966 年以〈麥堅利堡〉一詩獲菲律賓總統「馬可仕金牌獎」；1969 年獲菲律賓總統「大綬勛章」，和蓉子並被稱為「中國傑出的文學伉儷」。1988 年獲得時報文學獎新詩推薦獎等。

　　羅門寫了大量理論文章並出版了多部詩論集，表現了他在詩歌理論上的深入思考和滔滔的創見。他從創作中總結出理論，用理論來指導創作，這種理論和創作的緊密結合，成了他在臺灣詩壇上的一個重要特色，並展示了他試圖在藝術與新詩結合的野心。並持續推動其「第三自然螺旋型架構」

理論，努力不懈。[29]他與蓉子一起主編 1964 年起的二期《藍星年刊》，一向熱愛創作並以此為職志的羅門，曾說：「生命太短了，我只能以藝術作為我的精神的事業。」因此，他於 1977 年辭去所有工作，努力經營燈屋，並專心從事詩與理論的創作。[30]

（二）作品評析

　　羅門對詩的創作、探索數十年如一日，不管是對於詩論的探討，詩語言的求新求變，他都有著自己獨到的見解，對創作的熱情，使他在創作上不斷有所新作呈現，從最早的詩集《曙光》（收錄 1954-1958 年的創作）到《第九日的底流》（收錄 1958-1961 年的創作）、《死亡之塔》（收錄 1962-1967 年的創作）、《隱形的椅子》（收錄 1968-1978 年的創作）、《曠野》（收錄 1975-1979 年的創作）、《日月的行蹤》（收錄 1979-1983 年的創作）、《整個世界停止呼吸在起跑線上》（收錄 1984-1988 年的創作）等，都可以證明他是一位在創作上有著極大熱情與執著的詩人。

　　羅門不僅是一位詩人，也是一位有建樹的藝術評論與詩論家，不僅創建燈屋，他也把詩歌創作與理論加以結合，使得他在這兩個領域都取得一定的成就，他所出版過的詩論著

---

29 相關理論與其他評論，可參見：張艾弓：《羅門論》（台北：文史哲出版社，1998 年 11 月 20 日初版）；張漢良‧鄭明娳‧蔡源煌‧林燿德等著：《門羅天下》（台北：文史哲出版社，1991 年 12 月初版）；羅門：《詩眼看世界》（台北：師大書苑，1989 年 6 月 8 日初版）；林燿德：《羅門論》（台北：師大書苑，1991 年 1 月）等。

30 參見羅門、蓉子夫婦提供的檔案資料。以及古繼堂的《台灣新詩發展史》；周偉民‧唐玲玲主編：《日月的雙軌 —— 羅門蓉子文學世界學術研討會論文集》（文史哲出版 1994 年 4 月）等。

作有《現代人的悲劇與現代人》、《心靈訪問記》、《長期
受著審判的人》、《時空的回聲》、《詩眼看世界》等。這
些詩論在某種程度也相對反映了羅門的創作觀。

　　《曙光》是羅門的第一本詩集，共收進三十九首詩作。
是作者年青時代對於愛情、幻想、願望以及生命的過去、現
代與未來，是以熱情支撐的，在遼闊的心靈世界裡引發的一
連串想像。一種近乎貝多芬奏鳴曲式的狂熱，試圖追索各式
生命情感的面向，幾乎主導著《曙光》發展的脈絡。標誌著作
者在此階段的創作精神，有偏於理想與熱情的傾向，洋溢著青
春的活力、生命的狂想，呈現著力與美、以及浪漫的色彩。

羅門《第九日的底流》、《曙光》封面

　　〈曙光〉一詩，是羅門獻給愛妻蓉子的作品，其他如〈四
月的婚禮〉、〈蜜月旅行日月潭〉、〈給愛妻〉等，都是記
述著詩人伉儷新婚與恩愛的生活。〈曙光〉：

　　注視維納斯石膏像的臉

我刻畫你的形象，

……

在夢裡，一支金箭射開黎明的院門，

妳倚在天庭的白榕樹下搖落光明於地上，

大自然因見妳而變換呼吸的旋律，

人間因妳來便都一一把窗門打開

我如無邪的孩童闖入妳開滿百合的早晨花園[31]

　　詩人以〈曙光〉描述與愛妻相識的過程與憧憬，隱喻愛情的美好，如同曙光一般帶領他走出黑夜，在人生與新詩創作的道路上，指引他走向光明的一天（一生）。其它都市詩〈城裡的人〉、〈三座城〉、〈夜城的喪曲〉等，以都市為題材的創作，寫的就是人類思維處在工業文明中的矛盾與衝突，與同時期的詩人吳望堯，都是當時台灣著名的都市詩先驅。

　　《第九日的底流》是羅門的第二本詩集，收集三十首短詩與三首長詩。其作品的精神形態與《曙光》顯著不同，它不再是單純的美的想像與理想的展示。而是更深入向內心世界去探索，作者在〈後記〉中透露：

　　　　《第九日的底流》之出版，我年輕時代狂熱的浪漫情

　　　　感的紅色火焰，也隨著轉變為穩定與冷靜的藍色；如

　　　　果說《曙光》是代表作者向外不斷發射的一種精神力

　　　　量；則《第九日的底流》便是代表一種轉回來不斷地

　　　　向內襲擊的精神力量。

　　　　……

---

31 羅門：《曙光》，頁 19-20。羅門寫給愛妻蓉子的詩不少，而〈曙光〉這
　　首詩，恰巧刊登在《藍星週刊》200 期（1958 年 6 月 1 日）紀念號上。

> 《第九日的底流》確已將我送到那藝術廣大世界的海
> 岸邊，使我面臨著這神秘的創作遠景，內心感到一種
> 從未有過的覺醒與驚異；它像是一美好的呈現，形成
> 為我過去與未來藝術生命的分界線。[32]

如果說《曙光》的創作是羅門青春時期力與美的呈現；那《第九日的底流》所表現的，就是詩人對於內在心靈的省視與思考，和在生活與藝術上的探索與建構。可由三首長詩為代表：〈第九日的底流〉、〈麥堅利堡〉、〈都市之死〉。其中〈麥堅利堡〉探討戰爭與榮譽、死亡與永恆的課題，至為深刻；〈都市之死〉以「都市你的牆／快要高過上帝的天國了」[33]為引子，刻畫自然在都市擴張後的窘迫，以及人類靈魂在現代都市生活中的迷失與淪亡，一如行屍走肉；而〈第九日的底流〉以貝多芬第九交響曲為引子，試圖以對此交響曲的喜好，描述這一階段詩人對西洋各種哲學家的看法，以及西方現代主義技法的嘗試與實驗：

> 每當我昏了頭從哲學家們言論的賽馬場走出
> 被買賣世俗與格言的人群包圍
> 思想的多角鏡總顯不出路反照出滿天混沌[34]

〈第九日的底流〉描述當時西方文藝思潮不斷湧入時，對詩人的衝擊與造成的迷惘，一開始著實令詩人昏了頭。對照詩集後所附近 3 萬字的詩話詩論〈現代人的悲劇精神與現代詩人〉，實可看出作者此時急欲成長、吸收與突破，然所

---

32 羅門：《曙光》，頁 119。
33 同前註，頁 79。
34 同前註，頁 55。

受的諸般影響，卻是像思想的多角鏡般總顯不出路，反照出滿天混沌。混沌的是詩論與思想的組織，然而詩作卻是成功的。

　　《死亡之塔》是羅門第三部詩集，收錄 1962-1967 年的創作。他創作〈死亡之塔〉長詩，乃是因藍星詩社領袖覃子豪的去世，引起了羅門對於死亡與永恆的深層思考。「當棺木鐵鎚與長釘擠入一個淒然的音響」點出我們都是站在死亡的塔上，等待死亡之神的降臨，以及不朽。而不朽的正是藏諸名山之作，以及朗朗的名聲。有一首詩更可以代表他此時的精進，〈流浪人〉：

> 被海的遼闊整得好累的一條船在港裡
> 他用燈拴自己的影子在咖啡桌的旁邊
> 那是他隨身帶的一條動物
> 除了它娜娜近得比什麼都遠
>
> 把酒喝成故鄉的月色
> 空酒瓶望成一座荒島
> 他帶著隨身帶的那條動物
> 朝自己的鞋聲走去
> 一顆星也在很遠很遠裡
> 帶著天空在走
>
> 明天當第一扇百葉窗
> 將太陽拉成一把梯子
> 他不知往上走還是往下走[35]

---

35 羅門：《羅門詩選》（台北：洪範書店，1984 年 7 月），頁 93-94。

羅門（後左三）、蓉子（前右一）與藍星詩友們（夏菁提供）

〈流浪人〉彷彿是詩人當時自我心靈與人生遭遇的寫照，第一段描述流浪人的的疲憊與孤獨，影子是他最親近的朋友，酒女娜娜雖然耳鬢廝磨，然而精神上的認知與隔閡，卻相距天涯。

第二段寫酒後的狀態，因孤寂而醉酒的狀態。第三段敘述流浪人隔日酒醒，面對的仍是流浪的宿命，詩人將陽光從百葉窗射進室內，將百葉窗想像梯子，梯子又想像成自己該抉擇的路，而點出流浪人內心對路向的徬徨，點出他那一代來台詩人初期對前途的茫然。整首詩想像力豐富，語言精練、意象分明、刻劃入骨，像極短篇小說一般發人深省。

（三）結　語

羅門的詩作從浪漫與想像出發，以戰爭與城市這兩大主題，最為人稱道。戰爭詩使他獲得菲律賓總統金獎的殊榮。羅門也以他詩人的敏銳，用預言家的眼光來呈現城市生活中

人類心靈的苦悶，以及人們因都市文明衝擊所產生的種種問題。因此林燿德曾說「羅門是中國現代詩人中經營都市意象迄今歷時最久、成就最豐碩的一位。」[36]；古繼堂在《臺灣新詩發展史》中曾以「城市詩國的發言人」讚譽他在城市詩方面，長久經營的成就。

鄭明娳則推崇羅門是「台灣最具思想家氣質的前衛詩人」：

> 他深受西方各種現代主義思潮以及當代前衛藝術的影響，另一方面也掌握了東方人本主義文化的圓融與和平。他的詩語言以犀利、精確見稱，意象驚人，詩思包容的層面既廣且深，是中國知性詩派的代表性人物。[37]

羅門的詩風是陽剛、渾厚的，深受西方各種現代主義思潮以及當代前衛藝術的影響，對都市生活中的人類心靈與現代事物特別敏感。又常懷抱人文主義的理想，試圖引領人們的心靈力抗物質文明的潮流與衝擊。他在 1950 年代即和當代畫家、藝術家交好，甚至參與藝術評論，因此其思想受藝術的交互影響，是多樣性的，表現在其詩作技巧及內涵上，呈現豐富且多樣性。

詩如其人，羅門在創作藝術上，企圖建立人和世界的新關係，因此在創作中他常常製造出繁複的意象，以及節奏上的波瀾變化，常常刻意營造深刻的內容。創新、實驗與前衛，為他在詩壇與藝術的領域上，獲致了一定的名聲。

---

36 林燿德：《羅門論》（台北：師大書苑，1991 年 1 月），頁 64。
37 鄭明娳：〈中國新詩一甲子〉，《自立晚報‧自立副刊》第 10 版（1986 年 6 月 14 日）。

五、阮囊及其作品析論

（一）生平概述

阮囊（阮慶濂，1928-）山東濟寧人。他的父親良卿公原為國民政府高級職員，大陸河山變色時，投長江以明志。他有〈血閘〉、〈血芒札記〉等詩誌之[38]。

阮囊曾任國軍軍官，隨軍輾轉舟山、金門後到台灣，退伍後轉任省警務處台東分所任職，便定居台東半隱於市。

阮囊筆名取「阮囊羞澀」典故，是自謙才學欠缺，技不如人的羞澀也。他曾以〈最後一班車〉獲得 1957 年詩人節青年詩人創作獎，同時獲獎者有：瘂弦、向明、路平（羅行）、王祿松、戰鴻等五人[39]。

阮囊退伍後本有資格申請「榮民證」享受照顧與福利，但他卻以「國是不實，決不假名以榮求證」而放棄，他指出「怨天者無志，尤人者無德，自詡者賤，吾不為也。」而被詩友楊雨河等，稱為「詩俠」。而同為藍星詩人的覃子豪、張健稱他為「遊俠」、夏菁稱他「詩之隱者」[40]。

---

38 余光中等編：《中國現代文學大系·詩第一輯》（台北：巨人，1972 年 1 月），頁 301-308。

39 向明：〈阮囊並不羞澀〉《無邊光景在詩中 —— 向明談詩》（台北：秀威，2011 年 10 月），頁 165-169。

40 楊雨河：〈竹林堂詩俠阮囊〉《藍星詩學》第 10 期阮囊特輯，（2011 年 6 月），頁 16-22。

《藍星詩學》第 10 期阮囊特輯封面

阮囊與商略，同為藍星詩人至目前為止，唯二沒有出版詩集者，至其詩蒐羅不易。藍星同仁與同輩詩人皆多引以為憾。他警務退休後轉服務於律師事務所，曾經歷多種不同職業，使他後期詩題材格外豐富；他也是一位陽剛知性的詩人，能作必要而適度的制約，乃得沉鬱內斂知性之美。

（二）作品評析

　　阮囊是藍星詩社早期的戰將，能闡釋詩的現代性和表現前衛思想，他在 1950 年代出現的一系列詩，如〈最後一班車〉、〈正覺〉、〈龍泉劍〉、〈黑皮書〉、〈三稜鏡〉、〈血閘〉、〈涅般〉以及〈杜倫很憂鬱〉等，在當時的保守時空環境下，常能表現創新而具挑戰性的主題與人生的哲思。甚為同輩詩人所推崇。

　　例如舉他曾獲得 1957 年詩人節青年詩人創作獎的詩〈最後一班車〉首四行來看：

　　在一次離失老友、陳酒、舊事和醉後的風、月、刀、馬
　　又該遠航了
　　多激流的世紀，拋不穩久泊港灣的錨

　　　慣作遊俠式的聚散，我原獨自來；仍願獨自離去[41]

　　阮囊的〈最後一班車〉詩，共廿四行，多為長句，最長達卅三個字，氣勢豪邁。寫得不外是自我漂泊離散的孤獨感，而這被大時代所迫孤獨，卻有著自己遊俠式的定見與想像。例如他的結尾「跌坐進童話的幻思裡」，他將「開出地球，開向太空／天文學家將發現一顆拖黑尾巴的彗星／我是這顆星的主人」，這最後一班車竟開向了太空，成了慧星，而他卻是這彗星的主人，在 1950 年代太空仍舊是個迷的時代，詩人的想像已經超越島嶼戒嚴的侷限，出入太空了。

　　覃子豪在〈遊俠式的流浪 ── 賞析阮囊的〈最後一班車〉〉一文，認為他：「在其作品有他的希望，慾求；也有他的幻滅與悲哀，在現實生活中他是失望的，而他卻繼續生活在他所憧憬著的理想裏。」[42]〈最後一班車〉可以說是當時圍於時代氛圍，而生活單調平凡的青年人，卻懷抱著生存的理想與渴望的寫照。「遊俠」一詞，遂成了阮囊響亮的名號。

阮囊〈最後一班車〉刊《藍星宜蘭分版》第四期，左為瘂弦名詩。

41 阮囊：〈最後一班車〉《藍星宜蘭分版》第四期（1957 年 4 月）。
42 覃子豪在〈遊俠式的流浪 ── 賞析阮囊的〈最後一班車〉〉《藍星詩學》
　　第 10 期阮囊特輯，（2011 年 6 月），頁 1-3。

同為藍星詩人的向明說：

> 那年代（50、60）正是現代主義「橫的移植」方興未
> 艾，伴隨著存在主義，虛無思想澈底流行的當口，幾
> 乎百分之九十以上的青年詩人都在趕那股新的潮
> 流，阮囊卻投入了以抒情為主的藍星詩陣容，和當時
> 以近惡魔詩派手法寫詩的吳望堯，同為那時的藍星光
> 燦投入了異彩，不能不說他是一個特有主見的異數[43]。

阮囊早期的詩現代、前衛，卻不晦澀，大多發表在當時
具水準的《文學雜誌》、《現代文學》、《文星：地平線詩
選》、《藍星》等刊物上。《龍泉劍》，《涅盤》和《棋譜》
在 1960 年由余光中翻譯成英文，收在《NEW CHINESE
POETRY 英文中國詩選》，介紹至外國詩壇。

詩人楊雨河對阮囊的一首六行短詩《正覺》推崇備至，
認為阮囊的詩思博雅浩瀚，讓他感動莫名：

> 螞蟻試它的腿力，地球動了
> 蜜蜂構建了創世紀的建築
> 螢火蟲吞下了太陽的靈魂
> 我在菩提樹下完成我的正覺
> 他們說我是一位哲人
> 我說我是一個宇宙[44]

---

43 向明：〈阮囊並不羞澀〉《無邊光景在詩中 ── 向明談詩》（台北：秀
　　威，2011 年 10 月），頁 165-169。
44 楊雨河：〈竹林堂詩俠阮囊〉《藍星詩學》第 10 期阮囊特輯，（2011
　　年 6 月），頁 16-22。

　　所謂「正覺」，就是真正完美的自覺者。佛教的正覺，為明見諸法空寂平等（諸法幻滅無常，無住法行），寂靜無生義（無生滅，中道）無因緣相續輪轉就是寂靜無生。其理念是以禪宗的般若智慧及無相念佛功夫，鍛鍊動中定力。

　　阮囊寫出正覺這樣深度的詩，只有二十多歲，便有這樣高度的思想，著實讓人刮目相看。這首詩「螞蟻試牠的腿力，地球動了」、「蜜蜂構成了創世紀的建築」、「螢火蟲吞下了太陽的靈魂」，頗有莊子齊物論「天地與我並生，萬物與我為一」物我合一的哲學思想。

　　作者先以物象起興，繼而在第四行筆鋒一轉「我在菩提樹下完成我的正覺」，既然有了完美的自覺定見，也就替結尾兩行合理安排了伏筆：「他們說我是一位哲人／我說我是一個宇宙」，我（作者）既已開悟自覺，則別人的看法只是別人的看法，作者自覺宇宙是以個人的存在為中心，個人消亡了，宇宙對「我」來說亦不復存在。詩亦如是，詩主觀的，以個人為主體而存在。

　　「他們說我是一位哲人／我說我是一個宇宙」好大的口氣，與周夢蝶「過去佇足不去，未來不來／我是『現在』的臣僕，也是帝皇。」（〈孤獨國〉）和「地球小如鴿卵，／我輕輕地將它拾起／納入胸懷。」（〈剎那〉）有異曲同工之妙。都有誇飾、對比和譬喻的修辭之美。

　　阮囊雖是藍星一員，但他勇於創新與實驗，他的一首〈半流質的太陽〉詩，比起創世紀諸君子的超現實主義手法，亦不遑多讓：

　　　星期六去看海，成為我同情存在主義的唯一理由
　　　因此，你同意我的獨來獨往，介於遊俠與牧師間的雙
　　　重氣質

在我，存在已湮入蒼茫的哲境，星光閃動，你在其中。

不同的星期六，你在不同的方位表現你的存在
我想。存在也是一陣旋轉，形而上的旋轉。

你不喜歡吃魚
我不喜歡魚骨的結構
魚不喜歡我們看海
海不喜歡希臘的沉船
你說，存在也是一組連鎖反應
也是玩了又玩的積木遊戲。

還是看半流質的太陽吧
穿過船纜，穿過魚市
穿過不變的對價觀念。
因此，存在也是一枚鏤花的贋幣
因此，我們的目光交錯，超現實的痛楚交錯。

——（民國 55 年 11 月）[45]

〈半流質的太陽〉一詩，似乎是以超現實主義的手法，
描寫 1950 年代當時人們存在的荒謬「存在已湮入蒼茫的哲
境，星光閃動，你在其中。」你亦是我 —— 我們，同一時代
敗退大陸而轉進島嶼的人們。當一切的現實都被戒嚴制約「我
想。存在也是一陣旋轉，形而上的旋轉。」那隨著大時代的
旋轉與漂泊，使人暈眩，從而隱於精神上、形而上的旋轉。

45　余光中等編：《中國現代文學大系・詩第一輯》（台北：巨人，1972 年
　　1 月），頁 306。

「因此，我們的目光交錯，超現實的痛楚交錯。」痛楚交錯
於一切兄弟相殘、流離失所而存在的，不可言說的荒謬。同
生活在一個太陽底下，人類卻互相毀滅，「還是看半流質的
太陽吧」，那無奈與瘂弦「他覺得唯一能俘虜他的／便是太
陽」（〈上校〉） 亦有異曲同工之妙。

（三） 結　語

綜觀阮囊的詩，揉合了知性與感性，更多的是勇於開拓
與創新之作，而為同時代詩人們所欽佩。隱居台東，同是虔
誠佛教徒的詩人楊雨河，讚揚阮囊一生行事低調，看淡世間
一切名利，宛如明心見性的得道高僧。

阮囊早期的詩有金聲玉振的功力，展現了遊俠的風采，
呈現個人與人生的隱喻。後來詩風丕變，句法簡短明快，內
涵多有人生的詠嘆、禪味與神秘的色彩。筆者曾與向明請托
隱地的爾雅出版社應允為其出詩集，惜未蒙同意，以致其與
商略同為藍星詩社成員為未出詩集者，殊為可惜。

六、曹介直及其作品析論

（一） 生平概述

曹介直（1930-），湖北大冶人。筆名有浮塵子、鐵雲、
曹丘、杜愁紅等。初中時投考青年軍，於 1948 年底隨軍來台。
1952 年考進陸軍官校，1970 年就讀三軍大學陸軍學院，曾在
特戰部隊服役，後轉任陸軍學院教官，最後在台灣大學工學
院以上校主任軍訓教官退役。

　　抗戰時期曹介直多在鄉塾就學，塾師常勉其以「俗而雅」
為目標，蓋「俗可趨時引眾，雅則可以脫俗」也，1950 年代
初期開始轉好新詩。據說他在 1948 年在武昌黃鶴樓前入伍
時，即與周夢蝶為同班同袍，亦同為羈台老兵、藍星同仁，
所以不管生活或文學的革命情誼皆深厚[46]。

　　曹介直與向明、一信、朵思、艾農、鍾雲如、張國治七
位詩人，千禧年後不知何年開始，每月皆擇日聚會，煮酒泡
咖啡談詩、聯絡情誼。期間有人說這樣下去我們真成了酒肉
朋友，向明則說：「酒肉朋友？總比沒有朋友好！」最終他
們集結有合輯《食餘飲後集》[47]。

　　大概在 1963 年雙十節覃子豪去世前後，藍星詩人停筆的
很多，如黃用、吳望堯、方莘、曹介直、阮囊等，或出國或
自囿不一而足。2003 年，淡江大學中文系與趙衛民主導的《藍
星詩學季刊》第 21 期，亦曾製作「曹介直特輯」，是為紀念。
1997 年左右，曾進豐曾幫曹介直整理詩稿以待出版，仍遲至
2009 年始由爾雅出版其第一冊詩集《第五季》[48]。

46　參考冬也：〈晾起自己的影子 —— 與曹介直筆談〉；張健：〈瓶中歲月
　　的勝利 —— 論曹介直詩〉；曾進豐：〈蒼茫時代的詩魂 —— 曹介直詩藝
　　試探〉，都刊於《藍星詩學季刊》第 21 期「曹介直特輯」，（2003 年 6 月）。
47　曹介直與向明、一信、朵思、艾農、鍾雲如、張國治：《食餘飲後集》
　　（台中：瑪利亞基金會，2007 年 6 月）。
48　曹介直：《第五季》（台北：爾雅，2009 年 7 月）。

爾雅《第五季》封底與曹介直近照

（二）作品評析

2009 年年近八十的曹介直才出版第一本詩集《第五季》，相對於目前坊間有的年輕詩人或如同是藍星詩人的張健，試圖以量取勝的出版方式，形成強烈的對比。就如許多人認為活了 85 歲寫詩近萬首的陸游是中國寫詩最多的人，但清朝乾隆皇的乾隆御製詩四集，總數為 34160 多首，加上未收入的據說有共有 41000 多首。《全唐詩》裡所有詩加起來，也沒有乾隆皇帝一個人多，但又如何？不如李杜名詩一兩首流傳。因此，詩量少質精或許才是創作的王道。

《第五季》原為詩題，詩人謂：「經過春花秋月夏暑冬寒之後的一季，也是在歡樂悲哀之外的一季」，今作為集名謂此集乃：「晚之又晚，晚到季節之外了。[49]」他想表達的

---

49 曹介直：〈後記〉《第五季》（台北：爾雅，2009 年 7 月），頁 259。

是一種歷經生命流離與滄桑之後，在歲月四季之外，於詩中所能寄託的情懷吧！與他的同袍好友周夢蝶《孤獨國》裡的〈十三月〉：「悲哀在前路，正向我招手含笑／任一步一個悲哀鑄成我底前路／我仍須出發！」一詩的隱喻，實有異曲同工之妙。〈第五季〉詩：

> 阿哈布　你不必去尋那白鯨拼命
> 山第雅哥　你不必揉碎八十四個太陽
> 　　去釣那　釣得等於沒釣的馬林魚
> 而我　我也收起所有的網
> 不再去風濤裡捕捉那段虹了
>
> 來吧　我們並不陌生
> 　　　　　　我從我認知你
> 　　　　　　復從你認知我
> 我們同在一星浪沫中成形
> 我們的手臂都很軟弱
>
> 現在　風正把柔軟鋪在沙灘上
> 讓我們將空虛交還不測
> 然後　相識默默
> 　　　　相識微笑……然後躺下
> 讓紫外線殺死我們的憂鬱
>
> 　　　　　　　　　　　・1960 年 9 月 30 於龍潭

　　〈第五季〉一詩前兩行用赫爾曼・梅爾維爾的《白鯨記》（*Moby-Dick*），與海明威的《老人與海》（*The Old Man and the Sea*）小說故事裡主角的結果論作隱喻，說不用去找白鯨

拼命，也不要等八十四天還釣不到魚的徒然了。就如我也收起網，不再捕捉絢爛彩虹了，彩虹比喻的是心中的理想。詩人藉由詩，抒發當時退居寶島卻仍須枕戈待旦，明知反攻大陸不可為而為的人們苦悶的心情。

　　在戒嚴的氛圍、苦悶的軍中與前途茫茫的環境裡，一切都被控制與監視，一切都不能言說，只有默默「相識微笑」，讓太陽讓紫外線殺死我們過多的憂鬱了。對人生與未來，一切都在能期待與計算的四季之外，無奈與無力之情，溢於詩表。1966 年寫的〈除夕〉一詩「一末浪渣　濡濕的一生／在浪的陵谷間顛簸／戀者不可留　惡者不可拒／在腐蝕之前仍得向下游流去／岸在兩涯　星在天上」，除夕了應該和家人團圓的日子，卻獨守海角一隅，也有身在茫然的兩岸間漂泊，身不由己的感嘆。

　　〈黑色的勝利〉一詩，也有著黑色幽默的反諷：

夜　多麼溫柔體貼地以黑髮覆我
使我感及她呼吸的溫馨

千山萬水都匯聚於此
我的鞋子悠閒的泊著
光榮不再擠我去非洲獵獅
戰爭也不再鑄我作英雄
我已把空間留給喧擾
把不朽和汗膩的內衣一齊脫掉
隨你們在我的名字下寫些什麼
我自由了　　我自由了
我再也不為你們
　　　雨中等車般的

在菌狀雲的傘下等著
下一個世紀的黎明

夜　多麼溫柔地以黑髮覆我
我以脫網的魚般的欣愉
歸於湖　歸於海
歸於那永古的默默的流

・1963 年 2 月 6 日

《藍星詩學季刊》21 期「曹介直特輯」封面

　　〈黑色的勝利〉描寫在苦悶軍中緊繃的環境裡，一切都
被掌控監視，只有在得以喘息的夜裡，當夜色「溫柔體貼地
以黑髮覆我」時，才能使我感到心靈釋放與自由的溫馨。只
有黑色的夜降臨，把象徵不朽的軍服枷鎖和汗膩的內衣一齊
脫掉時，「戰爭也不再鑄我作英雄」，彷彿戰爭也離我遠去，
詩人才得以有自由的感覺，才有如「脫網的魚般的欣愉」。
彷如魯迅筆下阿 Q 精神精神般的在內心呼喊「我自由了　我
自由了」，而是真的自由嗎？明日太陽升起，一樣仍得繼續

操練、枕戈待旦。詩中充滿反諷，也夠「超現實」了。

　　50 年代台灣現代主義詩作的象徵與朦朧特色，剛好給那一代苦悶的人們有個迂迴婉轉抒發心靈的出口，彼此藉詩相濡以沫。例如曹介直寫給朋友的詩，1961 年〈時間的斜面——致菩提〉：「而我們什麼也沒有　猶支撐著／被戰爭嚼餘的歲月步入蒼茫／／微醺中　我自杯緣讀你變形的臉／讀你唇邊的憤怒與滿眼的鄉愁」，如〈給周鼎〉：「我們是亞麻　被絞繩器所扭曲／是阿米巴　為生而變形」，為生而變形，唇邊的憤怒與滿眼的鄉愁只能用讀的，不可言說。人性被世局、被政治環境與時代氛圍所迫、所扭曲，詩中充滿無奈與無比的悲哀，展現了強大的張力與感染力，為冷戰時代作了最好的見證。

　　〈都市〉一詩，展現他不同的觀點，例如其〈都市〉（一）：

> 蜂巢蜂巢蜂巢蜂巢
> 這是個沒有蜜的年代
> 　　生硬的水門汀上沒有
> 　　野生的廣告牌上沒有
> 　　甚至她的脣上也沒有
>
> 我們去哪兒採集花粉呢？
> 轎車們總是盲目地莽撞著
> 總是繞過圓環拋下一個問號
> 　　往何處來　　　一個問號
> 　　往何處去　　　一個問號
> 就像例假日的男人將無聊投在馬蹄鐵上
> 　　高高地積起高高地積起
> 我很擔心，那株瘦小的
> 噴泉，將被絞殺

爾雅版《第五季》封面

曹介直〈都市〉寫於 1960 年 9 月刊於《藍星詩頁》後收入《星空無限藍》藍星詩選。這首詩有兩首，（一）一開始即以四組連續類疊的蜂巢詞組，表現都市裡充斥著現代化大樓的城市風景，櫛比鱗次就像蜂巢般擁擠。廣告招牌林立，生硬的街道與水泥牆，冷漠的人們，彰顯「這是個沒有蜜的年代」，農業時代的田野的風景與人情的溫暖似乎也不見了。

汽車們總是盲目地橫衝直撞，總是繞過圓環拋下一個個莫名的問號，從哪裡來？往何處去？都不清楚，象徵著都市中人們的忙碌與茫然。詩人擔心的，那都市之泉，圓環的噴泉不久將會被摧毀。果不其然一語成讖，例如仁愛路圓環等，為了開發或拓寬道路，一一被摧毀，綠地是越來越少了。詩人不是先知，只是想像得比較遠，只是為人們與未來憂慮。

（三）結　語

《第五季》中的作品精品多有，例如〈髑髏〉：「我要任性地笑　瘋狂地笑　猙獰的笑／時間啊！當我將你牢牢地囚住／你只是　我深陷眼洞中的兩眶冷寂」，如 1956 年的〈遙念──給夢蝶〉：「燈亮了　又一個黃昏在港畔沉澱／而往事如霧　卻從夢湖中浮起」，如〈八行書〉、〈下午〉、〈火曜日〉、〈花期〉等，都有可觀之處。

　　例如〈彼女之髮〉：「彼女之髮　長而且美／黑色的流泉自腦際飄落　飄落」，頗有《詩經》抒情的餘韻，亦有與紀弦名詩〈戀人之目〉：「戀　人之目，黑而且美／十一月，獅子座的流星雨」，有異曲同工之妙。

　　綜觀曹介直的詩，量少質精。詩人張健讚其詩：「情韻夠，氣勢暢而不洩，文字矜而不侷，且多依貼現實。[50]」詩人謝輝煌說曹介直的詩：「哀多於樂，且每首詩背後都有故事和些許的淚痕。」又說其詩：「是在哭時代之哭，笑時代之笑，跟一般為寫詩而寫詩的作品，有著截然不同的深度和廣度。[51]」，蓋所言不假，值得細細品賞。

---

50 張健：〈瓶中歲月的勝利 ── 論曹介直詩〉《藍星詩學季刊》第 21 期「曹介直特輯」，（2003 年 6 月），頁 7-24。
51 同前註，頁 257。

早期藍星詩人及作品析論 (二)

一、商略及其作品析論

(一) 生平概述

商略（唐劍霞，1931-），湖南新化人，本名唐劍霞，另有筆名一如、剪霞、冷紅、路思等。與阮囊為藍星成員中，二位沒出過詩集的詩人。

商略筆名的由來，據其自述為除役不久，在玉里碰上幾天雨中苦讀，盼晴不得，剛好吟誦到姜夔（1155-1221）的宋詞〈點絳唇〉丁未冬，過吳松作：「燕雁無心，太湖西畔隨雲去。數峰清苦，商略黃昏雨。第四橋邊，擬共天隨住。今何許？憑欄懷古，殘柳參差舞。」不加思索就用了商略為筆名[1]。

商略曾當過戰車兵，後習醫當過軍醫官，退役後考入政治大學教育系，後於師範大學數學研究所結業，於花蓮省立玉里高中當數學老師。半隱於東部玉里，甚少在詩壇露面。

據聞商略著詩五百首，但卻是與阮囊為藍星成員中，二位沒出過詩集的詩人，以至詩作容易散佚，殊為可惜。

---

1 商略：〈答向明十三問〉《藍星詩刊》新九號，（1978 年 1 月），頁 88-93。

難得一見商略照片，右起：商略、蓉子、曹介直、
周夢蝶、向明、趙衛民、王憲陽。（陳月珍提供）

（二）作品評析

　　商略早期作品多發表在《藍星週刊》，而且都用本名唐
劍霞發表。或許如同早期來台的軍中詩人般，鄉愁與生活的
苦悶及壓抑，讓詩成為他心靈的出口。例如他在〈答向明十
三問〉中說：「有段長的時間，詩就成了我精神上當時唯一
賴以飄浮的一根蘆葦。」[2]蘆葦多麼輕盈，生命又何其輕盈，
一命之所繫竟在無用是為大用的詩。

　　商略曾說「詩與數學」，對他來說就有如「烟茶兩種」
兼得之樂。他說〈半片陰影〉與〈兀鷹的沉默〉是他早期較
為得意的作品，談這兩首之前不如先談〈野花〉這首：

---

2 商略：〈答向明十三問〉，頁89。

向上帝索取了
一點紅、一點藍、一點……
而後辛苦地擠出一點寂寞的香來
生命何其渺小呢？你的
一次顯現乃是一次淹沒

我知道：他崇拜一個遺忘
像泥土的愜心於沉默[3]

〈野花〉這首詩寫的是如野花般渺小的生命。人們向上帝索取生命與希望，卻又一次次的覆滅，因為生老病死、生生滅滅，乃是生命的真諦。人都是寂寞的個體，人的生命就如野花野草般，總想開些精采的花朵來，終歸，還是要趨於土地的沉默，與被遺忘。〈野花〉這首詩可以說是商略的生命觀與人生觀，難怪他會如此篤定、內斂與避世。

〈半片陰影〉是他較得意的詩作之一：

尋半片陰影，並且說
陌生與熟悉合而為一
並且分享
像分享今天的
每一根弦柱的
從朝曦的指縫間漏落下來的微顫
的秘密

秘密地分享共同著的

---

3 唐劍霞（商略）：〈野花〉《藍星週刊》134 期，（1957 年 1 月 25 日）。

陌生與熟悉，並且說
尋分享半片的
像永恆驟然地被釘死成一黃昏的瞬間
那陰影[4]

　　〈半片陰影〉是哲學命題的詩了，主要在探討生命與永恆的關係。人們對生命與永恆總是一知半解，人定勝天說，彷彿能掌握命運，其實又沒有把握。那陌生與熟悉的感覺，不只是對自我認知的揣想，也是對生命的揣度。那陰影，或許就像是永恆「驟然地被釘死成一黃昏的瞬間」，然永恆（或說時間）是不會停留的，人們能掌握的，或許就是「刹那即永恆」的那一瞬間的陰影吧。

　　而巨人版 1972 年元月出刊的《中國現代文學大系‧詩卷》收錄的〈居室〉與〈街心〉亦有可觀之處。例如原來刊《藍星詩頁》第 21 期的〈居室〉：

紅與黑之幽靈群
意志與觀念的
鎖。叔本華的髮白在燈上
白在門上

永恆乃有如獄卒之窺伺
且嗜賭
……。[5]

---

4 唐劍霞（商略）:〈半片陰影〉《藍星週刊》191 期，（1958 年 3 月 23 日）。
5 商略:〈居室〉《藍星週刊》21 期，（1960 年 8 月 10 日）。為商略首次在藍星刊物用此筆名。

　　商略〈居室〉一詩分兩段七行，主題是詩人在居室（密室）的主觀思考。他說：「紅與黑之幽靈群／意志與觀念的／鎖。」前兩行是相對應的：「紅與黑／意志與觀念」。這個居室不僅只是有形的居室，作者搬出叔本華來其實也是暗喻他思索的其實是內在心靈的鎖，也是一個尋求心靈密室的自囚的鑰匙。叔本華說：「挫折可增長經驗，經驗能豐富智慧。」他認為意志是無法滿足的淵藪；而人生卻總是去追求這種無法滿足的淵藪。所以，人生是痛苦的，而藝術是短暫脫離這種痛苦的道路。

　　因此，當詩人在「心靈的居所（密室）」，思索人生意志與觀念的問題時，「叔本華的髮白在燈上／白在門上」，意即詩人正在思索叔本華的哲學思想，彷彿燈上、門上都有著叔本華哲學思想的光芒。然作者在第二段終於提出他對人生與永恆的看法，當我們自囚於此人生的困境（居室）時，永恆／時間卻如獄卒般，在密室外窺伺著，且永恆是嗜賭的，而我們人類只是永恆／時間這個「賭徒」的籌碼罷了。

　　《中國現代文學大系・詩卷》收錄的〈街心〉這首詩，則把詩人置於當時從悠閒的農業形態社會，轉型為新興都市的情境之中：

> 用一個城市的
> 交錯又交錯，重疊又重疊
> 如是眾多的騷音
> 的鼎沸
> 烹我？！
>
> 用一個世紀的
> 重疊又重疊，交錯又交錯

如是眾多的速度
的匕首
剖割我？！

呵呵
我原是一尾
不探西江，無視涸轍
而下瞰靈川
　上博銀河
而在有著幾株仙人掌的沙漠地帶
思想著的
魚。[6]

　　〈街心〉詩分三段十八行，把詩的情境置於都市當中，探討人面對都市型態的衝擊與感想。詩中首段描寫城市裡鼎沸交疊的人聲車聲等聲音公害，詩人不用噪音而用騷音，騷音比較貼近心靈的感受，形容比噪音更沉悶更深遠的傷害，而我就是這沸鼎裡的一條魚。第二段則接續形容車水馬龍、橫衝直撞的速度感，帶給人們無比的恐懼感。
　　〈街心〉詩第三段引用《莊子·外物篇》〈涸轍枯魚〉故事裡「鮒魚困涸轍難待西江水」的典故。但卻是一尾「不探西江，無視涸轍」而是而下瞰靈川、上博銀河的思想著的魚。
　　詩人藉〈涸轍枯魚〉是想表達此典故裡的魚至少還有涸轍裡的一丁點水，而作者立處的城市卻是「有著幾株仙人掌的沙漠地帶」，而他仍嚮往著莊子般的思想著。一首很棒的

6　余光中等編：《中國現代文學大系·詩卷》（台北：巨人，1972 年 1 月），頁 223。

都市詩若此，此詩舉重若輕，其實也暗諷著人們居處於城市中的窘迫與困境。

（三）結　語

張健嘗謂同為藍星詩社同仁的商略早期作品為古澀耐讀，如魏碑，如野獸派畫家盧奧（Georges Rouault）畫，嚼之如食橄欖；後期作品較為清瑩，但仍有古味。向明則說商略的詩為「強調思想性的抒情」[7]。筆者仍覺其詩作知性、思想性，稍大於抒情。

商略曾藉方東美的話說：「美感起則審美，慧心生則求知。」他悠游於數學與現代詩之間，大底如此；詩作亦介於感性與理性之間，值得吾人繼續推敲。

二、吳望堯及其作品析論

（一）生平概述

吳望堯（巴雷，1932-2008）浙江東陽人，出生上海市，1946 年 15 歲來台，從漢口法漢中學轉學入建國中學。淡江英專畢業，為早期藍星健將，曾獲得第一屆藍星詩獎。同時獲獎者還有黃用、瘂弦、羅門三位詩人，皆在 1958 年 6 月 1 日藍星詩社四週年慶與《藍星週刊》200 期慶祝大會上，由梁實秋頒獎。

吳望堯對化學深感興趣，並曾在台成立「藍星化工廠」[8]，

7　向明：〈烟茶兩種 —— 淺談商略詩的兩種歷程〉《藍星詩學季刊》第 23 號（2006 年 9 月），頁 31。

8　筆者留有吳望堯印有「藍星化工廠」（BLUE STAR FACTORY）字樣書信，後轉贈向明。不意留存影本竟也佚失。

可見其對藍星詩社的感情。他於 1960 年赴越南白手起家，曾研發去污劑新配方「天龍清潔劑」並獲 12 項發明專利，成立越南著名的天龍洗衣粉廠 TICO 等五家工廠，經商致富，估計有數億身家。1975 年越南淪陷，所有財產被沒收，劃歸國營企業，吳望堯身陷鐵幕一夕無產。1977 年經藍星摯友余光中、夐虹等人協助，方脫離西貢鐵幕。

返台後，吳望堯寫了一系列散文、報導文學《越南淪亡瑣記》、《共黨的旗為什麼是紅色》、《越共煉獄九百天：一個現代詩人的見證》與小說《阮氏娥》等，記錄他在越南淪亡期間的遭遇與艱苦生活。1980 年舉家赴中美洲闖蕩，晚年寓居宏都拉斯。

1973 年吳望堯託張默等詩友，在台創辦「中國現代詩獎」，兩屆得獎人為紀弦、羅青、周夢蝶、吳晟，極力推動現代詩運動。1955 年 6 月出版詩集《靈魂之歌》1958 年 5 月由藍星詩社出版《玫瑰城》、《地平線》，2000 年 6 月由在台友人希孟（洪兆鉞）協助出版《巴雷詩集》。曾獲 1952 年《民族報》徵文首獎、第一屆藍星詩獎、僑務委員會海宣榮譽獎等。

吳望堯的浪漫逸事，為 1960 年他與黃用都將出國闖蕩，有一天在余光中家約定，並在一張紙鈔上簽下承諾：十年後的 1970 年 5 月 12 日中午 12 點，在巴黎鐵塔最頂層見面。到了 1970 年 3 月，在越南的吳望堯開始辦出國手續，他太太問，他說起與黃用的約定，他太太罵他是傻瓜，他則回說說話要算數。於是他從西貢起飛，經香港、台北、東京、夏威夷、美國到巴黎，準時趕到巴黎鐵塔頂端等黃用，並拍照為證。黃用沒有到，是因吳望堯已經繞道美國和楊牧一起探望過他

了，而黃用當時仍困於工作與生活呢[9]。由此可見，吳望堯是浪漫而信守承諾之人[10]。

1957 年「藍星四人幫」
左起：夏菁、黃用、吳望堯、余光中合影。

吳望堯在越南期間曾多次參與越南文化界的新舊詩論戰，極力為現代詩辯護。他的創作將現代科學與太空思想融入現代詩的實驗與想像之中，豐富了詩的內容與領空，其創

---

9 筆者在臉書（FB）「詩人俱樂部」網站貼上此文，黃用（Charles Yung Huang）回應如下：「本來不想拆穿這美麗的傳說，但真相有些不同。與望堯確有此約，但在去巴黎之前他已和葉珊（楊牧）到聖路易看我，知道我即將去華府的國家衛生研究院工作，不能抽身赴艾菲爾塔之約了。所以他是『明知』我去不成（那時我很窮，一家五口，也去不起），還是在塔下拍照証明黃用違約。那時他頗有『土豪』氣，身懷萬元美金現款，我和葉都為他擔心。後來我去了巴黎多次，至少上了三次塔，最近一次就在去年，只能『憑吊』當年和我最相近的藍星老友了！」2015 年 11 月 13 日查：https://www.facebook.com/groups/1567150036885491/permalink/1639999974
2933853/?comment_id=1640000479600446&reply_comment_id=164006911
9593582&offset=0&total_comments=18&notif_t=group_comment
10 張默：〈現代詩壇沉默的聲音 —— 吳望堯訪問記〉《幼獅文藝》第 242 期，（1974 年 1 月）。

作風格新穎、卓然不群，瘂弦稱他為「科學詩人」；覃子豪、夏菁、余光中等人稱他為有奇氣，並有一種野蠻精神之「鬼才」、「惡魔主義者」、「遊俠詩人」[11]。

（二）作品評析

　　張默、瘂弦主編的《六十年代詩選》中，選入吳望堯一系列的科學、科幻詩，讓主編瘂弦在介紹前文驚嘆：「我們所期待的『原子詩人』莫非就是吳望堯嗎？[12]」或許就是 50 年代吳瀛濤〈原子詩論〉對當時詩人或讀者的造成影響或啟發。〈原子詩論〉不只提倡現代科學觀，也期許新詩人們追求原子般細微的質素與融入各種科學實驗的精神，在當時是前衛的思潮。可見當時吳望堯對科幻、科學實驗精神的敏銳與好奇。

　　吳望堯 1953 年以前作品，如《靈魂之歌》裡的〈悼念拜倫〉、〈橋上〉、〈芭蕾幻想曲〉等，還多用歐洲商籟體（SONNET）十四行詩，頗有浪漫派和新月派唯美色彩。1953 年以後的《玫瑰城》、《地平線》開始，除抒情與知性的基底外，多屬陽剛派作品，亦多援引科學知識來豐富現代詩的內容。

　　但是《靈魂之歌》後部的詩，已經透露他風格的轉變，例如舉六節每節四行共 24 行的〈咖啡館〉首尾兩節來看：

　　　清晨我到這裡來飲一杯咖啡，
　　　黃昏我再悄悄地來喝一杯威士忌；

11　夏菁：〈遊俠詩人吳望堯〉《窺豹集：夏菁談詩憶往》（台北：秀威，2013 年 1 月），頁 114-116。
12　張默、瘂弦主編：《六十年代詩選》（高雄：大業書局，1961 年 1 月出版）頁 68。

我總帶著自己孤獨而消瘦的影子，
藏在一個角落裡默默地坐上半天。
………
因為我有這麼許多朋友在這裡，
雖然你們總看見我只是孤獨的一個人，
但他們都是我靈魂的朋友，
我只有在這裡才能把寂寞來遺忘！

　　吳望堯的〈咖啡館〉詩的形式整齊，在 1950 年代初期，
台灣還剛從二戰復原不久，現代化都市的型態可能才剛開
始，他已經開始描寫人們在都市裡靈魂的孤寂了。因此陳大
為在將二十世紀的台灣都市詩分為四個紀元：第一紀元「天
空之城」、第二紀元「罪惡的鋼鐵文明」、第三紀元「末日
的科幻城邦」、第四紀元「隱匿或無邊之城」。他指出：「五
〇年代初期，以吳望堯為代表的第一紀元，才正式開創了都
市文明的多元書寫，也替第三紀元的科幻詩埋下引線。」他
也觀察到吳望堯在〈咖啡館〉中塑造的「『孤獨而削瘦』的
都市人典型形象」，可能對羅門 1966 年發表的名詩〈流浪人〉
有所啟發[13]。因此，可以說吳望堯是台灣都市詩的先驅之一。

---

13 陳大為：《亞洲閱讀：都市文學與文化（1950-2004）》（台北：萬卷樓，
　　2004 年 9 月），頁 3-59。

第二屆中國現代詩獎專輯封面與得主管管、吳晟

　　吳望堯雖有原子詩人的稱號，但他率先在1957年8月《藍星詩選·獅子星座號》發表的《都市組曲》，也為他贏得「都市詩人」的雅號，陳大為、楊宗翰皆稱他是台灣詩人中以都市詩為主題的先驅[14]。例如《都市組曲》的〈大廈〉：

　　龐大的怪物，巨人
　　驕傲地站立在城市的中央
　　鋼的骨骼，水泥的肌膚
　　花崗石般堅硬的，冷冷的牙床
　　可吞沒黃金的落日
　　而排列得整齊的一百支透明的眼
　　是阿葛斯的再生？到夜晚
　　乃閃著光，眈眈地監視著 —— 夜

---

14 楊宗翰：〈鍛接期台灣新詩史〉《台灣詩學》學刊五號「詩與史專輯」，
　　（2005年6月）。

是怕它有太多的秘密和陰謀？[15]

〈大廈〉一詩，描述 1950 年代台北市開始的現代化城市
雛型，吳望堯以其敏銳的眼光開發都市詩這個題材，眼光獨
到，大廈像巨人一般聳立在城市，令人嚮往。並把千百支明
亮的燈火，想像成希臘神話中的百眼巨人阿葛斯（Argus）的
再生，永遠在夜晚的高處監看著你，可能也有諷刺戒嚴時期
人們無時無刻都受到監視的感觸，對照現代監視器密布街頭
的景況，可謂預言成真，這在當時可說是非常前衛的題材。

另外，他在 1957 年 11 月 30 日發表在《中央日報》副刊
的〈火星訪問記〉一詩，充滿太空與未來的幻想，內容是描
述人類飛往火星訪問並以火箭、氫彈威脅，要求准許移民，
誰料到這些火箭飛彈之類的地球新科技，火星人早已收藏在
其博物館裡，真是一大反諷啊！那時美國人都還未登陸月球
呢！後來他轉載至越南《萬國晚報》副刊，因為充滿太空科
學的幻想，也特別引起注意。

吳望堯的科學詩、科幻詩、都市詩創作，喜援引科學知
識來豐富現代詩的內容、語彙。搭配他天馬行空的想像力，
貫穿美學與科學，並且伸向太空與未來世界，也深入醫學科
學與行而上的精神領域。如吳望堯〈憂鬱解剖學〉：

因為我的血型是 A
所以我憂鬱的原子如鈾二三五的分裂
你不是說黑色的底片上有八億九千萬個二十一等星？
唉唉！我的憂鬱何其多呵！
因為愛情已彎曲於第五度空間

15　吳望堯〈都市組曲〉《藍星詩選・獅子星座號》（1957 年 8 月 20 日），頁 16。

微笑的愛因斯坦又搔著他的白首去了
孤獨地，留下我於有限的宇宙而膨脹嗎？
而聽說太陽的黑子群又達到了高潮！

因為沸騰的岩漿已凝結成火成岩
又不堪時間的壓力而褶皺如阿爾卑士的地層
心的表土堆起的是黑色的土壤
而風化，夾雜著散碎的破片而剝落，剝落

所以我的狂笑原在長蛇座的星雲
我的心是古老的岩頁，記載著憂鬱的指數
但誰是明日憂鬱的解剖學家
來翻開我心頁如此沉重的巨著？[16]

註：長蛇星座為近代所知離地球最遠的星座，約離地球七億光年。

　　憂鬱（Melancholia）是一種情緒或心理狀態，當一個人哀傷或心情低落時，呈現絕望或沮喪的狀況。這是人類正常的情緒之一，但長久持續的憂鬱情緒，可能會變成憂鬱症的精神疾病。〈憂鬱解剖學〉詩以「因為我的血型是 A」而導出「所以我憂鬱的原子如鈾二三五的分裂」，接著談到愛情、愛因斯坦、太陽、長蛇星座到全宇宙，主題終歸是藉以解剖了「我的憂鬱」，我的憂鬱是生活中知識爆炸性的吸收而想得太多、煩惱太多的緣故。而卻很少人能理解我的想法、我的憂鬱、我的報負，有自傷自負的詠懷寄寓。

　　吳望堯的詩作產量豐富，風格多元、意淺情濃，不論古今中外、太空或科技的知識都非常豐富，且典故常為其所用。

---

16 巴雷：《巴雷詩集》（台北：天衛，2000 年 6 月），頁 286-287。

《巴雷詩集》封面

例如〈乃有我銅山之崩裂〉：

乃有我銅山之崩裂了
你心上的洛鐘也響著嗎？
復活的是朵黑色之花又埋葬於……
啊！泥濘的路上是蹄痕猶新的
而請你勿再點燃這旅店中青青的燭
火
我心在高原：臉上有風雪的陰影
看時間的白馬嘶鳴著，我去了
你又何不收拾起將流的淚顆
即使有委屈，也莫在冷冷的路上哭泣

迴最後一眸於你鬢邊的小銀鈴上
因為它召喚我：以如此輕柔的聲音
但我再不敢偷窺妳的眼，今夜
還是拾一串記憶，聽風的耳語
如一個流浪人彳亍於陽光外的古城
而煙霧四起，銅山崩裂了……[17]

「銅山西崩，靈鐘東應」典故，語出《世說新語・小說》：「魏時，殿前的大鐘忽然自己鳴響，洛陽宮中官署內外一片驚慌。張華說：『這是由於四川銅山山崩，相互共鳴的原因，所以大鐘自鳴。』不久，四川上奏，果然是銅山山崩，時間和張華說的一樣。」後比喻二人的意氣相投，心靈相應。

余光中說：「當年望堯寫好後示我，只看起句就震撼了

17 巴雷：《巴雷詩集》（台北：天衛，2000 年 6 月），頁 87。

我。太有氣象了，動情，就應該如此的。」又說：「這典故我那時並不清楚，否則也會用到《蓮的聯想》中去。足見望堯涉獵雜書比我廣博，而又眼明手巧，竟能用來象徵情人之間心心相映，不，心心交撼之狀。」[18]與〈騎士的憂悒 ── 給葉洛・芙瑛〉都是當時的情詩：「葉洛」影射那姓黃的女友。而〈乃有我銅山之崩裂〉，顯然是詩人轉化為失戀的哀歌了。

（三）結　語

覃子豪曾說：「吳望堯的作品多產而取材廣博，色彩強烈，內容神祕而奇異。」在 1950 年代吳望堯的詩作裡，再新穎艱深的科學知識都能為其所用，從而開拓並豐富了現代詩的內容、語彙與想像。

吳望堯終究於 2008 年在中美洲離開人間了，除藍星詩社余光中、夏菁等人寫文悼念外，他《創世紀》詩社的朋友們在 2009 年 6 月 159 期的詩刊為他做了：「吳望堯紀念特輯」紀念他。他留下的浪漫、冒險、求知若渴、勇於挑戰，不向命運低頭的精神，值得我們學習。

三、黃用及其作品析論

（一）生平概述

黃用（1936-）福建海澄人，生於南京。1954 年考入台大外文系，翌年轉經濟系。1960 年赴美改攻讀化學，獲南伊州大學化學碩士，於愛荷華州大獲生物化學博士。

18　余光中：〈銅山崩裂 ── 追念亡友吳望堯〉《文訊》第 282 期（2009 年 4 月）。

　　黃用畢業後在美國國家衛生研究院（NIH）等科研機構從事研究四十餘年，詩人黃用於是成為生化科學家 Dr. Charles Huang。黃用也是大華府國建會成員，曾以海外學人身分應邀返台參加國建會生化組提供建言[19]。

　　黃用、余光中兩家世交，中學時期就愛讀新詩，考入台大後受同窗周腓力鼓勵投稿而嶄露詩才。1955 至 1960 年間，黃用為藍星詩社主要成員之一，文思敏銳、思想深邃，除創作外亦參與詩壇論戰。其詩作〈靜夜〉、〈自囿〉、〈世界〉、〈偶然的靜立〉、〈都市！〉、〈變奏〉等深獲好評。他早期詩風輕逸恬靜，除抒情外善於內省觀照亦有思想深度，尤其〈自囿〉詩的風格，使余光中譽其為有「水仙花主義」的新古典精神的詩人。

　　楊牧與黃用亦惺惺相惜，2013 年他將早已絕版的《無果花》加上 19 首新詩交給洪範書局出版《黃用詩選 ── 無果花及其他》，前即有楊牧序，他對「黃用一樣能飛！」始終深信不疑[20]。

　　黃用在 1958 年與吳望堯、瘂弦、羅門一起獲得藍星詩獎，著有詩集《無果花》、《黃用詩選 ── 無果花及其他》。最近還以一首譯自張若虛《春江花月夜》的英文譯詩，獲得台大第四屆「文學翻譯獎」社會組首獎[21]，可謂寶刀未老。

---

19 許惠敏：〈無果花 ── 黃用的燦爛與淡泊〉（2014 年 12 月 6 日）。引自北美華文作家協會網站（2015 年 11 月 25 日查詢）：http://chinesewritersna.com/review/?page_id=21158

20 黃用：《黃用詩選 ── 無果花及其他》（台北：洪範，2013 年 9 月）。楊牧：〈翅膀的去向〉亦刊於《藍星詩學季刊》22 期「黃用特輯」（2005 年 12 月），頁 18-26。「雖然那人深信我一樣能飛」出自黃用〈後記〉詩句。

21 許惠敏：〈無果花 ── 黃用的燦爛與淡泊〉（2014 年 12 月 6 日）。

《藍星詩學季刊》22 期「黃用特輯」封面

（二）作品評析

　　覃子豪在〈黃用的新古典精神〉稱黃用與吳望堯為兩個極端，分別為輕逸與雷霆式的風格：一個謹慎小心在過獨木橋，一個奔馳於無邊的原野。張健《中國現代詩》則稱他倆：黃用古典而冷靜，吳望堯現代而復浪漫[22]。其實，他們兩個情感上都兼具古典與浪漫、現代與知性的精神，惟吳望堯可能更熱情浪漫些。

　　黃用出版《無果花》後，次年去了美國，從此不再戀棧繆斯。但談到詩，仍掩不住的熱情，問他為何取名「無果花」？黃用引愛倫坡（Allen Poe）的詩句「With me poetry has not been a purpose, but a passion.」說詩人鍾情的是應是花，而不是果

22　覃子豪：〈黃用的新古典精神〉《藍星詩學季刊》22 期「黃用特輯」（2005年 12 月），頁 11-14。張健：《中國現代詩》（台北：五南，1984 年 1 月）。

實[23]。應該是說詩人享受的是創作的過程,而非在意結果。

　　《無果花》封面由楊英風設計,分「青色平原」、「灌木叢」、「靈魂的碎片」三輯,共收入 36 首詩。「靈魂的碎片」應是此詩集較後期詩作,多為哲思的辯證與想像。「青色平原」作者自謙為習作,多不失溫婉浪漫之作,例如〈一片葉〉:

　　　　風從天上來,吹去了水底的雲。
　　　　唉,多麼懶洋洋的一個晴日 ——
　　　　我想起你無力按下微揚的裙裾,
　　　　低低哼起那支歌時。

　　　　當你低低地哼起那支歌時,
　　　　我舒開了一個思憶中的折疊;
　　　　因為我是多情而不懂得隱藏的,
　　　　如落在你窗前的一片葉[24]。

　　〈一片葉〉為 1956 年 7 月 20 日的作品,無怨無悔的浪漫抒情,似乎是大部分詩人寫作初期,都不免從抒情出發,黃用亦如是。但詩集前部中仍多有純真精準的佳作,如〈靜夜〉:

　　　　靜夜的星空沉落在湖中 ——
　　　　噢,我站立的地方真合適,
　　　　也可以仰摘,也可以俯拾

23　許惠敏:〈無果花 —— 黃用的燦爛與淡泊〉(2014 年 12 月 6 日)。
24　黃用:《無果花》(台北:藍星詩社,1959 年 12 月),頁 6。

那些像是藍葡萄的果實。

讓我帶一筐星子回家，
釀一壺斑爛的夜送你。
請在無星的季節
注入你寂寞的杯裡——

然後告訴我，那是不是醇郁的
如風與月色的對語；
或者是淡泊的，
如我們偶然的相遇。

楊英風設計的《無果花》封面

　　〈靜夜〉為黃用 1957 年 2 月 22 日的作品。「如風與月色的對語；／或者是淡泊的，／如我們偶然的相遇。」與前例〈一片葉〉風格相近，讀起來似乎也有同時期鄭愁予、敻虹、林泠的味道，也或許是他們有黃用的味道？當時詩人們相濡以沫、交互影響而不可知，這些詩人之間的影響比較研究，或許可以專題研討。而〈瘋狂七行〉則是個人專屬的瘋狂經驗了：

　　　用酒澆花
　　　又飲酒一樣地狂飲著少女
　　　啊啊！誰說的少女如花？
　　　「來人哪！」
　　　我揮揮襯衫袖子
　　　擲掌中杯於櫃檯上
　　　看憂愁與你歸於塵土

　　用酒澆花，多豪情啊！又飲酒一樣地狂吻（飲）著少女，
也夠年少輕狂的了。「擲掌中杯於櫃檯上／看憂愁與你歸於
塵土」這個你是誰？或許是朋友，或許是他自己，縱酒狂歡
後與憂愁都歸於塵土，無憂了。〈瘋狂七行〉，示現的修辭
手法，讓我們彷彿也身歷其境，夠瘋狂了。而〈都市！〉一
詩卻是另一番風景：

　　　　舉臂叫號，向上
　　　　喧嘩啊，生命遍地流動
　　　　敏感的神經構成一隻網
　　　　而你在中央掙扎。
　　　　以金屬的姿態，你睡去
　　　　但你以一千般姿態醒來：
　　　　我看見古瓷的裂紋
　　　　我看見耀眼的碎酒瓶
　　　　扭曲了的彈簧與彈簧，我也看見
　　　　那是在破舊的床墊上。
　　　　在破舊的床墊下。
　　　　你跳動，你發熱
　　　　你是文明的心臟[25]

　　〈都市！〉一詩彰顯都市的流動性與扭曲的現代性，四
通八達的電線、交通、車流、管道等，構成都市敏感的神經
網絡，而人們在其中掙扎的生活著，忍受著吵雜噪音等現代
文明的汙染。

---

25 黃用：《無果花》，頁60。瘂弦、張默編：《六十年代詩選》標題卻少
　了「！」。少個驚嘆號，如非作者所減去，彰顯驚訝、驚嘆的意義自是
　不同。

　　扭曲的彈簧與彈簧隱喻著扭曲的睡眠，亦即無盡的失眠之苦。「你跳動，你發熱／你是文明的心臟」，而都市卻是人口聚集之處，也往往是政經發展的中心，人的處境與矛盾即在此。既要文明，又怕汙染吵雜與公害。

　　而〈憂鬱感覺〉更標示另一種文明病：

> 不能辨識這一切。
> 接合起來的鐵皮上放置一堆釘子
> 以及放置著有齒的廢件。
> 我想我是在安排一個殘殺
> 一如聚眾蛇於一窟
>
> 但那是堅硬且渾然一體的
> 疊砌，又疊砌
> 然後浮動，然而
> 它們不是船舶
> 甚至也沒有音響

　　楊牧說：「黃用的詩裡有一種靜，是我們難以想像的，如此寧謐安靜的氣息，彷彿最適宜沉思，詩的沉思，帶著憂鬱近乎尊貴的氣息[26]。」憂鬱與憂鬱症，似乎隨著文明的腳步使人們感受與傷害更深。黃用詩裡沉思的憂鬱感覺是如何呢？是不能辨識的這一切，一如聚眾蛇於一窟。

　　然又堅硬且渾然一體的疊砌又疊砌的凝重，可是（心）卻是浮動（浮躁的），它們卻不是船舶甚至沒有聲響。黃用

---

26 楊牧：〈翅膀的去向〉《藍星詩學季刊》22 期「黃用特輯」（2005 年 12 月），頁 18-26。

詩裡描述的憂鬱感覺，在他用具象的釘子、蛇、船舶與聲音意象的音響來表現，讓我們充分了解那憂鬱感覺，的確是捉摸不定也捉摸不到的惱人的，甚至可能是憂鬱症這種精神疾病積累，而揮之不去的沉重而鬱結的感覺。

黃用與周夢蝶合影（2013 年於新店七號咖啡，黑俠提供）

（三）結　語

余光中說早期的黃用為藍星四人幫裡年紀最輕，知性最強，擅於理論分析，評人最苛，到他家最大的興趣在坐而論道，反而對世事的繁複不太關心[27]。

瘂弦、張默編的《六十年代詩選》中，則如此介紹黃用：「使黃用聲名大噪的首先是他一系列精闢獨到的詩論；跟著，人們才開始注意起他底創作來。」又稱他「特別重視節

---

27 余光中：〈銅山崩裂——追念亡友吳望堯〉《文訊》第 282 期（2009 年 4 月）。

奏的美,且對中國文字的特色,有精闢的把握和圓熟的運用。」
可見其詩論在當時多麼犀利而知名,不輸創作[28]。

　　黃用在《無果花》的〈後記〉一詩中,留下這樣的詩句:

　　　摘下翅膀送人,我說我不再飛翔
　　　雖然那人深信我一樣能飛
　　　我已經再不想念無羈絆的日子了

　　〈後記〉中的詩句似乎預告了黃用告別繆斯的意圖。於
是在《無果花》出版後不久,他就收拾行囊留美去了。雖然
大家深信他一樣還能在詩裡翱翔,可是他毅然決然不再想念
這些無羈絆的日子了,而努力去西方找尋他的理想。但是,終
究還是詩,讓我們認識曾經「會飛」的黃用這個藍星詩人啊。

　　因此,我在悼周夢蝶的詩中說:「詩,是永恆的還魂草」
也常說:「惟有詩,能與永恆對壘。」

四、方莘及其作品析論

（一）生平概述

　　方莘(方新,1939-),山西五台人,出生於四川金堂。
師大附中、淡江文理學院(淡江大學)外文系畢業、台大外
文所研究、蒙特利爾大學大學英國文學系博士。曾任教輔仁
大學英文系多年,後移民定居美國,從事翻譯工作。

---

28 瘂弦、張默編:《六十年代詩選》(高雄:大業書店,1961 年 1 月)頁
　128。另《黃用詩選 ── 無果花及其他》亦收入四篇黃用當時的四篇詩論,
　讀者可以參考。

　　方莘曾任《現代文學》、《劇場》編委，《藍星》詩刊主編。畫家韓湘寧、戲劇家邱剛健、小說家王文興都是他師大附中同學。《膜拜》封面即是韓湘寧的油畫作品。

　　方莘創作以詩為主，兼及翻譯與詩劇，詩作結構嚴謹，極富創意與實驗性。曾為方莘淡江大學時的英文老師余光中，稱其早期為意象主義者：「能在結構上尋求整體的效果，並表現出可觀的綜合與秩序感。[29]」

　　余光中也曾有方派或三方的說法，是為：「方思、方莘、方旗。」也有加上方娥真、方艮（劉善鎮，1934-2015）為「五方」的說法。還有方思影響方莘、方莘影響方旗的說法。楊牧評論林燿德早期《銀碗盛雪》詩作時，亦稱其中有「一些紀弦，一些瘂弦，一些商禽，一些方莘。」不過，人類從小就是從模仿開始學習的，因此筆者認為文學創作在同儕或文類間，相互的揣摩或影響是很普遍的[30]。

　　張健則說方莘的小詩極清冷有味；較長的作品則展示了高度的實驗精神，如〈月升〉、〈開著門的電話亭〉、〈無言歌：水仙〉，均耐人再讀三讀，是藍星詩人中頗有創新精神的一位。

---

29 余光中：〈震耳欲聾的寂靜 ── 重讀方莘的《膜拜》〉《望鄉的牧神》（台北：純文學，1968 年 7 月），頁 247-260。
30 前註與楊宗翰：〈詩少年 ── 方莘與黃荷生〉《台灣現代詩史：批判與閱讀》（台北：巨流，2002 年 6 月）。有些說法亦可參看。

方莘、張堃、瘂弦在美國舊金山合影（張堃提供 2015.10.19）

（二）作品評析

方莘早期作品主要收入在《膜拜》[31]詩集，這本詩集是白先勇、王文興的現代文學社推出的第二本叢書，第一本是他們兩個編的《現代小說選》，或許是方莘與王文興同學的關係。

《膜拜》很早就絕版而為夢幻逸品。已故女作家三毛（陳平・ECHO，1943-1991）在《送你一匹馬・夢裡不知身是客》裡有珍貴的回憶：「絕版書不一定只有古書，今人方莘的詩集《膜拜》，大學時代有一本，翻破了，念脫了頁，每天夾來夾去擠上學的公車，結果終於掉了。」又說：「1980年回國，又得方莘再贈一本，他寫了四個字 ── 劫後之書。這一回，將它影印了另一本，失而復得的喜悅，還是可貴。[32]」

---

31 方莘：《膜拜》（台北：現代文學社，1963 年 2 月）。
32 三毛：《送你一匹馬》（台北：皇冠，1983 年 7 月）。

能讓才女三毛每天夾來夾去擠上學的公車，且翻破了書頁的詩集，想必有真材實料。張健則指出方莘的〈無言歌：水仙〉一詩中的女主角 Echo，即是三毛。

《膜拜》僅收入詩作 24 首，大底以創作時間順序安排，分三輯為：第一輯是精簡的短詩；第二輯只有〈練習曲〉四首，作者說是純為想表現孤獨、澹泊而和諧的練習之作；第三輯則想表現每一首詩內容的個性，與形式相互關係的一連串實驗[33]。〈月升〉是第一首詩，也是他常被選入詩選的精緻小品：

> 黃昏的天空，龐大莫名的笑靨啊
> 在奔跑着紅髮雀斑頑童的屋頂上
> 被踢起來的月亮
> 是一支剛吃光的鳳梨罐頭
> 鏗然作響。

方莘《膜拜》詩集封面

〈月升〉一詩由黃昏的天空鋪陳，龐大莫名的笑靨不就是羞赧駝紅的晚霞嗎？接著形容夕陽像紅髮雀斑的頑童在屋頂上奔跑着，很快就跌落山外了。突然「跳」起來的月亮，作者用「踢」的動詞，預埋最後的伏筆，也聯結了聲音意象的想像，且用月亮隱喻是一個剛吃光的鳳梨罐頭，被頑童踢起來而鏗然作響的鳳梨空罐

33　方莘：〈後記〉《膜拜》（台北：現代文學社，1963 年 2 月），頁 64-67。

頭。

　　〈月升〉整首詩意象分明，且做巧妙的連結與聯想，鳳梨罐頭與月亮都是圓的，罐頭反射著月光，在路上被頑童踢來踢去，就像一個月亮滾來滾去。準確的譬喻與絕妙的想像力，讓這首原本靜態的月升畫面，充滿了夜晚形聲的意境。

　　〈開著門的電話亭〉也是方莘常被討論的詩：

> 一個孤獨少年說：
> 她的笑聲是一把閃亮閃亮的銀角子
> 撒得滿地叮噹叮噹作響。
> 而我不是一座開著門的電話亭
> 唉，根本不是 ——
>
> 就連小小的小小的一枚企望
> 都不能投入。

　　〈開著門的電話亭〉只有兩段七行，第一行降七個字的安排，加以「我不是一座開著門的電話亭」的詩句，彷彿是作者暗示這個孤獨少年自卑怯弱的心裡。而她，那個女生「她的笑聲是一把閃亮閃亮的銀角子／撒得滿地叮噹叮噹作響。」卻是樂觀開朗的，雖然少年懷抱著希望與仰慕之情，卻也顯示兩人個性上的格格不入。終究，孤獨少年徘徊電話亭門口，卻連小小的一枚硬幣也不敢投入，那不是我們年少時忐忑的心理？既期待又怕被拒絕的寫照嗎？[34]

　　第二輯的〈練習曲〉四首，純為想表現孤獨、澹泊和諧的練習，其中女主角林達（琳達），貫穿全部四首組詩，顯

---

34 回想青春年少，禮教至上的保守年代，筆者有這經驗。

示詩人練習與女主角喃喃對話的意境練習。如「林達，你喜歡嗎？」、「水很急，我將不涉渡／林達，不要偷偷飲泣／不要，不，林達／如果你喜歡，／就把話語刻在青柯上」，以及最後三段：「再沒有人，甚至是濛濛的雨／會有這樣小小，小小的手／別讓它搔著了你，林達／／如果遺忘像一把傘／就讓它乘風而去吧／／當你赤足奔跑，在沙灘上／海，正升起它千噚的狂喜／迎你而來」只標示 1、2、3、4 的四首〈練習曲〉可以視為一首完整的組詩，這首組詩像是獨白劇，也像音樂劇，充滿了音樂性。余光中說它「甜」，和葉珊（楊牧）早期的作品有近似之處。

　　〈夜的變奏〉則是從方思的〈夜歌〉變奏而來，卻也較方思展現更長的畫面、更大的形式空間，像展示一幅夜靜謐的巨構、一齣宏偉的詩劇。詩的圖案、音樂、畫面與意境，展示了高度的實驗精神。（如下圖）

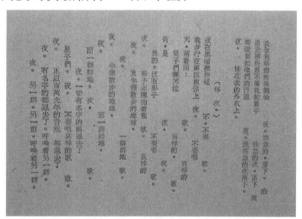

《膜拜》裡四分之一繽紛的〈夜的變奏〉

　　〈膜拜〉一詩在每行底字平行的形式排列上的試驗，或許在當時是創舉，也收到形象上莊嚴的效果。但是這詩的前

半部的詩行主要都是以「我」開頭，後半部大多是以「你」
開頭，首段「我匍匐／膜拜／你是一尊直挺挺冷冰冰的石柱
／你是一個渾然無關的存在」，最末一段「我匍匐／膜拜／
你是冥冥漠漠無感不覺的花崗石／你是一個渾然無關的存在
／。」首尾兩段從「你是一尊直挺挺冷冰冰的石柱」到「你
是冥冥漠漠無感不覺的花崗石」到最末句是一個句號「。」，
詩人完成了他膜拜的儀式。

　　這個膜拜的對象，由詩句最高的字出現在詩的中間，是
「星　光」來看，可見詩人是通過自我自覺的反省，完成了
詩與心靈成長的膜拜儀式。方莘說這是羅馬式建築物的大石
柱給他的靈感，方能表現膜拜者的急切虔誠與專一，聽說這
形式影響了方旗等人。至於方旗自印的兩本絕版詩集《哀歌
二三》60 首與《端午》36 首，總共 96 首詩作，全都是採齊
底式的形式安排，也是空前的創舉。

方旗自印的兩本絕版詩集《哀歌二三》與《端午》

　　〈咆哮的輓歌〉是方莘這本詩集的壓軸，也是 74 行的長
詩，原刊在《藍星詩頁》1962 年 12 月 9 日第 48-49 期合刊
的「四周年紀念專號」。首段四行都降一字是詩序，總共分
十一段，試看最後一段：

潑滿腔熱騰騰的鮮血在釘滿你癡迷眼神的白壁上；
淋漓的妒意方酣時，我糾纏的髮叢裡結滿了憤怒的葡萄。
你的饒舌是面面卑鄙奸詐的嘴臉，令我疲倦；
憎厭在我不屑一顧的四壁層層砌高；星光照不到，
照不到，照不到。你有千萬隻眼睛，我只有一隻；
我在井底，我在井底。「哀莫大於心死。」
蹉跎、蹉跎、蹉跎、蹉跎！[35]

〈咆哮的輓歌〉句行字數都很長，可說是其史詩般的巨構。「你有千萬隻眼睛，我只有一隻」不是對情治單位監控言論自由的不滿嗎？「我在井底，我在井底。」或許是他讀外文系的，可以吸收外面的資訊，頓覺自己像井底之蛙，卻無法出去看看世界，因此「哀莫大於心死」啊。詩人一連用了四個「蹉跎」，表現了那個時代的荒謬與無奈。

（三）結　語

方莘詩作意象分明，且常有巧妙的意象跳躍連結與聯想，一如〈月升〉詩中鳳梨罐頭與月亮都是圓的，罐頭反射著月光，在路上被頑童踢來踢去，就像一個月亮滾來滾去般鮮明、跳躍活潑。

又如〈咆哮的輓歌〉從詩行裡探索，是他，也是那個時代的人們對大時代的不滿，對島國政治戒嚴與鎖國政策的控訴與咆哮，反映了那個時代的生活與思想。最終，方莘還是去了自由的美國，也遠離了繆斯。

---

35 方莘：《膜拜》（台北：現代文學社，1963 年 2 月），頁 57-61。

五、張健及其作品析論

（一）生平概述

張健（1939-），筆名有汶津、張虔、吳生、嘉山等，浙江嘉善人，1948 年來台。師大附中、國立台灣師範大學畢業，1965 年獲台灣大學中文所碩士學位。曾與蘇白宇結為詩壇的一對詩人夫妻。

張健曾短暫任中學教員，後擔任台大中文系教授，歷任中山大學、淡江大學、彰化師範大學、台北藝術大學兼任教授；武漢中南財經大學、香港新亞研究所、珠海大學、馬來西亞新紀元學院客座教授；中央研究院中國文哲研究所訪問學人，現為中國文化大學中文系專任教授。

張健曾擔任《藍星》主編、《現代文學》編輯委員、《中國時報》專欄作家。曾獲詩教獎、新聞處優良著作獎、大陸出版優良著作獎、國科會研究成果獎勵 30 多次。在大學任教 40 多年，講授現代詩、中國文學批評、小說研究等課程，栽培無數現代作家學者。

張　健
（取自台大網站）

張健喜歡閱讀研究古典與現代詩詞作品，於 1950 年開始寫作，1959 年出版第一本詩集《鞦韆上的假期》，寫作類別包括詩、小說、散文、評論等，著有詩集 40 餘種，散文 30 餘種，其他著述 30 多種，曾與羅門一起主編《星空無限藍 —— 藍星詩選》等，對現代文學的拓展與傳承、中國古典詩學及文學批

評史之研究均有相當之貢獻。

（二）作品評析

　　張健在詩壇有「快筆」之稱，謂已經寫了數千首詩。據說他的敘事長詩《雷峰塔下》曾被俞大綱先生稱許為以《白蛇傳》為題材創作的佳構[36]。張健詩〈春夢〉與千武（陳千武）的〈外景〉一詩，都是同時在 1958 年 1 月 10 日的《藍星週刊》第 182 期刊登，皆為他們首次在藍星刊物發表作品，甚是巧合。

　　唐捐曾說張健早期作品題材多得自古典，詩作強烈顯示出縱橫古今、融合新舊的多元風格[37]；後期形式則多以小詩為主，題材趨於日常生活或旅遊見聞，作品則多顯平淡無奇。

　　然張健早期亦有清新抒情之作，例如〈五月的晨步〉：

　　　穿過公園中的兩排椅子
　　　穿過早晨的廣播
　　　穿過一些難題
　　　恍憶起這是五月

　　　五月的街道長如
　　　五月的畫
　　　五月的晨曦暖若
　　　一個故事的心臟

---

36 張默：《小詩選讀》（台北：爾雅，1987 年 5 月），頁 133-137。

37 唐捐：〈陟彼高崗，獨奏鐘鼓 ── 試論 5、60 年代的張健〉《藍星詩學季刊》8 期「張健特輯」（2000 年 12 月），頁 24-28。

　　而這一切將被悄悄拂去
　　被早行者的步履遺忘
　　── 五月在異鄉
　　異鄉人在五月

　　　　　　　　　── 1960 年 5 月 14 日[38]

　　〈五月的晨步〉描寫五月的清晨穿過公園中，穿過早晨
的廣播的晨起者，或是運動或僅是穿越。五月是漫長的初夏，
有著長長的街道，而這城市在作者筆下是從容的。然而，這
五月這城市是屬於「異鄉人」的，詩中充分顯現出主角心靈
的疏離或客居的心態。筆法是抒情的。

　　張健早期詩多好寫寂寞與獨白，例如刊於 1966 年《春
安・大地》詩集的〈獨白〉一段：「我是一座未盈於一簣的
山／只穿著一隻舞鞋的一位女孩／佇立於舞池邊緣／迷人的
迴旋屬於燈光／音樂燃燒著她的裸足」，乃其 25 歲自壽詩，
可感於詩人內心的自足、孤傲與自得，論者謂其詩平易自然，
卻說：「而擁有數千首詩的張健先生，稱之為『現代詩魔』，
應該也不為過吧！[39]」我們知道在台灣洛夫因詩風奇詭多變
而有詩魔之稱；又查張健不曾入選十大詩人或文學經典，若
以數量而不以質量來決定一個詩人的名號，那與詩的精鍊本
質則背道而馳也。故魔有兩種：一種是讚語，一種是反諷。

　　但張健早期的詩，還是有些詩質的。例如與詩集同名詩
〈畫中的霧季〉：

---

38 張健：〈五月的晨步〉《星空無限藍 ── 藍星詩選》（台北：九歌，1986
　　年 6 月），頁 363-364。
39 蓋琦紓：〈論藍星詩人張健〉《中國現代文學理論季刊》第 20 期（2000
　　年 12 月），頁 595-600。

我在你的影子裡悄悄的簽個名
就成了一幅畫
掛在我左邊的心室裡

每當教堂的鐘聲響起
壁上便傳出你的吟哦
好像說：多悠長的一日呵

我走入畫裡
為你默念哲人的話語
縷縷微笑溢出
五月遂成了霧季[40]

張健《百人圖》與《藍星詩學季刊》封面

---

40 張健：《畫中的霧季》（台北：水牛，1968 年 9 月）。

　　〈畫中的霧季〉是一首浪漫的抒情詩。「我在你的影子
裡悄悄的簽個名／就成了一幅畫／掛在我左邊的心室裡」，
首段輕描淡寫在你的影子簽個名，這個意象就成了我心裡的
一幅畫，長住心底，隱喻的是愛情。第二段描寫在戀愛中，
與相愛的人相處的閒適、從容與愜意。第三段的（或許有性）
暗示更深層了「我走入畫裡」，你是一幅畫，我走入了你，
就走入了所有：「縷縷微笑溢出／五月遂成了霧季」，此詩
的筆法淡而抒情、浪漫，是可感而無需言說的，這詩中隱喻
的情侶、愛人，是圓滿幸福的。

　　張健早期的詩，亦有寫現代化都市文明生活的。例如
1964 年 6 月寫的〈文明〉：

　　　　擊筑的歌者已遠
　　　　教堂之東，殯儀館巍巍矗立
　　　　匹夫匹婦依然
　　　　台北也依然
　　　　一隻龐大的煙灰缸
　　　　承受每一絲火星的灰滅[41]

　　〈文明〉裡描述的現代化都市生活，在 1950、60 年代衝
擊台灣，「擊筑的歌者已遠」，代表傳統農業的社會形態遠
去。台北盆地就像一隻龐大的煙灰缸般承受燈光、煙害、噪
音的聲光汙染，其實還有身心靈承受的更大壓力，這種文明
的方便與汙染的交互衝擊，值得我們去探討。

　　中國詩人聯誼會徵選，上官予編的《十年詩選》收入張

41　林怡翠：〈從小我到大世界，愛的完成 ── 讀張健《春安‧大地》〉《藍
　　星詩學季刊》8 期「張健特輯」（2000 年 12 月），頁 29-34。

健的〈夜聚〉：

> 影子呵……
> 往事撲奔而來，如群蝗
> 有一種微笑的默契 ——
> 那些稻麥早已收割
> 竟亦美化了時間的綠野了[42]

　　〈夜聚〉基本上還是張健早期的抒情與知性融合的風格。這風格是經理性提煉的，不是感性與浪漫的直出。「影子呵……／往事撲奔而來，如群蝗」，善用比喻而情感內斂，相對於後期的詩作，仍可見其恬淡、純真而內視的美感。

張健《白色的紫蘇》與《張健詩選》封面

42 摘錄首段，張健：〈夜聚〉上官予編《十年詩選》（台北：明華書局，1960 年 5 月），頁 111。

（三）結　語

　　張健號稱寫詩數千首，但是 60 年代著名的《中國現代詩選》與《六十年代詩選》都沒有選入其詩作，似乎也沒選入教科書，這是值得省思的議題。

　　羅門在〈《鳳凰城》詩集讀後感〉文中雖稱：「在他儒雅審慎的心懷中，滲溶入怡情逸意，而形成他那含有『智趣』與『感知性』相交流的穩實的詩風。」但也點出：「或基於詩人個人的意欲，捨不得割愛，難免有少數作品，於意象與結構處理上，尚未達到短詩特別要求的『精美』、『嚴謹』與『完妥』的程度。[43]」以小見大，前段話或許可說是張健早期的詩風；後期的詩作，大概是如羅門後段的話般，或許才是同儕給他的箴言啊！

　　綜觀張健早期的詩作，多為情感內斂，恬淡純真而融合古典與現代知性的美感，雖不至於傑作，仍有屬可讀可感的詩篇。或許其成名甚早，且在學術上一路順遂，以至於無所砥礪而自囿於自我感覺良好的氛圍，殊為可惜[44]！張健的成就或許不在詩的創作上，但他對編務與詩論、詩教上的貢獻，仍可一記。

---

43 羅門：〈《鳳凰城》詩集讀後感〉收入張健：《百人圖》（台北：文史哲，1986 年 12 月），頁 105-109。
44 在網路 zonble 網站一篇名為：〈張健近年詩作的空間與時間美學〉網誌下，16 篇網友一面倒的冷嘲熱諷，可謂不堪。
http://zonble.net/archives/2006_01/829.php（2015 年 12 月 7 日查詢）。

六、敻虹及其作品析論

（一）生平概述

　　敻虹（胡梅子，1940-　），台東人。她父親是台中人，母親是福建龍岩人。敻虹省立台東女中、國立台灣師範大學藝術系畢業，文化大學印度文化所碩士，東海大學哲學研究所博士。

　　敻虹在佛光山受持五戒、菩薩戒，法號「弘慈」。曾入美國愛荷華大學「國際作家工作坊」研究，後從事室內設計及插圖工作，曾任曾任台北師院附小教師，曾任教於東海大學、台北市立師範學院、美國西來大學、中臺科技大學。退休後目前定居新北市新莊區。

　　敻虹於 1956 年高一時，第一次在《台東新報·副刊》發表作品〈離人〉，後陸續發表在《東台日報》上的《海鷗詩刊》，開始文學生涯。1957 年起，經葉珊（楊牧）告知《公論報》上每週有《藍星週刊》，遂陸續發表作品於台北的《藍星週刊》、《文學雜誌》、《筆匯》、《文星雜誌·地平線詩選》《中外文學》等。

　　她 1958 年秋進入台灣師範大學藝術系就讀後，在台北更親近了藍星詩社同仁、現代詩社、創世紀詩社、笠詩社等詩友，與詩壇往來更行密切。

　　敻虹與林泠，為張默、瘂弦主編《六十年代詩選》26 位入選詩人中僅有的二位女性詩人。主編在對她詩作評語說：「感情真摯，調子輕柔，清澈、精巧、鮮美而又奇幻。」又說她比一些更早創作的女詩人更重視技巧，對速度、張力、

韻與諧音均有更細緻的體認；在表現上具有節制、勻稱，呈現一般女詩人欠缺的理性深度與嚴密的組織力[45]。

　　敻虹1968年結婚並出版第一本詩集《金蛹》。婚後擱筆，1976年出版《敻虹詩集》，後來陸續出版《紅珊瑚》、《愛結》、《向寧靜的新河出航》、《觀音菩薩摩訶薩》等詩集。曾獲中山文藝創作獎。

　　敻虹早期的詩，擅長表現精緻細膩的情思、清麗自然的文字、溫柔浪漫的情懷，以柔美婉約卻飽含哲思的情詩而聞名。余光中在敻虹《紅珊瑚》序中稱她為「浪漫為體、象徵為用的新古典中堅分子」。瘂弦、余光中皆稱其為「繆斯最鍾愛的女兒」。

《金蛹》與《六十年代詩選》的插畫，
剛好標識敻虹青年與中年的樣貌

（二）作品評析

敻虹創作文類以詩為主。她的第一首詩是在 13 歲時寫給

45　張默、瘂弦主編《六十年代詩選》（高雄：大業書店，1961 年 1 月），頁 184。

過世同學，1955 年高一時，第一次發表於《臺東新報》副刊；
後開始投稿《海鷗詩刊》，也投稿給《藍星詩刊》、《筆匯》，
以及台大夏濟安創辦的《文學雜誌》，《中外文學》、《現
代文學》等刊物發表。

　　她的詩作柔弱中常見堅毅陽剛之情，早期青春時期的詩
作多具有抒情之美，如〈如果用火想〉、〈我已經走向你了〉、
〈水紋〉；中期婚後則從優美走向親情、愛情以及鄉愁，如
〈台東大橋〉、〈媽媽〉；晚期經世事歷練、佛學探究，詩
作多見巧妙哲思與梵音頌佛的深沈。

　　張愛玲說：「成名要趁早。」敻虹符合這個說法，她早
期的詩一直受人喜愛，例如〈如果用火想〉：

> 那麼，生命是一條走向無所等待的路
> 兩旁樹著奇妙的建築
> 有眸窗之複眼的時常流溢歡歌的巨廈
> 有憂鬱的小圓屋
>
> 那麼，沉入驚顫的白玉杯底
> 是往事之項珠裡奪目的紅瑩
> 三月與七月
> 設使儲夢的城座起火了，在雨中
> 我怔怔地站著
> 觀望一個人
> 如此狂猛地想著
> 另外一個人[46]

---

46 敻虹：《金蛹》（台北：藍星詩社，1968 年 7 月），頁 4-5。

火是熱情的，也是毀滅的起點。〈如果用火想〉標誌著愛情中的男女，彼此的對待與遭逢，年輕的男女對愛情懷有憧憬，當面臨抉擇時，卻往往也彷徨而無所適從。敻虹〈如果用火想〉詩句「設使儲夢的城座起火了，在雨中」，暗示原有的夢想因爭吵或齟齬而起火面臨崩毀，「在雨中」象徵哭泣，卻怔怔地站著觀望一個

《藍星詩學》第12期的圖像，顯示敻虹近年樣貌

人，卻想著另外一個人。詩用錯綜、矛盾的手法，描寫愛情複雜的心裡，表現強烈的戲劇性張力，深刻表現現代青年男女的愛情觀，讓人驚嘆。她對愛情的義無反顧，也表現在《金蛹》詩集中〈詩末〉一詩：「因為必然／因為命運是絕對的跋扈／因為在愛中／刀痕和吻痕一樣／你都得原諒」，愛情是沒有道理的，愛恨交織，都得要包容。

《金蛹》裡的另一首情詩〈我已經走向你了〉，亦展現詩人的愛情觀：

> 你立在對岸的華燈之下
> 眾弦俱寂，而欲涉過這圓形池
> 涉過這面寫著睡蓮的藍玻璃
> 我是唯一的高音
> 唯一的，我是雕塑的手
> 雕塑不朽的憂愁
> 那活在微笑中的，不朽的憂愁

眾弦俱寂，地球儀只能往東西轉
我求著，在永恆光滑的紙葉上
求今日和明日相遇的一點

而燈暈不移，我走向你
我已經走向你了
眾弦俱寂
我是唯一的高音[47]

〈我已經走向你了〉這首情詩，也有女性主義自覺自主
的味道，然手法是傳統含蓄婉約的。「你立在對岸的華燈之
下」眾弦俱寂，而「我是唯一的高音」，我追求的是永恆的
一紙承諾，「求今日和明日相遇的一點」暗示只問現在和未
來，不問過去。第三段燈暈不移昭示著我走向你的不移的信
念，而這信念是重複的堅定的。因為，我是唯一的最高調最
有把握的高音，展示詩人十足的自信，用溫柔婉約的筆法表
現她自負、慧黠與鏗鏘的音色。

另一首〈水紋〉也是受人喜歡的：

我忽然想起你
但是不是劫後的你，萬花盡落的你

為什麼人潮，如果有方向
都是朝著分散的方向
為什麼萬燈謝盡，流光流不來你

---

47 同前注，頁 50-51。

　　稚傻的初日，如一株小草
　　而後綠綠的草原，移轉為荒原
　　草木皆焚：你用萬把剎那的
　　情火

　　也許我只該用玻璃雕你
　　不該用深湛的凝想
　　也許你早該告訴我
　　無論何處，無殿堂，也無神像

　　忽然想起你，但不是此刻的你
　　已不星華燦發，已不錦繡
　　不在最美的夢中，最夢的美中

　　忽然想起
　　但傷感是微微的了，
　　如遠去的船
　　船邊的水紋……

　　〈水紋〉的主題是情人分手後的淡淡的思念。這首二十
行詩，分成六段，句式不長如水紋波紋如片片斷斷的記憶，
而使句子顯得憂傷淡然。前面用設問句：為什麼人潮，都是
朝著分散（離）的方向？為什麼流光流不來你？而顯得一時
不太能接受分手的事實，只因是「稚傻的初日」或許是女主
角稚傻的初戀，那麼天真。然而草木皆焚，綠原剎那即轉變
為荒原，或許不該用情太深，「也許你早該告訴我」無論何
處都無愛情完美的殿堂啊。

　　然而，終究一切都過去了。那些「傷感是微微的了，／

如遠去的船／船邊的水紋……」，忽然想起你，但只願記得相處的美好，忘記一切不愉快，一切都釋然了。詩中充滿著淡淡的憂傷，也充滿著自信與釋懷，標誌著一段無怨的青春，彷彿也是我們的曾經。

《敻虹》、《紅珊瑚》封面

（三）結　語

　　洪瑞慧將敻虹創作分為：純愛時期、牧歌時期、蛻變時期、佛理時期、讚佛時期等五個時期[48]。敻虹則將自己一生的詩作分成青年的詩、中年的詩、老年的詩三部份，李瑞騰從其中捻出白色意象來談：青年時期有〈白鳥是初〉，象徵著「至遠至美的憧夢」；中年時期有〈白色的歌〉，寫逆境

48　洪瑞慧：《敻虹詩研究》（高雄：高雄師範大學中文所碩士論文，2008 年）。

的摧逼，歲月的積累；老年時期有〈白的〉，寫生命、夢和信仰，也寫日寫月寫易卦中的白[49]。白，象徵著純潔天真，也象徵著人世間生命最終的虛無。

洪淑苓曾以詩心、佛心、童心來論敻虹創作歷程及其美學風格；鍾玲則指出：「敻虹的詩表現了五官感觸的靈敏，躍動的聯想，以及對色彩的敏感。」李進文則認為她的快樂雖多於不快樂，然：「這些遺傳自精神上的苦痛，也讓敻虹的不快樂催化了詩。」他並分析敻虹詩作的三個階段為：1968年7月出版的《金蛹》詩集讓她奠定詩壇的抒情女詩人地位；1988年1月獲中山文藝獎的《紅珊瑚》詩集大抵確定她轉而向佛；1997年10月《觀音菩薩摩訶薩》詩集，敻虹正式跟過去告別，走向更豁然的思想與創作空間[50]。

七、王憲陽及其作品析論

（一）生平概述

王憲陽（1941-2015），台南縣歸仁鄉人。台南師範專科學校、台灣大學中文系畢業。歷任歸仁國小、延平高中國文教師，後轉任聯廣公司 AE、天亨紡織貿易公司負責人。詩人2015年因病去世，《文訊》第352期與《鹽分地帶文學》第56期都製作紀念專輯。

王憲陽亦為《笠》詩刊十二位創辦人之一，他曾獲1967

---

49 李瑞騰：〈敻虹用柔美的語言 —— 串成有情世界〉《人間福報》副刊，（2014年5月28日）。
50 李進文：〈靜站在楊桃樹下的繆思 —— 專訪敻虹〉《文訊》第280期，（2009年2月）。

年優秀青年詩人獎、1971 年中國文藝協會新詩獎。著有詩集
《走索者》、《千燈》、《愛心集》、《紅塵塵紅》、《千
禧詩集》、《六本詩》。編選：《新詩金句選》。

　　王憲陽在擔任延平高中國文教師時，發掘鼓舞了後來的
藍星青壯派詩人，也是淡江大學教授的趙衛民，走向文學之
路，也走入藍星。後來他倆支持著藍星在淡江大學復刊，為
《藍星詩學季刊》，且多作藍星詩人特輯與同仁回顧專號，
為藍星留下諸多珍貴史料[51]。

　　王憲陽創作文類以詩為主，兼及散文。早期的詩作有古
典的意境，題材與風格多融合傳統與現代的抒情取向，表現
內心的觀照，敏感而細膩；晚期作品則有現實視野，也帶有
生活況味與禪意，有靜思自得的美感。

《鹽分地帶文學》56 期王憲陽紀念專輯

　　王憲陽在推薦其《六本詩》時，以六本詩集名嵌入詩以喻人生：人生本是走索一生。（走索者）人生本是千燈映照。（千燈）人生本是愛心處處。（愛心集）人生本是紅塵塵紅。（紅塵塵紅）人生本是千禧瞬間。（千禧詩集）人生本是六本皆空。

---

51 趙衛民：〈千燈的魔咒〉《藍星詩學季刊》第 14 期「王憲陽特輯」（2002
　年端午），頁 8-12。

（六本詩）亦可見其豁達！

（二）作品評析

　　王憲陽首次在藍星刊物發表作品，為 1959 年 2 月 10 日出刊的《藍星詩頁》第三期，詩名〈冷的斷想〉。同期除有李淳（夏菁）短論〈論詩的晦澀〉外，還有洛夫〈冬之葬〉、張健〈飛快車上〉、吳望堯〈思想的一隅〉、德星〈年〉、黃用〈望出去〉、向明〈狼煙〉、羅門〈雪花飄落著〉、周夢蝶〈上了鎖的一夜〉等詩作，皆為當時一時之選。

　　王憲陽在《藍星詩頁》第三期的首發詩〈冷的斷想〉，共有五節二十二行。例如第二節「詩的漲汐退了，海鷗啣著夢的貝殼出港／拖著落日拉長的瘦影，走完這冷冷長廊／明天又是無數走廊的盡頭／我駝著滿囊的感情走入當舖／銅釦子生著青苔，這季節將更綠／我想著七月的香檳酒」，一般詩人都從情詩出發，王憲陽也不例外。〈冷的斷想〉裡「我駝著滿囊的感情走入當舖」，揭示著感情的受挫，首段標示著感情如十二月的寒冷，而他是想念著熱情的七月的，或許是中文系的背景，使其詩中充滿著冷凝內斂的詩思。

　　王憲陽《走索者》在 1962 年 12 月掛名藍星詩社出版，應該是自費，據說詩集一出，即獲好評。例如在此詩集的第一輯「雨季 —— 給茉莉的詩」中的〈雨季〉：

> 窗上的圖案，嵌著方方的淡墨風景
> 雨季，用酒精燒一壺劣質的米酒
> 酒後，天空的淡墨會更濃，更富有山水味
>
> 雨季，和一個穿綠裙的女孩子談一下午的蝙蝠

談整下午的果園，雨季的回憶就像風車的回轉
而我雨季寫著荷色的書箋，也懶貼上郵票
閣樓上，夢像蝸牛，那女孩子在山崖踱步
她不會挨冷撐雨傘而來，撫滑了古老的銅環
雨疏疏的落著，疏疏的織著霧樣的絡鬚

雨季，獨自煮一壺從昨日賒來的米酒
酒後睡一個絲絨的覺，遺忘了許多的太陽
窗上的印象構圖會滋潤梧桐葉子的凋落[52]

《藍星詩學季刊》
第 14 期王憲陽特輯封面

王憲陽《走索者》輯一「雨季——給茉莉的詩」中有十首詩，標示著給茉莉這名女子的情詩，想必是在戀愛中的男女。年輕人往往為賦新辭強說愁，對愛情渴望而多愁善感，年輕的詩人也不例外，只是他的詩中多了古典與抒情之美。

或許是剛開始的戀情，往往始於試探，所以「雨季，和一個穿綠裙的女孩子談一下午的蝙蝠／談整下午的果園」，大概戀愛初期也僅敢於言不及義的閒談著，尤其當時的社會風氣仍屬保守，男女禮教界線分明，進展是緩慢的。〈雨季〉即表現了當時初談戀愛男女的矜持與懷想，有著少男淡淡的純情的哀愁。

《走索者》與《千燈》詩集裡多古典文學常用的意象與

52 王憲陽：《走索者》（台北：藍星詩社，1962 年 12 月）。亦收入鍾肇政編：《本省籍作家作品選集・10・新詩集》（北縣永和：文壇社，1965年 10 月），頁 16-24。

詞組，如燈、窗、雨、寺院、木魚、寂寞等，如《走索者》
裡的〈塔〉詩：

　　從寺院凸出，一棵扁柏樹
　　在地平線上
　　簷鈴搖著七級的
　　寂寞
　　塔的寂寞，在落日的黃昏
　　菩提樹旁的塔
　　有淒涼的木魚聲

　　寺院一般都有鐘樓或高塔，詩是主觀的語言表現，〈塔〉
詩表現的其實也就是詩人的寂寞，寺院、塔、簷鈴恆在那裡
是不會寂寞的，這裡展現的是詩人心裡感情的投射。所以七
級的寂寞也是詩人的寂寞，淒涼的木魚聲彰顯的也是詩人心
境的淒涼。而〈塔〉這小詩的造境與隱喻是成功的。
　　論者以為王憲陽作品的最大特色是：「音樂性較強，有
豐富的節奏，可達到朗誦的效果。[53]」詩言志歌詠言，觀其
早期詩作，大致所言不假。〈千燈〉為王憲陽《千燈》詩集
同名詩，亦收入鍾肇政編：《本省籍作家作品選集・10・新
詩集》中：

　　一手推開千燈，在惘然的夜晚
　　真想剪盡無邊的寂寞

　　你飛渡烟水，微茫而行遠

---

53 方野：〈評王憲陽《千燈》〉《藍星詩學季刊》第 14 期「王憲陽特輯」
　　（2002 年端午），頁 29-40。

在渡口，眼睫滿是暝色
星星欲墜，想隔霧千里外
我眼中仍有你，你的塵處

僅能送你在此，你滿袖是霜冷的遠去
回首只有江上的峯青與你相對
在曙色中，向你漏出寒意
不知何時，我眼中的你，與我在此歡語

只是那時你眼中無我，我落在紅塵裡
應該想起我臉上猶有淒涼，推開千燈映你[54]

　　《千燈》詩集共收詩四十首，分為四輯，輯一「千燈」、
輯二「一對紅燭」多為抒情詩，輯三「腳印」為記遊詩，輯
四「迴旋曲」多為人生的感觸。

　　〈千燈〉詩分四節，千燈隱喻的大概就是紅塵了，寫人
與人遭遇的偶然和分別的必然，亦即寫朋友或情人，在紅塵
中相遇與別離的悵然。或許，推開繁華的塵囂，在千燈的紅
塵之外，我們應該都還會想到彼此：「只是那時你眼中無我」，
這無邊的寂寞就更深了。而我仍在紅塵裡打滾，但是你知道
我仍惦記著你，就如你「應該想起我臉上猶有淒涼，推開千
燈映你」，推開千燈映你，觀照著你，懷想著你，這思念就
深了。

---

54 王憲陽：《千燈》（台北：作品雜誌社，1970 年 8 月）。亦收入鍾肇政
　　編：《本省籍作家作品選集・10・新詩集》（北縣永和：文壇社，1965
　　年 10 月），頁 16-24。

《文訊》第 352 期的王憲陽紀念專輯

（三）結　語

張默、瘂弦編的《中國現代詩選》裡介紹王憲陽說：「喜用千燈千眼，喜用重複的疊句」，又說：「如果余光中是寫情詩的高手，那麼王憲陽該是次高手了。」當然也給予他創作上的批評建議，然激賞為多[55]。

趙天儀也說：「王憲陽比較親近余光中那個系列，白萩和我比較親近覃子豪那個系列。」趙教授說的其實就是他們

---

[55] 張默、瘂弦：《中國現代詩選》（高雄：大業書店，1967 年 2 月），頁 51。

的創作手法與風格，王憲陽是比較接近於光中抒情傳統的風
格[56]。

　　王憲陽在《千禧詩集》後記訴說著創作的孤寂，並稱：
「我寫詩已有四十多年，始終堅持理念，意象與遣詞用句並
重。」創作之路，頗為自得與自信。

　　綜觀王憲陽早期的詩作，有古典的意境，題材與風格多
融合傳統與現代的抒情取向，表現內心的觀照，敏感而細膩。
《文訊》第 352 期的王憲陽紀念專輯，即以「走索一生，千
燈映照」為題，以彰顯其早期詩作，與其一生對詩的熱愛、
堅持與詩名。

---

56 趙天儀：〈懷念王憲陽先生〉《文訊》352 期，（2015 年 2 月），頁 58-59。

早期藍星詩刊詩作抽樣分析

　　本文探討的對象，是早期藍星各種詩刊在 1954-1971 年間刊登的新詩作品及其作者。由於一般科學研究，受到時間、金錢與物力的限制，通常無法將全部對象母體加以測量或調查。因此經由統計、抽樣與分析，是最符合現代科學、經濟與省力的原則。

　　現代統計學（statistics）為藉蒐集、整理、陳述、分析資料與推論分析結果，使能在不確定情況（uncertainty）下作成最佳決策或獲得一般性結論的科學。[1]本文研究早期藍星詩刊詩作為對象母群體，其以週刊、月刊、詩選、年刊等形式出現，共有 289 期。內容分別有詩創作、評論、翻譯與詩訊等，其中新詩創作數量從最少的《藍星詩頁》第 53 期只有三首，到最多的《藍星季刊》第四期的 61 首作品。約略以佔大多數期數的週刊與詩頁的平均數 20 首估計乘以 289 期估算，初估期間藍星各種詩刊的刊登總數約在 5500 首至 6000 首之間。

　　本章主要以這期間藍星各種詩刊刊登的新詩創作為母群體，經由抽樣分析，探討期間這些新詩的作品與作者，希望能觀察到早期藍星詩刊作者的分布與刊登詩作所表現的樣貌。

1　本文主要參考馬秀蘭、吳德邦編著：《統計學：以 Microsoft Excel 為例》（台北縣中和市：新文京出版公司，1999 年 9 月 10 日出版，2005 年 8 月 5 日 4 版）。以及須文蔚：《台灣文學傳播論 —— 以作家、評論者與文學社群為核心》（台北：二魚文化，2009 年 4 日）。

一、統計與抽樣

（一）蒐集與統計

　　本章針對透過各種方式蒐集而來的早期藍星詩刊，針對1954-1971 年間各種藍星詩刊刊登的新詩創作作品為母群體，必須有一致性的母體統計方法，運用敘述統計學的方法，主要在蒐集、整理與陳列資料。因此，所有的詩刊皆以當時詩作刊登的習慣與順序，以由右至左、由上往下為原則，約定以一為起始順序編定。《藍星週刊》左邊之詩習作專欄則一律收錄在最後。

　　組詩原則上賦予組內各詩為一首詩的計算原則。例如週刊第一期騰輝的〈詩三首〉：內含三首詩（往事、邂逅、情書）；蓉子在年刊創刊號的〈憂鬱的都市組曲〉：內含六首詩（我們的城不再飛花、室窗閉塞、廟堂破碎、睡、選事、黑貓的五月），都有其獨立的主題與內容。因此組詩內各詩仍依順序以一首詩為計算單位的原則。

　　本文以上述原則，編列與收錄早期各種詩刊目錄於附錄一至附錄六，都為全部樣本抽樣與分析的母群體。

藍星各種詩刊封面

（二）抽　樣

本章針對 1954-1971 年間各種藍星詩刊刊登的新詩作品為母群體，進行分層與隨機抽樣。由於這期間出現的早期藍星詩刊，分別有以週刊形式出現的《藍星週刊》；以月刊形式出現《藍星宜蘭分版》、《藍星詩頁》；以季刊形式出現《藍星詩選》、《藍星季刊》；以及以年刊形式出現《藍星年刊》[2]等。

為求嚴謹與權數的趨近分配，以月刊抽樣一首為原則（此處年刊則比照季刊），決定這些詩刊期別的分層抽樣方法，約定如下：

1、如係週刊，決定期別的方式：每四期抽出一篇作品，以每四期為一循環，每隔一循環抽樣週期+1，以第一期為起始抽樣樣本。例如週刊第一期抽出第一個樣本，第二循環第 5-8 期抽樣週期+1 是以第六期為抽樣對象，第三循環第 9-12 期抽樣週期+1 則以第 11 期為抽樣對象，依此類推。詩刊標的有《藍星週刊》。

2、如係月刊，決定期別的方式：每期皆為抽樣對象，依序以此類推。詩刊標的有《藍星宜蘭分版》、《藍星詩頁》。

3、如係季刊、年刊，決定期別的方式：每期皆為抽樣對象，依序以此類推。詩刊標的有《藍星詩選》、《藍星季刊》、《藍星年刊》等。[3]

在決定早期各種藍星詩刊的期別抽樣方式後，具體新詩作品採取亂數隨機抽樣，約定如下：

---

2 年刊的形式其實與季刊幾乎一致，只是出刊間隔與時間為不定期。僅有的二期年刊刊登詩作數量則等於或略少於季刊。
3 參看本文第三章，〈表 3-1：藍星詩社各種詩刊統計表〉。

　　1、如係週刊，決定新詩作品的方式為：在前述以四期為一循環系統的約定規則下，考量每期抽樣詩刊中，刊登數量皆為不定數，因此制定不同類型之亂數表，作為參考依據，每四期抽樣一首。分為 1；1-2；1-3；1-4；……；1-30 等，不同之亂數表，其中（1）代表該期詩刊中僅有一篇詩作，（1-2）代表該期詩刊有二篇詩作，依此類推。例如《藍星週刊》第一期有 15 首詩作，則此期之抽樣方式依據（1-15）的亂數表來抽樣。後者依此類推。如遇到缺期或當期無新詩作品，則空缺不計，不再遞補。

　　2、如係月刊，決定新詩作品的方式為：依照上述週刊以亂數表產生之方式，每期抽樣一首。例如《藍星詩頁》第二期只有四首詩作，則此期之抽樣方式依據（1-4）的亂數表來抽樣。後者依此類推。如為二期合集則抽出二首，遇到缺期或當期無新詩作品，則空缺不計，不再遞補。

　　3、如係季刊、年刊，決定新詩作品的方式為：依照上述週刊以亂數表產生之方式，每期抽出三首。例如《藍星詩選》第一期有 49 首詩作，則此期之抽樣方式依據（1-49）的亂數表來抽樣。後者依此類推。如遇到缺期或當期無新詩作品，則空缺不計，不再遞補。

　　整個研究抽樣獲得的新詩作品共有 144 篇，參照下表8-1：早期藍星詩刊新詩作品抽樣樣本一覽表：

表 8-1：早期藍星詩刊新詩作品抽樣樣本統計一覽表：

性質	早期藍星詩刊類別					
名稱	《藍星週刊》	《藍星宜蘭分版》	《藍星詩選》	《藍星詩頁》	《藍星季刊》	《藍星年刊》
抽樣期間	1954.6.17-1958.8.29	1957.1-1957.7	1957.8.20-1957.10.25	1958.12.10-1965.6.10	1961.6.15-1962.11.15	1964、1971
發行期數	211 期	7 期	2 期	63 期	4 期	2 期
出版週期	週刊	月刊	季刊	月刊	季刊	年刊
樣本數	52	6	6	62	12	6

　　整個研究抽樣所獲新詩創作作品共有 144 篇，如細就樣本的作品來源分析，《藍星週刊》的詩作有 52 篇，《藍星宜蘭分版》的詩作有六篇，《藍星詩選》的詩作有六篇，《藍星詩頁》的詩作有 62 篇，《藍星季刊》的詩作有 12 篇，《藍星年刊》的詩作有六篇，皆為分析早期藍星詩刊作者與詩作特質的基礎。

（三）抽樣結果統計與分析

　　茲就抽樣結果，製作表 8-2：早期藍星詩刊作者與詩作抽樣樣本一覽表如下。以利後續分析與探討：

表 8-2：早期藍星詩刊詩作與作者抽樣樣本一覽表：

詩刊	作品名／作者
《藍星週刊》	情書／騰輝、釣蝦蟆的孩子／馬各、秋的試筆／拓蕪、春天／黃童、夜途／張天賜、農村的秋天／瑩星、讚美／王忠英、湖濱／王玉珏、花山／白萩、深夜遊／蔡淇津、方向／黃荷生、椰樹／謝婉華、尋求／小英、給小河／艾笛、笑吧／羅門、無告／陳金池、遙寄——致戰鬥文藝大隊的兄弟姐妹／艾笛、情慾／高小雲、瑪嘉麗特／曠中玉、追求／張效愚、堤／林泠、果園的造訪——寄從政／趙天儀、恆春／史伍、海鷗／白萩、懷念／艾笛、死了的湖／德星、殞星／德星、想思曲／崔鎮華、晨／文綺、霧／吳望堯、脫落／瀛濤、有感——題贈史特勞斯／青芬、審判／阮囊、誓——給小妹／德星、期待／楊正武、贈品／唐劍霞、季候病／瘂弦、祝歌／吳瀛濤、詩的創作觀／吳慕適、夜港／王漢文、詩的懷念／寒筑、夜浴——露營散章之二／黃用、從冬夜歸來／吳望堯、屬／黃用、外景／千武、寂／許國衡、圍城／向明、考試／張健、朱雀／葉珊、憂鬱／白蘋、電影院中／張健、一舞／黃用
《藍星宜蘭分版》	你在希臘／夏夢林、雲與天風／趙天儀、答／沉思、秋歌—給暖暖／瘂弦、鄉愁／彭捷、夢想／吳瀛濤
《藍星詩選》	聖經／林泠、給洛利詩：（四）／白萩、山邊／向明、自三十七度出發／余光中、金字塔／阮囊、芒果園的初戀／邱瑩星
《藍星詩頁》	錯失／周夢蝶、滑冰人／敻虹、冬之葬／洛夫、潛力／阮囊、水龍頭／周夢蝶、孤立十三行／余光中、藍色的晚禮服——給方塊／東陽、五月／周夢蝶、今天的故事——兼覆阮囊／向明、划船人／白浪萍、三稜鏡／阮囊、七月／周夢蝶、夾在二十世紀的鐵齒輪裏／巴雷、給約克軍曹／辛鬱、北京人／菩提、妬忌／梁雲坡、林／吳宏一、信仰／摩夫、咖啡室外／摩夫、碑，頹倒著／商略、都市／浮塵子、風向針／藍鐘、福音／周鼎、L／唐文標、絞刑／管管、在沙漠上／秦松、燈下的回頭人／羅門、我美麗的小巴黎／羅門、瞬間的跌落／敻虹、遐想之春／張健、士兵們／周鼎、奇蹟／吳瀛濤、冷城／吳宏一、何往／秦松、夢中兩首／吳宏一、含苞的空間／菩提、中年的／夢真、沒有地址的人／修江上、遲到者／方莘、我父與我／菩提、依然是山色／張健、短歌／曠中玉、寂寞四行／夏菁、車往西部／夏菁、九月／張健、雨／方莘、花園街的浪人——寄望堯／葉珊、風之髮舞／喬林、菊花開時／菩提、想思樹下／菩提、尋／洛冰、頭／方莘、這裡最春天／藍采、圓通寺／周英雄、三月／夏菁、長巷／楓堤、冷清／吳宏一、約會啊／王潤華、故事／桓夫、傳奇／羊刃、七層下／余光中、神經網／余光中

《藍星季刊》	復活／方莘、大流徙／阮囊、藍色的圓心／敻虹、後記，寫在月上／曠中玉、星座在焉／南山鶴、有詢／胡品清、巴黎詩抄：（艾菲鐵塔）／胡品清、五時之後／張健、迴眸在迴廊／張健、我的寓言 ── 給美子：（在雲上）／辛鬱、第五街／阮囊、初生之黑 ──《石室之死亡》續稿：（44）／洛夫
《藍星年刊》	驚蟄後的紀念：（紀念 K.H.）／葉珊、星光／韻玲、煉獄／曠中玉、禮拜堂內外／羅門、獸的定位／景昕、乾河／辛鬱

　　根據抽樣結果統計發現，早期各種藍星詩刊作者至今仍持續創作的名家，不在少數。而每人發表詩作的數量比率，製作如下表：

表 8-3：早期藍星詩刊新詩作品抽樣樣本與作者一覽表

名稱	早期藍星詩刊類別					
	《藍星週刊》	《藍星宜蘭分版》	《藍星詩選》	《藍星詩頁》	《藍星季刊》	《藍星年刊》
期刊數	52	6	6	62	12	6
作者數	42	6	6	38	9	6
每位作者平均發表數	1.2	1	1	1.6	1.3	1

　　根據上表發現，《藍星詩頁》的每人平均發表數量是最高的，為每人平均發表 1.6 首。其他各取樣本數為六首的詩刊，平均值皆為一，可見《藍星詩頁》時期的作者群較為集中，或許有精英化的傾向。而整個研究抽樣的新詩創作作品共有 144 篇，抽樣作者總數則為 77 人，因此統計抽樣樣本每位作者在早期所有藍星詩刊總平均發表詩作數量為 1.87首。呈現此時期藍星作者的平均發表狀況。

　　早期各種藍星詩刊作者群，就有效抽樣樣本 58 位作者分析，男性 52 位約佔全數作者的九成，女性作者僅有六位，約

只佔全數作者的一成（參見表 8-4）。[4]

表 8-4：早期藍星詩刊作者性別一覽表

N=58

	人數	百分比
男性	52	89.7
女性	6	10.3
總數	58	100.0

由上表得知，男女詩人的比率相差甚鉅，是否顯示當時大陸撤退台灣時的軍民中男性佔的比率比較高。以及光復初期台灣女性受教育的比率仍較男性偏低？值得持續探討。

另外就早期各種藍星詩刊作者群的省籍出身背景分析，有效抽樣樣本 52 位作者，其省籍出身背景大概分布如下表：（參見表 8-5）。

表 8-5：早期藍星詩刊作者省籍一覽表

N=58

	人數	百分比
外省籍	31	59.6
本省籍	18	34.6
華僑或僑生	3	5.8
總數	52	100.0

---

4 男性與女性詩人以及相關詩人省籍背景的有效辨別，則參考對照早期相關刊物，如《本省籍作家作品選集》、《十年詩選》的簡介等。以及國家圖書館《當代文學史料系統》、國立台灣文學館、奇摩搜尋等相關網站。例如：青芬，本名陳正興，男性，台灣省桃園縣人；王晶心，本名王慧珍，女性，江蘇人；曠中玉，男性，湖南衡山人等。如無法分辨男、女性別，則為無效樣本，不予計入。

　　其中外省籍詩人（不分男女性）佔抽樣樣本總數的
59.6%，本省籍詩人佔 34.6%，華僑或僑生則佔 5.8%。外省
籍詩人約佔六成，本省籍約佔三成五左右。是否有特殊意涵，
則為了更客觀的比較當時各種詩選（刊）發表詩人創作身分
背景的比例與分析比較，則留待下節探究。

二、早期藍星詩刊詩作抽樣樣本與同期三本詩選比較

　　1950、60 年代的台灣仍屬農業社會，由於當時兩岸持續
對峙，後人常強調執政當局的提倡戰鬥文藝政策與肅殺的氣
氛，對藝文界的干擾與深遠的影響。雖然如此，新詩的領域
仍然留下多種重要的詩選可供後人研究與深入探討。

　　這其中較重要的有三本詩選集，分別是上官予主編的《十
年詩選》；張默、洛夫、瘂弦合編的《六十年代詩選》以及
由張默、瘂弦合編的《中國現代詩選》等[5]。

　　本節則針對上節早期各種藍星詩刊的抽樣樣本，與同一
時期出版的這三本主要詩選做各種比較、分析與探討。首先
則針對有效入選樣本的詩人作家性別作一比較。（參見表
8-6）。

5　參照上官予編：《十年詩選》（台北：明華書局，1960 年 5 月）。張默、
　　洛夫、瘂弦編：《六十年代詩選》（高雄：大業書店，1961 年 1 月）。
　　張默、瘂弦編：《中國現代詩選》（高雄：大業書店，1967 年 2 月）。

表 8-6：早期藍星詩刊詩作抽樣樣本與三本詩選作者性別比較一覽表

	早期藍星詩刊抽樣樣本		《十年詩選》		《六十年代詩選》		中國現代詩選	
有效樣本數	58（100%）		111（100%）		26（100%）		30（100%）	
性別	男	女	男	女	男	女	男	女
數量	52	6	101	10	24	2	26	4
百分比	89.7	10.3	91	9	92.3	7.7	86.7	13.3

　　我們經由上表可發現，四種版本中，男性詩人所佔百分比在 86.7 到 92.3%之間，女性詩人則在 7.7 到 13.3%之間。早期各種藍星詩刊的抽樣樣本也落在此範圍內，足證其抽樣相對的客觀代表性。而四種入選樣本統計，男性詩人約佔總數的九成左右，而女性詩人皆只佔一成左右。[6]根據此統計數據比較分析，同時期的女性詩人一致性的居於少數地位，明顯的處於弱勢。其時代背景，應該是國府遷台時期是以男性軍民為主有關，加以當時台灣本省剛脫離日本殖民統治，台灣仍屬農業社會，婦女受教育的機會相對仍屬弱勢有關。這是個值得爾後繼續更深入探討的議題。

　　其次，再針對早期各種藍星詩刊的抽樣作者樣本，與同一時期出版的這三本主要詩選的作者有效入選樣本，就出身的省籍身分與背景作一比較。（參見表 8-7）。

---

6 相較於後人的研究，女性詩人在詩選集所佔的平均比例是 11%，而年度詩選是 16%左右。本研究的女性詩人比例竟與後人的研究相差無幾。可見女性詩人數量上在台灣詩壇的少數與弱勢地位，值得有心人士更深入探討。參見林于弘：〈女性詩的存在與思考〉，收《台灣新詩分類學》（北縣：鷹漢文化公司，2004 年 6 月），頁 289-326。

表 8-7：早期藍星詩刊抽樣樣本與三本詩選作者省籍比較一覽表

	早期藍星詩刊抽樣樣本		《十年詩選》		《六十年代詩選》		《中國現代詩選》	
有效樣本數	52		111		26		30	
	人數	百分比	人數	百分比	人數	百分比	人數	百分比
外省籍	31	59.6	94	84.7	17	65.4	21	70
本省籍	18	34.6	17	15.3	7	26.9	6	20
華僑或僑生	3	5.8	0	0	2	7.7	3	10
總數	52	100	111	100	26	100	30	100

　　經由上表可以發現，四種選（樣）本中，編輯幾乎都是外省籍詩人，且同樣是七年內的選本，入選作者中，外省籍詩人幾乎都佔六成以上，最多的接近百分之八十五的比例。而本省籍詩人最多的是藍星各詩刊樣本的佔 34.6%，佔比例最少的卻是入選人數最多的《十年詩選》，入選 111 家詩人中，本省籍詩人只有 17 位，只佔 15.3%，差異可謂非常懸殊。

　　其實本省籍詩人在日本統治時代，即有詹冰、桓夫、林亨泰等人組織的「銀鈴會」等詩社，但是 1945 年台灣光復後，國民政府抑制日文的使用而推行國語運動，本省籍人士由殖民地的日本人身分突然轉換為中國人，必須從頭開始學習「國語」；加上 228 事件的影響，更加使本省籍文人態度更為保守，深怕不小心又觸犯禁忌或文字獄。林亨泰曾經表達不滿與無奈：

　　　　在日本人最黑暗的時候當了日本人，中國人最絕望的
　　　　時候當了中國人。
　　　　撇開在最惡劣的政治經濟夾層中苟存不談，對於從事
　　　　文學創作的銀鈴會同仁而言，則又必須由日據時代的

「日文」一跨而越至全然相異的國民政府時期的「中文」。[7]

　　在 1950、60 年代語言使用青黃不接的時期，本省籍人士受國語教育的比例，自然不如從小接受國語教育的外省籍詩人，且外省籍來台軍民大部分為知識份子，所以當時的文壇、詩壇，本省籍人士與女性文人，都屬於相對的少數。一直到葉珊（楊牧）、白萩、敻虹、黃騰輝、李魁賢等這一輩本省籍詩人升上高中乃至大學階段，以及桓夫、詹冰、林亨泰等跨越語言一代詩人熟悉國語重新出發後，本省籍詩人才日漸增加。

　　各種藍星詩刊刊登本省籍詩人的作品比例，無疑是這四種選本中最高的。或許是藍星的刊物多樣化，附在《公論報》上刊行《藍星週刊》，發行的層面是相對比較寬廣。覃子豪擔任各種新詩函授班的教席，有教無類的對詩教付出，無形中吸引較多初學新詩的各方人士，包括本省籍人士在內。因此，主編的主觀意識以及客觀的社會環境，影響著當時各種省籍背景身分詩人的發表比例。客觀的社會環境則包括受教育的環境、受教育的程度、以及使用語言的環境等等，深深影響各省籍詩人操控語文（國語）的能力與發表的人數。所以，在當時本省籍詩人發表詩作數佔少數的比例是可以理解的。

7　參見林亨泰：〈編者序〉收入《台灣詩史「銀鈴會」論文集》（彰化：磺溪文化學會，1995 年 6 月 10 日），頁 4；林亨泰：〈跨越語言一代的詩人們 —— 從銀鈴會談起〉，頁 72-80。以及集內，張彥勳：〈銀鈴會的發展過程與結束〉，頁 23-32 等。

藍星詩人赴安養院探望蓉子：
左起方明、蓉子、余光中、向明、余夫人。（2015.12.06 方明提供）

三、早期藍星詩刊詩作抽樣樣本初探

　　1950、60 年代新詩為寫實、抒情、戰鬥與超現實主義詩作各勝擅場的年代。本節擬探討早期藍星詩刊抽樣樣本的內容與形式。首先就有疑似戰鬥詩成分的詩作來看，其中《藍星周刊》第 65 期艾笛[8]的〈遙寄 ── 致戰鬥文藝大隊的兄弟姐妹〉詩作，值得檢視：

8　艾笛（1932-2007），本名張作丞，另有筆名古橋。瀋陽市人，生於北平，長於臺灣，與隱地、曹又方等人為政工幹校（今政治作戰學校）新聞系同學，曾任《國魂月刊》主編八年。曾經和王愷、隱地、沈臨彬等三人，一起出版詩集《四重奏》（台北：爾雅出版社，1994 年 8 月 20 日。）

風拂過樹梢，是落雨的季節，
火車在綠色的原野裡飛奔，
載著妳，我和四十個傷心的人，
這是分離　我乃在驪歌裡低泣……

誰沒有一顆閃亮的心如妳，
誰又沒有一份離別的愁緒，
別了！姐姐，妹妹和磊落的兄弟們
珍重再見！我將投向妳今夜的夢裡……
二十一天，五百零四個小時，
你們來了！從山村，從南台灣的小城市。
像一羣唱著歌的小鳥。
跳著舞步，似跳進我微笑的心。

當我們歌唱的時候，我想我是歡悅的，
當圍在叢林裡夜談，我想我是幸福的。
可是如今啊！幸福歡愉如彩虹，
風雨的日子，它悄然離去，沒有聲息。

是寂寞的黃昏，有雨絲飄進……
遠方的人們！
是否憶起我？那個隸屬於感情的孩子。
闔上眼，我怕淚水滴入我等痛的心際……[9]

---

9 參見《藍星週刊》第 65 期，《公論報》第 6 版（1955 年 9 月 9 日）。時任主編是覃子豪，社址設在其住所：台北市中山北路 1 段 105 巷 4 號。

　　這首詩〈遙寄〉副題為「致戰鬥文藝大隊的兄弟姐妹」，
初看其題目頗有戰鬥詩的意涵，實乃當時的戰鬥文藝大隊與
後來救國團主導的寒暑期青年文藝戰鬥營，性質相仿，都是
高中、大專青年喜愛的參與的活動。詩中雖有戰鬥字樣，可
是細讀內容，卻是一首抒情詩，敘述詩人和戰鬥文藝隊的夥
伴們相處時的歡樂：「像一羣唱著歌的小鳥。／跳著舞步，
似跳進我微笑的心」；以及分離的感受，離情依依、難分難
捨的情狀，躍然紙上。

　　由這首詩可以檢視藍星的選稿風格，因為不論哪個時代
或背景，一般投稿者幾乎都會按照刊物與主編選稿的風格，
「投其所好」。當時當局戰鬥文藝政策的失利，可以從他身
上看出，艾笛本名張作丞，另有筆名古橋為後來寫散文、小
說時所用，與隱地、曹又方等人為政工幹校（今政治作戰學
校）新聞系同學。身為戰鬥文藝政策指導者之一蔣經國的子
弟兵[10]，寫幾首戰鬥詩「應景」似乎是應為的，不僅這首詩，
艾笛在《藍星週刊》發表的二百多首詩作，都是抒情詩，而
無一首戰鬥詩。[11]

　　另一首似有戰鬥詩成分的詩作，是向明的〈圍城〉：

　　　這日子
　　　怕是遠古愛琴海上的幽靈們復活了
　　　剛愎的尤力西斯似從這裡打住
　　　指揮著昔日叱吒過的英雄

10　多種選集主要也以戰鬥文藝的內容為主要選稿取向，例如李霖青主編的
　　《中國新詩之萜》大部分為鄉愁詩或戰鬥詩，甚至收有蔣經國一首詩〈在
　　每一分鐘的時光中〉。參見李霖青主編：《中國新詩之萜》（台北：元
　　杰書局，1965 年 5 月 4 日文藝節），頁 85-86。
11　隱地：〈懷念古橋〉，《聯合報》第 7 版副刊，（2007 年 5 月 4 日）。

架著雨的長長的雲梯
風們蜂擁著上去
窗前箭眼裏飛著滿弓的箭簇
木質的四方城淌著血
流過皇宮的幃幔
流過孤獨王子的靴統

沒有抵抗，沒有乞援
宮庭的三步舞停了
王子在御榻上尋著夢
他夢見愛琴海上的賽稜
唱著銷魂的歌，織著日光的機紓〔杼〕
他夢見健忘的英雄們貪婪的迎去
然後就在宇宙的欄柵裏變形

四七、三、淡水[12]

　　向明的〈圍城〉是象徵主義的詩作，跳脫他慣常的現實
主義手法。我們知道向明的軍人身分，他也很少寫戰鬥詩，
這首〈圍城〉企圖描寫其心裡的苦悶與客觀環境的壓抑。

　　我們知道希臘城邦綺色佳王尤里西斯返國途中冒險的故
事，向明用這個典故暗喻他自己以及同時代的人們，因大時
代的變動而流落到台灣這個蕞爾小島的遭遇與鬱悶。「剛復
的尤力西斯似從這裡打住／指揮著昔日叱吒過的英雄」，這
兩句詩似有暗示蔣介石的身分與意涵。戰事在前線進行著，
然而流浪者的苦悶與孤獨，又有誰人能解？

---

12 向明：〈圍城〉，《藍星週刊》第 192 期，（1958 年 3 月 28 日）。

第三段描寫孤立無援的人們，似無機會再返故鄉。寶島雖美，旋歌處處，一如尤里西斯，使人迷失於失魂落魄的女妖賽稜之歌，但終非朝思暮想的故鄉與母土。「他夢見健忘的英雄們貪婪的迎去／然後就在宇宙的欄柵裏變形」，他當時就夢見、臆測，英雄們終將向寶島迎去，可能就在此終老一生了。而象徵著他們同時代軍人，變形的、扭曲的、不正常的遭遇與思潮，一如商禽的〈長頸鹿〉變長的長頸，因為他們同樣無奈的瞻望歲月。李癸雲在論及詩人的主體意識時曾說：

> 主觀強烈、語言自由的詩歌裡的主體，很多時候是潛藏在「我」之內，可能連「我」也陌生的「他者」，但這個主題卻能逼視真實的潛意識自我，銘寫主題內容的場所。[13]

當現實無法掌握、夢想無可追尋，行為思想又受身份（軍人）與環境（戒嚴與相關政策）的鉗制，因此當時的詩人多以象徵主義手法操作，以暗示、象徵與轉嫁心中實際的想法與自我真實的思想。藉以抵抗現實生活環境的壓抑，一吐胸中的苦悶以及無法言語直說的隱喻，並期望引起同時代人們相濡以沫的共鳴。鄭明娳教授也指出：

> 當時「戰鬥文藝」尖峰的詩人群如紀弦、瘂弦、洛夫、羊令野、鄭愁予……等等，其實也是台灣現代主義的開路者，他們一方面在現實壓力下追隨官方說法，另

---

13 李癸雲：《朦朧、清明與流動 —— 論台灣現代女性詩作中的女性主體》（台北：萬卷樓，2002 年 5 月），頁 22。

一方面又進行個人主義的文學變革，當時新興的潮流
如後期象徵主義、超現實主義，實際都是種種對現實
體制的反對。……
而《現代詩》所提倡的西化移植、《創世紀》一度主
導的超現實主義詩作，都以扭曲中文語法，使用艱澀
的意象語彙著稱，這種對於日常語言的任意摧折、變
造，事實上正等同於向現存體制和中心化的官方文化
理論提出強烈的挑戰。[14]

其他抽樣詩作，也有此手法。例如向明在《藍星詩頁》
第九期的作品：〈今天的故事 ── 兼覆阮囊〉：

有那麼一種精靈
在理論與理論的高牆下，他選擇天堂
在絕對式的求證下，捨去了自己這小數
而在刺刀與胸肌的接吻下
不曉得命運該押在錢幣的那一面
不曉得那棵白楊會標識自己
不曉得明天，嗩吶是在哭泣抑在讚頌[15]

這首詩是贈答詩，回贈在《藍星詩頁》第八期阮囊寫給
他的〈葉子戲 ── 致向明〉：

我們也希冀過，這一次不再承受盔甲的重量

---

14 鄭明娳：〈當代台灣文藝政策現象〉，收於《現代散文現象論》（台北：
　　大安出版社，1992 年 8 月），頁 185-220。
15 全詩共 51 行，限於篇幅，節錄之。參見《藍星詩頁》第 9 期（1959 年 8
　　月 10 日）。

> 不再向風車挑戰，不再虐待道具
> 等那把贋劍斬斷了我們的視覺
> 這世界仍是一片可笑的空茫，啊，難忍的空茫[16]

　　詩人以詩贈答自古有之，在台灣 1950、60 年代思想鉗制，甚至軍中通信都要經過檢查，因此軍中詩人彼此有感而發，欲吐「真言」，其捷徑竟是透過詩作發表牢騷，藉以通感彼此的想法與引起心有戚戚焉的共鳴。阮囊在詩中以追逐夢想的唐吉柯德自居，卻希望不必再承受盔甲（軍服、戰甲）的重量，不用再向風車挑戰，然而動亂時代與政治環境無形的桎梏，使其成為不可能。現實生活中，因戰亂而離鄉背景的人們，（舉國上下）明知不可為而仍須（強迫或半強迫）為之忍之，這世界仍是一片可笑的空茫啊，難忍的空茫，還是需要繼續忍下去。

　　向明則以〈今天的故事〉回應阮囊。說明大家的身分與境遇都是差不多的，彷彿都是別人手中的棋子或籌碼，大家都一樣不曉得命運該押在錢幣的那一面，「不曉得那棵白楊會標識自己」（拖出去綁在白楊樹上槍斃之意），也永遠不曉得明天，嗩吶是在哭泣抑在讚頌。連用三個不曉得，詩中充滿著百般的無奈與茫然，呼應著阮囊詩中自嘲反諷的「可笑的空茫」詩句。

　　其他疑似戰鬥詩詩作，還有第 14 期辛鬱的〈給約克軍曹〉：

　　　我是一株不再長高的

---

16 整首詩共 16 行，限於篇幅，節錄之。參見《藍星詩頁》第 8 期（1959年 7 月 10 日）。

被烽煙迷失了方向
一株杉樹

是什麼人在雲端向你招手
邊界小形的射擊戰仍進行著
以一隻手，我不自主的掩住耳朵
想著你 —— 約克軍曹[17]

張默、辛鬱、魯竹、林子、鄭雅文(後排左)，於秋水四十周年慶

　　〈給約克軍曹〉描述的其實是 1941 年的黑白片，一個根據第一次世界大戰美國士兵真實事跡改編的經典賣座電影《約克軍曹》（Sergeant York），詩人想表達的其實也同電影男主角約克般反戰的思想。電影旁白：「少校說，你殺人

---

17 全詩共 26 行，限於篇幅，節錄之。參見《藍星詩頁》第 14 期（1960 年 1 月 10 日）。

是為了救人？他回說：是的。」詩中沒有戰鬥詩鼓勵衝鋒、戰鬥或激勵士氣的動機，反而藉由給約克軍曹的對話，而想到自己戰鬥人生因此迷失方向的悵惘。

　　詩中的我像一棵杉樹在戰亂中無法正常上學去學習與成長，當時的辛鬱在金門前線，雖然邊界的射擊與砲擊仍持續著，我卻不自主的常常想起你，與我有著同樣命運的約克軍曹。嚴格說來，這是一首抒情詩，抒發自我的情感與愁緒，而非戰鬥詩。

　　《藍星詩頁》32 期周鼎的〈士兵們〉：

　　　而且閉著一隻眼，戰爭就是槍擊他的頭
　　　或他的胸：就是將黑旗插在他蠕動的生命上
　　　上帝無所不在
　　　而且士兵們只懂咒罵天氣

　　　在無主的頭顱與斷肢間
　　　想或不想家在山的那一邊 ——
　　　而且　　諾貝爾
　　　　　　諾貝爾。而且管他諾貝爾的和平獎屬誰
　　　士兵們不是看雲聽雨的那類人

　　　而且讓閉著的那一隻眼愉悅自己[18]

　　周鼎的〈士兵們〉可以說是抒情詩或反戰詩，第一段在陳述戰爭幾乎等於死亡，死亡就像一支黑旗，插在活人的身上。戰爭與死亡只在一線之界，死亡就像被永恆的黑旗覆蓋。

---

18 周鼎：〈士兵們〉，刊《藍星詩頁》第 32 期（1961 年 7 月 10 日）。

雖然環境艱困，可憐的士兵們也只能咒罵天氣，無法也不能咒罵長官或支配你命運的領導人啊，詩中充滿無奈與無力感。

　　第二段描述戰爭造成的恐怖場面，至於你想或不想，家永遠在不可企及的山的另一邊。詩人也口是心非的三度提到諾貝爾，雖說士兵們不是見風轉舵、看雲聽雨的那種人，口說不管誰得到和平獎，其實是企盼和平獎代表的和平意義能造福到人類，尤其是自己。最後一段只有一行，顯示士兵們各個都是孤寂的，也只有讓閉著的那一隻眼的冥想，來愉悅自己。

　　辛鬱與周鼎的詩中，都顯示當時的軍人與同樣半流浪命運的人們一樣，對前途命運的徬徨與無力感。這是多麼矛盾與諷刺啊，流離失所的大時代的子民們，他們當時的心境與處境，著實堪憐。

四、結　語

　　藍星詩社以學院派自我定位，且強調「不劃界限、不呼口號、不相標榜、不爭權威」等四不主義，從某個角度來講，或許就是老實寫詩，而不及其它了。詩人兼評論家白靈在〈九歌版《藍星詩刊》的歷史省察 —— 兼談「詩刊的迷思」〉一文中評論說：

> 在未來詩刊的面貌應是「服務詩壇」「惕勵創作」「誠實批評」「深化理論」「提拔後進」的舞臺。「詩刊」可以談理想，但最好學學好的「文學雜誌」的理想，好的「副刊」的理想，壽命要長，按時出刊，但絕不輕易「主張」或單向約束「主題」。「開放的」「無為的」「平衡的」看來也不像太壞的特色，九歌版《藍

　　星詩刊》為未來的詩刊面貌提供了一良好的示範。而
　　即使「藍星」詩社消失於無形，它過去的努力、苦勞
　　和功勞都將隨著它同仁的作品進入歷史，成為詩史背
　　景的一部分。而未來的歷史也或將證明，其實「開放」
　　「無為」「平衡」是一個「詩社」最正常的特色。[19]

　　這篇評論所說「開放」「無為」「平衡」的特色，基本
上也可以說是早期各種藍星詩刊的特色，因此可以說藍星詩
社的堅持與品味是一致的。相較於《現代詩》所提倡的西化
移植、《創世紀》一度主導的超現實主義，《藍星》則傾向
抒情與知性的結合，主張自由的創作觀，不標榜國內、外早
有人提倡過的詩派與主義，只把「意象」、「寫實」、「象
徵」、「超現實」等表現技巧，當作自由運用在「寫好詩」
上的種種技法，不因此造成單向性的約束力。[20]同仁創作與
選稿作為上，似乎都有這種互相尊重的開放態度與胸襟。

　　在本研究的樣本來看，早期藍星詩刊選稿的標準可說是
不問主義與背景，只看詩作的好與壞，因為詩作的良劣，終
究是其永恆存在的唯一客觀標準。藍星開放、無為的態度，
無異是傳統中華文化無欲則剛、兼容並蓄與有容乃大的儒家
精神之延續。

　　從上述的抽樣、分析來推論，戰鬥詩在早期各種藍星詩
刊裡，幾乎不易得見。當大多數人都說 1950 年代因國民政府
推動戰鬥文藝政策，而使得文壇、詩壇充滿戰鬥文藝氣氛，
而說是戰鬥詩的時代時，早期藍星詩刊可以說是這種潮流
下，純粹為詩而詩的一股清流。

---

19 白靈：〈九歌版《藍星詩刊》的歷史省察 —— 兼談「詩刊的迷思」〉，
　　收入《藍星詩學》24 期（2007 年 12 月 31 日），頁 101-120。
20 羅門：〈藍星的光痕引言〉，收入《藍星詩刊》第 1 號，（1984 年 10 月）。

早期藍星詩刊詩作內容與
技巧分析（以樣本為例）

　　本章將就第八章早期藍星詩刊的抽樣樣本再抽樣，以獲得範圍更小的作品樣本。細讀作品文本，再深入解讀其中的內容與技巧，期望獲得對早期藍星詩刊刊登的新詩作者與作品更深層的解析。從而由樣本觀察整體藍星詩刊所刊登詩作的內容與技巧，以及當時各種現代主義在作品中的呈現樣態與流變。

一、抽樣方法

　　本研究第八章早期藍星詩刊的抽樣樣本共抽樣詩作 144首，即〈表 8-2：早期藍星詩刊詩作與作者抽樣樣本一覽表〉內之作品。依照上表的抽出順序以由左至右、由上至下的排列為順序，共有 144 首詩作為本研究與分析的母體。

　　本章將採用系統抽樣方法，預計抽樣〈表 8-2：早期藍星詩刊詩作與作者抽樣樣本一覽表〉內之三分之一作品。將以每十首，即 1、2、3……9、0 為一單位循環，每單位循環以系統抽出四首詩作為原則。

　　抽出方式為從 1、2、3……9、0 製作亂數表，然後隨機抽樣第一循環的四個代碼，第二循環開始皆取同一組代碼，依序類推。隨後，經過筆者隨機抽樣抽出固定代碼為 1、2、

4、7。依序抽出樣本如下，一共抽取三分之一強的 59 首作品，製作為〈表 9-1：早期藍星詩刊新詩作品再抽樣樣本一覽表〉：

表 9-1：早期藍星詩刊新詩作品再抽樣樣本一覽表：

詩刊	作品名／作者
《藍星週刊》	情書／騰輝（1）、釣蝦蟆的孩子／馬各（6）、春天／黃童（16）、讚美／王忠英（27）、方向／黃荷生（43）、椰樹／謝婉華（48）、給小河／艾笛（54）、遙寄 —— 致戰鬥文藝大隊的兄弟姐妹／艾笛（65）、堤／林泠（86）、果園的造訪 —— 寄從政／趙天儀（91）、海鷗／白萩（97）、殞星／德星（112）、脫落／瀛濤（128）、有感 —— 題贈史特勞斯／青芬（129）、誓 —— 給小妹／德星（139）、季候病／瘂弦（150）、詩的懷念／寒筑（166）、夜浴 —— 露營散章之二／黃用（171）、屬／黃用（177）、圍城／向明（192）、電影院中／張健（208）、一舞／黃用（209）
《藍星宜蘭分版》	答／沉思（3）、秋歌 —— 給暖暖／瘂弦（4）、夢想／吳瀛濤（7）
《藍星詩選》	給洛利詩：（四）／白萩（1）、金字塔／阮囊（2）
《藍星詩頁》	冬之葬／洛夫（3）、藍色的晚禮服——給方塊／東陽（7）、五月／周夢蝶（8）、划船人／白浪萍（10）、夾在二十世紀的鐵齒輪裏／巴雷（13）、林／吳宏一（18）、信仰／摩夫（19）、碑，頹倒著／商略（21）、福音／周鼎（24）、燈下的回頭人／羅門（28）、我美麗的小巴黎／羅門（29）、遐想之春／張健（31）、冷城／吳宏一（34）、中年的／夢真（38）、沒有地址的人／修江上（39）、我父與我／菩提（41）、寂寞四行／夏菁（44）、花園街的浪人——寄望堯／葉珊（48-49）、契／張健（48-49）、相思樹下／菩提（51）、這裡最春天／藍采（54）、冷清／吳宏一（58）、約會啊／王潤華（59）、傳奇／羊刃（61）、
《藍星季刊》	復活／方莘（1）、星座在焉／南山鶴（2）、有詢／胡品清（2）、五時之後／張健（3）、第五街／阮囊（4）、
《藍星年刊》	煉獄／曠中玉（1964）、禮拜堂內外／羅門（1971）、乾河／辛鬱（1971）

　　上表一共抽樣 59 首作品，第一欄為詩刊名，第二欄詩名、作者名後附註為詩作刊登期數。例如〈情書〉／騰輝（1），

為前列詩刊第一期作品。

二、早期藍星詩刊詩作內容與技巧分析

古語：「見微知著」，我們可以由小處著手，進而觀察到整體顯著的標的與變化。本節將經由早期藍星詩刊的抽樣再抽樣樣本，分析與探討當時現代主義各種流派的手法與形式，在詩作中的實驗、變化與具體呈現。

（一）抒情與浪漫主義詩作

浪漫主義（Romanticism），為西方起始自 18 世紀末、19 世紀初期，是針對古典主義的反動，講究個人精神活力的主觀飛揚，從一切古典文學規律的束縛中掙脫出來，追求自由奔放，並企圖以藝術和文學反抗相對於自然的人為理性化，注重以強烈的直覺情感作為美學經驗來源。浪漫主義有非理性、重感情、重想像、主觀性特強的抒情特質，與以自我為中心、以愛情為主題、感傷憂鬱的情調，以及傾向傳奇的表現形式等特徵。[1]

浪漫與抒情，一直是我國傳統文人創作的主要內涵。廣義的抒情，為抒發一己內心直覺情感的喜、怒、哀、樂，皆為抒情的範疇；狹義的抒情，則界定在範圍較小的，僅僅只為抒發個人主觀情感部份，而無其他特殊目的。我國文學中的抒情詩作，多有抒寫愛情友情或離鄉背景的鄉愁詩；也有

---

1 沈謙、段昌國、鄭基良編著：〈浪漫主義〉《人文學概論・文學的流派》（北縣：國立空中大學，1994 年 8 月），頁 108-112。樂黛雲、葉朗、倪培耕主編：《世界詩學大辭典》（瀋陽：春風文藝出版社，1993 年 1 月 1 日），頁 490。

憂國憂民的諷喻詩或愛國詩作。

　　傳統文學作品中對抒情詩與浪漫作品的感知，則偏向與愛情有關，與西方浪漫主義抒情較為相似。亦即「窈窕淑女，君子好逑」這種中國古代肇始於《詩經》的浪漫與抒情特質，與西方起始自 18 世紀末、19 世紀初期，企圖以藝術和文學反抗人為的理性化，並注重以強烈的直覺情感作為美學經驗來源的浪漫主義，可謂殊途同歸。

　　台灣 1950 年代的詩壇以及早期藍星諸詩刊，以抒情傳統精神延續的浪漫詩作，俯拾皆是。在以上再抽樣樣本中，對於愛情的憧憬與讚美的抒情詩作為數眾多，首先，再抽樣樣本有《藍星週刊》第一期騰輝的〈情書〉：

> 讓我的思想，
> 再一次巡舞於熟悉的字跡之間。
>
> 心是激動的；不安的。
> 如同守候著，
> 心靈上不可預測的暴風雨。
>
> 但，又是安謐的；欣然的。
> 如同在靜聽妳輕輕的私語。[2]

　　騰輝即黃騰輝，與白萩、葉珊等人皆是二次世界大戰後本省籍由日文轉習國語有成的著名詩人，也是擔任《笠》詩刊達四十多年的發行人。〈情書〉雖短，描寫當時情人間的書信往返，字裡行間充滿著既期待又怕受傷害的心情，既是

---

2 騰輝：〈情書〉，刊《藍星週刊》（1954 年 6 月 17 日）。

忐忑不安的，也是欣然想望的矛盾心情。

艾笛的〈遙寄〉副題為「致戰鬥文藝大隊的兄弟姐妹」，題目頗有戰鬥詩的意涵，雖非靡靡之音，卻是名副其實的抒情詩。敘述詩人和戰鬥文藝隊的夥伴們相處時的歡樂，「像一羣唱著歌的小鳥。／跳著舞步，似跳進我微笑的心」；以及分離的感受，離情依依、難分難捨的情狀，躍然紙上。艾笛還有一首〈給小河〉，發表在 54 期，也是再抽樣的純抒情詩作。

女詩人謝婉華〈椰樹〉發表在《藍星週刊》第 11 期，紀弦也曾寫不少類似以檳榔樹象徵昂然、孤傲自我的詩作，甚至以《檳榔樹》甲、乙、丙、丁、戊為書名，出版幾本同名詩集。謝婉華的〈椰樹〉以擬人的手法，將椰樹的綠葉形容為「搖擺著綠色的觸手／想摘取西天璀璨的晚星」，深刻精準而唯妙唯肖的描繪出椰子樹葉的形象與神態。並以象徵的手法，比喻椰樹像浪漫的詩人、高傲的哲人，在月下低吟著海濤松韻與常年凝視無際的藍空。也將椰樹比擬像艱苦的修行僧，為嚮往極樂的天國而不停祈禱。椰樹枝葉就象徵著為生存而奔波，為愛慾痛苦的追求，不停地搖扣著天國之門，嚮往著天國極樂世界的最終的自我。

《藍星週刊》第 86 期林泠的〈堤〉，則是描寫詩人年少的、純純的愛苗正在滋長，兩人漫步堤上的約會，「靜靜地臥著／那是，不流動的銀河」，以銀河形容長堤，有自創新詞的見解，想必是夜晚的約會，充滿少女對愛情的憧憬、幽思與期待。

德星的〈殞星〉：「失去了愛的維繫／我如殞星，在永恆中跌落，跌落著」，少年維特的煩惱，總是圍繞著愛情打轉，年輕的戀人最重視情愛，彷彿失去了愛情，就失去了一切，這種感覺就像隕星殞落般的絕望。〈誓 —— 給小妹〉則

是德星的另一首抽樣樣本抒情詩，也是贈答詩。別有另一番
風味：「自靈魂深處湧現出的／那純情的光，輝耀著的頰更
美了」，首段表現著情人眼裡出西施的喜悅。第二段「我像
是遠徙的歸囚／第一次嗅著了夢中故園的泥土」，則彷彿與
情人他鄉遇故知般，訴說著的海誓山盟的誓言。

　　女詩人沉思則以簡潔的〈答〉來回答男女朋友間彼此的
關係：「千言萬語／不如沉默。」，另以山和山、路和路彼
此不說什麼卻互通心曲，來暗示她內心的感覺。瘂弦的〈秋
歌 ── 給暖暖〉是一首抒情詩，也是贈答詩：

> 落葉完成了最後的顫抖
> 荻花在湖沼的藍晴裏消失
> 七月的砧聲遠了
> 暖暖
> 雁子們也不在遼夐的秋空
> 寫牠們美麗的十四行詩了
> 暖暖
>
> 馬蹄留下牠踏殘的落花
> 在南國小小的山徑
> 歌人留下破碎的琴韻
> 在北方幽幽的寺院
>
> 秋天，秋天什麼也沒留下
> 只留下一個暖暖
>
> 只留下一個暖暖
> 一切便都留下了[3]

---

3 參見《藍星宜蘭分版》4 月號，（1957 年 4 月），頁 29。

　　秋天是懷人懷鄉，也是肅殺的季節。這首〈秋歌 ── 給暖暖〉，是一首抒情詩，詩中的「暖暖」應該是他的親密愛人；或者也可以是心中懷想的美好形象的故鄉。首段悠悠懷想與敘述北國秋天景象的遠離：湖沼的荻花、搗製秋衣的砧聲、秋雁等等，以及第二段北方幽幽的寺院，描寫的都是詩人故鄉北國的景緻，在南方的寶島是不易見的。連用二次暖暖，頗有呼告、纏綿與回環的意味。

　　詩人奔波的馬蹄（步履），最終在南國（南方國度的台灣）留下了歲月的殘花，在這個充滿愁緒的秋天，詩人當時孑然一身羈旅南國，不勝唏噓。然而詩人筆鋒一轉用頂針句 ── 只留下一個暖暖，闡述心中想法：縱然一無所有，但是命運之神將妳留給我，一切便都留下了，亦即擁有妳就等於擁有了全世界。頓時，將詩中的所有愁緒，都化為心中溫馨的、暖暖的愛戀。這首抒情詩是二十世紀台灣現代詩中著名的作品之一。全詩充滿耽美的意象，瘂弦的詩，在 1950 年代台灣崛起的詩人中，用語生動活潑、音樂性強、也最能在詩中表現悲憫情懷，以及在表現或諷諭生命存在的虛妄或者甜美上，都有極大的開創與成就。

　　對於內心世界、季節時序與地理環境抒發情懷的抒情詩，有黃童的〈春天〉：「雷，在轟隆轟隆的敲著戰鼓，／雨也荷沙荷沙的留著汗珠；／春天從沉睡的床頭甦醒過來。」此詩敘述著春雷陣陣的景象，意象新穎，有一番的境界。王忠英的〈讚美〉：「讚美歌頌吧！那一點一滴的水」，抒發的幾乎都是主觀的一己之思，優美而平淡。

　　黃荷生的〈方向〉用詞甜美：

　　　啊！給我給我以草的柔美與其綠的香味
　　　給我以愛為主體的歌，和自然的美，和單純的真

給我以笑的權利，和詩的能量，和陽春泥土的芳香
……
給我真理的種子吧！或其嫩綠的苗
我開拓一塊純淨的土地細心地播下
細心地，用血灌溉，用血培養[4]

　　黃荷生的〈方向〉有拒絕邪惡與虛偽，追求真理和純真
的信念，抒發一己想法與心情，試圖為自己的人生尋找與開
拓一個正確純淨的方向，然後以全部的心血灌溉，其詩中的
人生觀是正面而樂觀的。

　　〈詩的懷念〉是寒筑的抒情詩，抒發對於繆斯的想望「我
啊！我已疲憊於這寂寞的等待」，感嘆靈感的失落與遠去。
靈感礦脈的枯竭，也是一般寫作人常遇到的共同憂慮！或許
這首詩也有藉詩懷人的意涵吧。而刊登在《藍星宜蘭分版》
第七期吳瀛濤的〈夢想〉以二行為一段，只有八行的短詩，
前三段都以頂針句法闡述他的夢想：「夢想我曾夢想乳色的
夜／乳色的夜像霧飄流」，抒發的是詩人的夢想世界與想像
的情境。

　　菩提的〈相思樹下〉則以相思樹代表著相思之情，詩後
副題為 ── 為眉眉而作。想必詩人的戀情是遇阻礙的，也許
是家世背景或距離的阻隔，才有「當季節停滯／苗芽受挫」
時「有人述及天堂的悲哀／有人把淚垂落在遙遠的雨裡」，
當我述及經歷的悲哀，後一個垂淚的「有人」應該是情人吧！
因為「偶然。我成為一帖陳年的畫片沒入／妳鹹鹹的海洋」，
妳鹹鹹的海洋代表妳鹹鹹的淚水。然而「我們的距離如鏡／親
切而又遙遠」，這相思的酸甜苦辣，每一個戀愛中的男女，最

---

4 黃荷生：〈方向〉，《藍星週刊》第43期，（1955年4月7日）。

能體會。最後，詩人說「呵　上帝　我是你的兒子」作結，頗有自嘲、呼告或抱怨上帝沒有出手相助以解相思之苦的意思。

　　瘂弦的《瘂弦詩集》中沒有收入二首〈季候病〉，一首刊登在《藍星宜蘭分版》，一首在《藍星週刊》刊登的共有57行，詩行的頭尾段都類似，以達到前後呼應、回環的效果：

> S喲，我又在患著季候病了。
> 而且在南方，多淚又多雨，
> 而且失去一支頂頂美麗的圓舞曲，
> 而且菸草告罄，久久無詩。
>
> ……（略）
>
> 所以喲，S喲！
> 我只有患著季候病。
> 而且在南方，多淚又多雨，
> 而且失去一支頂頂美麗的圓舞曲，
> 而且菸草告罄，久久無詩。[5]

　　〈季後病〉有著詩人在南方潮溼多雨的島嶼的孤寂心態，有懷念青梅竹馬的心情，還有對年少時期故都、故土的憶念。瘂弦年輕時崇拜何其芳，並深受其影響。他只出了一本詩集，多次改版發行，卻遺漏了這二首與何其芳詩作中同名的〈季候病〉，筆者曾經問瘂弦，他說是沒有留下詩稿，其中緣由耐人尋味。何其芳的〈季候病〉是浪漫而憂鬱的獨白，讀戲劇系的瘂弦，明顯跳脫何其芳慣用的意象，在其二

---

5 瘂弦：〈季候病〉，《藍星週刊》第150期，（1957年5月24日）。

首〈季候病〉中，加入更多戲劇性的元素。而其「菸草告罄，久久無詩」竟然一語成讖，1966 年以後瘂弦不再提筆寫詩，其久久無詩，也夠久的。

白萩的〈給洛利詩〉（四）發表在《藍星詩選》第一號。青春時期的白萩，抒發一系列的情詩組曲《給洛利詩》，分別在《藍星週刊》、《藍星詩選》、《藍星宜蘭分版》等詩刊發表。〈給洛利詩〉（四）是當期所發表的五首之一，描述與感嘆相聚時光的短暫「唉，又是多雨的春天，風裡花落／給我一杯酒，這是易逝的黃昏」詩人的感情豐沛而易於傷感，似乎想借酒澆愁，感懷易逝的黃昏與相聚時光的短暫。

〈藍色的晚禮服 —— 給方塊〉是東陽發表在《藍星詩頁》第七期的作品。東陽本名陳東陽為花蓮人，與楊牧同時期在東部詩壇出發，而逐漸嶄露頭角。〈藍色的晚禮服 —— 給方塊〉是贈情人詩，晚禮服是重要場合的穿著，也是體面與莊重的表現。詩中「彩色的影子」、「飲你的／笑」、「我喜歡吹著口哨去找你」等都透露出作者愛戀的喜悅。結尾「著一襲藍色的晚禮服，／我便是一個小孩子啦！」只有戀愛時期的興奮與雀躍，有時會讓人手足無措，也會使人返璞歸真，如同小孩一般的期待與天真。

白浪萍的〈划船人〉發表在《藍星詩頁》第十期，失戀或單相思都是苦悶的，「讓寂寞落入河裡吧」詩人以划船人自居，寄寓自己苦澀的相思於此，一抒心靈的孤單與苦悶。《藍星詩頁》第 28 期羅門的〈燈下回頭人〉也是如此感歎與回顧自己的遭遇與經歷：

> 燈下音樂舒展似花
> 沉思酣睡眼中
> 石像也在燈下睡去

　　偷乘童時那輛

　　沒有顏色的長口哨的列車回去

　　回去躍步在放學回家的村路上，同鳥對話

　　回去讓浮士德獨自留在不再寧靜的海上

　　急急去拉響時間銹了的門環

　　天樂園為何如此低首，閃滿露珠？

　　老年人愛把收成與凋謝不分顏色的認定

　　天邊的飄渺總是似強盜得手後便揚長而去，

　　石像在燈下茫然醒來

　　從他被海水浸潯的盲目

　　仍能聽見那喃喃之音

　　如一個遙遠的消息走近一塊被遺忘了的門牌。

　　在此詩中，詩人是石像也是燈下回頭人。眠夢中欲乘童年列車回去故鄉，卻不可得，天樂園也低首，閃滿露珠（淚珠）。石像象徵作者我心已死，縱使在海島被海水浸潯的盲目，亦即被環境所蒙蔽的視野與心靈，仍能聽到故鄉母土與童年深沉的、喃喃的呼喚。母親、童年與故鄉，永遠是人們心中最純真無邪的淨土，可以遮風避雨，也可以逃避或對抗現實的缺憾。

　　張健在《藍星詩頁》第 31 期開始發表「陽光詩抄」的組詩系列，全部組詩陸續在 12 期間發表，總共有 28 首之多，甚為可觀。〈遐想之春〉是其中第二首「也許，一朵遙遠的輕愁／懷念著我。也許」，少年情懷總是詩，其詩中多為淡淡的輕愁與遐想，洋溢著詩人青春時期的浪漫之情。夏菁的〈寂寞四行〉發表在《藍星詩頁》44 期，抒發離鄉背井遠赴異國求學與工作後的思鄉之苦。

　　〈契〉[6]是張健的一首贈別詩，副題：「── 知友文謙日前赴法學藝術，聊以此詩送別，並祝福世間一切友誼。」，以此詩贈別他知心的友人文謙赴法國留學。詩中「一種感覺：依然在雨中並肩」，過去種種彷彿歷歷在目，緬懷過去同學相處、相知相惜的情景。「稠密如雨，你的笑意／迷濛如雨，我的遐思」，稠密濃情是共處的歡樂時光，離別依依的是詩人迷濛的情思。過去一同對各種事物的看法，不管是對女生，或一首詩、一幅畫，都是共同經歷與擁有的美好回憶。雖然你我即將分別，山高海闊，但是我們的情誼是足以超越一切，而默默契合的。這首詩由小處回憶起他們過去一起相處的快樂時光，情意綿綿，是一首優美的贈別詩，充滿著友誼的光輝。

　　葉珊（楊牧）發表在《藍星詩頁》第 48-49 期合輯的〈花園街的浪人 ── 寄望堯〉，是懷念詩人吳望堯的詩。當時吳望堯已經隻身遠赴越南闖蕩與創業，葉珊與余光中、吳望堯、黃用等人在台北交遊熱絡，因此不免思念故人「幸福屬於野蠻的南人／你雖笑著，笑著沒有歸期」。願你幸福，雖然你的歸期仍然不明，仍舊遙遙無期。

　　〈這裡最春天〉是藍采的作品，記述 1963 年春寒料峭的三月，赴政治大學聽余光中演講，仰慕詩人的丰采，如沐春風：「春天似多疑的小情人／悄然躡影於你身後」，描述春天像多情的小情人般，跟隨著詩人的腳步，悄然翩翩來到。作者仰望詩人的到來如仰望天狼星的丰采，並且預言余光中的詩名永恆不朽：「那人在屈指預言／一萬年後星光仍燿燿」，篤定而自信的預言，是發抒自內心的讚嘆！

　　〈冷清〉是吳宏一的詩作。整首詩分四段十六行，試看

---

6 張健：〈契〉，《藍星詩頁》第 48-49 期合刊，四週年紀念專號（1962 年 12 月 9 日）。文謙（李文謙），為著名藝術家。

第四段「冷清的月亮照著／冷清的院落／刮著　冷清的秋風
吹著／折不盡的楊柳」作者總共用了九個冷清，試圖用重複
與回環的效果，嘗試營造一種詩的氛圍與試驗，但顯然不盡
理想，全詩沒有新題材、新語言與新意境，彷彿是散文的分
行，也跳脫不出古典詩固有的窠臼。胡品清的〈有詢〉：

> 告訴我
> 海棠已否凋謝
> 那置於花房的
> 那壓縮於卷首的
> 那曾述說我怯於述說的溫柔之夢的
> 已逝去眾多的日子
> 充滿著幸福，渴望與煩憂
> 而靈魂深處
> 海棠依舊殷紅
> 如戀者心底瀝盡的鮮血
> 如溫情之火燒熾的雙頰
> 如未經熱吻拂拭的唇膏[7]

　　胡品清的〈有詢〉是一首浪漫的情詩，更是一首懷鄉詩。
海棠可以象徵人們熱血熱情的心，更多時候秋海棠葉象徵著
中國的形狀。「有」詢古語又可說「又」詢，一詢再詢的應
該是故鄉母土的消息。胡品清在對日抗戰期間結婚赴法國
後，便沒再踏上故國的土地，這首詩是為其在巴黎思念故鄉

---

7 胡品清：〈有詢〉，《藍星季刊》第 2 號（1961 年 12 月 1 日），頁 32。
　為「花房五題」之 1，是其首次在藍星發表作品。胡品清（1921-2006）浙
　江紹興人，曾任文化大學教授、法文所主任等。著有《玫瑰雨》、《水仙
　的獨白》、《香水樓手記》、《秋之奏鳴曲》等。

而寫。遠離故鄉，獨居異國，那置於心房（花房）的、常常壓抑在卷首的鄉愁；那靈魂深處深藏的渴望與煩憂，如戀者嘔心瀝血的思念，以及迫於局勢而怯於訴說的，都是對於故鄉日思夜想的、溫柔的懷鄉之夢。

（二）寫實主義的延續

寫實一般指準確描寫生活、現實或逼真事物。寫實主義一般也稱現實主義（Realism），主張文學及藝術均應確切地反映生活的現實。寫實主義亦專指 19 世紀出現在歐美的文學運動，寫實主義認為文藝作品必需表現現代生活，使作品生動有力。他們主張以科學的精神，不帶先入為主的偏見，對當代生活的事物進行觀察並盡量做到直截了當、不偏不倚地，把觀察所及的事、物描述下來。[8]孟樊則歸納寫實主義的特色如下：

1. 相信詩的忠實性。
2. 忠實地表現現實。
3. 反對感情用事。
4. 語言的平白化。
5. 內容重於形式。
6. 具體人事物的描寫。[9]

台灣目前最貼近寫實主義風格的詩社團，應該是笠詩社

8　參見夏祖焯：《近代外國文學思潮》（台北：聯合文學出版社，2007 月 1日），頁 87-90。

9　孟樊：《當代台灣新詩理論》（台北：揚智文化公司，1995 年 6 日），頁 134-157。

了。1940 年代後期與 1950 年代初期台灣詩壇的大概風格，多為承襲當時來自大陸以及五四運動以來的白話詩風，或是日治時期日人與本土的詩風，淺白易懂，比較不重視修辭與煉句，常化為道地的寫實主義的作品。

　　抽樣樣本中馬各[10]的〈釣蝦蟆的孩子〉，主題是在描繪戰後台灣農村以及社會生活的平靜與清苦。這首詩可能排版或撿字有誤，將馬各的名字誤為馬谷，《公論報》上的《藍星週刊》常常有此失誤，余光中、王鼎鈞等人曾為文回憶與批判過[11]。而前後期二、四、八、九等期，都有類似風格筆法的馬各的詩作刊出，卻從無馬谷這號人物發表作品，因此斷定為馬各作品當無誤。

　　這首詩描寫農家生活的平靜與清苦，「晚上誰家的孩子在釣蝦蟆／夜已深了，知道嗎？」，夜深了農家的小孩才出來田間或水塘邊釣蝦蟆（蛤蟆），蛤蟆在夜間比較沒有警覺性，並大量出現田間或池塘邊鼓譟，通常是農村拿來加菜或販賣，又名為田雞，是補充肉質的來源之一。趕墟又可稱為趕集，例如北港的牛墟，是自清朝以來有名的買賣牛隻為主的市集。而一張笑臉的安慰句，卻足以代表著農村的平靜、幸福與和樂。

　　趙天儀的〈某園的造訪〉副題為「寄從政」，明顯是贈答友人的詩作，也是一首寫實主義的作品。描述他造訪鄉下

---

10 馬各（1926-2005），本名駱學良，福建南平人。中央幹部學校畢業，參加十萬青年十萬軍到台灣。曾任福建《南方日報》記者編輯、《中華日報》南部版編輯、《聯合報》編輯、《聯合報》副刊組主任、《聯合報》副總編輯等。創作以散文、小說著稱。擔任聯副主編期間舉辦《聯合報》小說獎，開創副刊與文學獎的結合的歷史新頁。參見張作錦：〈懷念一位副刊新時代的「先行者」〉，刊《聯合報》副刊，（2009 年 5 月 21 日）。

11 余光中：〈藍星詩社發展史〉，《藍星詩學》創刊號，（1999 年 3 月 31 日），頁 8。

農村友人的所見所聞與經過，詩中並無艱難與晦澀的修辭，形式清爽而簡鍊，字裡行間充滿淡淡的眷戀，將農村果園的優美夢幻景緻與主人殷勤的招待躍然紙上。不失為一首優秀的寫實主義的新詩作品。

〈復活〉是方莘發表在《藍星季刊》第一期的作品，描寫一枚嫩芽的誕生過程，「紫紅的發炎的土地上／一隻白骨的芽／／穿破 ── ／這就叫復活。」，當本體（或母體）枯萎死亡，種子落入土裡，萌芽而復活，老朽的本體藉由嫩芽新生，彷彿生生不息的自然循環，這就是生命的意義。

夢真發表在《藍星詩頁》38 期〈中年的〉副題為有感於詩人余光中謂讀現代詩有中年的感覺而作。詩題與副題已顯，當時現代詩經過推廣與論戰，日臻成熟如人漸入中年爾：「腳步是穩健而敏捷的」，然而詩人也不忘自勉與相互期許，六月什麼時候才能走到山巔呢？還有一大段路，詩人們並不以此自滿，至詩路的巔峰，仍須努力。

（三）象徵主義的擅場

象徵（Symbol），是以具體的形象表達抽象的觀念或情感，亦即以一種看得見的符號來表現看不見的事物。[12]現代詩人所運用的象徵手法，自古以來不曾斷絕，杜甫詩句「露從今夜白，月是故鄉明」以及蘇軾詞句「但願人長久，千里共嬋娟」中的嬋娟所代表的月亮，自古即是我國文人常用的鄉愁或思念的象徵。

象徵主義（Symbolism）則要求深入生活現象的秘密和

---

12 沈謙、段昌國、鄭基良編著：〈比興與象徵〉《人文學概論・文學的流派》（北縣：國立空中大學，1994 年 8 月），頁 135-141。

本質，去探索那不可感知，只可象徵的永恆絕對現象，從而揭示生活的神祕性。象徵派認為，在現象世界的背後存在著一個神祕的彼岸世界，現象世界只是它的反射，用理性手段是無法認識它的，只有借助藝術家直覺所創造出來的象徵才可近似地再現。[13]覃子豪則道出法國象徵派（Symbolism）在本質上的兩種傾向：

> 1、頹廢（Decadent）的傾向：懷疑、苦悶、頹廢，是十九世紀末特有的特徵。所謂「世紀末」的病態，就是歇斯底里的特質，這是由於對現實的失望而產生的一種消極狀態。
> 2、神秘的傾向：近代人由於頹廢、懷疑和苦悶，敏感的神經，極需追求官能的享樂，作對現實的逃避，故傾向神秘，陶醉於幽玄朦朧的境界中。[14]

　　苦悶、頹廢與神秘，是覃子豪所言早期法國象徵派的傾向。近人夏祖焯言象徵主義（Symbolism）則闡述說：

> 象徵主義（Symbolism）與唯美主義同發源於法國，是與寫實主義及自然主義相對立、具有強烈叛逆色彩的文學思潮。象徵主義與唯美主義產生的時代背景相同，所以具有相近的特徵——苦悶、徬徨、否定既存的藝術及社會傳統，參與的作家都是年輕有才氣的叛逆型人物，所以也被人稱為世紀末的頹廢主義（Decadent）。

---

13 樂黛雲、葉朗、倪培耕主編：《世界詩學大辭典》（瀋陽：春風文藝出版社，1993年1月），頁490。
14 覃子豪：《論現代詩》（台北：藍星詩社，1995年6月），頁191-192。

象徵主義是建立在現實基礎上的一個理想世界，藉映
像、語言、音樂等抒發，間接傳達感情或思維；象徵
主義作家用客觀的事物抒寫主觀的內心，否定科學，
偏重技巧。象徵主義的詩富有朦朧美和神秘色彩，常以
暗示、象徵、隱喻等技巧呈現人內心世界的奧秘。[15]

　　歸納上述所言，象徵主義除有叛逆色彩外，神秘朦朧與
苦悶頹廢是象徵主義的特色，暗示、象徵、隱喻等手法則是
象徵主義的技巧。《藍星週刊》第 97 期白萩的〈海鷗〉一詩：
「異國的漂泊者呀，怎麼也黯然哭泣？」，詩中以海鷗象徵
漂泊的流浪者，如吉普賽人一般的漂泊；黯然哭泣則是苦悶
傷感的暗示與徬徨。

　　修江上的〈沒有地址的人〉則是描述自己不幸的遭遇，
流落異鄉沒有居所，也沒有寄託，這也是當時大部分從大陸
來台人士對大時代遭逢命運的感觸。後來陸續有陳之藩散文
〈失根的蘭花〉、向明詩作〈弔籃植物〉等，都是有同樣飄
零與無土植根的感嘆。

　　〈沒有地址的人〉開頭即以充盈的淚眼舉目望去，皆是
一無所有的異鄉，「無有植根的土壤」不免心慌的令自己也
失去了方向感。他終將飄落「溶融在企盼以外」，企盼是在
大陸，彷彿是一伸手就可觸及的情景（音、容），歷歷在目。
而企盼以外就是大陸以外的寶島了，作者似乎體悟到他將無
法回去故土，有種絕望的體會，終將「溶融」── 消溶於此。
那些在故鄉大陸的美好時光，為何在一凝眸的瞬間就失去，
「所有的星球」代表所有來台的人們，其心靈都一樣無法安

15　夏祖焯：《近代外國文學思潮》（台北：聯合文學出版社，2007 年 1 月），
　　頁 133。

頓，無所棲息。第四段一片浩瀚代表這一段歷史，詩人體認
其中的溫暖或苦澀，都終將會散去。但是唯有微小如塵埃的
我們的步履，將何以歇憩？何處（喻指何時）才會再與故鄉
母土有相逢的喜悅，有與親人重逢的一天呢？唉，他終將飄
落於此。認命與絕望之情，躍然紙上，令人不勝唏噓。

　　〈五月〉是周夢蝶一首具有強烈叛逆色彩的象徵主義詩
作，也具有徬徨、苦悶的特質：

> 五月
> 萎落了！還沒來得及
> 爆一蕊紅蕾；還沒來得及一偷吻
> 普羅蜜修士底手指。
>
> 每一扇暈黃的窗帘裏
> 都有一盞五月點著；為什麼我底溫馨
> 總押在命運底大而孤獨的一面？
>
> 「發光吧！」
> 那自虛空渾沌中昇起的
> 第一句霹靂那裡去了？
> 密爾頓雙眼為什麼瞎了？
>
> 我不敢引五月作證，說
> 凡燃燒的必歸冥滅；甚至也不敢想：
> 上帝為什麼要造火？[16]

---

16 周夢蝶：〈五月〉，《藍星詩頁》第 8 期（1959 年 7 月 10 日）。這首
　　〈五月〉沒有收入其所著《孤獨國》，也未收入《還魂草》。

　　周夢蝶在此〈五月〉詩中至少用了二個典故，用以抒發自己內心孤寂的心情。一個是普羅蜜修士盜火給人類使用的故事[17]，另外一個是密爾頓瞎眼仍作詩不輟的典故[18]。五月是春天百花盛開的季節，然而此處卻瞬間萎落了，時光消逝之快，甚至來不及「爆一蕊紅蕾」，代表的是感嘆自我青春時光消逝之速。接著轉化花為火的意象，火的熄滅之速，甚至來不及一吻為人類盜火者──普羅蜜修士的手指。第二段描述每一扇「暈黃的窗帘裏／都有一盞五月點著」，此處五月即代表溫暖的火種，家家戶戶都有，而為何我獨無有？以眾人皆享有溫暖的燈火，對照、映襯著我絕世獨立的孤獨。第三段則描述詩人內心的吶喊，以瞎眼仍創作不絕的英國詩人密爾頓自居，企圖想將其心裡內在深層的孤獨感，同樣能「以詩的悲哀，征服生命的悲哀」，希望他的世界也能一樣發光發熱吧！但是最後一段詩人還是遷就於宿命，不敢引火（五月）作證，說所有燃燒的熱情必歸冥滅；用甚至也不敢想，其實是反語，反射其內心的超想與呼喊，呼告：「上帝為什麼要造火？」，亦即詩人已鎔鑄為火，人間無可得的溫暖只有向上天呼告「上帝為什麼要造我？」。彷彿天地間無可容身之地般的孤寂，是世間最悲慘的孤獨國主。

　　阮囊在《藍星詩選》第二期一共發表〈金字塔〉等四首詩作。抽樣樣本〈金字塔〉雖只有短短九行，其中卻有一行長度 44 個字，在當時實屬罕見：

---

17 希臘神話傳說中，普羅密修士（Prometheus）為了人類從奧林帕斯山上盜火，觸怒了宙斯，因此遭到可怕而嚴厲的懲罰。

18 密爾頓（John Milton 1608-1674），17 世紀英國詩人，45 歲時雙目失明，但至 67 歲逝世止，仍創作不輟，著有《失樂園》（*Paradise Lost*）等。

插銹鈍的劍於沙島的頂顛，我像寂寞的王
天藍藍、山藍藍、海藍藍，春風撫慰我孤獨的和平的
藍藍的靈魂。
枕著溫沙，我在想著千年後沙島上的綠的泥土；畫的
港和蝶步港上的
重穿起長的拖裙的婦女……
白雲底下，一隻兀鷹攻擊一隻弱小的雀子
你這食肉的惡禽！
凱撒的大軍揚著滾滾時烟塵長逝了
金字塔仍在
凱旋門虛懸起戰爭的榮耀
拿破崙未征服嘲笑他的海水[19]

〈金字塔〉詩中描寫自我的處境，阮囊隨國民政府來台，
銹鈍的劍暗示戰士的失敗，也暗示敗退來台的蔣介石總統像
寂寞的王，抗日戰爭勝利的榮耀仍在 ──「金字塔仍在／凱
旋門虛懸起戰爭的榮耀」，而寂莫的王仍未征服嘲笑他的海
水，亦即仍未征服他的失敗以及嘲笑他失敗的人們。金字塔
象徵過去虛幻的榮耀，詩中充滿自身處境的無奈與對時局的
嘲諷。

〈夾在二十世紀的鐵齒輪裏〉是巴雷發表在《藍星詩頁》
第 13 期的作品：

夾在二十世紀的鐵齒輪裏
呼吸著混濁的二氧化碳　聽慣了
馬達和汽缸的哭　渦輪和透平的笑

---

19 阮囊：〈金字塔〉，《藍星詩選》第 2 號（1957 年 10 月 25 日），頁 24。

………

> 唉！夾在二十世紀的鐵齒輪裏
> 失去潤滑油的效能之我
> 還是拍去衣袖上的春天
> 把一些冷去的公式　　僵化的理論
> 　　　　　　　　　　煩惱的對數
> 都點燃於一盞酒精燈的禪[20]

　　許多人認為羅門是台灣都市詩的先驅與大將，其實巴雷的都市詩可能起步更早，且自成一體系。可惜是其離開台灣甚早，且久長疏於對詩的持續經營，容易為人們所忽略。〈夾在二十世紀的鐵齒輪裏〉是一首都市詩，潛意識裡批判著都市的種種印象，似乎為鋼鐵與機械所佔據「鋼鐵的溶液　注入市民們衰弱的心臟」。詩人在為都市鋼筋水泥叢林與充滿鐵齒輪傾扎的機械聲中求生活的人們，感到無力與悲哀，生鏽的我、跟不上時代的我（或抗拒機械生活的我），失去了潤滑效能的我，百思不得其解，只好忿忿的把這些機械或化學式的公式，都付之一炬，點燃於一盞酒精燈。詩中充滿著對都市機械化的省思與反諷。

　　摩夫的〈信仰〉[21]描寫戰後初期，台灣社會漸漸開放，隨著美援以及西方文化潮流的輸入，西方宗教也隨之活躍起來。作者即是藉由此詩，探討與反映當時西方宗教信仰與東方的文化的激盪與衝擊。先是敘述基督教在胸前的畫十字架

---

20 巴雷是吳望堯的筆名。刊《藍星詩頁》第 13 期（1959 年 12 月 10 日）。
21 摩夫：〈信仰〉，《藍星詩頁》第 19 期（1960 年 6 月 10 日）。

手勢，以此象徵的西方宗教。第二段描寫就算我們遇難，宗
教的福音還是會藉著某種儀式或形式，繼續不斷地傳遞下
去，可見宗教的韌性與影響。第三段「一九五九年，印刷機
是權威／「上帝」在晚報上的／廣告欄裏」，可以看出作者
不知是刻意敘述（亦或諷刺），在台灣的 1959 年西方宗教藉
由最新式的印刷機等印刷科技，大量利用廣告在晚報上傳播
與發展的速度。這首詩也具有象徵主義的批判與反傳統的精
神，反諷上帝在廣告欄裡，為何不是在你、我以及人們心裡？

　　張健的〈電影院中〉以象徵主義手法表現電影院中所見
所感。若非題目顯示主題，則不易見其門道「瞳孔變幻於催
眠術，謎樣的／音響淪入了冬禁」，以視覺與聽覺感受的衝
擊，來表現在電影院中體認到的新鮮感；「呵，人影都傀儡
化了／故事也蒸溜過了」，蒙太奇的電影手法彷如幻術般的
新奇，對詩人來說是新鮮而震撼的。

　　〈碑，頹倒著〉是商略發表在《藍星詩頁》第 21 期作品。
作者以碑頹倒的意象，象徵著當時家國與個人環境遭遇衰敗
與傾頹的際遇，「在歷史的苔斑與蒿萊中」，象徵歷史的碑
已頹倒著，但是自己還想舉一隻臂膀來自己辨認自己，期想
摸索自己在滾滾歷史洪流中的定位，找出自我未來的方向。
《藍星詩頁》第 24 期作品周鼎的〈福音〉，也有類似的表現
手法，最後二句「於是我有一張變形的臉／下顎在教堂鐘的
奏鳴中迷失」，在抑鬱的大環境、苦悶的年代，人格身心都
常常感到受壓迫、扭曲與迷失。

　　《藍星詩頁》第 29 期羅門的〈我美麗的小巴黎〉是明顯
象徵主義的作品。細讀文本，發現一如現代詩論戰時批評家
所說的晦澀，若無大量解說或注釋，恐無法自圓其說，也很
難清楚解讀。例如「貴重似 20 個世紀，瑰寶如一圖書館的典
藏」，貴重似 20 個世紀的全地球？全宇宙？實際指涉為何？

實令人費解！如一般象徵主義作品有朦朧美和神秘色彩傾向，以暗示、隱喻人內心世界的奧秘，常藉由現實中不同的意象來拼貼，也常因意識到現實生活的醜惡，期使他們擺脫自身遭遇，嘗試建立新的語言或藝術觀。然而也因此常被人詬病為晦澀或脫離現實。

　　此詩首段可能是作者試圖描述他自己（男士）如羅馬有雄偉與深遠歷史形象的連結與拼貼。第二段「『羅馬果園』與『小巴黎花地』斷開在路的兩旁／而斷了又斷的是那些來回的步履與左右的視線。」，則以「我」美麗的小巴黎來相對比擬他的女友或愛人，一方面寫巴黎浪漫的形象，另一方面則以巴黎的形象襯托愛人的美麗。後四句則描寫男女私情，以及不為人道的私密鏡頭，還有斷斷續續其他旁人羨慕或異樣的目光。羅門描寫他美麗的小巴黎 —— 他的愛人，也間接透露（或紀念）他與愛人間的隱密的愛戀私情。

　　〈圍城〉是向明象徵主義手法的詩作，這首〈圍城〉企圖描寫其心裡的苦悶與客觀環境的壓抑，心的世界是無比巨大的，心有多大世界就有多大，然而壓抑的環境卻造就苦悶的心靈，如同被圍城一般，總是無法突圍。吳宏一發表在《藍星詩頁》第 34 期的〈冷城〉，卻是以冷城象徵他的心「牢牢的城門封閉著／封閉所有觀望的眼神」，不知是哪種巨大的打擊或遭遇，也許是愛情或社會環境的橫逆，造成他心情的沮喪與低弱，遂成為「白鳥被禁錮狹而空曠的／冷城。」。《藍星詩頁》第 41 期菩提的〈我父與我〉：「戰死的父親／常常用他的頭骨頂撞地殼」描寫戰死的父親，用冷靜的筆調，更覺得其思父的悲喜。

　　《藍星詩頁》第 59 期刊登王潤華的〈約會啊〉：

　　　終會轟然出現的

　　你和我夜復一夜守望
　　傾聽的日落後

　　幽暗落進我的
　　眸底，當我重返院落
　　野外的黃昏雨，悄悄
　　飄落。窄門外
　　灰黯的戰場，迷茫他
　　昨日笑啊，我今日
　　耳邊聲聲的呼喚

　　我不回山的家，除非
　　雨連下三個世紀，星星
　　月亮太陽都凋落，那時
　　我才睜開眼，俯視此半身
　　黃土。約會啊
　　在夜來香的花蕊守望
　　傾聽一段消息，一片
　　陌生的子宮深處的雨夜[22]

　　　王潤華的〈約會啊〉是一首象徵主義詩作，以暗示、象徵、隱喻等技巧呈現作者對約會的欣喜與慾望。終究會發生的事，你我日復一日想望的事，終於轟然出現。第二段所說的「窄門內」灰暗戰場，其實是窄門內，昨日的歡笑已經修成正果，化作耳鬢廝磨的「耳邊聲聲的呼喚」。第三段描寫難分難捨的美好約會，令人樂不思蜀，除非「雨連下三個世

---

22 王潤華：〈約會啊〉，《藍星詩頁》第 59 期（1965 年 2 月 10 日）。

紀，星星／月亮太陽都凋落，那時／我才睜開眼」，令人聯想到漢樂府詩〈上耶〉：「上邪，我欲與君相知，長命無絕衰。山無稜，江水為竭，冬雷震震，夏雨雪，天地合，乃敢與君絕。」的情景與男女相愛生死不渝的意境。最終又回到現實面「在夜來香的花蕊守望／傾聽一段消息，一片／陌生的子宮深處的雨夜」，仍需傾聽來自子宮的消息，是藍田種玉還是珠胎暗結呢？因為初探索子宮是陌生的，那期待的消息應該是喜悅的，是守望的。

〈第五街〉為阮囊發表在《藍星季刊》第四期作品。〈第五街〉描寫人類在城市機械化中所受到的影響「當動力齊聲嘶喊／以急劇的旋轉纏住都市的戰慄／哭泣吧，你已逃不出這戰慄」，當人力車變成動力機車、汽車，社會型態由農村轉變成都市型態的過程中，所帶來的便利性與產生噪音汙染等副作用你都得接受。〈第五街〉整首詩只有三段 12 行，作者企圖以動力噪音、酒與酒店的擴張來描寫城市中的噪音與情色汙染。

〈煉獄〉是曠中玉發表在《藍星年刊》1964 年號出版的作品。作者藉由炎夏熾熱的煎熬，聯想到身體燥熱的處境——「究竟　我不是水做的男子／需要火　也需要月的內容」，火代表熱情，月亮代表女子與溫柔，這兩種都是作者所缺的；與心靈空虛所受的煎熬「亢旱！亢旱的季節啊／在猩紅猩紅色的火燄中／一頭獸狂亂而萎靡而狂亂的低吼著」，炎熱以及年輕氣盛時期，都容易使人脾氣暴躁與瘋狂。〈煉獄〉抒發的就是身心同受到內外環境與孤寂所受到的煎熬，如同身處煉獄般的情境。

羅門的〈禮拜堂內外〉[23]：

---

23 羅門：〈禮拜堂內外〉，《藍星年刊》（1971 年），頁 91。

> 禮拜日
> 人們愛擠進教堂去量到天國的路
> 而迷你裙短得只要一兩步路便到了
>
> 迷你裙短得像一朵火花
> 一閃　整條街便燒了起來
> 行人發呆成風中的樹
> 而打對面似神像般踱過來的柯神父
> 誰知道祂雙目是提著兩桶水還是兩桶汽油

〈禮拜堂內外〉敘述詩人禮拜日赴教堂所見與奇想。首段描述信仰的人們心中的教堂，是距離上帝與天堂最近的地方。用「量」字來量測天堂路的距離，以顯示現代人缺乏的安全感與歸屬感，必須每禮拜不斷的來尋求心中的一份安定感。第三句以一兩步路可及的距離，來對比前句天堂路的遙遠意象，來形容妙齡女郎迷你裙的短，自然無理而妙。第二段接續嫣紅的迷你短裙的意象，以「一閃　整條街便燒了起來」的誇飾修辭，來形容迷你裙所象徵的女子美豔熱情如火，吸引眾人目光的景象。一轉身，行人都紛紛駐足、發呆的像是不動的行道樹一般。最後以上帝代理人神父的超然形象，以永遠沒有答案的疑問句「誰知道祂雙目是提著兩桶水還是兩桶汽油」，來呈現詩人乃至世人的疑惑——對於穿迷你裙的妙齡女郎，神父心中的衝擊，是平靜的？還是如世俗一般的慾念？

羅門的〈禮拜堂內外〉發表在在 1971 年的《藍星年刊》，是一首傑作。整首詩短短的只有八行，但用字簡鍊而新穎，有完整的主題與飽滿的意象，充滿詩趣與豐富的想像力。

（四）意象主義的試驗

意象（Imagery），凡是文字在閱讀中引起圖像般的形象思維，都叫意象。意象也不只在文字表現方面，意象最簡單的解釋，就是指人的心思對於所能感覺（包括視覺、聽覺、觸覺等等）的對象（包括人、事、物等等）形成的一種心靈圖畫。

意象主義（Imagism），是 20 世紀初期英美詩人以文字視覺意象為表現的詩歌運動。意象主義者主張直接處理事物，直接透過五官感覺與內心某種情調契合，重視瞬間的感覺印象，以及跳躍式的聯想。意象派六大信條中強調：語言精確、創造新節奏、選擇新題材、推陳意象、明朗、凝煉。其中選擇新題材、創造新節奏與凝鍊等等，為意象主義主要的主張。[24]

黃用的〈一舞〉是一首意象主義的詩作，「一個秋天帶著一春天」意指舞會中一個看似形象憂鬱（代表秋天）的人跟一個滿懷喜悅（代表春天）的舞伴。在詩裡表現他們於舞池中跳舞的旋轉舞步，但是在作者主觀的意象中，那感覺並不全然一樣的，「身處現代漩渦的中心」，不管是詩的方向或是人生的看法，只有自己是有堅定的看法，只有我是有定見的，然而社會環境保守，世俗眼光看法皆不同，只好任由出竅的感官靈魂碎片四散。顯現其他人是不了解我的，也不了解我的孤寂，一如黑夜裡熄去一列的路燈，那種喧鬧（擁

---

24 簡恩定、唐翼明、周芬伶、張堂錡編著：《現代文學‧現代詩的意象經營》，（新北市：國立空中大學，1999 年 8 月），頁 41-75。樂黛雲、葉朗、倪培耕主編：《世界詩學大辭典》（瀋陽：春風文藝出版社，1993 年 1 月 1 日），頁 687。

擠的塵囂）中的孤寂，彷如汪洋怒濤中的孤島。詩人將舞會中自我的體會與內心深層的孤寂感，藉由想像與暗示，抒發在此詩中。

　　瀛濤的〈脫落〉是意象主義作品，以陽光和影子的關係「陽光又印下一條影／影，又漸漸移開」，來描寫個人對時光稍縱即逝的感覺。〈夜浴 ── 露營散章之二〉是黃用參加露營活動期間，內心對歷史與現實環境的感懷：

> 啊，夜浴者有寒冷的幸福
> 滌去了一切 ──
> 這兒，只有一些亞當
> 沒有記憶，也沒有思想（節錄）

　　首段表面敘述他和夥伴們一起挑燈，向河的上游探尋河水的年紀，繼而在昏暗中發現石巖彷彿像古城的斑斕遺跡，觸景傷情，其實是有意藉此向吾國悠遠的歷史長河探險、探源之意。只有源起洪荒年代的歷史長河的河水，才是比愛情還冷，甚至是沒有愛情的年代啊！歷史充滿著爭戰、鬥爭與殺戮之不堪，就在不遠的時日前，他們的父兄才經歷過抗日與國共戰爭，想起來不禁使人有打冷顫的冷冽寒意之感。最後一段透露他們露營的一群人都是男生，因為「這兒，只有一些亞當」，彷彿是在還未用肋骨變成夏娃之前的單純。雖然夜涼如水，河水也冷冽，而詩人和夥伴們卻感到在歷史長河中是幸福的一群，因為「沒有記憶，也沒有思想」，代表他們此時此刻沐浴在人跡罕至的、寧靜的河谷，通過河水洗滌與思想的沉澱，索性全都拋開一切爭鬥的歷史包袱，拋開一切俗事煩憂，享受這難得的世外桃源景緻！

　　〈屬〉是黃用在《藍星週刊》的另一首意象詩，發表在

177 期，與前首詩作相距不遠。描寫的是即將告別青澀歲月的感懷，「交換一個肥皂泡式的顧盼／再見哪？啃食我底放浪和驕傲的人」，在稍縱即逝的青春歲月，顧盼只是一瞬間即幻滅的時光，即將分別的是和我一同分享放浪不羈與驕傲歲月的朋友。因為：

> 你應該知道
> 在生命燃燒的季節
> 我總是鞭打我的智慧
> 要它鼓動覆滿苔蘚的翅膀[25]

　　年輕時的黃用，和藍星詩社的夏菁、余光中、吳望堯等人過從甚密，也寫一手好詩。在歷次新詩論戰中，也能提著健筆上戰場。緬懷即將逝去的年輕歲月，即將告別的友人，那些屬於彼此美好的共同回憶，可謂在「在生命燃燒的季節」的青春時期，美好的仗我們已經共同打過般的體悟。「我總是鞭打我的智慧」，詩人自豪能自己激勵智慧潛能、鞭策自我，在詩中閃現詩人慧詰的智慧與詩鋒。

　　洛夫的〈冬之葬〉發表於《藍星詩頁》第三期，共四段19行。描述的意境，或許是當時自我寫詩的心境與對詩壇的看法，「我再也不想與你爭辯，／某些季節如此赤裸」，詩人對於創作，通常都有獨自的定見，或許某些創作的真理已經赤裸呈現，某些主觀爭辯其實並無意義，於是乎我就做自己，也不想與你爭辯。也許「有人想在我身上吸取初霽的晴光」想在我身上獲得經驗，亦無不可。我就當作冰崖，在火爐旁「我便伴著他的眼淚流進他的脊骨／他的血液……」看

---

25 黃用：〈屬〉，刊《藍星週刊》第 177 期（1957 年 12 月 6 日）。

我的詩與論述，化成春水，滋潤大地。

〈林〉是吳宏一的作品，發表於《藍星詩頁》第 18 期。描寫林中所見所感，整首詩分三段，第二段以美國詩人桑德堡詩〈霧〉：「霧來了／以小貓的腳步」意象出發「霧以貓似的足步來訪而又消失了」，描寫林中霧氣飄渺的聚散。第三段結尾「實在綠的太深，太熟了，於是／在玫瑰金之下之下，我攀昇」，感嘆深林的綠，以玫瑰金箭描述陽光穿透森林的景象，使讀者感覺身歷其境，且歷歷在目。然作者卻以形而上的詩句「我攀昇」作結，讓人彷彿與作者在深林中，同感感官與精神昇華的的體悟。

〈有感 ── 題贈史特勞斯〉是青芬在欣賞奧地利音樂家史特勞斯的音樂 ── 圓舞曲〈藍色多瑙河〉後，有感而發之作。青芬的有感而發，就循著史特勞斯的〈藍色多瑙河〉起伏，黑燕比擬音符，以致於樂音像流水一樣既「氾濫又平靜」，雖然最後已經停止。但是明日，以及往後未知的日子（國度），都會有此音樂懷想與走入夢幻樂音的夢囈中。音樂的影響與迷人之處，由此可知。

〈傳奇〉是羊刃發表在《藍星詩頁》61 期的作品，似乎在訴說著某人或者某一時代人的傳奇「大浸稽天／我是乘樽而漂浮的／神跡 ── ／我非諾亞」。「大浸稽天」出自《莊子》描述神人在大水中亦不會淹死的典故，故我彷如神人大難不死，乘酒樽而漂浮（來台），是個神跡。但我是屬於東方的，不是西方製造諾亞方舟的神人諾亞。因此，我的命運是被動接受的，而非自我所能主動追求與創造的傳奇。

《藍星季刊》第一期即開闢「海外之頁」，主要發表菲華詩人的作品，因為同時期台灣詩人，尤其是藍星詩人赴菲講學與交流熱絡，所促成的影響與交流所致。〈星座在焉 ── 記一個火樣的日子〉是菲華詩人南山鶴的作品，發表在

第二期，作者以城堡與星座的存在，附會我們的存在，因為
不管爭戰如何「我們的底牌是 Muse」，詩人試圖以親近詩神
繆斯來對抗永恆。「星座下我們的筆風舒展著／一個火曜會
的精靈在焉／我們存在／看落日守堡／堡守落日」，這個星
座就是繆斯，在詩神的星座下我們的筆風舒展著，因此我們
因為詩創作的存在而存在，一如永恆之堡與落日相輝映，而
與永恆競走。最後二詩句用頂針句「看落日守堡／堡守落
日」，不僅襯托互相輝映的企圖，更加強了詩的節奏感與音
樂性。這些同期的「海外之頁」，其詩風與手法，幾乎與台
灣詩人同步，令人驚豔。

　　《藍星年刊》辛鬱的兩行詩〈乾河〉：「當不耐的河水
奔出河床／這河便乾著……」，詩人直覺得寫出看到的乾涸
意象，也可以代表詩人的瞬間想像，當某人離開，也許這個
心裡的位置，就一直空著，等你。《藍星季刊》第三期張健
的〈五時之後〉則藉由下午五點後傍晚的感覺，描寫一日的
空寂感。茫然無所適從的感覺，像無主的羊群；也想起成飛
機離去的友人，謀造出全篇極大的孤寂感。孤獨與寂寞，常
常侵襲無主的靈魂，這是每個人都有的經驗，但是我們總會
戰勝它，所以我們繼續存在，繼續走下去。寫作，也是排遣
孤寂的一種良方。

（五）統計分析

　　早期藍星詩刊詩作再抽樣樣本依筆者文本分析、主觀判
斷，可歸納於上述各種分類者，統計分析如下表：

附表 9-2：早期藍星詩刊詩作再抽樣樣本分類統計分析表

N=59

類別	早期藍星詩刊詩作再抽樣樣本分類別			
	抒情與浪漫主義	寫實主義	象徵主義	意象主義
詩數	27	4	17	11
比例	45.8%	6.8%	28.8%	18.6%

　　以上述的統計表分析，在早期藍星詩刊詩作再抽樣樣本中，可歸類為抒情與浪漫主義詩作部分所佔數量與比例最高，分別為 27 首與 45.8%；其次為象徵主義詩作，分別為 17 首與 28.8%；意象主義為 11 首與 18.6%；最少的為寫實主義詩作，只佔四首或 6.8%。

　　由上述抽樣樣本再抽樣的詩作統計與分析，當局主導的戰鬥文藝政策指導下的戰鬥詩，以及強調自動書寫的超現實主義詩作，在早期各種藍星詩刊甚為少見。由此推論，以上表所佔 45.8%接近半數的比例來看，早期藍星詩社發行的詩刊及其刊登詩作特色，為抒情與浪漫主義取向為主。

三、結　語

　　1950 年代初期的幾種藍星詩刊所刊作品，許多以寫實主義的作法呈現，作品內容與句法淺白易懂，不太重視修辭與煉句，可以看出戰後初期台灣詩壇的大概風格，承襲著來自大陸，以及五四以來的白話詩與寫實主義的風貌。隨著現代詩運動的猛烈衝擊，以及西化潮流和美援而引進台灣的象徵主義、意象主義等等，也有不少實驗作品，例如上文所述黃用、瘂弦、周夢蝶、摩夫等人這時期的作品。

　　意象主義者主張直接處理事物，直接透過感覺與內心某種情調契合，也重視瞬間的感覺印象，以及選擇新題材、創

造新節奏與凝鍊等。而象徵主義則偏向主觀性，除了有叛逆色彩外，神秘朦朧與苦悶頹廢是象徵主義的特色，暗示、象徵、隱喻等手法則是象徵主義的技巧，也重視系統化和抽象化。這兩種創作手法與思潮，在 50 年代的台灣中後期詩壇中導入與流行，頗為眾人所接納與試驗。

　　現代詩創作者重視形式，追求詩的純粹、創新與個人風格，為藝術而藝術。1950 年代末期的現代詩相對稍早的詩作，意象更飽滿，個人風格更突出。詩人追求突破與創新，不論是題材、內容或新語言的開創。這代表當時的詩人們經過幾場新詩論戰的洗禮，經過外部的發難與辯證，以及內部詩人反省與實驗，已經能夠對各種現代主義的理論與技法融會貫通，更懂得以中學為體、西學為用。經由抽樣樣本再抽樣的詩作統計與分析，可歸類為抒情與浪漫主義詩作數量最多，所佔比例接近半數，而推論出早期藍星詩社發行的詩刊及其刊登詩作特色，是以抒情與浪漫主義取向為主。

早期藍星詩刊的翻譯與評論

早期各種藍星詩刊的翻譯與評論，在台灣詩壇佔有一定的地位與貢獻，楊宗翰在評論方思時，提到 1950 年代詩人、文人們對外國文學資訊的渴望，以及詩人們致力於翻譯的重要性：

> 也為台灣不諳外語的寫詩人或讀詩人開了扇扇新窗
> —— 方思及馬朗譯的英美現代詩、葉泥譯的日本現代
> 詩、紀弦及覃子豪譯的法蘭西現代詩……，透過閱讀
> 而潛移默化形成的影響，絕對比「橫的移植」這類口
> 號要來得深廣。在那個新詩土壤亟需「外援」的年代，
> 重要的譯介不但可以開詩智、啟詩思，更可能進一步
> 引領詩潮的變異升降。翻譯詩、翻譯詩學乃至翻譯
> 者，在台灣新詩的發展歷程中皆扮演著吃重角色，實
> 有必要另寫一部《台灣譯詩史》細加研究，以補《台
> 灣新詩史》之不足。[1]

李魁賢曾說：「譯詩之難，還不在於內容的傳輸，與形式的表達，而是在意境的把握與風格的傳神。」[2]李魁賢並非

---

1 楊宗翰：〈鍛接期台灣新詩史〉，《台灣詩學》學刊第 5 號，「詩與史專輯」，（2005 年 6 月）。
2 李魁賢：《弄斧集・西風》，《李魁賢文集第三冊》（行政院文化建設委員會，2002 年出版），頁 210。

說前二者不重要，就翻譯來說，內容與形式的掌握是基本要素，但是原作者意境的把握與其風格的傳神更難完整傳達，因此譯者更需盡心去揣謀與達成。翻譯與評論的功夫，都是需要下苦工鍛鍊的，余光中曾說：

> 譯詩，可說是一切翻譯中最難把握的一個部門；譯者，不但要有才氣，更要有學問。梁實秋先生說過，我們可能有「天才」的作家，但絕對不可能有「天才」的批評家。就翻譯而言，又何獨不然？
> ……
> 一個超強的譯詩者，至少要具備三個條件，第一、對於外國原文的理解力；第二、對於本國文字的表達力；第三、對於外國文學的一般認識和對於詩的技巧的熟練。[3]

　　余光中在〈關於譯詩〉一文表達的意思是從事批評與翻譯工作，不但要有才氣，更要有學問，並提出一個好的譯詩者該具備的三個條件。然而，可能受限於篇幅，當時的詩刊或副刊翻譯外國作品，幾乎無法提供中英文對照版本，以致於較難判別譯作的優劣，讀者只能照單全收。無論如何，總是為當時貧瘠的文學土壤，增添了肥料養分；為封閉的台灣文學，開啟了一扇通往世界的門窗。
　　本章擬探討早期各種藍星詩刊的翻譯標的與譯者，觀察其所翻譯的對象與內容。也探討早期各種藍星詩刊的評論與評論者，觀察其所評論的對象與影響。探討的翻譯包括新詩

3　余光中：〈關於譯詩〉，《藍星週刊》第 169 期（1957 年 10 月 4 日）。此文中談及翻譯的甘苦與功夫，也藉機批評紀弦主編的《現代詩》第 19 期馬朗所譯〈紀念葉芝〉文中的種種謬誤，引經據典、不假辭色，著實精采。

創作與詩人、詩派的翻譯介紹等；評論則包括新詩評論、詩
話與讀詩短評等。

70年代藍星詩人與年輕詩人聚會：
前排左起羅智成、天洛、○○、方明、苦苓；
後排左起蓉子、羅門、余光中、向明、吳宏一、方莘。
（方明提供）

一、早期藍星詩刊的翻譯

（一）《藍星週刊》

參見本文第四章第六節：《藍星週刊》翻譯與譯介考察。

（二）《藍星宜蘭分版》

　　《藍星宜蘭分版》的翻譯樣式與譯者群，基本上與《藍星週刊》雷同，主要譯者為葉泥、覃子豪、念汝（宋穎豪）等。可能與組稿者同是覃子豪有關，可以將詩稿挪移與交互使用。

　　葉泥翻譯的都是日本新詩；覃子豪主要翻譯法國詩選，後來也集結出版《法蘭西詩選》；念汝選譯的全部都是美國詩，例如他在 46 年 4 月號翻譯桑德堡的〈霧〉：

> 霧來了
> 踮著小貓的足。
>
> 她蹲下睇視，
> 港口和城市，
> 伸一伸懶腰，悄悄地
> 又向前去了。[4]

　　覃子豪也曾翻譯桑德堡的〈霧〉：「霧來了／以小貓的腳步。／／蹲視著，／港口和城市／無聲地拱起腰部／然後，走了。」兩相比較，可謂各有特色，都以擬人化的筆法，將霧像貓一樣的輕巧、機伶的形象，生動的呈現。

---

4 參見《藍星宜蘭分版》46 年 4 月號（1957 年 4 月），頁 23。念汝（宋穎豪本名宋廣仁，1930-），河南襄城人。曾任東吳大學英文系副教授。

（三）《藍星詩選》

《藍星詩選》的翻譯分為：創作翻譯、詩人介紹、理論翻譯、國際詩壇動態等等。形式是《藍星週刊》的延續，但更為豐富與集中於一刊。翻譯者也幾乎同一批，只是多了現代派方思的翻譯友情贊助，方思翻譯的是美國詩選。葉泥翻譯的〈魏爾崙與象徵派〉是日人鈴木信太郎所作，也是經由日文翻譯而來。吳瀛濤的〈戰後日本詩壇動向〉談到二次大戰前後日本詩壇論爭與詩潮的變化，似乎為台灣現代派運動與現代派論戰的翻版一般，甚有可觀。

《藍星詩選》每期的整體篇幅較《藍星週刊》為多，自然能容納更多的譯作。其中余光中翻譯介紹〈國外詩壇數事〉說明法國詩人高克多（Jean Cocteau，1891-1963）正準備接受法國國家學院的授勳時，引用美國大詩人佛洛斯特的名句：「年輕時我不敢做一個激進派，／怕年老時我會變得保守起來。」，批評欲打倒偶像的人，卻居然要成為別人的偶像，是在翻譯國外詩壇報告中，語帶褒貶。[5]

《藍星詩選・天鵝星座號》出現一篇著名的譯文〈現代主義的運動已經沉寂〉，是當時英國著名詩人批評家史班德（Stephen Spender，1909-）的評論，原載於《紐約時報・書評週刊》，史班德在文中指陳英美現代主義之得失，並惋惜其功敗垂成，若曇花一現。[6]此文由余光中轉譯，原來該篇論文曾在香港的《文藝新潮》第二期由雲夫翻譯，名為〈現代

---

5 余光中：〈國外詩壇數事〉《藍星詩選・獅子星座號》（1957 年 8 月 20 日），頁 43。

6 余光中：〈現代主義的運動已經沉寂〉《藍星詩選・天鵝星座號》（1957 年 10 月 25 日），頁 14。

主義派運動的消沉〉，可能譯的不盡理想，而紀弦卻引述譯文來回應覃子豪，所以覃子豪乃敦請余光中重新翻譯。[7]史班德的批評主要在於現代主義運動成功後，即迅速溶解乃至於失敗：

> 「徹底現代化」的意思，就是要接受或預期一切傳統價值之完全崩潰，也就是要投身於當代現象的激流當中，並運用自己戲劇化的日漸深邃的敏感，自其中創造出藝術或文學作品。
>
> ……
>
> 無可避免地，現代主義者因成功而與其前所唾棄的事務妥協，遂而被逼走向傳統與社會。何況，我們生活與此時代，這種濃厚的政治氣氛使我們幾乎無法做一個不見容於社會的叛徒。於是現代主義的運動遂遭溶解，化入了一種新的敷衍作風和學院的氣質了。[8]

史班德論文中主要指稱現代主義的二個主要動力：即藍波「徹底現代化」的命令與對於社會及其一切組織採取一種敵對的態度上。但現代人無法脫身於社會，也無法完全拋棄傳統，所以現代主義運動趨於沉寂，並沒有覆亡。史班德惋惜的只是現代主義者成名後的敷衍與背棄，並非說現代主義運動不可行，這是紀弦與覃子豪爭論中，覃子豪沒有確實掌握的，而紀弦發現了這一點，可是他無法提出適合當時台灣

---

7 該文相關回應內容可參見，紀弦：〈從現代主義到新現代主義 —— 對覃子豪先生〈新詩向何處去〉一文之答覆上〉《現代詩》第 19 期（1957 年 8 月 31 日），頁 1-9。以及《藍星詩選・天鵝星座號》〈編後記〉，頁 48。
8 余光中：〈現代主義的運動已經沉寂〉《藍星詩選・天鵝星座號》（1957 年 10 月 25 日），頁 16。

的新現代主義的辦法，甚為可惜。

（四）《藍星詩頁》

　　《藍星詩頁》的翻譯少量而多樣，譯者主要有余光中、夏菁、念汝、覃子豪、向明、張健、方莘、胡品清、許達然等人，以余光中翻譯最多。當時夏菁、余光中、向明、方莘、許達然等人陸續放洋留學，所見亦廣，翻譯取向也繽紛多樣，英國、法國、美國、西班牙、比利時、蘇俄等詩人的作品與詩論皆有譯介，足讓國內詩人眼界大開。

　　《藍星詩頁》的翻譯，比較特殊的是夏菁所譯〈哈姆雷特〉，為蘇俄詩人小說家巴斯特奈克（Boris Pasternak，1890-1960）的作品。在當時白色恐怖的時代，共產國家的書籍幾乎禁絕，相關資訊也很敏感，可能是巴斯特奈克為1958年諾貝爾文學獎得主，而得刊出。夏菁所譯〈哈姆雷特〉：「……我孤立在此，其他已陷入偽善。／生存下去並不是件孩稚的事情。」為其得獎作品《齊瓦哥醫生》後所附醫生之詩二十四首之一。[9]

　　西班牙詩人希梅內斯（Juan Ramon Jimeez，1881-1958）為1956年諾貝爾文學獎得主，他的抒情詩融合象徵主義手法，堪稱西班牙詩人的代表，由念汝所譯的〈天空〉，多年後的今天來看仍富詩情與哲理，仍能受其感動：

　　　　我幾乎已忘了你，
　　　　天空，你本虛渺

---

9 Boris Pasternak 作・夏菁譯：〈哈姆雷特〉《藍星詩頁》第3期（1959年2月10日）。

不過是光幻化的朦朧；
你被看見 —— 茫然地 ——
為那些倦眼和可恥的閒散。
在淼淼水鄉
反覆的湖光裡
你被看見
在惺忪之際。

現在我向你致意，
你已證實自己無愧于你的英名。[10]

〈天空〉虛虛實實、渺渺茫茫，卻在湖面映現出清晰的形象。天空象徵著澄明，以及做人的清白誠懇，我向你致意，也是肯定自己一世的清白。彷彿在訴說著虛實永恆的人生，細細品賞，耐人尋味而發人深省。

吳瀛濤繼《藍星週刊》、《藍星詩選》之後，也在《藍星詩頁》發表譯介。他主要在傳遞日本新詩界有關的訊息或創作，而在詩頁上他翻譯剛出版不久的《現代詩用語辭典》數則，例如一則：「幻想：Fantasy，空想，幻想。無根據，徒然浮現於心上的空想。意象（Image）由理知的操作始被創造，幻想僅由創造力較差的機能產生。」[11]，各種資訊的引介與傳播，對當時的新詩人在創作的認識上當有助益。

《藍星詩頁》比較特殊的翻譯，為余光中的英譯唐詩二首。他在第 55 期翻譯杜甫的〈望嶽〉及李白〈聽蜀僧濬彈琴〉，

---

10 Juan Ramon Jimeez 作・念汝譯：〈天空〉《藍星詩頁》第 3 期（1959 年 2 月 10 日）。

11 吳瀛濤編譯：〈現代詩用語辭典〉《藍星詩頁》第 10 期（1959 年 9 月 10 日）。

是為特殊的例子，例如杜甫的〈望嶽〉：

> 岱宗夫如何？齊魯青未了！
> 造化宗神秀；陰陽割昏曉。
> 盪胸生層雲；絕眥入歸鳥。
> 會當凌絕頂，一覽眾山小。 ── 杜甫：〈望嶽〉

On Seeing Mount Tai

What is the Titan of Mountains like ?
Beyond two counties endless green in sight !
Nature is lavish with grace divine.
Two steep slopes meet to sever day and night.
Clouds upon clouds rise, as if from my breast;
Split my eyes that follow homeward flocks.
The topmost peak will I one day make
And down cast a glance that dwarfs the rocks. ── Tu Fu[12]

英譯唐詩最難把握的當是格律與中國古典詩中特殊意境的表現，余光中此舉可把唐詩推介給西方，也可讓時人一窺中國古典詩英譯的堂奧。該期還有正在東海大學就讀的葉珊，中翻英自譯詩作品一首 "Bivouacking"，為其詩作中英對照的呈現。

（五）《藍星季刊》

《藍星季刊》總共出版四期，與海外的交流連結更為頻

---

12 余光中：〈余光中中譯唐詩二首〉《藍星詩頁》第 55 期（1963 年 6 月 10 日）。

繁，除了論述與新詩創作部份外，舉凡翻譯、特稿、研究、詩人介紹、海外之頁（創作）等等，無不與海外有關。或許是藍星詩人多次赴菲律賓講學所帶來的影響，尤其是覃子豪與菲律賓詩人互動熱絡，與時在法國的胡品清魚雁往來密切，都加深互動的因子。

《藍星季刊》第三期封面

　　旅法詩人胡品清在《藍星季刊》四期都有譯介法國詩壇方面的作品。例如第一期〈今日法國詩壇之面貌〉是她翻譯法國女詩人阿瑪維斯（Amavis）的文章，主要在介紹當時法國詩壇的思想、流派與特徵。阿瑪維斯指出當時法國詩壇的發展面貌為：

> 源於德國和羅馬尼亞的達達主義（Dadaisme）和後起的超現實主義（Surealisme）擯斥思維，推崇直覺，他

們排除一切思想，追求一種不受約束的心靈自動表
現，蒲魯東（Andre Breton）以列舉法，反複法，形
聲法等手法樹立了「類似聯想」學說。總結一句便是
不讓想像受任何主宰。各派思潮到此已告枯竭，
Kettrisme 第一度作新的反抗的試探，可是中途便夭折
了。[13]

　　覃子豪也配合這篇譯文，翻譯阿瑪維斯的作品〈永恆的
巴黎〉等等，並組成阿瑪維斯特輯，相得益彰。胡品清在法
國以精通的法文翻譯法國詩壇的看法，比較國內詩人、翻譯
家，例如林亨泰、葉泥、吳瀛濤等人，多間接由日文轉譯成
中文，無疑是當時最貼近西方思潮與脈動的一手訊息。此文
的訊息即是各門各派的思潮，包括「不讓想像受任何主宰」
的達達主義與超現實主義思維，到 1960 年代初期，已漸告枯
竭。而在台灣，超現實主義的風潮與實驗，才剛剛開始。
　　吳瀛濤曾在《藍星詩頁》發表由日文翻譯的《現代詩用
語辭典》，在《藍星季刊》全部四期也都有《現代詩用語辭
典》，以解釋「暗示」、「比喻」是等名詞，以「本社輯譯」
代名刊出，可惜並未註明出處與譯者。余光中與菲律賓詩人
施穎洲，則在第三期翻譯《菲律賓詩鈔》，促進台菲雙方詩
人的認識與交流；每期配合刊出的「海外之頁」詩創作單元，
則多為菲律賓與新加坡詩人作品。
　　翻譯的功夫端看對原作品內涵的掌握。方思在《藍星詩
頁》第一期翻譯里爾克的作品〈豹〉、〈西班牙舞女〉等等，
而歷來〈豹〉的翻譯者眾多。美國詩人桑德堡（Carl Sandburg，
1878-1967）的三首詩〈霧〉、〈迷失〉、〈草〉，也是譯者

---

13 胡品清：〈今日法國詩壇之面貌〉《藍星季刊》第 1 期（1960 年 6 月 15 日）。

最愛翻譯的作品。菲律賓華僑詩人施穎洲在《藍星詩頁》第四期也翻譯這三首詩，桑德堡他翻譯成沙安堡，名為〈沙安堡（Carl Sandburg）詩鈔〉。〈霧〉原詩如下：

Fog　　Carl Sandburg（U.S.）

The fog comes
on little cat feet.
It sits looking
over harbor and city
on silent haunches
and then moves on.

本節第二段《藍星宜蘭分版》部分，曾經比較了念汝和覃子豪翻譯的〈霧〉，再對照施穎洲翻譯的〈霧〉：

霧來了
小貓的步。

它坐著
瞰臨港口及城中
無聲的拱腰
又走動了。[14]

施穎洲翻譯的〈霧〉，以擬人化來比喻有生命的貓而用「它」字，似乎用詞欠妥。第一、第二行句間的介係詞 on

---

14 施穎洲譯：〈沙安堡（Carl Sandburg）詩鈔〉，刊《藍星季刊》第 4 期（1962 年 11 月 15 日）頁 7-9。

也沒有配合整首詩意翻譯出來，是一敗筆。整首詩翻譯平淡，似乎是以直譯的成分居多。另一首〈草〉原文如下：

Grass　　Carl Sandburg（U. S.）

Pile the bodies high at Austerlitz and Waterloo
Shovel them under and let me work—
I am the grass; I cover all.

And pile them high at Gettysburg
And pile them high at Ypres and Verdun.
Shovel them under and let me work.

Two years, ten years, and passengers ask the conductor:
What place is this?
Where are we now?

I am the grass
Let me work.

施穎洲翻譯桑德堡的〈草〉：

疊高屍體於奧斯特立茲及滑鐵爐。
將它們鏟下去，讓我工作 ——
我是草，我蓋沒一切。

又疊高它們於格地斯堡，
又疊高它們於葉潑斯及凡爾登。

　　將它們鏟下去，讓我工作。
　　兩年，十年，過客們問起導遊人：

　　這是什麼地方？
　　我們到了哪裡？

　　我是草。
　　讓我工作。

　　譯者註：奧斯特立茲，滑鐵爐，格地斯堡，葉潑斯，凡爾登，都是
　　　　　　歷史上有名的戰地。[15]

　　念汝（宋穎豪）也曾二度翻譯桑德堡的〈草〉，一次發表在《藍星宜蘭分版》46 年 4 月號；一次在《藍星詩頁》第五期，原翻譯文如下：

　　將屍體高疊在奧斯特里寨和滑鐵爐。
　　蓋上黃土，然後讓我工作 ——
　　我乃青草，我將一切遮蓋。

　　將屍體高疊在蓋茨堡，
　　將他們高疊在伊浦爾和維爾台。
　　蓋上黃土，然後讓我工作。
　　二年，十載，旅人問導遊：
　　「這是什麼地方？」
　　「我們在那兒？」

　　我乃青草。

讓我來工作。

註：詩中之地名皆古戰場。[16]

　　桑德堡的〈草〉是有名的反戰詩，詩中的地名皆歷史上有名的古戰場，此詩諷刺戰爭帶來的殘酷殺戮，千千萬萬犧牲的人們終將化為塵土，被草掩埋，而被世人遺忘。施穎洲與念汝的譯筆，明顯後者修辭較富變化；但是整首詩的形式與分段，施穎洲顯然較忠於原著。

　　施穎洲譯作形容陣亡戰士屍體的「它們」，以中國人對亡者的尊重來看，用字欠妥，還是應該用「他們」。第七行的「導遊」本是從事導覽旅遊工作的人之代名詞，用導遊人顯得重複修辭，畫蛇添足。念汝第一次翻譯時也是用導遊人，第二次翻譯在《藍星詩頁》發表的上述譯作，則做了修正。

　　著重直譯或意譯，一直是翻譯的兩難。翻譯難，翻譯詩作更不容易，除需精通二國的語文外，掌握詩人作品的背景與內涵，以及是否能完整表達詩作的整體意境，更形重要。

（六）《藍星年刊》

　　《藍星年刊》出版二期，分別是 1963 年號與 1971 年號，間隔達八年之久。兩者的翻譯在質與量上，也有差異。第一期有繽紛豐碩的展示：分別有余光中與施穎洲翻譯西班牙詩人嘉西亞·洛爾卡（Carcia Lorca，1898-1936）的詩選；胡品清翻譯法國現代詩人亨利·米壽（Henri Michaux）作品；夏菁則翻譯英國詩人勞倫斯（D. H. Lawrence）詩選：〈蜂雀〉、〈歌劇散場〉、〈沒有什麼可以挽救〉、〈白馬〉等；蓉子

---

16 念汝譯：〈草〉《藍星詩頁》第 5 期（1959 年 4 月 10 日）。前次發表在《藍星詩頁》46 年 4 月號（1957 年 4 月），總頁 31。

翻譯匈牙利詩人卜納德（Jeno Platthy）詩選。第二期沒有譯介詩作，只有一篇林綠的譯文：〈單調的迴響 —— 論艾略特的詩〉，且沒有註明原作者與出處，這真箇是單調的迴響，年刊也只出到第二期即停刊了。

　　第一期較特別的是余光中的翻譯，就是將當代六位詩友的詩作中文翻譯成英文，為：方莘的"Variations on night 2"、夏菁的"On the cremation of Chin Tzu-Hao"、羅門的名作〈麥堅利堡〉"Mackinley Fort"、葉珊的"Bivouacking"、余光中自己的"Exceeding red is the lover's blood"、以及蓉子詩"We step across a land of mist"。其中夏菁的"On the cremation of Chin Tzu-Hao"，是悼念覃子豪而作的〈在火葬場〉：

> As noon rises high, so rises the flame
> That burns the immortal phoenix,
> The martyr moth,
> The sun-flower.
>
> Rises the luster, rises the fire
> That soars and soars and soars
> Towards the sun, towards the God,
>
> Above the dust, above the praying hands,
> Above all languages, all shapes.
> But soon will it return, falling
> Everywhere like a shower of oracles.

*Poet Chin Tzu-hao（1911-1963）died on October 10, 1963

and was cremated at Taipei Municipal Crematory on Oct.
15, 1963. [17]

　　余光中一直致力於新詩的推廣，在早期各種藍星詩刊
中，不僅參與編輯、創作與評論，中英文雙向的翻譯與介紹，
也有所見。余光中這首翻譯夏菁悼念覃子豪詩〈在火葬場〉，
掌握作者實質悼亡的內涵，真情流露，顯現他們對重要同仁
與詩壇戰友覃子豪去世的不捨與惋惜！覃子豪去世與幾個同
仁出國放洋後，早期藍星詩社即失去重心與重要推手，而漸
趨沉寂！

二、早期藍星詩刊的評論

（一）《藍星週刊》

　　請參見本文第四章第七節：《藍星週刊》的評論探察。

（二）《藍星宜蘭分版》

　　《藍星宜蘭分版》的評論文章很少，主要是以詩頁的方
式出刊，只有覃子豪在每期封面發表約 400 字左右的短論。
這也有和《藍星週刊》相呼應的作法，例如《藍星宜蘭分版》
二月號的一篇覃子豪〈難懂的詩〉：

　　　難懂的詩，具有深度，作者將其真意隱藏在詩中，故

---

17 參見《藍星年刊》1964 年號（1964 年詩人節出版），頁 26。夏菁的注
釋有錯，覃子豪應為 1912 年生。

其表現手法是間接而非直接，以象徵、比喻、暗示、
聯想來構成詩底造型。或係立體式的重疊，或係蜿蜒
而入的深邃；表現完美的作品，必會給讀者一條達到
頂點或進入堂奧的通路。但這通路必須讀者細心體會
方能發現。[18]

《藍星宜蘭分版》二、三月號封面

　　《藍星宜蘭分版》二月號覃子豪〈難懂的詩〉彷彿是個
引子，他即在《藍星週刊》176 期發表一篇〈論難懂的詩〉
更詳細的闡述詩之所以難懂，他指出細心的讀者仍可循著作
者預留的線索，去尋幽訪勝，必獲得彼此靈魂的共感共鳴。
也是對前期（175 期）余光中所譯艾略特的論文〈難懂的詩〉，
所做的一種呼應。

　　紀弦主導的現代派成立於 1956 年 1 月 15 日，所有訊息

18 覃子豪：〈難懂的詩〉《藍星宜蘭分版》46 年 2 月號（1957 年 2 月），
　　頁 9，封面。

與闡述皆登在《現代詩》第 13 期，覃子豪的第一篇回應倒不是《藍星詩選》的〈新詩向何處去〉，而是《藍星宜蘭分版》四月號的〈詩壇散步〉，全文如下：

> 近來的詩壇，似乎呈現蓬勃的氣象，不能不令人欣喜；而細察之下，有些理論和作品，實令人厭惡：理論矛盾百出，成為笑柄，創作荒誕不稽，為多數讀者唾棄。且沾沾自喜「跑的太快」，不亦悲乎？
> 在近代西洋詩中去學習一些新的法則，並非不對，若硬要在已經沒落了的詩派中尋求糟粕，已經染上了 Fin de Siecle 之後，再來聲言「揚棄那病的，世紀末的傾向」豈不是自欺欺人？不問中國的土壤如何？硬要把那些 Decadent 的變態法則，原封不動的「移植」過來，奉為創作上的法寶，實不知何為「超越」？「獨創」？我曾說過：二十年前中國詩壇有人摹倣過西洋所謂的『立體詩』，但淘汰了，在詩壇上未留下任何痕跡；所謂『立體詩』竟又出現在二十餘年後的自由中國詩壇？想死人復活，以落伍為進步，倒是『愚不可及哩！』若以落伍為「進步」如此「快跑」，豈不怕摔斷了腿麼？[19]

覃子豪的〈詩壇散步〉可說是繼雜文家寒爵的〈所謂「現代派」〉文後[20]，另一篇針對性明顯的文章，以初步回應紀弦現代派運動的種種宣言與釋義。細讀《現代詩》的各期文本，可以發現紀弦倡導的「新詩再革命」，出發點和期望都是正確的，可惜其對於實質內涵卻無法在第一時間說清楚講

---

19 覃子豪：〈詩壇散步〉《藍星宜蘭分版》46 年 4 月號（1957 年 4 月），頁 25，封面。
20 寒爵：〈所謂「現代派」〉《反攻》153 期（1956 年 4 月 1 日），頁 21。

明白；激進的態度也一時難以為各方接受，因此才有現代派
論戰的發生。經過幾次新詩論戰的激辯後，新詩的革新與發
展也終於為各方接納，而步上坦途，任何論辯方的努力與發
聲，都是值得肯定的，因為只有經過論辯，真理才會愈辯愈明。

（三）《藍星詩選》

《藍星詩選・獅子星座號》覃子豪的評論〈新詩向何處
去〉是掀起與紀弦現代派論戰的主要導火線，然而覃子豪的
觀念是正確的，他說：

> 一個新文化的產生，除了時代和社會文化為其背景
> 外，外來文化的影響亦為其重要的因素。若全部為「橫
> 的移植」自己將植根於何處？外來的影響只能作為部
> 分的營養，經吸收和消化後變為自己的新的血液。[21]

覃子豪認為紀弦領導的現代派的作法過於偏激與忘本，
也曲解西方現代主義一連串實驗與互為反動的精神。他也非
純然的浪漫主義者：

> 竟有人以及放肆的語調，圖逐抒情於詩的領域以外。
> 近代詩有強調古典主義的理性和知性的傾向。因為，理
> 性和知性可以提高詩質，使詩質趨於醇化，達於爐火純
> 青的清明之境。……浪漫派那種膚淺的純主觀的情感發
> 洩，固不足成為藝術。高蹈派理性的純客觀的描繪，

21　覃子豪：〈新詩向何處去〉《藍星詩選・獅子星座號》（1957 年 8 月 20 日）
　　頁 3。

　　缺少情致。最理想的詩，是知性和抒情的混和產物。[22]

　　覃子豪提出的新詩正確方向的六大原則，正是其思想根源的闡述。他引梵樂希的說法：『詩人的目的，是在和讀者作心靈的共鳴，和讀者共享最神聖的一刻。』然而少數作者只想以艱澀、曖昧、游移的詞句來愚弄讀者、取悅自己，拒絕讀者和他共享神聖共鳴的那一剎那，所以他認為詩人創作的態度需要重新考慮，認清方向。他在第四、尋求詩的思想根源中說：「只有藝術的價值，而無思想為其背景，藝術價值也會降低。」誠然，思想與主題是一切的根源，任何文類若無思想，則將失去其價值，變的毫無意義。許多論者討論的只是覃、紀兩人的衝突與爭執，而無法看出他們的思想根源，則將容易判讀失真。

　　覃子豪醞釀近一年半，約九千字的〈新詩向何處去〉在 1957 年 8 月 20 日刊出後，紀弦馬上在《現代詩》19 期（8 月 31 日出刊）發表近萬字的〈從現代主義到新現代主義 —— 對於覃子豪先生〈新詩向何處去〉一文之答覆（上）〉回應，突顯紀弦的急迫關注與重視。回應文也可看出紀弦對現代主義的一知半解與諸多迷惑。因此，第二期《藍星詩選・天鵝星座號》黃用刻意與紀弦同篇名的〈從現代主義到新現代主義〉，就內容言，無疑是當時對「現代主義」最好的認識與解說。他更抨擊紀弦將與覃子豪就詩學討論的議題，搞成『「現代派」和「藍星詩社」列在對立的地位」，而大表不滿。[23]黃用除了認真的分析現代主義的種種看法與態勢，他對現代詩和古典詩的看法也相當透徹：

22　同前註。頁 4。
23　黃用：〈從現代主義到新現代主義〉《藍星詩選・天鵝星座號》（1957 年 10 月 25 日）頁 2。

現代詩和傳統詩不同。傳統詩所表現的是秩序，它底手法是分析與解釋。正統派詩人們都幾乎沒有例外地遵循著嚴謹的詩律。現代詩所表現的是衝動（Impulsion）與率真（Spontaneity），一種如史班德所描述的阿波里奈爾「擁抱著工業文明像擁抱一位妓女」的姿態。古典詩是發乎情止乎禮的藝術，浪漫文學將喜怒哀樂做正面舖敘，點染成又長又熱鬧的喧嚷。這些傳統詩認為喜怒哀樂為某些事物的結果，所以，它在表達喜怒哀樂時，必須將其來因細加剖析與陳述。相反地，現代詩將喜怒哀樂視作原因，這些原因所引起的結果是潛意識中種種不可思議的反應。因此，它以為要表現喜怒哀樂，一定得將潛意識赤裸裸地呈現給別人看。[24]

《藍星詩選·天鵝星座號》封面

24 同前註。頁3。

　　黃用說的傳統詩人們，不分中外，都幾乎遵循著一定的詩律，在一個既定框架下創作；而現代詩人們則是創新與企圖擺脫傳統的束縛，深層的意義，是呈現著人們由封建社會與傳統面貌，邁向現代與自由的一個嶄新的新時代的來臨。

　　《藍星詩選‧天鵝星座號》評論方面還有一篇重要文章，即羅門的〈論詩的理性與抒情 ── 讀了紀弦先生現代詩十九期社論後感〉。他與黃用一樣，批評紀弦激化兩方對立的情緒作法與過於主觀的論調，指紀弦將所有的詩派都反對光了；將大多數的詩人都指責過了（現代派除外）。同時「又必須寫此篇文章之前特函去向紀弦先生的現代派告別。」[25]，是第一個因反對紀弦「打倒抒情」的論點，而正式宣告退出現代派的詩人。「批評是為了進步，批評不應含有意氣」，他說：「紀弦先生對新詩的堅苦與努力精神更屬難得，縱使彼此詩見不同，對新詩看法不一致，以及彼此互相批評的過程中，將得到完滿的證實，而有助於新詩的發展。」[26]，任何理性的批評與討論，都將留下痕跡，而有助於新詩健全的發展。

（四）《藍星詩頁》

　　《藍星詩頁》是繼《藍星週刊》1958 年 8 月 29 日停刊後，在該年 12 月 10 日出刊，《藍星詩頁》的評論也可以說是繼續週刊未竟的志業。因為夏菁在《藍星週刊》最後三期連載〈氣質決定風格〉，乃針對紀弦在《現代詩》的種種言論，以其詩創作做系統性的批評，抨擊其文論與創作實踐上

---

25 羅門：〈論詩的理性與抒情 ── 讀了紀弦先生現代詩十九期社論後感〉
　　《藍星詩選‧天鵝星座號》（1957 年 10 月 25 日）頁 8。
26 同前註，頁 13。

的衝突和矛盾。不料《藍星週刊》到 211 期《公論報》突然停刊，夏菁的〈氣質決定風格〉（三）文末仍有「未完」的預告。因此，夏菁積極創辦《藍星詩頁》可能與此有關，因為詩頁在初期與其主編期間（1-12 期），他在詩論與翻譯的著力甚深。

　　夏菁以李淳為筆名，先後發表不少詩論，第一期的發刊詞提出：「我們將一本《藍星週刊》及《藍星詩選》的作風，實事求是，不標榜、不玄虛。」後，第二期即提出〈當前新詩的危機〉一文：「詩人或藝術家『組派』的唯一害處，我想就是在束縛或限制了創作力這一點上。」，提出對紀弦組派可能限制詩人自由創作的批評。另方面也提出對當前新詩面臨二個危機的看法：即作品風格的類似與重技巧而輕內容的創作態度。夏菁說：

> 　　證之歷來詩壇的論戰，都是些『格律』、『自由』的形式問題；『象徵』、『現代』、『浪漫』的表現手法；以及『主知』、『抒情』的空洞理論。似乎已將詩與塵世隔離，摔出九重天外，不復是「人生的批評」了！[27]

　　夏菁認為詩應該融入生活、充實於生活，詩人也應以自由的創作態度，走自己的路，而非人云亦云。在現代派論戰的尾聲，經過多次論辯，夏菁已經看出新詩人化解了彼此的歧見，卻面臨兩個更大的危機。文學即生活，文學即人生，若脫離了生活與人生，文學的存在價值呢？這篇文章與該期

27　李淳：〈當前新詩的危機〉《藍星詩頁》第 2 期（1959 年 1 月 10 日）。李淳即為夏菁的筆名。

的〈編後記〉，應該就是藍星詩社在現代派論戰最後的發聲了。而《現代詩》第 22 期仍有紀弦〈一個陳腐的問題〉以及林亨泰〈鹹味的詩〉，共同批判余光中在《藍星週刊》207、208 期發表批評紀弦的〈兩點矛盾〉文章。《藍星詩頁》第 2 期的〈編後記〉，就是夏菁為余光中打抱不平的聲音。《現代詩》第 23 期紀弦的〈不是感言 ── 為本刊六週年紀念而寫〉，第三：

> 關於詩壇上的論戰，我一向是深深厭惡著的。今後，除有必要，對於來自任何方面的攻擊，我決定一概置之不理。事實勝於雄辯。拿作品出來比賽好了。[28]

這是現代派論戰中，紀弦最後一次針對性的發言了，激烈的現代派論戰至此落幕。

《藍星詩頁》呈現的詩論，更多的方面顯現推廣與教育的積極態度。例如第二期阮囊的〈兩首失敗的新詩〉，以其二首詩作自剖，用各種方式說明其失敗之處。他說：「把失敗的經驗貢獻給別人與把成功的經驗貢獻給別人，有同樣的價值。」又說：「失敗的經驗就是成功的經驗。」[29] 自曝其短，需要無比的勇氣，這顯現藍星詩人自省與積極面對的態度。同樣的夏菁（李淳）也有一篇〈說瓜苦 ── 籲請新詩人反省及檢討〉：

> 詩的能解，並不代表內容的貧乏。反之，刻意晦澀或故弄玄虛，並非是高明的表示。一首詩，如有足夠的

---

28 紀弦：〈不是感言 ── 為本刊六週年紀念而寫〉《現代詩》第 23 期（1959 年 3 月 12 日），頁 1。
29 阮囊：〈兩首失敗的新詩〉《藍星詩頁》第 2 期（1959 年 1 月 10 日）。

暗示和關聯，適切的安排和比喻，則作者和讀者間的
橋樑可以溝通。……

賣瓜者說瓜苦，雖屬不智，但我們豈能虛偽成風，自
欺欺人？新詩人須有面對現實的勇氣，需有反躬自省
的雅量。當然，台灣十年來的新詩確有進步，但近年
來，風氣所至，刻意晦澀、效顰作偽者，不在少數。
我們並非提倡墨守，也不能不擇手段的求新。我們應
該用懷疑的眼光和批評的手段來正視新（詩）的發
展。[30]

　　由以上二篇文論可以看出藍星詩社實事求是的態度與務
實的作風。對當時一些新詩人一窩風的追求晦澀與摸索艱難
的超現實詩風，有客觀的批評與反躬自省的精神。這也可看
出藍星詩社詩人們穩健的步伐與堅定的態度，是建立在對新
詩發展有清楚認識的基礎上。

　　《藍星詩頁》評論方面還有一員大將，對新詩的推廣與
教育不遺餘力，就是當時在台灣大學中文所碩士班就讀的張
健，不僅新詩創作豐碩，詩論也有可觀之處，陸續發表〈摸
象與偽詩〉、〈試論新詩對中國文學特色之表現〉、〈談「時
代脈搏」與詩的濃縮〉、〈現代詩問題舉隅〉等等，多有精
闢的著墨。如〈摸象與偽詩〉談到新詩面臨的內外部的挑戰
時，引阮囊的話分析新詩不能普遍的原因與遭受的困境為：

　　一、物質慾吞噬了靈慾；二、二十世紀是一個忙亂的
　　時代……抱著瀏覽或消遣的態度去讀詩，當然不能深

30　李淳：〈說瓜苦 ── 籲請新詩人反省及檢討〉《藍星詩頁》第7期（1959
年6月10日）。

入，當然令他們「失望」。三、部分有名的文人在有
意無意間摧毀新詩。四、一些偽詩（1、負有某種使
命的，2、故弄玄虛的，3、無病呻吟的，4、陳腔濫
調的）使讀者倒了胃口，以致把所有的詩作一律看
待。[31]

　　張健批評不斷的有人對新詩，以錢鍾書所謂的「摸象派」
方式作批評，其成見有如摸象：「摸不著全象，怪象太碩大、
太畸異；弄不清新詩的真面目，苛斥新詩太淺陋、太晦澀，
都是自欺。」，也談到一些詩人良莠不齊的偽詩，以故弄玄
虛、無病呻吟與陳腔濫調的技法，使讀者倒足了胃口。
　　蘇雪林與覃子豪的象徵派論戰，在《自由青年》發端[32]，
《藍星詩頁》只有第十期的服務欄報導一次而已，可能是因
為迅速落幕的因素。倒是由言曦引起的新詩閒話論戰方面，
除了在《文星》、《文學雜誌》上面砲聲隆隆，《藍星詩頁》
也是新詩人應戰的重要園地。覃子豪首先在第 14 期的社論
〈摸象派的批評〉，便批評言曦為摸象派中最天才的批評家，
但是結尾中「『唯詩人可以論詩』，這是大批評家的一貫看
法。」，實為可議之處，或許是當時諸多所謂「摸象派」批
評家無法提出服人的論點。否則任何文學或藝術作品，只要
是客觀、公正且專業的批評，乃任何人皆可為之也。[33]
　　張健在次期則以〈談「時代脈搏」與詩的濃縮〉，舉詩
例批評言曦：「拜讀言曦先生八篇談新詩的大作之後，使人

31 張健：〈摸象與偽詩〉《藍星詩頁》第 8 期（1959 年 7 月 10 日）。
32 蘇雪林：〈新詩象徵派創始者李金髮〉《自由青年》22 卷 1 期（1959 年 7
　　月 1 日），頁 6、7。
33 本社：〈摸象派的批評〉《藍星詩頁》第 14 期（1960 年 1 月 10 日）。
　　該期為覃子豪主編，推測應為其執筆。

領悟到強不知以為知確是一樁危險的勾當。」[34]第 16 期還有望翎的〈從《詩品》到現代詩〉，指有人以鍾嶸《詩品》總論中的一句話「若專用比興，患在意深，意深則詞躓。若但用賦體，患在意浮，意浮則文散。」，來誹議新詩，是對新詩的誤解與成見。

　　古人有以詩論詩者，該期則有以詩論事、以詩論文，即周鼎的論戰諷刺詩〈「豈有此理」── 致言曦等先生〉，以另一種方式參與論戰：

　　　「在塞納河與推理之間」
　　　當卡謬摟著沙岡親嘴

　　　當詩人夐紅「自二十六彩」
　　　走向「另一邦音樂國」。
　　　歷史博物館的幽靈們很苦惱
　　　他們不懂現代 ──
　　　不懂柏油路上的文明
　　　不懂為什麼女孩子的頭髮又亂又短
　　　（他們不懂吐魯番）
　　　他們在「古銅色的長方形故事」裡發愁

　　　而現在是一九六〇年
　　　「豈有此理」的一九六〇年
　　　瘂弦先生在下等酒吧的高腳杯裡浸他的鬍子

34　張健：〈談「時代脈搏」與詩的濃縮〉《藍星詩頁》第 15 期（1960 年 2
　　月 10 日）。

在「下午與夜的可疑地帶」

作者附識：

1、引號內的文字，是被言曦先生割取自現代詩人作品，
　　而在其「專欄」用「怪誕」、「不通」……等字眼
　　加以指謫者；今試拼湊成篇，再就正於言曦等先生。

2、此詩有其嚴肅深沉之內涵，非泛泛的遊戲之作，希望
　　言曦等先生不要誤「解」。³⁵

《藍星詩頁》創刊號三面展開樣

　　周鼎以「博物館的幽靈」諷刺摸象派批評家們，是思想
陳舊的冬烘先生。指責他們不懂現代柏油路上發生的種種，
就是時代不停的前進，凡事應與時俱進，皆朝向現代化發展
的趨勢。以詩論戰，其內容諷刺、精簡，有時甚至比論戰文
章的「威力」更可觀。周鼎還有一首類似的論戰諷刺詩〈倫
敦博士 ── 錢歌川先生「英國新詩人的詩」讀後〉，發表在

───────────

35　周鼎：〈「豈有此理 ── 致言曦等先生〉《藍星詩頁》第 16 期（1960
　　年 3 月 10 日）。

18 期《藍星詩頁》，亦見犀利。這種論戰方式，亦獲得響應，
在第 18 期除了周鼎的上述諷刺詩，還有艾雷的〈致摸象派某
批評家〉：「因不懂得樂譜上的半拍音節／所以老爺們的鬍
子張的緊緊的／如滿弦的弓」，詩中諷刺言曦因不懂得現代
詩，而鼓著腮幫子、吹鬍子瞪眼睛，氣的半死的模樣，令人
發噱。以及劉國全的〈批評家 —— 獻給言曦等〉：

> 來自久遠年代的莊廷鑨，
> 惑然於這二十世紀的原子爐，以及
> 　　　　　　柏油路的文明。
> 苦惱於 X＋Y 與莎士比亞的神秘，于是
> 學哼著孩童不成熟的憂鬱。
>
> 當新詩的精靈在奧林匹克馳騁，
> 　　　　　　媲美火箭的熱能。
> 向歷史博物館塗上現代的色彩。
> 困惑於新奇的小丑遂說；
> 「豈有此理」的一九六〇年。
>
> 註：拜讀《藍星詩頁》16 期周鼎先生大作〈豈有此理〉，
> 　　因有同感而作。
> 　　莊廷鑨者，清人，目雙盲，不甚通曉古今，曾得
> 　　國事及公卿誌狀疏草命胥鈔錄凡數十帙，招賓客
> 　　編輯為明書，書宏雜不足達。[36]

---

36 劉國全：〈批評家 —— 獻給言曦等〉《藍星詩頁》第 18 期（1960 年 5 月
　　10 日）。《藍星詩頁》第 17 期缺，故目前未知有無相關類似詩作與評論。

　　《藍星詩頁》第 18 期似乎是新詩閒話論戰的另一高潮，不僅有吳宏一以〈從「畫鬼者流」談到新詩難懂〉，批評張明仁的反覆與自欺欺人的態度。紀弦也在《藍星詩頁》第 18 期以〈表明我的立場〉發表八點聲明，以「大學教授，效潑婦之罵街；雜文作家，擁骸骨而起舞。」，暗示蘇雪林教授與雜文作家言曦等，對新詩「惡意攻擊、刻意謾罵」。批評他們都是帶著「傳統詩觀」的有色眼鏡，來看待新詩的發展與演變；也批評少數文藝青年投機取巧、混水摸魚的態度，是害群之馬，希望他們不要濫寫濫投稿，以免徒招非議。這場論戰，至此算是落幕，雖有些詩作與回顧，也只能算是餘音了。[37]

　　論戰的落幕，使得《藍星詩頁》的評論也漸趨平淡。除了幾次詩人間彼此的小爭執，其他不外是詩序或觀念，或是〈現代詩問題舉隅〉[38]與〈原則的討論〉[39]了。張健以及余光中幾篇〈論抄襲〉、〈幼稚的「現代病」〉，所討論的主要是現代詩患了虛無的現代病：

> 現代病是心理變態的排他狂（monomaniac）之一種徵象。表現在藝術觀上面，便是絕對的反傳統，而事實上卻不知不覺地追隨歐洲剛死的傳統。表現在人生觀上面，便是絕對的反價值，反道德，絕對的虛無與自瀆。……

37　《藍星詩頁》第 25 期有社論〈這一年〉對新詩閒話論戰與這一年詩壇的發展作一回顧；該期也有張效愚的諷刺詩〈遂慢慢凋落了〉：「『遂慢慢凋落了』／一些霉腐的思想夾雜一些苦笑」，諷刺陳紹鵬引向明的詩作而做的刻意攻擊。參見《藍星詩頁》第 18 期（1960 年 5 月 10 日）。
38　張健：〈現代詩問題舉隅〉《藍星詩頁》第 30 期（1961 年 5 月 10 日）。
39　張健：〈原則的討論〉《藍星詩頁》第 34 期（1961 年 9 月 10 日）。此篇討論有言：「真正的虛無主義只有虛無。」

> 傳統式精深而博大的。它是一個雪球，要你不斷地努力
> 向前推進，始能愈滾愈大；保守派的錯誤，在於認為它
> 是一塊冰，而手手相傳的結果，它便愈化愈小了。[40]

　　余光中認為現代詩開始在文壇站住了腳時，部分的詩人
卻曲解而盲目地踏入了虛無的陷阱。他強調「詩人的身份證
是他的作品」，而要求詩人們保持一點個人的精神生活，而
且「在徹底反傳統之前，多認識一點傳統。」，余光中也在
作品中實踐他的說法，在次期的《藍星詩頁》發表〈蓮的聯
想〉詩作，標示他結合傳統與現代的創作觀，以及創作與理
論結合的決心。[41]

　　余光中的〈論抄襲〉試圖化解紀弦與羅門間，就抄襲問
題的爭論。[42]〈論抄襲〉言：「抄襲可分為三種：一為剽竊
古人名句，二為剽竊時人新作，三為自我重覆。」[43]文中所
舉的三種抄襲，乃千古不變的看法，實為文人創作與寫作不
可不慎的借鑑。尤其自我重覆與自我風格養成之間的拿捏，
甚難掌握，也是詩人能否成為卓然大家的重大考驗，唯有不
斷創新、與時俱進才能有所突破。

（五）《藍星季刊》

　　《藍星季刊》的評論相對較少的，全部四期大概只有四

---

40 余光中：〈幼稚的「現代病」〉《藍星詩頁》第 35 期（1961 年 10 月 10 日）。
41 余光中：〈蓮的聯想〉《藍星詩頁》第 36 期（1961 年 11 月 10 日）。
42 紀弦指責羅門〈燈下的回頭人〉（參見《藍星詩頁》28 期）抄襲其舊作
　　〈在失業中〉，實則羅門該詩可能有受其啟發，兩者意象與作法相距甚
　　遠，論抄襲則太嚴重了。詳情請參閱紀弦：〈關於抄襲〉《現代詩》第
　　34 期（1961 年 5 月 1 日），頁 20。
43 余光中：〈論抄襲〉《藍星詩頁》第 32 期（1961 年 7 月 10 日）。

篇，其中張健與于環素各二篇為多，其他覃子豪、白萩各一
篇。張健主要談〈我對現代詩的瞻顧〉與〈我對現代詩的芻
議〉，他對文學與藝術的看法為：「若現實之成份過重，文
學即成商品；情感之成份過濃，文學即成告白；理性過於強
烈，則變質為科學或哲學；同其理，道德過於壟斷，文學亦
將流為說教。」張健也認為「現代」的一切都應該是最廣義
的：「感情的語言，主知主義，廣義的載道，以及對現實之
敏感及入乎其中的批判，皆可以並行不悖。」[44]兼容並蓄與
廣義的現代主義主張，這呼應藍星詩社一貫的看法，例如余
光中在〈《萬聖節》序〉說：

> 所謂現代詩，似乎有兩種解釋：其一是廣泛的指富有
> 現代精神的一切作品；其一是比較狹義的，指合乎現
> 代主義之理論的作品。這裡的作品應該屬於這一類。[45]

　　余光中指的是他《萬聖節》裡的作品，是屬於廣泛富有
現代精神的作品，。以此回顧覃子豪與紀弦為主的現代派論
戰，由此可知，當時藍星詩人追求的是廣義的現代主義精神；
而現代派追求的則是狹義的現代主義之理論為基礎的作品。
當局者迷、旁觀者清，最終在論戰（辯論）過後，真理浮出
水面，雙方的看法互相調和，遂清理出一條台灣現代詩自己
的道路。
　　于環素則談到〈詩與文化〉以及〈詩為什麼晦澀？〉的
問題，他認為當時大部分詩人與作家只是想以運用變形的文
字為工具，去發掘自己還不太清楚的詩想，或操縱不太準確

---

44 張健：〈我對現代詩的芻議〉《藍星季刊》第 2 期（1961 年 12 月 1 日），
　　頁 2-5。
45 余光中：〈《萬聖節》序〉《藍星詩頁》第 22 期（1960 年 9 月 10 日）。

的意象，以至於「錯把晦澀當作朦朧之美」了。以及為使作品的質稠密些，使用讀者感到吃力的鍊句或壓縮的手段，而減少了讀者的理解和期望的趣味，是為作者的供給大於讀者的要求，兩者失去平衡，自然就成為晦澀而難以理解了。他也提出如何解決晦澀問題的看法：

> 如何解決晦澀問題，我以為詩人作品（應該）明晰，透徹，詩人可能採取兩個步驟，一個是：喚發詩人的理性；一個是時代本身產生不了溫度，詩人要做感情復活的自我反省的自覺運動，明白的說，目前的詩格沉鬱，是時代病，詩人本身要健壯一點，開創詩的嶄新風格。[46]

　　詩為什麼晦澀？當與時代環境氛圍與集體意識有關。海峽的隔閡、對峙，反共戰鬥文藝政策與戒嚴的因素等等，還有西方思想的引進，都會影響詩人們創作上的集體意識，轉而使用晦澀、朦朧的筆法，或許也是發抒內心情感或者逃避現實的一種迂迴手段。無論如何，他對詩人與讀者的期望是：「我期待讀詩的人沉鬱一點，我希望寫詩的人開朗一些。」，即是希望讀者以深入、嚴肅的心態來讀詩；期望詩人敞開心胸，開拓更寬廣的視野、題材與風格。

　　〈與菲詩人論詩〉則是覃子豪提出對菲律賓詩人的回應與反駁，起因是當時訪台的菲律賓詩人，有人提出對台灣新詩皮相的看法：認為沒有內容，但具形狀；也有人認為我國有傳統詩的束縛，以及目前新詩欠缺創作者和欣賞者的溝通

---

46 于環素：〈詩為什麼晦澀？〉《藍星季刊》第 1 期（1961 年 6 月 15 日），頁 4-5。

等等。覃子豪則認為缺乏內容、徒具形式,那只是少數人的實驗與嘗試的路向;而我國舊詩創造語言的法則,則不實用於新詩,台灣現代詩仍在摸索與調適階段。當然建立作者與讀者間,良好溝通的橋樑,是全世界任何的作家都須努力的方向。

(六)《藍星年刊》

《藍星年刊》全部二期的評論總共有七篇,卻有六篇不是羅門所撰,就是以羅門詩作為評論對象,唯一的例外是第一期張健的〈評藍菱的《露路》〉。其餘第一期羅門撰〈現代詩的基本問題〉;第二期蕭蕭〈論羅門的意象世界〉、陳慧樺〈論羅門的技巧〉、羅門〈從批評過程中看讀者批評者與作者〉、羅門〈詩的預言〉、羅門〈詩人與藝術家內在生命定期檢驗〉。

羅門與蓉子,2008 年攝於燈屋

　　第二期除詩創作與譯介外,皆為羅門有相關的評論,其篇幅竟然佔整本詩刊約六成左右,即使有天縱英才,若為綜合詩刊則應該為眾詩人與讀者服務,主編選稿方向應該多樣與多元取向,應極力避免一份刊物淪為個人專輯。[47]

　　羅門一生追求詩的純粹性與對繆斯鍾愛的執著,是無庸置疑的。蕭蕭說:

　　　　羅門的詩作一直企圖開啟每扇異樣的門戶來窺視人
　　　的心靈,而心靈的靈妙與美好是詩人傾心專注的信
　　　仰。因此,從《曙光》到《第九日的流》到《死亡之
　　　塔》,羅門對於使心靈蒙塵的戰爭、物慾等等不時加
　　　以拂拭;對於增加心靈的色彩、光芒的各種藝術(如
　　　貝多芬的音樂)和神,則給予無盡的優惠,羅門所掌
　　　握住的正是「人的心靈透過藝術所顯示的完美性」。[48]

　　羅門的詩作一直持續著對美、死亡與永恆的探索,企圖挖掘自我心靈深處的靈妙,也嘗試探索全體人類生存與存在的意義。愛與美、詩與藝術,貫穿其整個生命歷程,他是個天生的藝術家。

　　陳慧樺則說羅門其人好辯,開口心靈、閉口心靈,故有「心靈大學的校長」等謔稱;說其詩則認為:

　　　　他對生命事物的那股龐大的感性,常常譁然披掩了他
　　　詩中的邏輯發展,更何況他所認為的主題,是詩作寫

---

47 羅門、蓉子主編:《藍星年刊》1971 年號(1971 年出版)。蕭蕭與陳慧
　　樺 2 篇應為邀稿。
48 蕭蕭:〈論羅門的意象世界〉:《藍星年刊》1971 年號(1971 年出版),
　　頁 5。

成後的那種迫向人類心靈深處的那股無法說明的強
大精神壓力。
我覺得，才氣與龐沛的生命感固然是決定一個詩人的
要素，但是，空有才氣與龐沛的生命感，而不善用各
種姿勢與方法去做表現，則其表現技巧面貌是會缺少
變化的。[49]

　　身為羅門的友人，詩人評論家陳慧樺的批評是公允、客
觀的。這是歷來詩人對主知與抒情、知性和浪漫，爭論拔河
的課題之一。這也是所有文人應該注意的地方，空有才氣與
豐沛的感情而缺乏理性技巧的克制，則易流為無邊無際的濫
情。個人才氣有時盡，吾人當如劉勰《文心雕龍・神思》的
「積學以儲寶，酌理以富才，研閱以窮照，馴致以懌辭」，
積累自我的才學，然後才能循聲定墨、匠心獨具的運用自如，
這也是馭文謀篇的重要課題。
　　羅門的〈從批評過程中看讀者批評者與作者〉：「當我
們站入批評者的位置時，同時也是站入被批評者的位置。」，
就是針對《笠》詩刊 39 期刊登十多人合評他的名作〈麥堅利
堡〉，而作的強烈批判與回應。當有人的看法與己見有所出
入時，維護自身名譽心強烈的人，是容易被激發潛力的，《孟
子・滕文公章句下》曰：「予豈好辯哉？予不得已也。」或
許羅門也是懷抱著這種心境吧！

---

49 陳慧樺：〈論羅門的技巧〉《藍星年刊》1971 年號（1971 年出版），頁 25。

三、結　語

筆者與藍星詩人曹介直，2014 年於創世紀 60 週年會場

　　早期《藍星週刊》的翻譯從《詩經》開始，第一期魏子雲將《詩經》直接翻譯再創作為新詩的形式，意味著藍星詩社是從中華文化傳統縱的繼承出發，融合西方詩學技法，在台灣開展屬於中國式新詩的發端。就翻譯來說，不論古今中外，內容與形式的掌握是基本要素，但是原作者意境的把握與其風格的傳神更難完整傳達，因此譯者更需盡心去揣摩，從宋穎豪前後翻譯桑德堡的詩作譯本來看，印證早期藍星詩刊的翻譯者也不斷的在追求創新與進步。

　　余光中的英譯唐詩與英譯台灣現代詩，向中外人士譯介古典與現代的詩作，都是一種新的嘗試與創舉。余光中主編時期刊登發表的翻譯，多為評論或譯介方面的文章，而少詩作。翻譯與評論的結合，可能是配合當時新詩論戰的氣氛，所採取一舉兩得的作法：一、既可以引介西方理論或學說；

二、又可以藉此反擊對方。雙方不僅在論戰上爭辯，翻譯也形成兩方對壘、暗中較勁的場面。

早期藍星詩刊的翻譯以英美語系詩人作品為主，其次為歐陸詩人，然後是日本詩人的譯介。可能是外文翻譯家、詩人，外文主修以英文為主，例如余光中、黃用、糜文開等；歐陸詩人的譯介，則多透過日文或英文的轉譯為主。無論如何，都為當時貧瘠的文學土壤，增添了肥料養分；為封閉的台灣文學，開啟了一扇通往世界的門窗。

早期藍星詩刊的評論方面，不只清楚顯示藍星詩人參與多次論戰與維護新詩的積極態度，更挺身檢討自己創作的缺失，以此勉勵詩人們要有反躬自省的精神，以走出當時虛無與晦澀當道的創作氣氛。余光中後來更指出他《萬聖節》裡的作品，是屬於廣泛富有現代精神的作品。以此回顧覃子豪與紀弦為主的現代派論戰，由此可知，當時藍星詩人追求的是廣義的現代主義精神；而現代派追求的，則是狹義的現代主義理論為基礎的改革。

藍星詩社實事求是的態度與務實的作風，對當時一些新詩人一窩風的追求晦澀與摸索艱難的超現實詩風，有客觀的批評與反躬自省的精神。這也可看出藍星詩社詩人們穩健的步伐與堅定的態度，是建立在對新詩發展有清楚認識的基礎上。當局者迷、旁觀者清，最終在論戰過後，真理浮出水面，雙方的看法互相調和，遂清理出一條台灣現代詩自己的康莊大道。

結　論

一、早期藍星詩社的成就

　　早期藍星詩社（1954-1971）的發展與建構，乃時間、空間與詩人命運巧妙之結合。戰爭是人類史上時常發生的悲劇，常造成民族的大遷徙，若無第二次世界大戰造成的命運捉弄與造化，大多數藍星詩人不會在寶島相遇，而激盪出璀璨的熠熠星光，留下無數為永恆繆思奮鬥的經歷與成果。

　　綜觀早期藍星詩社的成就，歸納如下：

筆者撰《周公夢蝶──悼周夢蝶》（刊中華日報整版 2014.05.05）後轉載深圳《晶報》、香港《文學評論》、四川大學《華文文學評論》等報刊。

（一）傳承我國固有文化

文學即生活，文化乃生活積累與傳承的菁華。文有代變，文學記錄時代的脈動，詩體的形式也必須隨著時代潮流而進化。

早期藍星詩社的成就之一，就是在當時一片激進的西化潮流中，堅持新詩溫和的改革路線，維護古典抒情的傳統精神，提倡以西方的新詩技巧與新觀念為形式，以中國傳統文化精髓為傳承的本體內涵。藍星詩人們經過論戰與辨證，融會貫通，最終找出一條屬於中國現代詩的道路，就是融合古典與現代，寫出具有現代意識，也有中國在地特色與傳統內涵的新詩。

本研究發現，早期藍星詩刊選稿的標準可說是不問主義與背景，只看詩作的好與壞，因為詩作的良劣，終究是其永恆存在的唯一客觀標準。藍星開放、無為的態度，無異是傳統中華文化「無欲則剛」、「兼容並蓄」、「有容乃大」的儒家傳統精神之延續。

筆者撰〈率性的詩人 —— 悼紀弦〉刊《中華日報》（2013.08.01），後轉載深圳《晶報》、《文訊紀念特刊》、香港《文學評論》、《乾坤詩刊》、四川大學《華文文學評論》等報刊。

（二）拓殖新詩發表園地

早期藍星詩社的詩人們，不以經濟、社會與政治環境的困頓而懷憂喪志，反而更積極的為自己以及廣大詩人們尋求發表的園地。除了《藍星詩頁》、《藍星季刊》與《藍星年刊》外，其餘《藍星週刊》、《藍星宜蘭分版》是依附在《公論報》與《宜蘭青年月刊》，《藍星詩選》則由瑩星資助發行。余光中、夏菁、覃子豪等人，行有餘力更接編《文學雜誌》、《文星》雜誌等詩作專欄，刊登更多詩人作品。他們借力使力，反而因為報刊雜誌的發行量較純正詩刊多，無形中增加更多的新詩閱讀人口。

早期藍星詩社發行出版或主編的詩刊，在當時物質與精神生活匱乏的台灣，顯得非常重要，常常是詩創作、相關論述或翻譯的載體，亦是詩社詩人與其他詩人間傳遞訊息或相互學習，乃至相濡以沫的重要媒介，也是重要的精神食糧。

筆者與詩人們，2013 年紀弦追思會場（紀州庵）

（三）推廣詩教不遺餘力

　　早期藍星詩社詩人，不只覃子豪致力於中華文藝函授學校等各種新詩函授班的新詩推廣教育，成效卓著外，早期各種藍星詩刊中更顯示，余光中、張健、向明、羅門、蓉子等人，穿梭於各大專院校與文藝團體的新詩演講與新詩社團教學，皆不遺餘力，對於增進學院與社會人士對新詩的認識與喜愛，有很大的幫助。

　　1960年代初期，覃子豪、鍾鼎文、余光中、羅門、蓉子等人，更往來於台灣與菲律賓的文藝營與文學社團擔任講師，這在當時的台灣詩壇，是一項空前的創舉，也將新詩的種子播灑在異國華文文學的領域。他們不只提攜後進，推廣新詩教育，也促進國際間的交流、認識與友誼。

（四）評論翻譯頗具貢獻

　　楊宗翰說：「重要的譯介不但可以開詩智、啟詩思，更可能進一步引領詩潮的變異升降。」[1]，本論文發現，早期藍星詩刊的翻譯，多元而豐富，幾乎歐美各國重要的詩人與作品，至東方日本詩人作品與印度詩翁泰戈爾的名詩，都可以透過翻譯，在早期的藍星詩刊出現。為當時台灣詩壇貧瘠的文學土壤，增添了肥料養分；為政治干擾與環境封閉的台灣文學，開啟了一扇通往世界的門窗。

　　早期藍星詩刊的評論，不僅顯示藍星詩人參與多次論戰

1　楊宗翰：〈鍛接期台灣新詩史〉,《台灣詩學》學刊第5號,「詩與史專輯」,（2005年6月）。

與維護新詩的積極態度，更挺身檢討自己創作的缺失，以此勉勵詩人們要有反躬自省的精神，以走出當時虛無與晦澀當道的創作氣氛。藍星詩人實事求是的態度與務實的評論作風，對當時一些新詩人一窩風的追求晦澀與摸索艱難的超現實詩風，有客觀的批評與反躬自省的精神。這也可看出藍星詩社詩人們穩健的步伐與堅定的態度，是建立在對新詩發展有清楚認識的基礎上。

筆者撰創世紀 60 週年慶《永遠的創世紀》刊
《台灣時報》（2014.10.20）

（五）新詩創作與時俱進

有些論者以為藍星詩社個人成就總是大於詩社成就，藍星詩社是沙龍式的鬆散集社組織，沒有教條、教義，相對也

給成員更大的自由發展的空間，不會受限於任何主義的迷失或教條的框架之中。

在本論文中發現，早期藍星詩社的詩人，例如余光中由新月派式的格律詩到寫實主義的技巧實驗，再到現代主義的表現與虛無內涵的嘗試，最後回歸新古典主義的創作，他們都同處於台灣新詩的創作摸索階段，仍積極在詩作與理論中追求自省與進步，在他們創作風格的轉變中，我們從而可以發現其中所反映的時代思潮與文學發展史演變的意義。這是值得後人學習的積極進取的精神。

（六）自由與開放的風格

風格，就是文學作品中所流露的特殊風味與品格。也就是作家的個性與人格在作品內容與形式上的綜合表現，所顯示出來的某種特色。風格有個人的風格，也有地域、集團或時代風格等之區分。

本研究經由統計、抽樣與分析發現，在早期藍星詩刊發表的新詩作者與背景，主編幾乎都以無為、開放與自由的態度對待，鮮有省籍或意識型態考量；對新詩作品內容與表現手法，也少有特殊成見或干預。細讀抽樣作品文本，深入解讀其中的內容與技巧，對早期藍星詩刊刊登的新詩作者與作品解析，發現由樣本觀察整體藍星詩刊所刊登詩作的內容與技巧，以及當時各種現代主義技法在作品中的運用，在早期藍星詩刊中，似乎都可自由的表現與發展。

主義的教條規範是一種集體限制的特色；開放與無為，也是可以是一種自由的風格與特色。白靈在〈九歌版《藍星詩刊》的歷史省察 —— 兼談「詩刊的迷思」〉一文曾說：「未來詩刊的面貌應是『服務詩壇』『惕勵創作』『誠實批評』

『深化理論』『提拔後進』的舞臺。」，他也說或許無為、開放與平衡，會是一個詩社正常的特色。[2]早期的藍星詩社與詩刊，基本上，早已實踐白靈說的這些特色與理想。

筆者撰〈現代詩天空中永恆一顆藍星 —— 紀念詩人覃子豪
逝世 50 週年〉刊《中華日報》（2013.10.09）。

（七）浪漫與抒情的特色

當大多數人都說 1950 年代因國民政府推動戰鬥文藝政策，而使得文壇、詩壇充滿戰鬥文藝氣氛，而說是戰鬥詩的

---

2 白靈：〈九歌版《藍星詩刊》的歷史省察 —— 兼談「詩刊的迷思」〉，《藍星詩學》24 期（2007 年 12 月 31 日），頁 101-120。

時代時，戰鬥詩在早期各種藍星詩刊裡，幾乎不易找到，本研究的發現可以打破這種僵固的說法，早期藍星詩刊也可以說是當時這種潮流下的一股清流。

　　從本研究的各種早期藍星詩刊的附錄編目與抽樣樣本來看，早期藍星詩刊選稿的標準可說是不問主義與背景，只看詩作好與壞，因為詩作的良劣，終究是其永恆存在的唯一客觀標準。經由抽樣樣本再抽樣的詩作統計與分析，可歸類為抒情與浪漫主義詩作數量最多，所佔比例接近半數，而推論出早期藍星詩社發行的詩刊及其刊登詩作取向，是以浪漫與抒情的特色為主。

2013 年紀弦追思會場

左起：向明、劉正偉、林煥彰、陳芳明、管管

二、研究限制與展望

　　1971 年為中華民國退出聯合國的一年，也是本地政治、民間思想與民主改革開放關鍵的一年，恰逢《藍星年刊》停刊，爾後為藍星各種復刊號與《藍星詩刊》（九歌版）登場的時代，時代背景與政治環境皆有重大變化；以及考量個人才學、財力與時間等因素，將本論文研究範圍設定在 1954-1971 年間，是個人研究龐大文學詩社集團的侷限。

　　因為，筆者從收集材料開始，至今年完成《早期藍星詩史》（1954-1971），包括研讀、打字、影印，全憑一己之力，前後約花了十五年的時間。

　　藍星詩社後期（1972-），多種藍星詩刊的復刊與再生，或是《藍星詩刊》、《藍星詩學》的發行，後期藍星詩人的奮鬥發展，以及風格的演變等等，都是吾人後續可以繼續努力的方向。

　　無論如何，早期藍星詩社與詩人們，在台灣詩壇積極參與以現代主義為主的現代詩運動，無論是新詩園地的拓殖、傳統文化的繼承，或是新詩創作的實踐、理論的辯證與西方詩歌的譯介等，在台灣文學史上均有其不可抹滅的特殊意義。

筆者撰〈一個健偉的靈魂，跨上了時間的快馬：紀念詩
人覃子豪逝世 50 週年〉刊深圳《晶報》副刊（2013 年
10 月 10 日）。

引用書目

　　凡例：1、著（編）者名排列，中文姓氏以筆劃序，外文以字母序。同著者再以出版年月依序排列。2、期刊雜誌以創刊年月先後序。3、引用書目體例參照國立台灣大學《中國文學研究》與中研院文哲所撰稿格式。4、書目分類索引如下，壹：詩集、詩選集、詩史，貳：其他徵引書目，參：期刊雜誌，肆、翻譯與西文著作，伍：論文，陸：網路資源。

壹、詩集、詩選集、詩史

一、主要藍星詩人詩集、詩選集

（一）發起人

余光中：
余光中：《舟子的悲歌》（台北：野風出版社，1952 年）。
余光中：《藍色的羽毛》（台北：藍星詩社，1954 年）。
余光中：《鐘乳石》（台北：中外畫報，1960 年）。
余光中：《萬聖節》（台北：藍星詩社，1960 年）。
余光中：《蓮的聯想》（台北：文星書店，1964 年）。
余光中：《武陵少年》（台北：文星書店，1967 年）。

余光中：《天國的夜市》（台北：三民書局，1969 年）。

余光中：《敲打樂》（台北：藍星詩社，1969 年）。

余光中：《在冷戰的年代》（台北：藍星詩社，1969 年）。

余光中：《白玉苦瓜》（台北：大地出版社，1974 年）。

余光中：《天狼星》（台北：洪範書店，1976 年）。

余光中：《與永恆拔河》（台北：洪範書店，1979 年）。

余光中：《余光中詩選（1949-1981）》（台北：洪範書店，
　　　　1981 年）。

余光中：《隔水觀音》（台北：洪範書店，1983 年）。

余光中：《紫荊賦》（台北：洪範書店，1986 年）。

余光中：《夢與地理》（台北：洪範書店，1990 年）。

余光中：《安石榴》（台北：洪範書店，1996 年）。

余光中：《五行無阻》（台北：九歌出版社，1998 年）。

余光中：《余光中詩選第二卷（1982-1998）》（台北：洪範
　　　　書店，1998 年）。

余光中：《高樓對海》（台北：九歌出版社，2000 年）。

余光中：《藕神》（台北：九歌出版社，2008 年）。

余光中著，陳芳明選編：《余光中六十年詩選》（北縣中和：
　　　　印刻文學，2008 年）。

夏菁：

夏菁：《靜靜的林間》（台北：藍星詩社，1954 年）。

夏菁：《噴水池》（台北：明華書局，1957 年）。

夏菁：《石標集》（香港：中外文化，1961 年）。

夏菁：《石柱集》（香港：中外文化，1961 年）。

夏菁：《少年遊》（台北：文星書店，1964 年）。

夏菁：《落磯山下》（台北：藍星詩社，1968 年）。

夏菁：《山》（台北：純文學出版社，1977 年）。

夏菁：《落磯山下》（台北：遠流出版社，1980 年）。

夏菁：《悠悠藍山》（台北：洪範書局，1985 年）。

夏菁：《澗水淙淙》（台北：九歌出版社，1998 年）。

夏菁：《回到林間去：山、林與人的融》（台北：台灣省林
　　　業試驗所，1999 年）。

夏菁：《雪嶺》（台北：未來書城，2003 年）。

夏菁：《夏菁詩選》（香港：銀河出版社，2004 年）。

夏菁：《可臨視堡的風鈴》（北縣中和：印刻出版公司，2004
　　　年）。

夏菁：《獨行集》（台北：秀威資訊公司，2010 年）。

夏菁：《摺扇 —— 一首自傳式抒情長詩》（台北：秀威資訊
　　　公司，2010 年）。

覃子豪：

覃子豪：《海洋詩抄》（台北：新詩週刊社，1953 年 4 月
　　　　初版）。

覃子豪：《向日葵》（台北：藍星詩社，1955 年 9 月初版）。

覃子豪：《詩的解剖》（台北：藍星詩社，1958 年 1 月初版）。

覃子豪：《法蘭西詩選》（高雄：大業書店，1958 年 3 月初
　　　　版）。

覃子豪：《論現代詩》（台北：藍星詩社，1960 年 11 月初
　　　　版）。

覃子豪：《詩的解剖》（台北：藍星詩社，1961 年 3 月再版）。

覃子豪：《畫廊》（台北：藍星詩社，1962 年 4 月）。

覃子豪：《覃子豪全集 I 》（台北：覃子豪全集出版委員會，
　　　　1965 年詩人節）。

覃子豪：《覃子豪全集 II 》（台北：覃子豪全集出版委員會，
　　　　1968 年詩人節）。

覃子豪：《世界名詩欣賞》（台中：普天出版社，1969 年 6
　　月）。

覃子豪：《覃子豪全集Ⅲ》（台北：覃子豪全集出版委員會，
　　1974 年雙十節）。

覃子豪：《詩的表現方法》（台中：曾文出版社，1977 年 7
　　月）。

覃子豪：《覃子豪詩選》（北京：中國友誼出版公司，1984
　　年 8 月）。

覃子豪著，彭邦楨編選：《覃子豪詩選》（香港：文藝風出
　　版社，1987 年 3 月）。

向明、劉正偉編：《新詩播種者 —— 覃子豪詩文選》（台北：
　　爾雅出版社，2005 年 10 月 10 日）。

劉正偉編：《台灣詩人選集 1‧覃子豪集》（台南：國立台
　　灣文學館，2008 年 12 月）。

鄧禹平：

鄧禹平：《藍色小夜曲》（台北：野風出版社，1951 年 7 月）。

鄧禹平：《我存在，因為歌，因為愛》（台北：純文學出版
　　社，1987 年 9 月）。

鍾鼎文：

鍾鼎文：《三年》（安徽：安徽省文化委員會，1940 年初版）。

鍾鼎文：《行吟者》（台北：台灣詩壇雜誌社，1951 年）。

鍾鼎文：《山河詩抄》（台北：正中書局，1956 年 1 月）。

鍾鼎文：《白色的花束》（台北：藍星詩社，1957 年 6 月初
　　版）。

鍾鼎文：《國旗頌》（台北：中央日報社，1962 年）。

鍾鼎文：《雨季》（台中：台灣省新聞處，1967 年）。

（二）主要成員

方莘：

方莘：《膜拜》（台北：現代文學社，1963 年 2 月）。

王憲陽：

王憲陽：《走索者》（台北：藍星詩社，1962 年）。

王憲陽：《千燈》（台北：作品雜誌社，1970 年）。

王憲陽：《愛心集》（台北：林白出版社，1978 年）。

王憲陽：《紅塵塵紅》（台北：林白出版社，1992 年）。

王憲陽：《千禧詩集》（北縣淡水：藍星詩學，2000 年）。

王憲陽：《六本詩》（台北：唐山出版社，2009 年）。

向明：

向明：《雨天書》（台北：藍星詩社，1959 年 6 月）。

向明、彭捷、楚風、鄭林、蜀弓：《五弦琴》（台北：藍星詩社，1967 年 10 月）。

向明：《狼煙》（台北：純文學出版社，1969 年 11 月）。

向明：《青春的臉》（台北：九歌出版社，1982 年 12 月）。

向明：《水的回想》（台北：九歌出版社，1988 年 1 月）。

向明：《隨身的糾纏》（台北：爾雅出版社，1994 年 3 月）。

向明：《向明‧世紀詩選》（台北：爾雅出版社，2000 年 4 月）。

吳望堯：

吳望堯：《靈魂之歌》（台北：良友出版社，1955 年 6 月）。

吳望堯：《玫瑰城》（台北：藍星詩社，1958 年 5 月）。

吳望堯：《地平線》（台北：藍星詩社，1958 年 5 月）。

吳望堯：《吳望堯自選集》（台北：黎明圖書公司，1979 年）。

吳望堯（巴雷）著，希孟編：《巴雷詩集》（台北：天衛文
　　化公司，2000 年）。

周夢蝶：

周夢蝶：《孤獨國》（台北：藍星詩社，1959 年 4 月）。

周夢蝶：《還魂草》（台北：文星書店，1965 年 7 月）。

周夢蝶：《還魂草》（台北：領導出版社，1977 年 1 月）。

周夢蝶：《世紀詩選》（台北：爾雅出版社，2000 年 4 月）。

周夢蝶：《約會》（台北：九歌出版社，2002 年 7 月）。

周夢蝶：《十三朵白菊花》（台北：洪範書局，2002 年 7 月）。

曾進豐編：《周夢蝶・世紀詩選》（台北：爾雅出版社，2000
　　年 4 月）。

曾進豐編：《台灣詩人選集 6・周夢蝶集》（台南：國立台
　　灣文學館，2008 年 12 月）。

曹介直：

曹介直：《第五季》（台北：爾雅出版社，2009 年月）。

張健：

張健：《鞦韆上的假期》（台北：藍星詩社，1959 年））。

張健：《春安・大地》（台北：藍星詩社，1966 年）。

張健：《哭與笑》（台北：水牛出版社，1967 年）。

張健：《畫中的霧季》（台北：水牛出版社，1968 年）。

張健：《神秘與得意》（台北：水牛出版社，1968 年）。

張健：《春風與寒泉》（台北：仙人掌出版社，1968 年）。

張健：《聖誕紅》（台北：藍星詩社，1971 年）。

張健：《四季人》（台北：藍星詩社，1973 年）。

張健：《陽光與雨露》（台北：國家書店，1975 年）。

張健：《兩隻皮球》（台北：皇冠出版社，1976 年）。

張健：《白色的紫蘇》（台北：天華出版社 1978 年）。

張健：《水晶國》（台北：藍星詩社，1981 年）。

張健：《藍眼睛》（台北：藍星詩社，1982 年）。

張健：《雨花台》（台北：藍星詩社，1982 年）。

張健：《早晨的夢境》（台北：九歌出版社，1982 年）。

張健：《張健詩選》（台北：台灣商務書店，1984 年）。

張健：《是》（台北：時報文化出版公司，1986 年）。

張健：《青色山脈》（台北：藍星詩社，1997 年）。

張健：《永恆的陽光》（台北：藍星詩社，2001 年）。

張健：《張健短詩選》（中英對照）（香港：銀河出版社，
　　　2002 年）。

黃用：

黃用：《無果花》（台北：藍星詩社，1959 年 12 月）。

敻虹：

敻虹：《金蛹》（台北：大地出版社，1968 年）。

敻虹：《敻虹詩集》（台北：大地出版社，1981 年 12 月 3
　　　版）。

敻虹：《紅珊瑚》（台北：大地出版社，1988 年 1 月）。

敻虹：《稻草人》（台北：三民書局，1997 年 4 月）。

敻虹：《觀音菩薩摩訶薩》（台北：大地出版社，1997 年 10
　　　月）。

敻虹：《向寧靜的心河出航》（高雄：佛光文化事業公司，
　　　1999 年 8 月）。

敻虹：《愛結》（台北：大地出版社，2000 年 12 月 2 版 1
　　刷）。

莫渝編：《台灣詩人選集 29·敻虹集》（台南：國立台灣文
　　學館，2009 年 7 月）。

　　蓉子：

蓉子：《青鳥集》（台北：中興文學出版社，1953 年 11 月），
　　　（台北：爾雅出版社，1982 年 11 月）。

蓉子：《七月的南方》（台北：藍星詩社，1961 年 12 月）。

蓉子：《蓉子詩抄》台北：藍星詩社，1965 年 5 月）。

蓉子：《童話城》（台北：台灣書局，1967 年 4 月）。

蓉子、羅門：《日月集》（美亞出版社，1969 年 6 月）（英
　　　文詩選）。

蓉子：《維納麗沙組曲》（台北：純文學出版社，1969 年 11
　　　月）。

蓉子：《橫笛與豎琴的响午》（台北：三民書局，1974 年 1
　　　月）。

蓉子：《天堂鳥》（台北：道聲出版社，1977 年 12 月）。

蓉子：《蓉子自選集》（台北：黎明文化公司，1978 年 5 月）。

蓉子：《雪是我的童年》（台北：乾隆圖書公司，1978 年 9
　　　月）。

蓉子：《這一站不到神話》（台北：大地出版社，1986 年 9
　　　月）。

蓉子、羅門：《羅門·蓉子短詩精選》（殿堂出版社，1988
　　　年 9 月）。

蓉子：《只要我們有根》（文經出版社，1989 年 9 月）。

蓉子：《青少年詩國之旅》（業強出版社，1990 年 10 月）。

蓉子、羅門：《太陽與月亮》（廣州：花城出版社，1992 年

3 月）。

蓉子：《蓉子詩選》（北京：中國友誼出版社，1993 年 7 月）。

蓉子：《千曲之聲》台北：文史哲出版社，1995 年 4 月）（詩
　　　選）。

蓉子：《蓉子詩選》（北京：中國社會科學出版社，1995 年
　　　4 月）。

蓉子：《黑海上的晨曦》（台北：九歌出版社，1997 年 9 月）。

蓉子：《水流花放》（遼寧：春風文藝出版社，1998 年 5 月）。

蓉子：《眾樹歌唱 —— 蓉子人文山水詩粹》（台北：萬卷樓
　　　圖書公司，2006 年 6 月）。

吳達芸編：《台灣詩人選集 11‧蓉子集》（台南：國立台灣
　　　文學館，2008 年 12 月）。

羅門：

羅門：《曙光》（台北：藍星詩社，1958 年 5 月）。

羅門：《第九日的底流 》（台北：藍星詩社，1963 年 5 月）。

羅門：《死亡之塔（台北：藍星詩社，1969 年 6 月）。

羅門、蓉子：《日月集》（台北：美亞出版社，1969 年 6 月）。
　　　（英文詩選）

羅門：《隱形的椅子》（抽頁裝訂本，1976 年）。

羅門：《日月的形蹤》（抽頁裝訂本，1976 年）。

羅門：《羅門自選集》（台北：黎明文化公司，1981 年）。

羅門：《曠野》（台北：時報文化出版公司，1984 年）。

羅門：《羅門詩選》（台北：洪範書店，1984 年）。

羅門：《整個世界停止呼吸在起線上》（台北：光復書局，
　　　1988 年 4 月）。

羅門：《有一條永遠的路》（台北：尚書文化出版社，1990
　　　年）。

羅門、蓉子：《太陽與月亮》（廣州：花城出版社，1992 年）。

羅門：《羅門詩選》（北京：中國友誼出版社，1993 年 7 月）。

羅門：《誰能買下這條天地線》（台北：文史哲出版社，1993
　　　年 12 月）。

羅門：《在詩中飛行》（羅門半世紀詩選）（台北：文史哲
　　　出版社，1999 年 12 月）。羅門：《羅門精品》（北
　　　京：人民文學出版社，2001 年）。

羅門：《全人類都在流浪》（台北：文史哲出版社，2002 年
　　　1 月）。

二、其他參考詩集

卞之琳編著：《漢園集》（上海：商務印書館，1936 年 3 月）。

方　旗：《哀歌二三》（自印，1966 年）。

方　旗：《端午》（自印，1972 年）。

方　思：《時間》（台北：中興文學出版社，1953 年 6 月 1
　　　日）。

方　思：《夜》（台北：現代詩社，1955 年 4 月）。

王潤華：《人文山水詩集》（台北：萬卷樓圖書公司，2005
　　　年）。

白　萩：《蛾之死》（台北：藍星詩社，1958 年 12 月）。

吳瀛濤：《生活詩集》（台北：台灣英文出版社，1953 年 9
　　　月）。

吳瀛濤：《瀛濤詩集》（自印，1958 年 6 月）。

林曉峰：《揚帆集》（台北：台灣大學詩歌研究社，1953 年
　　　3 月）。

林　泠：《林泠詩集》（台北：洪範書店，1982 年 5 月）。

洛　夫：《石室之死亡》（台北：創世紀詩雜誌社，1965 年

1 月）。

洛　夫：《魔歌》（台北：中外文學月刊社，1974 年 12 月）。

紀　弦：《摘星的少年》（台北：現代詩社，1954 年 5 月）。

張　默：《紫的邊陲》（高雄：創世紀詩社，1964 年）。

陳義芝：《不安的居住》（台北：九歌出版社，1998 年 2 月）。

商　禽：《用腳思想》（台北：漢光文化公司，1988 年 9 月）。

商　禽：《夢或者黎明及其他》（台北：書林出版社，1998
　　　　年 1 月）。

黃荷生：《觸覺生活》（台北：現代詩社，1956 年 11 月初
　　　　版）。

梅占魁著、劉正偉編：《梅占魁詩選》（台北：文史哲出版
　　　　社，2006 年 3 月）。

童　山：《天山明月集》（台北：東大圖書公司，1995 年 8
　　　　月）。

瘂　弦：《瘂弦詩抄》（香港：國際圖書公司，1959 年 9 月）。

楊喚著，歸人編：《楊喚全集》（台北：洪範書店，1985 年
　　　　5 月）。

詹　冰：《詹冰詩全集-新詩》（苗栗：苗栗縣文化局，2001
　　　　年 12）。

碧　果：《秋‧看這個人》（高雄：創世紀詩社，1959 年 4
　　　　月）。

管　管：《荒蕪之臉》（台中：普天出版社，1972 年 1 月）。

鄭愁予：《鄭愁予詩集 I》（台北，洪範書店 1979 年 9 月初
　　　　版）。

蕭　蕭：《詩話禪》（台北：健行出版社，2003 年 3 月）。

羅　浪：《羅浪詩文集》（苗栗：苗栗縣文化局，2002 年 11
　　　　月）。

曠中玉：《數星的人》，（台北：創世紀詩社，1981 年 6 月）。

三、其他參考詩選集

上官予編：《十年詩選》（台北：明華書局，1960 年 5 月）。

王幻編：《七人詩選》（台北：葡萄園詩社，1965 年 9 月初
　　版）。

王志健等編：《六十年詩歌選》（台北：正中書局，1975 年
　　5 月初版）。

白萩、陳千武：《亞洲現代詩集》（台北：時報出版社，1982
　　年 1 月）。

李霜青主編：《中國新詩之葩》（台北：元杰書局，1965 年
　　5 月 4 日）。

李瑞騰編：《我們一路吹鼓吹 ── 台灣詩學季刊同仁詩選》
　　（台北：爾雅出版社，2007 年 12 月）。

林瑞明選編：《國民文選：現代詩卷Ⅲ》（台北：玉山社出
　　版公司，2005 年 2 月）。

周良沛編序：《中國新詩庫·七集》（武漢：長江文藝出版
　　社，2000 年 1 月）。

馬悅然、奚密、向陽主編：《二十世紀台灣詩選》（台北：
　　麥田出版，2001 年 8 月）。

張默、洛夫編：《中國新詩選輯》（高雄：創世紀詩刊社，
　　1956 年 1 月）。

張默、洛夫、瘂弦編：《六十年代詩選》（高雄：大業書店，
　　1961 年 1 月）。

張默、瘂弦編：《中國現代詩選》（高雄：大業書店，1967
　　年 2 月）。

張默、張漢良、辛鬱、菩提、管管編：《當代十大詩人選集》
　　（台北：源成出版社，1977 年 7 月）。

張默：《感月吟風多少事 —— 現代百家詩選》（台北：爾雅
　　出版社，1982 年 9 月）。

張默編：《小詩選讀》（台北：爾雅出版社，1987 年 5 月 10
　　日）。

張默、蕭蕭編：《新詩三百首》（上）（下）（台北：九歌
　　出版社，1995 年 9 月）。

張健、羅門編：《星空無限藍》（台北：九歌出版社，1986
　　年 6 月 10 日）。

瘂弦、張默、蕭蕭編：《天下詩選 I：1923-1999 台灣》（台
　　北：天下遠見出版公司，1999 年 9 月）。

鍾肇政編：《本省籍作家作品選集 10-新詩集》（北縣：文
　　壇社，1965 年 10 月）。

四、相關參考詩史

王志健：《現代中國詩史》（台北：台灣商務印書館，1975
　　年）。

司馬長風：《中國新文學史》（北縣板橋：駱駝出版社，1987
　　年）。

古繼堂：《台灣新詩發展史》（台北：文史哲出版社，1989
　　年 7 月）。

古遠清：《台灣當代新詩史》（台北：文津出版社，2008 年
　　1 月）。

張雙英：《二十世紀台灣新詩史》（台北：五南圖書公司，
　　2006 年 8 月）。

貳、其他參考書目

丁旭輝：《台灣現代詩圖像技巧研究》（高雄：春暉出版社，
　　2002 年 12 月）。

文訊雜誌社編：《台灣現代詩史論》（台北：文訊雜誌社，
　　1996 年）。

王潤華：《華文後殖民文學：本土多元文化的思考》（台北：
　　文史哲出版社，2001 年）。

王潤華：《跨界跨國文學解讀》（台北：萬卷樓圖書公司，
　　2004 年）。

王光明：《現代漢詩的百年演變》（河北：河北人民出版社，
　　2003 年 9 月）。

仇小屏：《篇章結構類型論》（上）（下）（台北：萬卷樓
　　出版，2000 年 2 月）。

白萩：《現代詩散論》（台北：三民書局，1983 年）。

白靈：《一首詩的誕生》（台北：九歌出版社，1991 年 12
　　月）。

古遠清：《當今台灣文學風貌》（江西南昌：江西高校出版
　　社，2004 年 11 月）。

皮述民、邱燮友、馬森、楊昌年編著：《二十世紀中國新文
　　學史》（北縣板橋：駱駝出版社，1997 年）。

向明：《走在詩國邊緣》（台北：爾雅出版社，2002 年 11
　　月）。

向明：《詩來詩往》（台北：三民書局，2003 年 6 月）。

向明：《三情隨筆》（台北：秀威資訊科技，2004 年 7 月）。

向明：《陽光顆粒》（台北：爾雅出版社，2004 年 12 月）。

向明：《我為詩狂》（台北：三民書局，2005 年 1 月）。

向明：《詩中天地寬》（台北：台灣商務印書館，2006 年 3 月）。

向陽、須文蔚主編：《報導文學讀本》（台北：二魚文化公司，2002 年 8 月）。

朱光潛：《詩論》（台北：德華出版社，1981 年 1 月）。

邱言曦：《言曦五論》（自印：青雲書店代理，1965 年 4 月）。

余光中：《井然有序》（台北：九歌出版社 1996 年 10 月）。

何金蘭：《文學社會學》（台北：桂冠圖書公司，1989 年）。

沈謙：《修辭方法析論》（台北：宏翰文化事業公司，1992 年 3 月）。

沈謙、段昌國、鄭基良編著：《人文學概論》（北縣：國立空中大學，1994 年 8 月）。

沈謙編著：《修辭學》（北縣：國立空中大學，2000 年）。

沈奇：《台灣詩人散論》（台北：爾雅出版社，1996 年 11 月）。

李瑞騰：《詩的詮釋》（台北：時報文化出版公司，1982 年 6 月）。

李瑞騰：《新詩學》（台北：駱駝出版社，1997 年 3 月）。

李瑞騰：《台灣文學風貌》（台北：三民書局，1991 年）。

李敏勇：《戰後台灣文學反思》（台北：自立晚報文化出版部，1994 年）。

李魁賢：《詩的見證》（北縣：台北縣立文化中心，1994 年 6 月）。

李漢偉：《台灣新詩的三種關懷》（台北：駱駝出版社，1997 年 10 月）。

李癸雲：《朦朧、清明與流動 —— 論台灣現代女性詩作中的女性主體》（台北：萬卷樓，2002 年 5 月）。

李若鶯：《現代詩修辭運用析探》（台南：火鳥出版社，2002
　　年 2 月）。

李魁賢：《弄斧集》，《李魁賢文集第三冊》（行政院文化
　　建設委員會，2002 年）。

李翠瑛：《細讀新詩的掌紋》（台北：萬卷樓圖書公司，2006
　　年 3 月）。

呂正惠：《戰後台灣文學經驗》（北縣：新地文化公司，1995
　　年）。

林鍾隆：《現代詩的解說與評論》（彰化：現代潮出版社，
　　1972 年 1 月）。

林燿德：《一九四九年以後》（台北：爾雅出版社，1986 年
　　月 12 月）。

林燿德：《羅門論》（台北：師大書苑，1991 年 1 月）。

林亨泰編著：《台灣詩史「銀鈴會」論文集》（彰化：磺溪
　　文化學會，1995 年 6 月 10 日）。

林央敏：《台語文學運動史論》（台北：前衛出版社，1996
　　年 3 月）。

林淑貞：《詩話論風格》（台北：文津出版社，1999 年 7 月）。

林明德編：《台灣現代詩經緯》（台北：聯合文學，2001 年
　　6 月）。

林慶彰：《學術論文寫作指引》（台北：萬卷樓圖書公司，
　　2001 年 9 月）。

林淇瀁：《長廊與地圖：台灣新詩風潮簡史》（台北：向陽
　　工坊，2002 年 10 月）。

林于弘：《台灣新詩分類學》（北縣：鷹漢文化公司，2004
　　年 6 月）。

孟樊：《當代台灣新詩理論》（台北：揚智文化公司，1995
　　年 6 月）。

孟樊:《當代台灣文學評論大系(4)新詩批評卷》(台北:正中書局,1998 年 9 月)。

孟樊:《台灣後現代詩的理論與實際》(台北:揚智文化公司,2003 年 1 月)。

周伯乃:《現代詩欣賞》(台北:三民書局,1974 年 12 月)。

周偉民、唐玲玲合著:《日月的雙軌 —— 羅門、蓉子創作世界評介》(文史哲出版社,1991 年 2 月)。

周英雄、劉紀蕙編:《書寫台灣:後殖民、後現代與文學史》(台北:麥田出版公司,2000 年)。

洪淑苓:《現代新版圖》(台北:秀威資訊科技,2004 年 9 月)。

紀弦:《新詩論集》(高雄:大業書店,1956 年 10 月)。

紀弦:《紀弦論現代詩》(雲林:藍燈出版社,1970 年 1 月)。

洛夫、張默、瘂弦主編:《中國現代詩論選》(高雄:大業書店,1969 年 3 月)。

洛夫:《詩的探險》(台北:黎明文化公司,1979 年 6 月)。

封德屏主編:《台灣現代詩史論》(台北:文訊雜誌社,1995 年 4 月)。

旅人:《中國新詩論史》(中縣:台中縣文化中心,1991 年 11 月)。

唐文標:《唐文標碎雜》(台北:遠景出版社,1976 年 9 月)。

秦賢次編著:《抗戰時期文學史料》(台北:文訊月刊雜誌社,1987 年 7 月)。

奚密:《現當代詩文錄》(台北:聯合文學,1998 年 11 月)。

馬森:《台灣戲劇 —— 從現代到後現代》(宜蘭:佛光大學出版部,2002 年)。

馬秀蘭、吳德邦編著:《統計學:以 Microsoft Excel 為例》(北縣中和:新文京出版公司,1999 年 9 月 10 日出版,

2005 年 8 月 5 日）。

夏祖焯：《近代外國文學思潮》（台北：聯合文學出版社，
　　2007 年 1 月）。

高準：《中國新詩風格發展論》（台北：文化大學出版部，
　　1973 年）。

陳千武：《現代詩淺說》（台中：學人文化公司，1980 年 8
　　月）。

陳玉玲：《台灣文學的國度 ── 女性、本土、反殖民論述》
　　（台北：博揚文化公司，2000 年）。

陳芳明：《詩與現實》（台北：洪範書店，1983 年）。

陳信元：《從台灣看大陸當代文學》（台北：業強出版社，
　　1989 年 7 月）。

陳明台：《台灣文學研究論集》（台北：文史哲出版社，1997
　　年 4 月）。

陳鵬翔：《主題學理論與實踐》（台北：萬卷樓圖書公司，
　　2001 年 5 月）。

陳義芝：《聲納：台灣現代主義詩學流變》（台北：九歌出
　　版社，2006 年 3 月）。

陳大為、鍾怡雯主編：《20 世紀文學史專題 I ── 文學思潮
　　與論戰》（台北：萬卷樓圖書公司，2006 年 9 月）。

張健：《中國現代詩》（台北：五南圖書公司，1984 年）。

張漢良：《現代詩論衡》（台北：幼獅文化公司，1977 年 6
　　月）。

張漢良、蕭蕭編：《現代詩導讀・理論史料篇》（台北：故
　　鄉出版社，1979 年 11 月）。

張漢良・鄭明娳・蔡源煌・林燿德等箸：《門羅天下》（台
　　北：文史哲出版社，1991 年 12 月）。

張艾弓：《羅門論》（台北：文史哲出版社，1998 年 11 月

20 日）。

張默：《現代詩人書簡集》（台中：普天出版社，1969 年 12 月）。

張默：《台灣現代詩編目》（台北：爾雅出版社，1992 年 5 月）。

張默：《台灣現代詩筆記》（台北：三民書局，2004 年 1 月）。

張誦聖：《文學場域的變遷》（台北：聯合文學，2001 年）。

張錯：《西洋文學術語手冊》（台北：書林出版有限公司，2005 年 10 月）。

許世旭：《新詩論》（台北：三民書局，1998 年 8 月）。

國立中央圖書館編印：《現代詩三十年展覽目錄》（台北：國立中央圖書館，1984 年 10 月 6 日）。

麥穗：《詩空的雲煙》（北縣：詩藝文出版社，1998 年 5 月）。

彭瑞金：《文學評論百問》（台北：聯合文學出版社，1998 年 8 月）。

須文蔚：《台灣文學傳播論 ── 以作家、評論者與文學社群為核心》（台北：二魚文化，2009 年 4 月）。

須文蔚：《台灣數位文學論》（台北：二魚文化事業有限公司 ，2003 年 4 月）。

黃維樑編著：《火浴的鳳凰 ── 余光中作品評論集》（台北：純文學出版社，1979 年 10 月）。

黃維樑：《中國詩學縱橫論》（台北：洪範書店，1986 年四版）。

黃維樑編著：《璀璨的五彩筆 ── 余光中作品評論集》（台北：九歌出版社，1994 年 10 月）。

黃維樑：《中國現代文學導讀》（台北：揚智文化公司，2004 年）。

黃維樑：《文化英雄拜會記：錢鍾書、夏志清、余光中的作

品與生活》（台北：九歌出版社，2004 年）。

黃維樑：《期待文學強人 ── 大陸台灣香港文學評論集》（香港：當代文藝出版社，2004 年 8 月）。

黃維樑：《新詩的藝術》（江西南昌：江西高校出版社，2006 年 6 月）。

黃維樑：《迎接華年》（香港：文思出版社，2011 年 2 月）。

黃慶萱：《修辭學》（台北：三民書局，2002 年 10 月）。

焦桐：《台灣文學的街頭運動》（台北：時報文化公司，1997 年）。

舒蘭編著：《抗戰時期的新詩作家和作品》（台北：成文出版社，1980 年）。

渡也：《新詩補給站》（台北：三民書局，1995 年 2 月）。

葉維廉：《比較詩學》（台北：東大圖書公司，1988 年 6 月再版）。

葉石濤：《台灣文學史綱》（高雄：文學界雜誌社，1991 年 9 月）。

楊牧：《一首詩的完成》（台北：洪範書店有限公司，1990 年 1 月）。

楊昌年：《現代詩的創作與欣賞》（台北：文史哲出版社，1991 年 9 月）。

楊成鑒：《中國詩詞風格研究》（台北：洪葉出版社，1995 年）。

楊松年、楊宗翰編：《跨國界詩想：世華新詩評析》（台北：唐山出版社，2003 年 12 月）。

莫渝：《走在文學邊緣》（台北：台灣商務印書館，1981 年 8 月）。

莫渝、王幼華：《苗栗縣文學史》（苗栗：苗栗縣立文化中心，2000 年 1 月）。

落蒂：《詩的播種者》（台北：爾雅出版社：2003 年 2 月 20
　　日）。

瘂弦：《中國新詩研究》（台北：洪範書店，1981 年 1 月）。

瘂弦編：《創世紀四十年評論選》（台北：創世紀詩雜誌社，
　　1994 年 9 月）。

趙知悌編著：《現代文學的考察》（台北：遠景出版社，1978
　　年 12 月）。

趙天儀：《台灣文學的週邊 ── 台灣文學與台灣現代詩的對
　　流》（北縣永和：富春文化事業公司，2000 年 12 月）。

趙衛民：《新詩啟蒙》（台北：業強出版社，2003 年 2 月）。

潘麗珠：《現代詩學》（台北市：五南圖書公司，1997 年 9
　　月）。

劉登翰：《台灣文學隔海觀》（台北：風雲時代出版公司，
　　1995 年 3 月）。

劉兆祐：《治學方法》（台北：三民書局，1999 年 9 月）。

劉正偉：《覃子豪詩研究》（台北：文史哲出版社，2005 年 3
　　月）。

鄭明娳主編：《當代台灣政治文學論》（台北：時報出版公
　　司，1994 年 7 月）。

樂黛雲、葉朗、倪培耕主編：《世界詩學大辭典》（瀋陽：
　　春風文藝出版社，1993 年 1 月 1 版）。

應鳳凰、鍾麗慧編：《中華民國作家作品目錄》（台北：行
　　政院文化建設委員會，1984 年）。

錢學武：《自足的宇宙 ── 余光中詩題材研究》（香港：香
　　江出版公司，1998 年 12 月）。

蔡源煌：《從浪漫主義到後現代主義》（台北：雅典出版社，
　　1994 年 8 月）。

鍾玲：《現代中國繆斯 ── 台灣女詩人作品析論》（台北：

聯經出版公司，1989年）。

蕭蕭：《現代詩入門》（台北：故鄉出版社，1982年2月）。

蕭蕭：《現代詩學》（台北：東大圖書公司，1987年4月）。

蕭蕭主編：《永遠的青鳥 —— 蓉子詩作評論集》（台北：文史哲出版社，1995年）。

蕭蕭：《現代詩縱橫觀》（台北：文史哲出版社，2000年2月）。

蕭蕭：《台灣新詩美學》（台北：爾雅出版社，2004年2月）。

簡恩定、唐翼明、周芬伶、張堂錡編著：《現代文學》，（北縣：國立空中大學，1999年8月）。

簡政珍：《台灣現代詩美學》（台北：揚智文化公司，2004年7月）。

顏崑陽編著：《月是故鄉明》（台北：新自然主義公司，2000年5月）。

羅青：《從徐志摩到余光中》（台北：爾雅出版社，1978年12月）。

羅門：《詩眼看世界》（台北：師大書苑，1989年6月8日初版）。

龔鵬程：《文學批評的視野》（台北：大安出版社，1990年）。

參、期刊雜誌

台大詩歌研究社主編：《青潮》第4期（1951年11月）。

紀弦、覃子豪等主編：《新詩週刊》第1期至第94期（台北：自立晚報社，1951年11月5日-1953年9月14日）。

藍星詩社主編：《藍星週刊》第1期至第211期（台北：藍星詩社，1954年6月17日-1958年8月29日）。

藍星詩社主編：《藍星宜蘭分版》第 1 期至第 7 期（宜蘭：
　　宜蘭青年月刊社，1957 年 1 月-1957 年 7 月）。

尉天驄、許國衡主編：《筆匯》月刊（詩特輯）革新號第 2
　　卷第 2 期（1960 年 9 月 1 日）。

紀弦主編：《現代詩》第 1 期至第 45 期（台北：現代詩社，
　　1953 年 2 月至 1964 年 2 月）。

張默主編：《創世紀詩刊》第 1 期至第 10 期（左營：創世紀
　　詩社，1954 年 10 月 10 日-1958 年 4 月）。

覃子豪主編：《藍星詩選》第 1 期至第 2 期（台北：藍星詩
　　社：1957 年 8 月 20 日-1957 年 10 月 25 日）。

文星雜誌編委會主編：《文星》第 1 期至第 98 期（台北：文
　　星雜誌社，1957 年 11 月-1965 年 12 月）。

藍星詩頁編委會主編：《藍星詩頁》第 1 期至第 63 期（台北：
　　藍星詩社：1958 年 12 月 10 日-1965 年 6 月 10 日）。

劉國全主編：《縱橫詩刊》第 2、3 期（台北：縱橫詩社，1961
　　年 5 月 10 日、1961 年 6 月 20 日）。

羅門、蓉子主編：《藍星年刊》1964 年號（台北：藍星詩社，
　　1964 年詩人節）。

綠蒂主編：《野火詩刊》第 4 期（台北：野火詩刊社，1963
　　年 3 月）。

羅門、蓉子主編：《藍星年刊》1971 年號（台北：林白出版
　　社，1971 年）。

現代文學編委會主編：《現代文學》第 46 期（現代詩回顧專
　　號）（台北：現代文學雜誌社，1972 年 3 月）。

朱炎總編輯：《中外文學》月刊第 3 卷・第 1 期（詩專號）
　　（台北：中外文學月刊社，1974 年 6 月 1 日）。

藍星季刊編委會主編：《藍星季刊》新 1 號至新 12 號（台北：
　　藍星詩社，1974 年 12 月 15 日-1981 年 1 月）。

藍星詩頁編委會主編：《藍星詩頁》雙月刊，第 64 期至第
　　73 期（台北：藍星詩社：1982 年 10 月 10 日-1984 年 6
　　月 10 日）。

羅門、向明主編：《藍星詩刊》第 1 號至第 32 號（台北：藍
　　星詩刊雜誌社，1984 年 10 月-1992 年 7 月）。

乾坤詩刊編委會主編：《乾坤詩刊》第 1 期至第 59 期（北縣：
　　乾坤詩刊雜誌社，1997 年 1 月-2011 年 7 月）。

淡江大學中文系主編：《藍星詩學》第 1 期至第 24 期（1999
　　年 3 月 31 日-2007 年 12 月 31 日）。

肆、中譯外文著作

劉若愚著，杜國清譯：《中國文學理論》（台北：聯經出版
　　公司，2001 年）。

河原功（日）著，莫素微譯：《台灣新文學運動的展開 —— 與
　　日本文學的接點》（台北：全華科技圖書公司，2004 年
　　3 月）。

Aristotle 著，姚一葦譯註：《詩學箋註》（台北：台灣中華
　　書局，1992 年）。

Barthes, Roland 著，許薔薔、許綺玲譯：《神話學》（台北：
　　桂冠圖書公司，2000 年 9 月）。

Barker, Chris 著，羅世宏等譯：《文化研究理論與實踐》（台
　　北：五南圖書公司，2004 年）。

Burger, Peter 著，蔡佩君、徐明松譯：《前衛藝術理論》（台
　　北：時報文化公司，1998 年）。

Escarpit, Robert 著，葉淑燕譯：《文學社會學》（台北：遠
　　流出版公司，2004 年 10 月 16 日）。

Foucault, Michel 著，王德威譯：《知識的考掘》（台北：麥田文化公司，1993 年）。

Jauss, Hans Robert 著，張廷琛編譯：《接受理論》（成都：四川文藝出版社，1989 年 5 月）。

Johnson, R.V.著，蔡源煌譯：《美學主義》（台北：黎明文化公司，1973 年 5 月）。

Eliot, T.S.著，杜國清譯：《艾略特文學評論集》（台北：田園出版社，1969 年）。

Wellek, Rene & Austin, Warren 著，王夢鷗、許國衡譯：《文學論》（台北：志文出版社，1976 年）。

伍、論　文

一、期刊論文

上官予：〈五十年代的新詩〉，《文訊》第 9 期（1984 年 3 月）。

王鼎鈞：〈我與公論報的一段因緣〉，《聯合報》副刊，（2007 年 5 月 10、11 日）。

中華文藝月刊編委會編：〈中華文藝函授學校教職員簡歷〉《中華文藝》創刊號，（北縣汐止：中華文藝月刊社，1953 年 12 月 1 日），頁 20-22。

白靈：〈九歌版藍星詩刊的歷史意義〉，《台灣詩學季刊》第 3 期（1993 年 6 月），頁 119-140。

白靈：〈九歌版《藍星詩刊》的歷史省察 ── 兼談「詩刊的迷思」〉，《藍星詩學》24 期（2007 年 12 月 31 日），

頁 101-120。

余光中：〈懷夏菁〉，《少年遊》（台北：文星書店，1964
　　年 10 月），頁 121-123。

余光中：〈第十七個誕辰〉，《現代文學》第 46 期，（1972
　　年 3 月），頁 11-27。

余光中：〈藍星詩社發展史〉，《藍星詩學》創刊號，（1999
　　年 3 月 31 日），頁 5-19。

余昭玟：〈《文友通訊》與戰後初期的台灣文壇〉，「2003
　　海峽兩岸華文文學學術研討會」論文，（2003 年 12 月 6
　　日），頁 10。

李瑞騰：〈有關「詩社與台灣新詩發展的」一些思考〉，《台
　　灣詩學季刊》第 29 期（1999 年 12 月）。

沈奇：《台灣詩人散論》（台北：爾雅出版社，1996 年 11
　　月）。

向明：〈五〇年代現代詩的回顧與省思〉，《藍星詩刊》第
　　15 號（1988 年 4 月），頁 83-100。

向明：〈我有一個寫詩的弟弟 —— 管窺向陽的詩和人〉《文
　　訊》月刊 170 期，（1999 年 12 月，頁 10-12）。

向明：〈為詩奮起為詩狂〉，《藍星詩學季刊》24 期，（2007
　　年 12 月 31 日），頁 57。

向陽：〈八〇年代台灣現代詩風潮試論〉《台灣史料研究》，
　　第 9 期（1995 年），頁 98-118。

林亨泰：〈現代派運動與我〉，《現代詩》復刊第 20 期（1993
　　年 7 月）。

林淑貞：〈覃子豪在台之詩論及其實踐活動探究〉，《台灣
　　文學觀察雜誌》第 4 期（1991 年 11 月），頁 34-57。

洛夫：〈天狼星論〉（現代文學）第 9 期（1961 年 7 月），
　　頁 77-92。

侯作珍：〈藍星詩社對現代詩發展的貢獻 —— 以五〇年代三次論戰為探討中心〉，《文學新鑰創刊號》（嘉義：南華大學文學系，2003 年 7 月），頁 51-72。

夏菁：〈早年的藍星 —— 重刊〈藍星憶往〉〉，《藍星詩學季刊》24 期，（2007 年 12 月 31 日），頁 23。

翁文嫻：〈誰能於雪中取火 —— 與周夢蝶對談〉《台灣詩學季刊》第 10 期，（1995 年 3 月）。

張默：〈獨留青塚向黃昏 —— 試評覃子豪的《畫廊》〉，《飛騰的象徵》（台北：水芙蓉出版社，1976 年 9 月 10 日），頁 122-128。

張健：〈藍星詩人的成就〉，《兩岸詩刊學術研討會論文集》（台北：中國詩歌藝術學會，1998 年 9 月 26 日）。

張作錦：〈懷念一位副刊新時代的「先行者」〉，《聯合報》副刊，（2009 年 5 月 21 日）。

陳鵬翔：〈論羅門的詩歌理論〉，《羅門、蓉子文學世界學術研討會論文集》（台北：文史哲出版社，1994 年）。

陳秀美：〈五〇年代的穆中南與文壇〉，《空大人文學報》第 11 期（北縣蘆洲：國立空中大學人文學系，2002 年 12 月）。

陳義芝：〈覃子豪與象徵主義〉，《聲納 —— 台灣現代主義詩學流變》（台北：九歌出版社，2006 年 3 月 10 日），頁 65-81。

梅家玲：〈性別 vs 家國：五〇年代的台灣小說 —— 以《文藝創作》與文獎會得獎小說為例〉，《台大文史哲學報》第 55 期（2001 年 11 月），頁 31-76。

覃子豪：〈論詩的批評〉，《筆匯》革新號 2 卷 5 期（1960 年 12 月 5 日），頁 14-16。

莊紫蓉：〈探索者、奉獻者 —— 鍾肇政專訪（一）〉《台灣

文藝》163、164 期合刊本（1998 年 8 月）。

楊宗翰：〈鍛接期台灣新詩史〉，《台灣詩學》第 5 號（2005 年 6 月）。

楊宗翰：〈台灣新詩史：書寫的構圖〉《創世紀季刊》，140、141 期合輯（2004 年 10 月），頁 111-117。

劉裘蒂：〈論余光中詩風的演變〉《文訊》第 25 期（1986 年 8 月），頁 128-150。

劉正偉：〈仁者的風範 —— 前輩詩人鍾鼎文先生側寫〉，《乾坤詩刊》42 期（2007 年夏季號），頁 10-12。

劉正偉：〈《鄭愁予詩集 I》之山嶽詩析論〉，《育達學院學報》第 16 期，（2008 年 8 月），頁 1-20。

鄭明娳：〈中國新詩一甲子〉，《自立晚報‧自立副刊》第 10 版（1986 年 6 月 14 日）。

鄭明娳：〈當代台灣文藝政策現象〉，《現代散文現象論》（台北：大安出版社，1992 年 8 月），頁 185-220。

鄭愁予：〈中國詩內的自然是人文思維的歸依〉，（台北：第 23 屆世界詩人大會講稿，2003 年）。

隱地：〈懷念古橋〉，《聯合報》第 7 版副刊，（2007 年 5 月 4 日）。

謝輝煌：〈試窺向明的新詩話〉《儒家美學的躬行者 —— 向明詩作學術研討會論文集》（台北：萬卷樓圖書公司，2007 年 12 月），頁 279-289。

二、學位論文

李麗玲：《五〇年代國家文藝體制下台籍作家的處境及其創作初探》（新竹：國立清華大學中文研究所碩士論文，1994 年）。

何雅雯：《孤獨詩學：藍星詩人群的自我書寫》（台北：國立台灣大學中文系博士論文，2009 年）。

阮美慧：《笠詩社跨越語言一代詩人研究》（台中：東海大學中文所碩士論文，1996 年）。

林于弘：《解嚴後台灣新詩現象析論（1987-2000）》（台北：國立台灣師範大學國文研究所博士論文，2001 年 1 月）。

胡月花：《周夢蝶及其詩作研究》（台北：淡江大學中國文學研究所碩士論文，2004 年 6 月）。

侯作珍：《自由主義傳統與台灣現代主義文學的崛起》（台北：文化大學中文系博士論文，2002 年 1 月）。

陳大為：《亞洲中文現代詩的都市書寫（1980-1999）》（台北：國立台灣師範大學國文研究所博士論文，1999 年）。

陳全得：《台灣《現代詩》研究》（台北：國立政治大學中文所博士論文，1998 年）。

陳義芝：《台灣現代主義詩學流變析論》（高雄：國立高雄師範大學國文系博士論文，2005 年）。

陳瀅州：《七〇年代以降現代詩論戰之話語運作》（台南：國立成功大學台文所碩士論文，2006 年 6 月）。

陳政彥：《戰後台灣現代詩論戰史研究》（桃園：國立中央大學文學所博士論文，2007 年）。

陳文成：《台灣現代詩的政治書寫》（宜蘭：佛光大學文學系博士論文，2010 年 1 月）。

張金牆：《台灣文藝研究》（台南：國立成功大學歷史所碩士論文，1997 年 6 月）。

黃玉蘭：《台灣五〇年代長篇小說的禁制與想像 —— 以文化清潔運動與禁書為探討主軸》（台北師範學院台文所碩士論文，2004 年 6 月）。

曾進豐：《周夢蝶詩研究》（台北：國立台灣師範大學國文

研究所碩士論文，1996 年 6 月）。

曾香綾：《余光中詩研究》（台北：國立師範大學國文研究
　　所碩士論文，2004 年）。

廖祥荏：《鄭愁予詩研究》（台北：東吳大學中文所碩士論
　　文，1997 年）。

鄭慧如：《現代詩的古典觀照》（台北：國立政治大學中文
　　所博士論文，1994 年 6 月）。

劉正忠：《軍旅詩人的異端性格 —— 以五、六十年代的洛夫、
　　商禽、瘂弦為主》（台北：國立台灣大學中文所博士論
　　文，2001 年 1 月）。

蔡明諺：《龍族詩刊研究 —— 兼論七〇年代台灣現代詩論戰》
　　（新竹：國立清華大學中文所碩士論文，2001 年）。

蔡明諺：《一九五〇年代台灣現代詩的淵源與發展》（新竹：
　　國立清華大學中國文學系博士論文，2007 年）。

解昆樺：《論台灣現代詩典律的建構與推移：以創世紀、笠
　　詩社為觀察核心》（嘉義：國立中正大學中文所碩士論
　　文，2003 年）。

戴寶珠：《『笠詩社』詩作集團性之研究》（台北：國立政
　　治大學中文所碩士論文，1995 年）。

陸、網路資源

《白靈文學船》：
　　http://www.cc.ntut.edu.tw/~thchuang/index2.htm
《全國博碩士論文資訊網》：
　　http://ndltd.ncl.edu.tw/cgi-bin/gs32/gsweb.cgi/login?o=dw
　　ebmge

《台灣網路詩人部落格聯盟》：
　　http://blog.yam.com/taiwan_poem/
《台灣文學傳播研究室》：
　　http://tea.ntue.edu.tw/~xiangyang/chiyang/newb.htm
《向陽工坊》：
　　http://myweb.hinet.net/home2/hylim/news.htm
《詩路：台灣現代詩網路聯盟》：
　　http://dcc.ndhu.edu.tw/poemblog/
《當代文學史料影像系統》：
　　http://readopac.ncl.edu.tw/html/frame11.htm

附錄一：《公論報・藍星週刊》目錄

· **第 1 期**／1954 年 6 月 17 日·　· **第 2 期**／1954 年 6 月 20 日·
　星期四　　　　　　　　　　　　　星期四

創作：

貓／鍾鼎文

詩與微雲／鄧禹平

給一個女郎／李莎

鳳凰木／夏菁

燕子／童鍾晉

登山／蓉子

新陣地／余西蘭

太空底星／楊允達

詩三首：（往事、邂逅、情書）
　／騰輝

藍星／彭邦楨

古風今采（山有扶蘇）／魏子
　雲

山／彭捷

都市／紀弦

論述：

刊前語／覃子豪

創作：

天上人間／鄧禹平

自然／夏菁

快樂的歌／塋星

詩二首：（春天、醉酒狂歌）
　／馬各

暮色點滴／騰輝

靈感的狩獵：（一秒鐘的旂程、
　日內瓦底奇）／王裕槐

明兒／王哀

綠色的夢 ── 遊日月潭／彭捷

古今風采（狡童）／魏子雲

墾荒及其他：（墾荒、融合）
　／吳瀛濤

樹的素描（小輯）：

冬天的老松／蘇美怡

枯樹／陶海如

冬青樹／趙一夫

蒼老的梧桐／羅俊文

不知名的樹／劉長民

e.e.Cummings 作・漱玉譯

戀詩／余西蘭

微風／劉長民

月／陳克亮

流螢／墨人

海景／吳達權

拉魚人／張效愚

樂章／吳瀛濤

兩個海洋／一夫

風：（甦醒、微笑、嚮往、憤
怒、妳在那裡、諷刺、自由）
／連雲

譯詩：

你的眼睛仍然閃爍／
R.W.Emerson作‧張秀亞譯

戰士自白／LashSherMam作‧
法天譯

（編註：本期刊頭誤植為第五
期）

**‧第 8 期／1954 年 8 月 5 日‧
星期四**

創作：

薔薇／張秀亞

螢／夏菁

詩二首：（客棧、向大陽）／
馬各

詩三篇：（上帝的思想、陶醉、
期待）／晶心

自畫像／黃童

日出／彭捷

風／蘇美怡

燈籠花／向明

相思樹／張熾昌

繁星／瀛濤

靈感／王葦

夜／潘夢秀

詩二題：（春天、流星）／王
忠英

追尋／李春生

鳥之歌（小輯）

鷹／王蕾

海鷗／邱平

海燕／雪飛

乳燕／陶海如

譯詩：

海灘小鳥／R.E.Dana作‧漱玉
譯

（編註：本期刊頭誤植為第 7
期）

**‧第 9 期／1954 年 8 月 12 日‧
星期四**

創作：

孤獨的樹／覃子豪

寂寞／夏菁

收穫季／馬各

夏夜／趙志道

岩石／陳醒民

明鏡／李政乃

蟬／彭捷

寂寞／韋奎

論述：論楊喚的詩／覃子豪

論詩集粹／黃童輯

・第 14 期／1954 年 9 月 16 日・
星期四

創作：

高山之夏／蘇美怡

詩三章：（寂寞、炎夏、雨信）
　／陳昌順

夜／向明

窗外的夜／小民

母親／彭捷

草／李政乃

晚鐘／陳金池

夏雨／單人

青蛙之歌／陶海如

燈蛾／徐英傑

星星／天步

論述：

原子詩論（一）／瀛濤

談西北的民歌／春泉

譯詩：

情歌二首／E.Mackly・張秀亞

譯

・第 15 期／1954 年 9 月 23 日・
星期四

創作：

輸電鐵塔／鍾鼎文

四行集：（油燈、秋思、犯罪、
　沉默的愛）／騰輝

鐵地憤怒／向明

清風／羅暉

旗／陳醒民

山邊／江萍

破鏡／曠中玉

燈塔／胡光墉

風景畫七章（小輯）：

左營／梅其鈞

日月潭／王玉珏

霧的海港／彭捷

台南運河夜遊／羅俊文

明崙江／宋玫

小徑 ── 寄一甲某人／王哀

綠島／方伯魯

論述：

原子詩論（二）／瀛濤

・第 16 期／1954 年 9 月 30 日・
星期四

創作：

明麗的太陽／墨人

四行集:(孤獨、午睡)／騰
　輝

詩三章:(夏夜、祈禱、山邊)
　／江萍

秋花／郭良蕙

詩二首:(雷、春天)／黃童

嬰孩的笑／陳金池

僧／小民

冥想／葳

夏夜／彭捷

螢／席迎侃

無題草／艾婉

炎夏／曠中玉

漁燈／海詩

針葉松／秋子

路燈／蔡淇津

論述:

原子詩論(四)／瀛濤

・第 17 期／1954 年 10 月 7 日・
　星期四

創作:

石門古戰場／連雲

朝露／夏菁

四行集:(遺棄、花瓶、慈愛、
　愁)／騰輝

詩／晶心

雨港／彭捷

賣花女／趙志道

舊事／艾婉

詩三首:(找尋、黃昏、未來)
　／江萍

靈感／陳金池

熔不開的心／曠中玉

境戀／羅佩

夜途／張天賜

論述:

原子詩論(三)(編者註:因
　忙中有錯第三節與第四節倒
　置)／瀛濤

其他:

編後記／編者

・第 18 期／1954 年 10 月 14 日・
　星期四

創作:

詩二章:(別、墜落的星辰)
　／李炎

夜／羅暉

落葉／柯順基

清道夫／彭捷

距離／晶心

大榕樹／劉長民

秋菊／席迎侃

詩二首:(童年、露珠)／江

萍

華亭寺之夜／楊蓁

鷹／于俠君

賣花女／張天賜

譯介：

農民詩人惠忒爾／法天譯

譯詩：

沒 有 音 樂 的 輓 歌 ／
　E.ST.V.Millay 作・漱玉譯

歷史／R.W.Emerson 作.・漱玉
　譯

華爾滋／法・萊爾拜爾克作・
　葉泥譯

九月／德・海爾芒・海賽作・
　葉泥譯

·第19期／1954年10月21日·
　星期四

創作：

蝴蝶／夏菁

詩二首：（黃貓之死、七月的
　鳳凰木）／羅馬

夜梟／郭良蕙

秋之島／彭捷

雨夜的流浪者／劉韞

音樂之後／黃荷生

形象／晶心

詩三章：（歸來、鴿子、寄木

柵）／江萍

譯詩：

雪封／美國・惠忒爾作・法天
　譯

·第20期／1954年10月28日·
　星期四

創作：

戰士的遺言／一夫

賣唱者／彭捷

拾荒者／向明

風／張秉智

夜曲／陳金池

煤語／賴高群

鄉病／羅佩

童話／李炎

假若／魯威

風／秋子

論述：

論詩的意境與形象／埃斯

·第21期／1954年11月4日·
　星期四

創作：

生命四章：（生命的詮釋、堅
　軔的生命、堅挺的生命、我
　的生命）／魯威

短詩三首：（虹、畫像、沉默）

／晶心

夜的寓言／趙志道

玄武湖之秋／王玉珏

工人／王哀

西風／邱平

翠屏湖之冬／邱水源

渡船／梅其鈞

童年／董劍秋

譯詩：

共和戰頌／J.W.Howe 作漱玉
　譯

戰爭是充滿愛情的／
　StephenCrane 作.漱玉譯

「來，睡吧……」／Loulse 作
　漱玉譯

其他：

詩訊（四則）

　　・第 22 期／1954 年 11 月 11 日・
　　星期四

創作：

農村的秋天／瑩星

鏡／彭捷

事實／潘夢秀

風雨／陶海如

古風今采（擊鼓）／魏子雲

鳥／鮑鳳祥

老鼠／謝輝煌

有寄／蕭迪

老人／趙志道

詩二首：（沉默、負擔）／麥
　穗

羅山瀑布／徐英傑

譯介：

多才詩人溫‧岱克（附譯詩：
　印第安的夏天）／法天譯

論述：

詩話錄／羅暉輯

　　・第 23 期／1954 年 11 月 18 日・
　　星期四

創作：

秋／夏惠全

狂歌二章：（警告、灰塵）／
　李菁

漁人之家／螢星（按：螢應是
　「瑩」字）

午夜琴聲／彭捷

夜行／潘夢秀

夜航／梅其鈞

雲夢／隱靈

雲／柯順基

秋思／柯順基

破鏡／于俠君

詩二首：（幻想、失望）／秋
　子

霜月／莊妻
母親／徐志恆
風／張秉智
十月的夜／凌濂
幼稚的思維／李炎
羅山瀑布／徐英傑
譯詩：
國家之船／朗費羅作・法天譯
論述：
蓉子的「青鳥集」／司徒衛

・**第 24 期／1954 年 11 月 25 日・**
　星期四
創作：
遺忘的生命／黎放
斷章：（一四、一五）／瑩星
黃昏的聚會／林宗源
詩二章：（旗、碉堡）／一夫
古風今采（靜女）／魏子雲
白鷺／王玉珏
駱駝／向明
雄火雞／蕭昭顯
深秋／鄭秀陶
譯詩：
四月天／LongFellow 作，張秀
　亞譯
譯介：
自然詩人布蘭特（附譯詩：小

河、給帶縫毛的龍瞻）／法天
譯

・**第 25 期／1954 年 12 月 2 日・**
　星期四
創作：
散文詩三題：（美的距離、冬
　季的岸邊、去拜訪安徒生
　吧！／楊喚遺作
祈禱／魯威
詩二章：（戰壕裡的花朵、代
　郵）／羅馬
文藝工作者之歌／郭衣洞
烏來之行／陳世偉
秋／小民
燈蛾／王蕾
四十三年詩稿之一：（鵬程外
　一章）／瀛濤
海／楓影
我的歌四章（小輯）：／彭捷、
　瘡痕、楚風、蘇美怡
譯詩：
鷗之章（錨、離愁）／丸山薰
　作・葉泥譯

・**第 26 期／1954 年 12 月 9 日・**
　星期四
創作：

秋外一章:(秋、秋日的晴空)
　/容子(編按:應為蓉子)

蝙蝠和燈/向明

泥沼/(漏列名)

琴聲/蘇美怡

海灘/依娜

希望/小民

月下獨酌/鐘麗明

晚風/(漏列名)

杜鵑/張熾昌

雄獅/黃鶴

路人/鄭秀陶

我的歌四章(小輯):/王哀、
　張效愚、林宗源、陳榕生

譯介:

詩人泰姆路(附譯詩:春天)
　/法天譯

·第 27 期/1954 年 12 月 16 日·
　星期四

創作:

貓/瘖垠

流星/楚風

蜜蜂/彭捷

贈歌者:(共鳴、靈魂之聲、
　寂寞的歌聲)/騰輝

斷章(十六~十八)/瑩星

悼/白萩

黃昏的聲音:(童年之一)/
　晶心

晨光/王玉珏

射獵的兇手/魯威

失題/隱靈

橋/宋政

落葉/曠中玉

火箭之歌/張熾昌

稻草/蔡淇津

落葉/席迎侃

讚美/王忠英

寄/蕭迪

自語/召伯

·第 28 期/1954 年 12 月 23 日
　星期四

創作:

遙念母親/張效愚

靈魂/向明

農村:(黎明、路、時光)/
　瑩星

給尋夢者/彭捷

詩二首(潭與雲、燈蛾)/蔡
　淇津

還鄉/炬耕

十四行兩首:(初吻、贈別)
　/西平

追求:(童年之二)/晶心

松下沉思／曠中玉
洗髮／逆風
帆影／白萩
公雞／楓影
行雲／黎離
譯介：
女詩人狄欽蓀（附譯詩：知更
　鳥、秋天）／法天譯

・第29期／1954年12月30日・
　星期四
創作：
詩三章：（獻辭、命運的俘虜、
　獻給 Roman 你生命的誕辰）
　／羅門
冬眠外一章：（冬眠、種籽）
　／風鈴草
晨曦小唱／向明
鄉思／楚風
不死之歌／曠中玉
海／隱靈
椰窗夜吟：（靜靜的椰窗、夜
　雨、椰樹和霜月）白萩
思／召南
聖誕夜／楓影
號兵／陳大風
論述：
方思的「時間」／司徒衛

譯詩：神底愛／ J.G.Whitter
　作，漱玉譯

・第30期／1955年1月6日・
　星期四
創作：
謳歌四章：（我與星、飛蛾、
　歷史、落葉）／白萩
安靜／魯威
農村：（霧、淚、鳥、葉、花）
　／瑩星
祈求／向明
我的詩／王葦
聖誕卡／小民
四十三年詩稿之二：（海珠、
　白鳥）／瀛濤
牧歌／寒星
詩二首：（塑像、黃昏小唄）
　／江萍
堡／華銘
晚秋／藍靜雲
自己之歌／蔡淇津
譯介：
寫實的羅賓孫（附譯詩：黑暗
　的山崗、信條）／西平

・第31期／1955年1月13日・
　星期四

抗命者／張效愚

懷念和呼喚／凌濂

祈／理礮

落葉／醒民

陽光／崔焰焜

翠雲／藍靜雲

主題與變奏／吳瀛濤

· **第 34 期／1955 年 2 月 3 日·**
　星期四

創作：

旗的奇蹟／覃子豪

葡萄尚未成熟／蓉子

詩二章：（我願……、賜給我
　吧）／羅門

星外一章：（星、雨）／向明

水果攤前／白萩

嚮往／彭捷

我的歌之二／楚風

牧歌／西平

小溪／王玉珏

烏來紀遊／瀛濤

鄉村之夜／徐英傑

風語／張秉智

· **第 35 期／1955 年 2 月 10 日·**
　星期四

創作：

洛比！（Cobe）！歌頌你 —— 我
　心靈中的不滅太陽／羅門

詩二首：（夜、告別）／江萍

金魚又一章：（金魚、死滅的
　慾望）／白萩

燈二章：（油燈、檯燈）／瘂
　瘂（按：〈檯燈〉誤植至刊
　尾）

牧者之歌／隱靈

靜靜地等候／秋子

戰馬吟／于俠君

黃昏／重山

寄白萩／蔡淇津

愛的風景／瀛濤

路燈／黃鶴

人潮／黎離

杜鵑花／蕭迪

· **第 36 期／1955 年 2 月 17 日·**
　星期四

（按：誤植為 38 期）

創作：

塑像／蓉子

二月／江萍

燈 —— 給菉漪／白萩

除夕／蔡淇津

我的世界／張效愚

理想的歌劇／晶心

鴿／梅占魁

·第 39 期／1955 年 3 月 10 日·
星期四
創作：
夜曲三章：（樹和星、造訪、
　協奏曲）覃子豪
初春／蓉子
短簡／江萍
埋葬／白萩
悼詩人楊喚／王葦
詩二章：（出航、二月 —— 收
　穫季）／黃河清
生死篇／法天
落吧，瘋狂的雨／曠中玉
雲／王玉珏
沒有愛的日子／柯順基
郵差／史伍
蠟燭／立爾
魚市／李麗香
二月的詩：（二月、寂寞、滯
　淚的笑、紫金色的夢）黃荷
　生

·第 40 期／1955 年 3 月 17 日·
星期四
創作：
那安詳的國度本來是我的祖國

呀！／羅門
詩二首：（山、摩莎娜）／江
　萍
海濱拾零：（船、夜潮、夕陽、
　休息）／騰輝
霧／白萩
老乞丐／尹力生
夢的王國／楊允達
貓／羅暉
春天的跫音／李麗香
春日小唱：（牧笛、到晨野去、
　小唱）／風鈴草
詩四首：（叛徒、煩憂、無期
　刑的罪犯、埋葬）／黃荷生
雄獅／黃鶴
林中／楊學伶

·第 41 期／1955 年 3 月 24 日·
星期四
創作：
多惱河的微笑／蓉子
相遇／林泠
詩二首（雨、昨日）／江萍
三十六歲／彭捷
我的歌／瘂痕
珍珠篇：（蜘蛛、希望、黃昏、
　雕像）／白萩
新居／晶心

谷中梅／陳昌順

小鳥／小英

小草之歌／華銘

都市的星光／瀛濤

蔗林／史伍

布穀鳥／謝婉華

譯介：

湯馬士・哈代（附譯詩：最後
　一朵小花）／西平

其他：詩訊（五則）

・**第 42 期／1955 年 3 月 21 日**・
　星期四

創作：

詩八章：（預告、悲的插畫一、
　悲的插畫二、憂鬱的列車、
　風景、解剖、比較、未題）
　／黃荷生

夜會／羅門

海的構圖：（錨、島、雨、貝
　殼、港夜）／白萩

距離外一章：（距離、壓縮的
　夢）／向明

詩二首：（海上、囚鷹）／羅
　暉

等待那日子／亞汀

暴風雨／尹力生

鄉愁外一章：（鄉愁、詩）／

楚風

夏夜／瘂根

・**第 43 期／1955 年 4 月 7 日**・
　星期四

創作：

時間：（昨天、今天、明天）
　／曠中玉

散弦兩章：（噴泉、不眠夜）
　／向明

詩二首：（寄 D、靜物）／白
　萩

死是安息／彭捷

荒島／楊善銘

燈／陳昌順

露珠／秋心

楓葉／瘂根

湖上曲／王玉珏

向日葵／琴仙

詩四首：（方向、火山、意志、
　子夜）／黃荷生

深秋裡的小河／王哀

古柏／黃鶴

初航／沉宇

譯詩：

海涅詩兩首：（詩與現實、女
　人）／陳昭南

·第 44 期／1955 年 4 月 14 日·
星期四

創作：

祝賀詩人羅門蓉子婚禮專欄／
　編者

玫瑰色的日子來了！／羅門

MerryDay／蓉子

和諧的歌 —— 為詩人羅門蓉子
　的婚禮而作／李莎

青鳥的讚歌 —— 朗誦詩，為羅
　門、蓉子婚禮而作／謝青

創造的起點／為羅門、蓉子兩
　詩人結婚之慶而作／覃子豪

謝詞／羅門、蓉子

詩二首：（靜靜的叢林、藍星）
　／彭捷

告別／白萩

冬夜／蘇美怡

別離和尋覓：（別離、尋覓）
　／黃河清

昆蟲篇：（蟋蟀、蝴蝶）／晶
　心

拾遺篇：（火柴、古松、猴）
　／羅暉

納茵吉斯島／蔡淇津

翡翠島／陳榕生

·第 45 期／1955 年 4 月 21 日·
星期四

創作：

蜜餞的四月 —— 祝詩人蓉子、
　羅門結婚之慶／鍾鼎文

結婚進行曲 —— 賀詩人蓉子、
　羅門結婚誌慶／彭邦楨

詩三首：（我心戀草原、讓我
　靜靜地躺下、自剖）／風鈴
　草

動物素描：（花蛇、啄木鳥、
　鼠、牛）／曠中玉

X 夫人肖像／夏夢林

晨鐘／尹力生

假如我是一隻鳥／藍婉秋

谷關道中／逸俠

臨窗小唱：（沒有夢的日子、
　二月的天空、愛情的燈塔）
　／蔡淇津

三月吟／李麗香

行樹／蕭佑安

詩三章：（黃昏、狂者、風雪）
　／黃荷生

腦／陳昌順

譯詩：

夏日清晨／W.H.Devies 作，申
　強譯

沉默／曠中玉

憂鬱／秋子

寂寞／申強

山中的清晨外一章：（山中的
清晨、椰樹）／謝婉華

林間的幽會／羅暉

竹林的黃昏／瘂垠

路邊的樹／蕭佑安

小河之戀外一章：（小河之戀、
晨霧）／鮑鳳祥

八行詩自選集五首：（哭泣、
留束、生日、長夜、螢橋）
／應未遲

·**第 49 期／1955 年 5 月 19 日**·
星期四

創作：

蜜月旅行／羅門

楓／江萍

拒絕／晶心

沙灘上的魚／曠中玉

夜航／謝婉華

寄懷／伊麗

尋求外一章：（尋求、失題）
／小英

五月／王冠

秋湖／秋子

新詩兩首：（小河之戀、晨霧）

／鮑鳳祥

論述：

真實是詩的戰鬥力量／覃子豪

·**第 50 期／1955 年 5 月 26 日**·
星期四

（按：誤植為四十九期）

創作：

過去和遺產：（呵，過去！、
我們的遺產）／羅門

詩三首：（藍星、尋覓、離別）
／白萩

X 夫人肖像／夏夢林

睡了的城市／謝婉華

病室的瓶供／應未遲

自剖／一夫

出發的日子／史伍

生命篇十首：（生命、世界、
十行、理想、美、車站上、
黑夜裡在大海邊、夜的影
子、力、影子）／黃荷生

·**第 51 期／1955 年 6 月 2 日**·
星期四

創新：

不繫之舟／林泠

天真／江萍

五月詩草：（醒來、椰樹的悲

哀）／向明

雲／藍婉秋

輓歌／立爾

歸去／申強

理智的少女／晶心

悼／伊麗

詩二首：（我游泳在夜的海上、
　青蘋果）／風鈴草

掙扎四章／小英

雨中／王玉珏

晨歌／凌風

生日／華銘

孤獨之歌／蘷鴻志

祈禱兩章：（五月之歌、影子）
　／白萩

朝音在呼喚／謝婉華

譯詩：

淡泊／EmilyBronte 作，小河譯

·第 52 期／1955 年 6 月 9 日·
　星期四

創作：

等待／覃子豪

夜訪／王葦

生日／白萩

動物素描：（雄雞、寒蟬、螢）
　／曠中玉

寒夜／江萍

詩二章：（夢、歌）／藍婉秋

領我從灰色日子的缺口逃脫／
　羅門

夢／立爾

尋訪／楚風

稻苗外二章：（稻苗、玉的項
　鍊、早凋花朵）／蔡淇津

撮景／瀛濤

管絃樂／劉秉彝

夜行者／黎離

綠島／張帆

橋／于峰

落葉的季節／邱平

·第 53 期／1955 年 6 月 16 日·
　星期四

創作：

藍星頌／鍾鼎文

前程 —— 為藍星一週年紀念而
　作／騰輝

祝／白萩

藍星／蔡淇津

折翼／蘇美怡

日子／向明

囚鷹／曠中玉

詩二首：（六月的斷想、消息）
　／風鈴草

秋天的雲／浪峰

論述：
群星光耀詩壇—為本刊週年紀
　念而作／覃子豪

・第 54 期／1955 年 6 月 24 日・
星期四
創作：
詩二章：（人類不滅的心曲、
　生命的獨奏曲）／羅門
歸來外一章：（歸來、九行）
　／白萩
小城行／江萍
雨／謝婉華
海鳥和夜窗：（海鳥、夜窗）
　／蘇美怡
給小河／艾迪
海之什／小英
六月的小溪／蔡淇津
沉默與時間：（沉默、時間）
　／瀛濤
小提琴／向國忠
論述：
不朽的愛國詩魂 —— 簡介屈原
　的生平及其作品／鍾雷

・第 55 期／1955 年 6 月 30 日・
星期四
創作：

生命之歌（散文詩）／張秀亞
午寐／覃子豪
寂寞／向明
山和雲／彭捷
遠方／黃荷生
繁星篇：（一、囈語　二、凋
　落　三、夢之一　四、夢之
　二　五、繁星）／艾笛
噴泉外一章：（噴泉、距離）
　／蔡淇津
詩二章：（夜眺、嚮往）／風
　鈴草
五月的嘆息／桑梓
石級及其他：（窄門）／田野
寂寞外一章／徐礦
自描集：（來歷、嚮往、滋長）
　／瀛濤
詩三章：（春、別、月）／劉
　朗
雨夜／（漏列名。按：或是徐
　礦〈寂寞外一章〉。）

・第 56 期／1955 年 7 月 7 日・
星期四
創作：
吻／覃子豪
生活及其他：（生活、假面具）
　／騰輝

·第 61 期／1955 年 8 月 11 日·
　星期四

創作：

西河輯（二）：（散場以後、
　觀念）／林泠

詩二首：（是要從祖先的海上
　打回去、倔強且驕傲地活著）
　／羅門

秋外一章：（秋、爐邊）／沉
　思

迷惘及其他：（迷惘、病中、
　夏、自畫像）／艾笛

山林詩章：（山與兀鷹、椰子
　樹、黃昏）／德星

遇／小英

索取外一章：（索取、告別）
　／一夫

星／羅暉

別／方予

軌蹟／黑夫

憶／隱靈

小木屋／徐礦

路燈／梅占魁

命運／立爾

月／曼陀羅

其他：編者的話

·第 62 期／1955 年 8 月 18 日·
　星期四

創作：

藍夢輯：（小城、歸去、夜窗）
　／白萩

散絃兩章：（探詢、認識）／
　向明

五年祭／德星

生命之歌／楚風

不羈的蒼鷹／蔡淇津

海鷗／蘇美怡

少女／唐靜予

距離／高原

流水／梅其鈞

夜行／劉安林

馬賽曲／秉智

論述：

原子詩論（三、原子詩的本質）
　／吳瀛濤

·第 63 期／1955 年 8 月 26 日·
　星期五

創作：

藍夜幻曲外一章：（藍夜幻曲、
　攀山者）／覃子豪

岩石／江萍

詩二章：（園中、深巷）／沉
　思

酒徒／德星
存在／黃荷生
暮色／張效愚
農村：（夏天、楊柳、祈禱、
　在風雨中）／瑩星
邀舞／沉思
蕭聲／雪飛
嚮往／王凝
我的家／陳子鋒
詩六首：（黃昏小唱、潮、黑
　夜、寄語、靜夜、山村之晨）
　／風鈴草
譯詩：
乘涼／岩佐東一郎作、葉泥譯
（註：自本期起改為每星期五
　出版）

・第 64 期／1955 年 9 月 2 日・
　星期五
創作：
雲／墨人
夜泊／白萩
音樂篇：（歌、音樂）／德星
無題／沉思
紫星集：（出發、生辰）／蔡
　淇津
父親外一章：（父親、致乞者）
　／張效愚

無告／陳金池
奔流著的泚江／颿箏
經旬詩抄（沉默的塑像、絕緣、
　影子、初讚）／徐礦
論述：
《向日葵》題記／覃子豪

・第 65 期／1955 年 9 月 9 日・
　星期五
創作：
彎度／林泠
落日／白萩
等待外一章：（等待、霧的海
　上）／彭捷
遙寄 —— 致戰鬥文藝大隊的兄
　弟姐妹／艾笛
贈歌三章／江萍
雨／德星
自然／小英
贈金馬將士／郭襄佛
六月／立爾
墓碑／吳怡
一封未寄的信／趙天儀
譯詩：
泰戈爾詩選（一、畫像、二、
　他的信、三、光、四、同情）
　／糜文開、糜榴麗譯
揚帆／德・海涅原作、何瑞雄

譯
九月／堀口大學作，葉泥譯

創作：
青春你遠去了／羅門
詩二首：（錯誤、幻滅）／白
　萩
黃昏／向明
百合／艾笛
黃昏／小英
遠方／楚風
假寐／風鈴草
建築／瀛濤
含羞草／史伍
我願／菁華
譯詩：
漂鳥集（1-22）／泰戈爾著·
　龐文開譯
三好達治詩抄（初春偶語、灰
　色的海鷗）／葉泥譯

·第 69 期／1955 年 10 月 7 日·
　星期五
創作：
出居書簡／彭捷
靜／向明
晨光／沉思
遲暮／艾笛
回贈／孫家駿
致楚風／德星
自由底歌／黃荷生

灰塵與海鷗：（灰塵、海鷗）
　／瀛濤
戀歌／申強
小舟／陳文理
雨和噴泉：（噴泉、雨）／思
　秋
小詩三首：（初放的玫瑰、蝴
　蝶、蚯蚓）／陳昌順
詩二首：（回憶、報童）／史
　伍
譯詩：
漂鳥集（23-39）／泰戈爾著、
　龐文開譯

·第 70 期／1955 年 10 月 14 日·
　星期五
創作：
殞落／艾笛
秋夜／白萩
國慶日／彭捷
詩二首：（遇、失題）／德星
出發／孫家駿
午寐的秋外一章：（午寐的秋、
　沉船）／黃荷生
零時／瀛濤
古堡／蔡淇津
綠園詩章（一、心律、二、聖
　光、三、情焰）／高小雲

海港月夜／梅其鈞

太陽兩章／劉布

譯詩：

漂鳥集（40—57）／泰戈爾著、
　靡文開譯

・**第 71 期／1955 年 10 月 28 日**・
　星期五

創作：

路燈與百合花：（路燈、百合
　花）／童鍾晉

時鐘的序曲／沉思

距離 —— 致乙・乙／艾笛

湖／德星

觀音山／張效愚

詩二首：（郵差、詩人的奇蹟）
　／思秋

我的歌／向國忠

漂泊／黃荷生

近作三章：（夜、螺與貝殼、
　贈）／覃子豪

・**第 72 期／1955 年 11 月 4 日**・
　星期五

創作：

藍色小海灣的夜曲／羅門

囚鷹／尹力生

星城狂想曲／沉思

山村／彭捷

致安妮／艾笛

偶然／黃荷生

隱憂／曠中玉

斷想／德星

螢／陳榕生

獻給文／梅占魁

沉默／藍橋

我之距離／秋子

願是妳歌中的一個音符 —— 致
　勞軍文藝歌星寒光小姐／旅
　雁

湖上／王玉珏

・**第 73 期／1955 年 11 月 11 日**・
　星期五

創作：

光／沉思

寂寞的語言：（連繫、鐘）／
　德星

思想／瀛濤

河邊／黃荷生

追求／張效愚

雨／王哀

致一夫／方予

潮／寒谷

青空／吳慕適

失落的畫像／騰輝

獨語集：（晚潮、雨季、珠網、
　擱淺、戀歌、獨語）／風鈴
　草

・第 74 期／1955 年 11 月 18 日・
　星期五
創作：
待戰歌／白萩
致楚風／彭捷
自在／楚風
山與雲／德星
鄉村之旅／艾笛
秋／小英
秋之淚／于俠君
螢／梅占魁
四行集：（矛盾、無題）／秦
　松
遙遠的散步／史伍
農村詩草：（蝴蝶、祈禱、回
　憶、楊柳、田舍的風景、雨）
　／瑩星

・第 75 期／1955 年 11 月 25 日・
　星期五
創作：
音樂鄉／沉思
碎石／向明
瑪嘉麗特／曠中玉

歸來！小百靈鳥／艾笛
路程／瀛濤
落花／珍珍
湖畔／趙天儀
懷念／陶海如
晚霞／張銘雄
月／清飛
病中／德星
問 ── 給珠姐／艾笛
溪邊集：（臨溪、小憩、項鍊、
　紅葉、寫在青石上）／羅暉

・第 76 期／1955 年 12 月 2 日・
　星期五
創作：
木香花束（1-5）／蓉子
畫像／沉思
虹／白萩
沉默／彭捷
詩二題：（石子、離）／蔡淇
　津
生日／楚風
夢／艾笛
問歌／瀛濤
舞／德星
詩人的默想／黃荷生
風景／瘂瘂
笑的溫度／劉布

·第 86 期／1956 年 2 月 10 日·
星期五

時間　空間　生命：（1-6）／
　梁雲坡
水上詩：（堤、陰影、現在）
　／林泠
偶作二首：（歷史、夜城）／
　騰輝
遇／白萩
早春的花束／沉思
落葉／甘如薺
初開的梅花／颺箏
懷念／若影
愛之讚禮：（44-55）／艾笛
譯詩：
記憶／EmilyBtonto 作、申強譯

·第 87 期／1956 年 2 月 17 日·
星期五

創作：
沙草輯：（家、車、窗、筆、
　溪）／向明
海峽斷想／彭捷
艦上集：（敲銹、油漆、升旗、
　備戰、慶祝的旗）／梅其鈞
終站／瀛濤
鐘／張效愚
北風／張家支

生命之歌／瓊心
流星／趙天儀
月／鄔榮品
曉星／曙城
愛之禮讚：（56-72）／艾笛

·第 88 期／1956 年 2 月 24 日·
星期五

創作：
九里山／沈池
別／逸凡
漁港／蔡淇津
星子／小英
愛的年齡／黃荷生
藍星／林紹梅
菊花／梅占魁
楓樹的呼喚／立爾
飄落／秦松
別情／羅皓
愛之禮讚：（74-92）／艾笛

·第 89 期／1956 年 3 月 2 日·
星期五

創作：
囚鷹／白萩
久違了！藍星閃動下的綠鎮／
　羅門
圍城／江萍

・第 92 期／1956 年 3 月 23 日・
星期五

創作：

靜靜的海灘／彭捷

詩二首：（近況、童年）／王
　晶心

聽歌有感／艾笛

現在／德星

老松／立爾

寄：（致酒徒、致教徒、致或
　人、致歌女）／張效愚

蓮／梅占魁

詩四章：（因果、影、沉默者、
　中年）／思秋

思親／寒谷

琴弦集：（寄、新生、擁抱、
　生日、距離）／曠中玉

・第 93 期／1956 年 3 月 30 日・
星期五

創作：

詩的白玫瑰：（懷念、殞星、
　真理）／楚風

二月的病人／艾笛

白睡蓮／葛瑀

變奏曲：（感謝、夜曲）／黃
　荷生

弔安平古堡／梅占魁

愛情集：（代價、喚醒）／瀛
　濤

詩二首：（老人的臉、冷酷）
　／蔡淇津

距離、傍晚的家／立爾

盼望／立爾

初春的太陽／趙天儀

歌在春天／秦松

三月的田野／龐百谷

我的歌／清飛

・第 94 期／1956 年 4 月 6 日・
星期五

索橋／彭捷

寫在捷的生日／羅暉

左營詩草：（海風，夜）／瑩
　星

海灣／德星

晨風歌／蘇美怡

遇／梅新

奔月／錦堂

樹／思秋

詩二首：（睡眠、幻）／楊蓁

沙漠中／史伍

山與雲／清飛

流浪／鐵馬

譯詩：

苦難／雪萊原作，郭文圻譯

·第 98 期／1956 年 5 月 4 日·
星期五

創作：

極地／彭捷

沙原輯：（塞上書、遠眺）／
　向明

四月／艾笛

心聲／張效愚

飛翔、春雷／風鈴草

生活小輯：（茶館、舞廳）／
　張默

給芳／陳文理

枯老的花樹／劉安林

覆白萩／趙天儀

五月斷章：（五月、霧晨、鳴
　溪、午雞、玫瑰、星空）／
　羅暉

·第 99 期／1956 年 5 月 1 日·
星期五

創作：

西河輯（三）：（五月絃）／
　林泠

觀仰／白萩

回顧／沉思

蕩舟／葛瑀

天窗吟外一章：（天窗吟、寒
　流）／唐靜予

半島／梅其鈞

藍海寄曲／立爾

失眠／寒谷

譯詩：

朗費羅詩選譯：（四、春天五、
　珠寶深藏海底、六、死亡）
　／念汝

·第 100 期／1956 年 5 月 18 日·
星期五

創作：

今夜滿天的星都藍了 —— 為藍
　星百期刊而作／羅門

詩神的項鍊／彭捷

星群 —— 為藍星一百期而作／
　向明

默想曲／沉思

頌歌／瀛濤

五月的讚歌／德星

肯定的快語 —— 祝藍星百期紀
　念／張效愚

生日三章：（詩的樂章、松的
　希望、自然的歌者）／余檄

論述：

隱藏的奧義 —— 藍星發刊百期
　紀念有感而作／白萩

本刊百期紀念／覃子豪

小啟：

本詩刊百期紀念，舉行作者聯
誼會／本社

·**第 101 期／1956 年 5 月 25 日·**
星期五
創作：
寂寞的夜晚（散文詩）／張秀
亞
月蝕／彭捷
憶幼時／葛珮
夢 ── 給一位朋友／章益新
小竹林的寄語／風鈴草
試二首：（澆愁、露珠）／曠
中玉
給思維塑像／秋心
隙地／寰宇
寄兩章／仰明
詩六章：（潮、溪、雲、露、
湖水、黃昏）／蔡淇津
報導：
本刊聯誼會情況熱烈、各地作
者紛紛來函致賀、作者對本
刊三個建議／本社

·**第 102 期／1956 年 6 月 1 日·**
星期五
創作：
晨之圓舞曲／沉思

五月／彭捷
童話篇：（童話、淚眼）／瀛
濤
夜無眠（散文詩）／余西蘭
意志／張效愚
贈／文綺
期待／姚琥
椰子樹／向國忠
沉思／清飛
懷念草：（一、迎迓，二、午
安，三、哀思，四、海戀，
五、鬱結，六、懷念，七、
別）／艾笛
報導：
各地作者來函祝賀本刊百期紀
念／本社

·**第 103 期／1956 年 6 月 8 日·**
星期五
創作：
藍星 ── 寫在藍星詩刊百期紀
念／蘇美怡
光 ── 祝藍星創刊兩周年／季
平
日記／林泠
別／艾笛
雷雨日（散文詩）／余西蘭
西子灣詩抄：（岩石、遮陽傘、

救生圈、長堤）／白浪萍

自然津／瘂珢

寄／文綺

詩二首：（月、晨天）／松松

譴責二章／泠泠

譯詩：

朗費羅詩選譯：（七、鳥和船、
　八、箭和歌）／念汝

其他：詩訊‧詩簡（五則）

·第 104 期／1956 年 6 月 15 日·
　星期五

創作：

汨羅江上／德星

貝殼／彭捷

給／劉塞雲

等待／白萩

女神的安息／小英

鍛鐵匠／王凝

夜／文綺

秋獵／甘如橄

譯詩：

古爾蒙詩抄：（野薔薇，十月
　的薔薇）／葉泥譯

其他：

代郵（二則）

啟事一則

註：本期刊頭期別誤排為「第

103 期」。

·第 105 期／1956 年 6 月 22 日·
　星期五

創作：

沙草輯：（安魂曲、小店、山
　與雲、悼 Y）／向明

雲的節日／沉思

索橋／葛瑀

答／陳金池

無題三章／王凝

流心／張效愚

海濱眺望／梅占魁

問答篇：（池魚、井）／梅其
　鈞

溪水、青煙／姚琥

懷念草：（八、通路、九、風
　箏與我、十、致白萩、十一、
　致彭捷、十二、晚禱、十三、
　致向明、十四、有訴）／艾
　笛

·第 106 期／1956 年 6 月 29 日·
　星期五

創作：

近作二章：（宮庭的鍍金馬車、
　呵！生命，呵！人類）／羅門

生辰自吟：（感恩 —— 給母親、

河上／阮囊
答艾笛／彭捷
組曲：（靜思、敘景、輝耀）
　／瀛濤
離／艾笛
理想／曠中玉
危崖上／靜予
銀河與孩童的眼睛／王蕾
在正午的太陽下／史伍
山／淇津
報導：
日本詩壇近況／瀛濤

· 第 110 期／1956 年 7 月 30 日·
　星期一
創作：
螢／向明
島／彭捷
禁果／阮囊
仲夏夜／德星
山溪／立爾
夜歌／文綺
梧桐／蘇美怡
小詩二首：（冬雨、夜行人）
　／瘖瘂
醒來／向國忠
八月詩稿：（星馳、憧憬、耳
　朵）／蔡淇津

譯詩：
英國民歌（著者軼名）／念汝
　譯
其他：詩訊三則
啟事：因周五副刊有他用，本
　期改在周一出版

· 第 111 期／1956 年 8 月 3 日·
　星期五
創作：
港／彭捷
動物素描二題：（蝙蝠、蝴蝶）
　／吳望堯
生誕抄／瀛濤
天真／張效愚
日記／于俠君
倦了的雄鷹／王盾
清醒／梅占魁
歷程／季平
避雨／松松
祖國之歌／小禾
燭光／白浪萍
論述：論詩的想像空間／白萩

· 第 112 期／1956 年 8 月 10 日·
　星期五
創作：
夜禱／白萩

落日／亞汀

殞星／德星

寂寞／艾笛

一瞬也永恆／風鈴草

薄倖／靜予

岩石／立爾

雲／雪黎

寄／汀辛

譯詩：

英國詩選（終站／渥爾福、悼
　／司莊、誰見過風／露茜蒂
　女士）／念汝譯

·**第 113 期／1956 年 8 月 17 日**·
星期五

創作：

風之小夜曲／沉思

碑匠／魯威

星夜／阮囊

懷念草：（十五、六月，十六、
　致 W·T，十七、絕裂，十
　八、信，十九、昨夜，二十、
　致小貓）／艾笛

虎月潭／風人

鎮靜／曠中玉

生日／王盾

白鷺／趙天儀

想思曲／崔鎮華

譯詩：

古爾蒙詩抄：（羊齒草、髮）
　／葉泥譯

其他：詩訊二則

（編註：刊頭誤為 103 期。藍
　星刊頭由原石膏像型男性頭
　像，自本期起改用頭上綴滿
　星星的少女素描像）

·**第 114 期／1956 年 8 月 24 日**·
星期五

創作：

睡蓮之吻／沉思

遠航人／彭捷

葬曲：（殘骸、嗚咽、葬列）
　／瀛濤

日月潭／吳望堯

雨底抒情／風鈴草

懷念／王凝

破鏡／于俠君

夜／汀辛

譯詩：

美國詩選（最大的憾事／羅濱
　孫，貝殼／羅愛女士，某女
　士／羅愛女士／鎳幣／娣絲
　黛兒女士）／念汝譯

·第 115 期／1956 年 8 月 31 日·
　星期五

創作：

蛙的詠調／沉思

海·藍天和我／艾笛

我不是畫裡人／阮囊

南行輯：（一、離情、二、旅
　中吟、三、山洪、四、海邊）
　／風鈴草

鈴之戀／文綺

雲／絕雲

詩苗四株：（寂寞、雲、外望、
　預告）／寒谷

客雅溪畔／松松

浣紗集：（流星、小溪、迷途、
　別）／白浪萍

農村詩草：（小溪、橋、小湖、
　椰子樹）／白浪萍

·第 116 期／1956 年 9 月 7 日·
　星期五

創作：

鷹／蘇美怡

守望／阮囊

從寂寞之島歸來／艾笛

雨曲／瀛濤

溪流／曠中玉

小園夜話／風鈴草

尋／念汝

古皿／張寧靜

雲／王凝

蘇醒／向國忠

河濱之夜／梅占魁

友情／余橄

動物詩二題：（奔馬，狼犬）
　／立爾

春歸／冷冷

未題／寒筑

·第 117 期／1956 年 9 月 14 日·
　星期五

創作：

妳是值得驕傲的／吳望堯

今夕何夕／阮囊

靜觀篇：（靜觀、寄與、發問）
　／瀛濤

詩二章：（隱情、靜）／風鈴
　草

獵人／野虹

九行／思秋

短章：（熄燈之什，小河，思
　念，自畫像，月色）／林青

晨港／寒谷

渡頭／史伍

譯詩：

高克多詩選：（舞孃、戲院、

海底之春、藍色的秘密）／
覃子豪譯

·第 118 期／1956 年 9 月 21 日·
星期五
創作：
黛婀娜的風度／沉思
颱風的傑作：（樹、雨）／王
晶心
書簡 —— 覆楚風／德星
詩二題：（無題、晨）／文綺
秋／黃淑華
流星／寰宇
還鄉的憶念／趙天儀
詩兩章：（訊息、夜思）／松
松
譯詩：
英國詩選：（漂泊者之歌／曼
斯菲爾、亨利王／伯列克、
我願化身為一位仙童／葛銳
夫）／念汝譯

·第 119 期／1956 年 9 月 28 日·
星期五
創作：
月光的塑像／沉思
晨霧／林泠
光海／吳望堯

浣紗集：（船、窗、獨語）／
白浪萍
畫夢／王凝
海霧／曠中玉
夜曲：（夜與海、星與燈、夜
之舞）／向國忠
希望／立爾
詩二首、（靜靜的港、海）／
寒谷
淚／星辰
報導：
日本詩訊（三則）／瀛濤

·第 120 期／1956 年 10 月 5 日·
星期五
創作：
思維集：（思維、認識、論理）
／瀛濤
短曲二章：（叩門者、心花）
／沉思
發光的夢／吳望堯
獻給老友聲／阮囊
詩二章：（地層之下、露）／
王關瑜
風／王關瑜
子夜的鐘聲／丁戊己
愛／白明
譯介：

梵樂希詩論／葉泥譯

其他：詩訊三則

・**第 121 期／1956 年 10 月 12
日・星期五**

創作：

海上詩：（孤島、海上）／向
　明

荒村／彭捷

懷念／葛琿

夢之島／黃淑華

鬼屋／吳望堯

落葉／風鈴草

期待／王凝

雨後語／白浪萍

山居二題：（夜雨、凝立）／
　寒筑

長途列車／雪飛

譯介：

詩人譯詩／念汝彙譯

・**第 122 期／1956 年 10 月 19
日・星期五**

創作：

陽光／張秀亞

珊蒂／吳望堯

押給海的水手／阮囊

火燄／王關瑜

瑪莉 ── 給 R／瀛濤

期待／德星

中世紀的夢：（弔古堡、弔古
　戰場）／張寧靜

無題／立爾

秋／劉安林

波光／黎離

六行小吟：（芭蕉樹、眼神）
　／余橄

晨曲／季平

斗室的幻想／白浪萍

（編按：本期期別誤排為 121
　期）

・**第 123 期／1956 年 11 月 2 日・
星期五**

創作：

蘆葦／白萩

霧／吳望堯

海／王關瑜

日月潭之旅／風鈴草

短詩三題：（馬、夜雨、秋）
　／蘇美怡

記憶篇：（噴泉、亭、夜百合）
　／阜東

譯詩：

日本戰後詩訊選譯（一）金井
　直，一、孤兒，二、貝殼與

耳朵，三、落下）／瀛濤

譯介：

梵樂希詩論／葉泥譯

其他：詩訊三則

（註：本期原該 10 月 26 日見
報，因故延一周出刊。）

・第 124 期／1956 年 11 月 16
日・星期五

創作：

憂歡之歌／羅門

城市／吳望堯

櫻桃／阮囊

根／王關瑜

海／靜予

按摩者／梅占魁

生日／立爾

無題／陳元潭

黃昏／寒谷

譯詩：

泰戈爾詩三篇：

（一）小天使／文開譯自新月
集

（二）來源／榴麗譯自新月集

（三）可惡的郵差／鳳麗譯自
新月集

（註：本期應 11 月 9 日見報，
因故延一周出刊。）

・第 125 期／1956 年 11 月 23
日・星期五

創作：

聖火與冰壘／阮囊

南下列車／洪允珠

百合花／葛琊

白色的篇幅／文綺

繁星／靜予

夜與貓／阜東

無題／周夢蝶

心之路／邑人

寂寞之歌／谷芳

貝殼／寒谷

譯介：

榮獲 1956 年諾貝爾文學獎金
的季買來斯生平及其著作

其他：詩訊三則

・第 126 期／1956 年 11 月 30
日・星期五

創作：

安魂曲 —— 弔匈牙利的英魂／
立爾

秋之變奏曲／吳望堯

有訴／艾笛

落日／王關瑜

衰草／德星

冬日小唱／風鈴草

雨夜／林青

日記／曠中玉

流星／冷冷

雨夜／邑人

晨曲／季平

十二月的獨步／青芬

山居吟／沙濤

無言的握手／冷冷

報導：

日本詩壇報告（一、詩誌日本
　詩人特集號，二、一○○人
　的詩人，三、緒方昇的詩集
　《天下》）／吳瀛濤

·第 127 期／1956 年 12 月 7 日·
　星期五

創作：

祈禱／沉思

夜思／艾笛

萬靈的膜拜／一夫

冬夜／向國忠

短笛二首：（牧童的懷念、牧
　者）／楓堤

論述：

我所欣賞的泰戈爾詩／鄭清茂

其他：詩訊三則

·第 128 期／1956 年 12 月 14
　日·星期五

創作：

浣女／阮囊

眸光／王關瑜

贖罪篇：（脫落、孤默、贖罪）
　／瀛濤

火星／吳望堯

邂逅／阜東

譯詩：

美國詩選（比爾和詹姆／亞
　當、午後小立山崗／糜蕾、
　孤獨／伊利莎白·巴穆）／
　念汝譯

譯介：

波特萊爾的作品／佐藤朔作·
　葉泥譯

其他：

詩訊一則

啟事一則／編者

·第 129 期／1956 年 12 月 21
　日·星期五

創作：

山和山／江萍

聖誕紅／葛珮

醉歸／羅暉

那一刻／林子

大海的夢／王關瑜
蠟燭／梅占魁
賀片年／泠泠
影的期待／憂憂
安魂曲／沙濤
有感 —— 題贈史特勞斯／青芬
譯介：
波特萊爾的作品（二）／佐藤
　朔作，葉泥譯

·第 130 期／1956 年 12 月 27
　日·星期四
創作：
聖誕紅／彭捷
葬曲／沉思
真實／林子
虹／王關瑜
二十四歲／風鈴草
悲的插畫／岸三津子
日月潭醉夜曲／立爾
詩二首：（小溪的影子、偶然）
　／松松
譯介：
波特萊爾的作品（三）／佐藤
　朔作‧葉泥譯
其他：詩訊三則

·第 131 期／1957 年 1 月 4 日·
　星期五
創作：
路／彭捷
雲／王關瑜
因風草：（給小白貓、野馬）
　／德星
黃昏／星辰
小流星／阜東
愁／黎離
燈／季平
悲劇的角色／泠泠
虹／唐劍霞
相遇／青芬
殘夢／阜東
報導：
　日本戰後詩壇年表：（一、
　創刊誌，二、復刊誌，三、
　受獎，四、亡故詩人，五、
　詩會結成，六、訪日詩人，
　七、國際詩會）／瀛濤
其他：詩訊一則

·第 132 期／1957 年 1 月 11 日·
　星期五
創作：
給洛利之一／白萩
殘棋／吳望堯

寂寞的心／林子

詩兩首：（算盤、霧）／施薇

春／文綺

寂寞／阜東

工業城抒情：（煙囪、電桿、
　火車）／梅其鈞

出發／游曉洋

有訴／葉夢予

詩人日記：（十二月、淚訴）
　／楊正武

夜雨三章／曼子

秋之弦：（環堤、絕望、窗和
　月）／江嵐

·第 133 期／1957 年 1 月 18 日·
　星期五

創作：

星沙輯：（雨天書、一月的唱
　嘆）／向明

山與星 —— 給洛利之三／白萩

請飲我以烈酒／林子

紅色多瑙河／梅占魁

祝福你！孩子／羅暉

灰色的霧／周曼君

石膏像／立爾

黃昏的港／葉夢予

寂寞的語言：（雨天、年表）
　／楚風

沉澱／阜東

詩兩首：（葡萄、路）／游曉
　洋

消息／唐劍霞

巴士站上的少女／陳郊

·第 134 期／1957 年 1 月 25 日·
　星期五

創作：

燈 —— 給洛利之四／白萩

審判／阮囊

月／游曉洋

瑪莉 —— 給 R·2／瀛濤

捕夢的人／王關瑜

遊魂／野虹

遺忘症／黎離

獨語／阜東

野花／唐劍霞

竹／冷冷

路／季平

懷念／冷心

晨之歌手／寒谷

噴射機／吳望堯

藍燈下的絮語／白浪萍

·第 135 期／1957 年 2 月 8 日·
　星期五

創作：

焚心／阮囊

終曲／林子

搖籃邊草：（微笑、自娛、互語、
　看我、凝神、安眠）／羅暉

有贈二章：（裸立者 —— 給德
　星・兀石 —— 給王凝）／辛
　鬱

母親／王關瑜

黃昏／光時

爐邊／陳郊

晨霧／阜東

尋覓／黎離

（註：本期原應 2 月 1 日見報，
　因故延後一周出刊。）

・第 136 期／1957 年 2 月 15 日・
　星期五

創作：

威尼斯幻想曲／吳望堯

橋／周忠楷

昆蟲篇：（蟬、螳螂、螢、蟋
　蟀）／梅占魁

致德星／江嵐

詩二首：（孤樹、浮萍）／施
　薇

晚安／游曉洋

火車上／野虹

流星／陳郊

未來／瀛春

譯詩：

柯瑞恩詩選：（一、追尋地平線
　的人，二、金球，三、工人，
　四、我佇立在高地，五、聞人，
　六、著者簡介）／念汝譯

・第 137 期／1957 年 2 月 22 日・
　星期五

創作：

臨海輯：（沙灘、晝）／向明

爐邊／沉思

眼淚／瑩星

瑪琍／吳瀛濤

守候／風鈴草

懷念 —— 致向明／江嵐

遙祝 —— 為捷姐的生日而作／
　蘇美怡

吓！酒不烈／羅暉

誓／立爾

夜・羅曼斯／游曉祥

雨的斷想／阜東

成熟的果實／楊正武

・第 138 期／1957 年 3 月 1 日・
　星期五

創作：

生辰掇拾／彭捷

螢和星 —— 給藍星詩社／小惠

給螢兒／林青

春望／游曉洋

飛馳的心／光時

春之聲 —— 再致史特勞斯／青
　芬

譯詩：

泰戈爾詩三篇／糜文開譯

其他：詩訊二則

・第 142 期／1957 年 3 月 29 日・
星期五

創作：

繭／彭捷

船長／魯穆

幻滅的昨日／王關瑜

搜尋／于而

杜鵑花／周忠楷

橋／游曉洋

未完的詩篇／陳建唐

霧／余橄

魔瓶兒／蔓子

風雲雷雨／蘇美怡

譯詩：

晨之鳥／泰戈爾作・糜文開譯

報導：

日本詩界消息：（一、詩的祭
　典，二、詩的歌唱，三、母

親的詩會）／吳瀛濤

其他：詩訊二則

・第 143 期／1957 年 4 月 5 日・
星期五

創作：

拾穗集：（影子、電影、霧）
　／黃騰輝

流星／羅暉

沙漠裡的風暴／楚風

醒及其他：（醒、妳別再說）
　／辛鬱

春晨／風鈴草

船 —— 致林菁／陌客

畫面／于而

鴿鈴／冷冷

寂寞外一章：（寂寞、等待）
　／野虹

給冷漠的人／藍冰

祈禱／徐及人

雨夜／麗君

沉默／也路

其他：詩訊二則

・第 144 期／1957 年 4 月 12 日・
星期五

創作：

梨／沉思

郊遊／葛瑉

初吻／德星

日記一束：（蓓蕾、甘露、期
　　待、給、影子、渴望）／楊
　　正武

夜花園／白浪萍

母親／蘇美怡

初春／陌客

臨風吟／風鈴草

誘惑／石銳

落葉束：（落葉、夜空）／浮
　　茵

生之旅／唐劍霞

其他：詩訊一則

·第 145 期／1957 年 4 月 19 日·
　　星期五

創作：

墓地／沉思

銅馬／張效愚

時間在催促你／蘇美怡

宇宙說／吳慕適

繁星輯：（隕星、愛憂鬱的小
　　星、金星）／傅越

月／王關瑜

生日／秋月

銅獅／立爾

雨天／游曉洋

行雲與湖 —— 寄凌公僉兄／張
　　人衡

夜貓／游牧

贈品／唐劍霞

嘆息／吳慕適

剩餘／余橄

無題／前國

·第 146 期／1957 年 4 月 26 日·
　　星期五

創作：

紫籐／彭捷

海南之夜／蘇美怡

靜／張效愚

日記三章：（生日、夜之風景、
　　季感）／葉鬱予

新的感覺／野虹

小巷跫音／阜東

三短章：（太陽·星星、時間、
　　雲）／清飛

島／泠泠

思母／林青

燈塔／劉布

春雨外一章：（春雨、遠了！
　　那是往事）／葉珊

·第 147 期／1957 年 5 月 3 日·
　　星期五

創作：

海‧船‧我的歌／一夫

一支歌／風鈴草

落葉／游曉洋

秋夜／蘇美怡

晨間漫步／王關瑜

思念集：（葉落、渴望）／楊
　正武

金車馬／林青

友情草 —— 給麗卿／向國忠

北斗星／白地沙

短章二首：（鳥與樹、波）／
　陌客

其他：詩訊三則

·第 148 期／1957 年 5 月 10 日·
　星期五

創作：

日出／沉思

黃昏／蔡幸子

夢境／蘇美怡

海洋詩二首：（海墓、海莊）
　／瀛濤

開過的花朵／游曉洋

三月底島／彩羽

海與天空／吳慕適

蜘蛛／施薇

夜市／立爾

懷念 —— 致泠泠／徐及人

小詩二首：（夢、女病人）／
　俊宏

期望／麻振彪

在你面目的光彩之中／青芬

微風集：（晚霞、花、海）／
　唐劍霞

·第 149 期／1957 年 5 月 17 日·
　星期五

創作：

宇宙的墳場／吳望堯

塑像／彭捷

蟲鳴／王關瑜

寄海上獵者／葉鬱予

醉後／梅其鈞

銅馬／立爾

詩二首：（遠眺、預言）／吳
　慕適

島和夢：（島、夢）／寒谷

絮花集：（落日、鯨、木棉、
　斷虹、海岸、白鵝）／施薇

其他：詩訊一則

·第 150 期／1957 年 5 月 24 日·
　星期五

創作：

季候病／瘂弦

投宿／阮囊
夏夜／風鈴草
墓／游曉洋
蝶與貓／蘇美怡
我要／周夢蝶
思念集：（畫像、晚安）／楊
　正武
黃昏／阜東
五月的斷想／葉鬱予
炊煙／松松

·第 151 期／1957 年 5 月 31 日·
　星期五
創作：
五月夜／彭捷
雨·風·小貓及我／艾笛
詩四章：（燈下、窗外樹、友
　情的花藍、災難的奔流）／
　陌客
回憶／蘇美怡
銀鳥／王瑜
五月／阜東
暗溪／立爾
河濱之夜／王玉珏
新竹素描／陶仲德
椰樹外一章：（椰樹、夜港）
　／牧子
其他：詩訊二則

·第 152 期／1957 年 6 月 7 日·
　星期五
創作：
祈禱／徐及人
雲／黎離
有贈／王舒
向藝術搖頭 —— 為梵谷傳在合
　中祇有兩天的命運而作／張
　效愚
靜靜的夜／蘇美怡
別南投／唐劍霞
四月的黃昏／謝輝煌
晚禱／風鈴草
譯詩：
生命二題：（生命的滿林、生
　命的溪流）／泰戈爾著，糜
　文開譯
其他：詩訊七則

·第 153 期／1957 年 6 月 14 日·
　星期五
創作：
大藍星座的誕生／吳望堯
渺小的守護兵 —— 為藍星壽／
　鄧禹平
新星座／彭捷
八行 —— 祝藍星三週年紀念／

張效愚

六月的果園 —— 藍星三週年紀
　念

群星會 —— 祝藍星三週年紀念
　／蘇美怡

論述：

感言／夏菁

獻詞／吳瀛濤

本刊三週年／覃子豪

其他：

小啟（預告三週年紀念會，定
　6 月 16 日假青年服務社舉
　行）／編者

（註：本期為慶祝藍星三週年
　詩文；本期起刊頭改換為一
　男士倚樹坐地觀星素描。）

·第 154 期／1957 年 6 月 21 日·
　星期五

創作：

愛的復活／張秀亞

嚮往／葛琲

帶歌的箭／楊正武

投影／黎離

歸來／牧子

報導：

本刊三週年紀念大會紀盛

賀函一束

·第 155 期／1957 年 6 月 28 日·
　星期五

創作：

星之光‧詩之蕊／詩蕊

心願 —— 赴藍星三週年紀念感
　／李西凌

起點／劉杰

期待 —— 盡星紀念會後所感／
　張津茂

祝歌／吳瀛濤

霧／周夢蝶

路口／吳慕適

夜車／藍冰

愛的禮讚：（93-104）／艾笛

報導：

本刊三週年紀念賀函一束

其他：詩訊二則

·第 156 期／1957 年 7 月 5 日·
　星期五

午寐／余光中

祭品 —— 給玉梅／德星

窗／風鈴草

思念集：（鳴溪、沉默、幽谷）
　／楊正武

最後一顆星／游曉洋

懷念的公園／瑩星

半圓月／梅其鈞
可愛的陌生人／何瑞雄
迷惑／雪飛
枯井／唐劍霞
孤獨／殘笛
雨夜／陶鴻耀
其他：詩訊二則

·第 157 期／1957 年 7 月 12 日·
星期五
創作：
水晶球／吳望堯
六月·雪線／阮囊
三月／羅暉
愛的禮讚：（105-114）／艾笛
白蓮／蘇美怡
青鳥／吳慕適
玫瑰／游曉洋
門的邏輯／青芬
石膏像／游曉洋
其他：藍星詩選出版預告

·第 158 期／1957 年 7 月 19 日·
星期五
創作：
贈沉思 —— 寫於她的結婚典禮
　／蓉子
航／風鈴草

我的世界／一夫
雞毛店 —— 西南行腳追憶之一
　／張效愚
消息／周夢蝶
田野二章：（小麥、大豆）／
　陌客
鳥和樹／王關瑜
詩二章：（斷想、美的日記）
　／葉鬱予
海與我／黎離
樹／季平
懷念／艾予
譯詩：
雨正降落／葛羅斯作·何瑞雄
　譯

·第 159 期／1957 年 7 月 26 日·
星期五
創作：
歸／沉思
遙遠的催眠／丁戊己
牧女／王關瑜
愛之禮讚：（115-120）／艾笛
構圖／湖邊月
雨／陌客
晚窗／寒谷
古寺與黃昏／唐劍霞
虹／黎離

湖濱的故事／青芬

詩二首：（柵欄外、雲）／古
　丁

晨／楊正武

其他：啟事一則／編者

・第 160 期／1957 年 8 月 2 日・
　星期五

創作：

季節的鳴奏：（夏、秋、冬、
　春）／王祿松

寂寞的小花園／風鈴草

趕巴士的夜晚／梅其鈞

有一個夜晚／余玉書

詩的創作觀／吳慕適

女神／艾予

詩二首：（出航、古帆之夢）
　／曼子

小詩二首：（虹、夢回）／冷
　心

愛之禮讚、（121—126）／艾
　笛

・第 161 期／1957 年 8 月 9 日・
　星期五

創作：

懷念／梁雲坡

夜醉／夏菁

賽馬者／吳望堯

等候／黃用

預言／余光中

星空／季予

大海二章：（海上、碧海黎明）
　／王祿松

有訴／艾予

夜港／王漢文

譯詩：

流浪者之歌／約翰・梅士菲爾
　作，許國衡譯

論述：

誰才配發出「詩亡」之歎？／
　黃用

其他：啟事一則：（自本期起
　由余光中主編本刊）／覃子
　豪

・第 162 期／1957 年 8 月 16 日・
　星期五

創作：

我打今天走過：（晨、午、暮、
　夜）／巴雷

航向黎明 ── 聽交響樂／黃用

夢之惧／梁雲坡

夢／艾予

樹／艾予

囚／唐劍霞

給美子／夢影

夜的七月 —— 給紀子之一／青
　芬

我的詩／馬丁

詩底旅次／艾予

論述：

論數字與詩／光中

其他：小啟二則／編者

·第 163 期／1957 年 8 月 23 日·
　星期五

創作：

海邊／鍾鼎文

午寐／夏菁

穿越世紀的風雨／黃用

字紙簍／余光中

黎明萬歲／王祿松

呢喃沙沙／阮囊

七月的黃昏／風鈴草

時間／唐劍霞

港渡／葉珊

賭場／若影

野火 —— 給紀子之二

論述：

略談詩中的「頓」（上）／黃
　用

其他：詩訊三則

·第 164 期／1957 年 8 月 30 日·
　星期五

創作：

詩二首：（智慧的短曲、眼）
　／羅門

末班車上／風鈴草

花廊／阮囊

憂鬱的意念／葉珊

戀曲之後 —— 給紀子之三／青
　芬

春／光中

鋼琴四重奏／石銳

論述：

略談詩中的「頓」（中）／黃
　用

其他：覃子豪主編的《藍星詩
　選》第一輯出版及目錄

·第 165 期／1957 年 9 月 6 日·
　星期五

創作：

歌／瘂弦

河燈／阮囊

無聲的言語／梅占魁

老站長和他的小車站／梁雲坡

青葉集：（雨季）／艾予

懷念／葉珊

仲夏夢曲／陌客

我的詩／唐劍霞

八月的戀曲：（再見！花蓮、
　海上月昇、森林里）／東陽

論述：

略談詩中的「頓」（下）／黃
　用

其他：

詩訊三則

**・第 166 期／1957 年 9 月 13 日・
　星期五**

創作：

紀念／黃用

船中之鼠／瘂弦

秋／張秀亞

夢土外／阮囊

屍骸之舞／吳望堯

城／向明

造像／梅占魁

讓／周夢蝶

詩的懷念／寒筑

論述：

新詩非白話詩／余光中

其他：小詩訊二則

**・第 167 期／1957 年 9 月 30 日・
　星期五**

重逢／黃用

天問／梅占魁

將軍令／王祿松

寄埋葬了的浪者／艾予

庭前／唐劍霞

七月的憂鬱／夢影

論述：

談詩中的哲理／夏菁

其他：詩訊五則

**・第 168 期／1957 年 9 月 27 日・
　星期五**

創作：

傳統／葉珊

蟑螂／夏菁

島／吳望堯

哀歌／超然

想／黃用

採礦夫／湘子

水手的歌／王關瑜

冬天裡的春天／周夢蝶

譯詩：

當姐妹倆去涉水時／泰戈爾
　作・裴普賢譯

論述：

「歐化」與「現代化」／黃用

其他：詩訊三則

品種／EmilyDickinson 作，光
　中譯
論述：
排除「低級的圖畫性」！／黃
　用
其他：詩訊二則

・**第 173 期／1957 年 11 月 15
　日・星期五**
創作：
苦思與苦思者／金狄
雕龍盃／阮囊
悲劇／超然
歸來／葉珊
日曆的笑渦 ── 教官的一頁生
　活日記／王祿松
日本蘋果的憂悒／吳望堯
最最緊要的是／周夢蝶
論述：
再談「詩與詩人」／夏菁
其他：詩訊五則

・**第 174 期／1957 年 11 月 15
　日・星期五**
創作：
別跟我一樣／金狄
迷境／辛鬱
故事／超然

十二月／葉珊
雲／唐劍霞
拾穗／馬漢
論述：
丹麥作家林德曼／光中
其他：介紹覃子豪主編〈藍星
　　　詩選〉第二輯

・**第 175 期／1957 年 11 月 22
　日・星期五**
創作：
最後的辯論／吳望堯
埃佛勒斯峰／向明
落葉／葉珊
煙斗邊沿／阮囊
裸女／金狄
季感／艾予
秋／松松
孤岩／A
九月／梅其鈞
聖善的詛咒／周夢蝶
捕鯨人／湘子
蛾／唐劍霞
譯述：
難懂的詩／艾略特作，余光中
　譯
其他：詩訊五則

・**第 176 期／1957 年 11 月 29 日・星期五**

創：

從冬夜歸來／吳望堯

蝸步／唐劍霞

你在橋上／葉珊

魔瓶／阮囊

夜約／青芬

十二月的獨步／艾予

秋的蹤跡／蕭憶

論述：

論難懂的詩／覃子豪

其他：詩訊三則

・**第 177 期／1957 年 12 月 6 日・星期五**

創作：

歸航曲／艾予

港的苦悶／葉珊

小步舞曲／金狄

屬／黃用

火焰之海／王祿松

晚風吻熄了燭光／彭捷

虹／劍霞

黑蜘蛛／湘子

小小的城／蕭憶

眼的錯覺／吳望堯

論述：

詩的奧秘與晦澀／黃用

其他：詩訊四則

・**第 178 期／1957 年 12 月 13 日・星期五**

創作：

兀鷹的沉默／唐劍霞

我航行於火星的運河／吳望堯

第一班車／周夢蝶

琴弓／黃用

給羅門／金狄

請柬／沉思

落寞的陽春／葉珊

玫瑰小徑／青芬

譯介：

詩與哲學（上）／艾略特作，
  余光中譯

其他：詩訊二則

・**第 179 期／1957 年 12 月 20 日・星期五**

創作：

落日／向明

陣中日記一輯：（旱象、十二
  月一日、車轍、素描）／辛
  鬱

殞落／起任

冷盞／阮囊

欣賞／唐劍霞

聖誕鐘聲／沉思

輓詩／周夢蝶

藩離／彭捷

秋雨／蕭憶

譯介：

詩與哲學（下）／艾略特作，

　余光中譯

其他：詩訊三則

・第 180 期／1957 年 12 月 31

　日・星期二

創作：

憂鬱解剖學／吳望堯

廿世紀的無聊者／羅門

夜思／起任

昔日的／羅曼

初冬吟／語若

殞星／唐劍霞

金色洋中／敻虹

夜遊詩／王祿松

收穫季／古丁

夜窗／陌客

論述：

新詩幾個特色的討論（上）／

　黃用

其他：

詩訊六則

小啟（延期出版，謹致歉意。）

・第 181 期／1958 年 1 月 5 日・

　星期日

創作：

家譜／阮囊

遙遠的抒情／唐劍霞

蔗花／葉珊

贈別西麗亞／起任

瓶形的夢／青芬

畸戀（一～四）／周夢蝶

論述：

新詩幾個特色的討論（中）／

　黃用

其他：詩訊六則

註：本期因上期延誤而延期至

　星期日見報。

・第 182 期／1958 年 1 月 10 日・

　星期五

創作：

浪人和他的懷念／葉珊

外景／千武

蝙蝠／羅曼

走過木橋／敻虹

找不著星星／起任

拾荒的孩子／梅占魁

年青人／語若

春夢／張健

十二月／東陽

秋／東陽

論述：

新詩幾個特色的討論（下）／
　黃用

其他：詩訊二則

・第 183 期／1958 年 1 月 17 日・
　星期五

創作：

冬・遙遠／東陽

安吉尼之死／許國衡

默契／周夢蝶

賣茶葉蛋的人／金狄

再白／敻虹

譯詩：

晚禱鐘／希梅納斯作，黃用譯

論述：

「詩的解剖」序／覃子豪

其他：詩訊二則

・第 184 期／1958 年 1 月 24 日・
　星期五

創作：

山／超然

大考前夕／黃用

蹦躅／唐劍霞

三思／阮囊

鄉村日記／沉思

荒塚／艾予

譯介：

詩 的 三 型 （ 一 ） ／ AllenTate
　作，余光中譯

其他：詩訊五則

・第 185 期／1958 年 1 月 31 日・
　星期五

創作：

歲末詩輯：（聖日獻書、窗前、
　群像、四行）／辛鬱

沉重的腳步／唐劍霞

夢／敻虹

雪地上／東陽

花／王祿松

一朵晚雲／淑琴

冬眠／梅占魁

排球賽／張健

譯介：

詩 的 三 型 （ 二 ） ／ AllenTate
　作，余光中譯

其他：詩訊四則

・第 186 期／1958 年 2 月 7 日・
　星期五

創作：

音樂／瘂弦

睡醒之間／吳望堯

梅山夜旅／超然

雨夜／唐劍霞

船沉後／敻虹

午後的風景／千武

湖／王祿松

譯介：

詩的三型（三）／AllenTate
　　作，余光中譯

其他：詩訊五則

·第 187 期／1958 年 2 月 14 日·
　星期五

創作：

晚禱／張秀亞

題畫詩 ── 題所繪「歸宿」／
　　梁雲坡

水手的鄉愁／東陽

寂／許國衡

設／黃用

十一月份／葉珊

昨夜遇見你／敻虹

港邊夜話／風鈴草

火山／許國衡

譯介：

詩的三型（四）／AllenTate
　　作，余光中譯

其他：詩訊三則

·第 188 期／1958 年 2 月 28 日·
　星期五

創作：

未定稿：（冬的感知、黃昏中、
　　仲夏夢、夜曲）／辛鬱

懷人（一）／起任

假期／張健

九月／綠笛

不速之客／梅占魁

小綿羊／敻虹

或人的醉歌／唐劍霞

失眠夜／湘子

譯介：

詩的三型（五）／AllenTate
　　作，余光中譯

其他：詩訊三則

·第 189 期／1958 年 3 月 6 日·
　星期四

創作：

二章：（狂歌、燈蛾）／敻虹

喜劇／辛鬱

散步／語若

劫掠者外一章：（劫掠者、鄉
　　音）／葉珊

懷人（二）／起任

秋／王舒

海‧相思／王祿松

譯著：

詩的三型（六）／AllenTate
　　作，余光中譯

其他：詩訊六則

（註：因主編余光中偕夫人往
　　中南部遊歷並訪問詩友，本
　　期由詩人黃用代編並提前於
　　星期四出刊。）

‧第 190 期／1958 年 3 月 14 日‧
　星期五

創作：

雪地／沙牧

重逢／許國衡

碑／唐劍霞

夢／起任

鄉愁／東陽

斷橋在霧中（題畫）／敻虹

春／千武

黃昏湖畔／淑琴

譯介：

詩的三型（七）／AllenTate
　　作，余光中譯

其他：詩訊六則

‧第 191 期／1958 年 3 月 23 日‧
　星期日

創作：

燭焰／向明

半片陰影／唐劍霞

漂流／東陽

生命之謎／梁雲坡

因為／起任

上弦月／青芬

出航／梅占魁

賭徒／曠野

歸鄉／千武

收穫集：（秋的祭別、成熟）
　　／浮茵

譯介：

詩的三型（八）／AllenTate
　　作，余光中譯

其他：

詩訊四則

‧第 192 期／1958 年 3 月 28 日‧
　星期五

創作：

夜空／洛夫

圍城／向明

漂流／葉珊

書桌前／張健

午睡／張健

今與昔／蕭佑安

聽笑／起任

譯介:

詩的三型(九)／AllenTate
　　作,余光中譯

其他:詩訊六則

・第 193 期／1958 年 4 月 4 日・
　星期五

創作:

馬戲的小丑／瘂弦

瘋狂七行／黃用

吊橋‧夜‧我／超然

贈靈感／夐虹

考試／張健

戰場上／東陽

寂莫／寒筑

不可思議的銀夜／青芬

乘除／周夢蝶

譯介:

詩的三型(十)／AllenTate
　　作,余光中譯

其他:詩訊三則

・第 194 期／1958 年 4 月 11 日・
　星期五

創作:

賭場／瘂弦

消息／葉珊

雪／唐劍霞

夜城的喪曲／羅門

戔箋／夐虹

風／超然

影子／起任

船沉後／夐虹

譯介:

詩的三型(十一)／AllenTate
　　作,余光中譯

其他:詩訊六則

・第 195 期／1958 年 4 月 20 日・
　星期日

創作:

夜／超然

琴／彭捷

覓／唐劍霞

童話／阮囊

課堂上／許國衡

學／起任

恍惚／張健

擁抱／周夢蝶

枯井／風鈴草

論述:

法蘭西詩選緒論(一)／覃子
　　豪

其他:詩訊四則

·第 196 期／1958 年 4 月 25 日·
星期五

創作：

夜都市的走廊上／吳望堯

京城／瘂弦

寄黃用／葉珊

死／敻虹

無詩的日子／超然

環蝕／彭捷

床上之歌／張健

論述：

法蘭西詩選緒論（二）／覃子
豪

其他：詩訊六則

·第 197 期／1958 年 5 月 4 日·
星期日

創作：

葵沙白的素描／吳望堯

沙／唐劍霞

近作輯：（錯覺、霧中、失蹤
的海）／辛鬱

搗星者 —— 致楚風／向明

五月／王舒

遠眺／沉思

幻／許國衡

論述：

法蘭西詩選緒論（三）／覃子
豪

其他：詩訊三則

·第 198 期／1958 年 5 月 16 日·
星期五

創作：

苦苓林的一夜／瘂弦

朱雀／葉珊

螢／何瑞雄

海上／東陽

街頭的陣雨／許國衡

野火／風鈴草

論述：

法蘭西詩選緒論（四）／覃子
豪

其他：詩訊六則

·第 199 期／1958 年 5 月 23 日·
星期五

創作：

給恩芬天奴／羅門

芒鞋集：（季雨、無聲、天邊）
／唐劍霞

噴泉／葉珊

陣蚊／沛然

隕星／敻虹

月光曲／湜人

登山／沉思

春的原野／古丁

論述：

法蘭西詩選緒論（五）／覃子
　豪

其他：詩訊四則

·第 200 期／1958 年 6 月 1 日·
　星期日

創作：

無名的歌／瘂弦

優曇華／黃用

美神的塑像／吳望堯

失／金狄

曙光／羅門

藍星 —— 為藍星二百期而作／
　向明

論述：

藍星二百期感言／本社

其他：詩訊六則

註：為配合藍星詩社今天慶祝
　本刊二百期，二百期特刊改
　在今（星期日）出刊。

藍星刊頭自本期起改用楊英風
　設計之一敏感之手攀摘一熠
　熠藍星形狀的藍星詩獎鍍金
　浮彫圖案。

·第 201 期／1958 年 6 月 6 日·
　星期五

創作：

春遲／洛夫

春／辛鬱

印象／阮囊

時間／游曉祥

正午感覺／徐沖

古井／松松

在旅途中／王舒

報導：

二百期慶祝會記盛／本社

其他：詩訊六則

·第 202 期／1958 年 6 月 15 日·
　星期日

創作：

野地上／向明

珍珠港／吳望堯

晚紅／白浪萍

夜行／許國衡

創傷‧昨天／張健

李子園／生甦

論述：

法蘭西詩選緒論（六）／覃子
　豪

其他：詩訊六則

·第 203 期／1958 年 6 月 20 日·
　星期五
創作：
憶你在雨季／夐虹
長廊／向明
愛的點數 —— 給若子／白萩
除夕／周夢蝶
夢／東陽
憂鬱／白蘋
論述：
狄瑾蓀的詩／余光中
其他：詩訊五則

·第 204 期／1958 年 7 月 6 日·
　星期日
創作：
曲線／阮囊
午之焚／葉珊
春夜／白浪萍
弔溫溫／夐虹
孤獨國／周夢蝶
老鼠／張健
蝌蚪的夢／許國衡
滯／張健
論述：
經驗的轉化／黃用
其他：詩訊四則

·第 205 期／1958 年 7 月 13 日·
　星期日
創作：
隣／張健
煙波／阮囊
足印／葉珊
贈歌集：（致青鳥、問鷗、主
　題、再給柳笛、末題 —— 擬
　給自己）／辛鬱
六月／白浪萍
出發／秦松
論述：
新詩的前途 —— 藍星週刊二百
　期慶祝會祝辭／梁實秋
其他：詩訊四則

·第 206 期／1958 年 7 月 20 日·
　星期日
創作：
囚／張健
廢墟的巡禮／光中
默念：（上唇章、下唇章）／
　阮囊
最後的消息／羅門
賭徒／曠野
五月的斷想／東陽
暮煙／白浪萍
鄉愁／摩夫

論述：

蘭尼爾的生平／余光中

其他：詩訊五則

・**第 207 期／1958 年 7 月 27 日**・

　星期日

（編按：公論報誤植星期一）

創作：

涅盤 ── 阮囊

懂／張健

微醉／葉珊

熱・漲／摩夫

墓原上／白浪萍

悲歌 ── 致占魁／曠野

遠航／湘子

夜雨／秦松

壺／游曉洋

論述：

兩點矛盾（上）／余光中

其他：詩訊四則

・**第 208 期／1958 年 8 月 10 日**・

　星期日

創作：

巴黎／瘂弦

有巢氏／吳望堯

死春・失戀／碧果

葡萄園／方平

電影院中／張健

正覺／阮囊

霧的港口／白浪萍

相聚與分離／鏡中人

論述：

兩點矛盾（下）／余光中

其他：詩訊六則

・**第 209 期／1958 年 8 月 15 日**・

　星期五

創作：

一舞／黃用

七月／向明

芒鞋／阮囊

一朵拈笑／唐劍霞

風暴／夐虹

禁園／方莘

靜夜・我／張健

論述：

氣質決定風格（一）／夏菁

其他：詩訊八則

・**第 210 期／1958 年 8 月 24 日**・

　星期日

創作：

白馬的解釋／吳望堯

煙蒂／阮囊

力／張健

秋・看這個人／碧果

在路上／周夢蝶

失／摩夫

拾行／生甦

論述：

氣質決定風格（二）／夏菁

其他：詩訊六則

金戒指／摩夫

刺籬／日英

論述：

氣質決定風格（三）／夏菁

其他：詩訊五則

·第 211 期／1958 年 8 月 29 日·

星期五

創作：

虐待／黃用

狂想派畫家／阮囊

覆／張健

吊橋／羅門

憩／許國衡

距離／彥一貝

久雨／東陽

銘謝：本編目之《藍星週刊》

除大部分為自藏本外，特感

謝梅占魁、麥穗、曾進豐、

張默、王慈憶等先進，以及

《創世紀詩刊》提供之補充

資料。

附錄二：《藍星宜蘭分版》目錄
（1 至 7 期，缺第 6 期）

附錄三：《藍星詩選》目錄

附錄四：《藍星詩頁》目錄

逍遙／張健

寄意／謝璞

雨季／蔡茂雄

譯詩：

美國詩選：（眼）／Robinson
　　Jeffers 作・念汝譯

論述：

第五年／未具名（按：應為社
　　論）

為藍星詩社五週年紀念而寫／
　　羅門

願望與祝福／向明

批評與自勵／張效愚

其他：

詩・詩人・詩友（詩訊八則）

（註：本期暫由覃子豪主編・
　　編輯部地址改為台北市中山
　　北路一段一〇五巷四號）

・**第 14 期／**1960 年 1 月 10 日

（註：本期起由余光中主編）

第六面／阮囊

右邊的人／鄭愁予

畫・影象／劍霞

醉我於盃／唐劍霞

給約克軍曹／辛鬱

詩兩首：（椰仁的奧秘、色點
　　的神話）／張健

時間／淡曉

九月／周夢蝶

西牆／葉珊

籠子外／葉珊

隱遁／謝璞

雨簷下／謝璞

論述：

摸象派的批評／本社

其他：

詩・詩人・詩友（詩訊八則）

・**第 15 期／**1960 年 2 月 10 日

創作：

奇數和偶數的實驗／巴雷

秋／周鼎

這種死・很流行／羅門

涿鹿之野／泥綠

十月 ── 給藍藍／謝璞

巴士上／張健

乘涼／謝璞

吐魯番／余光中

十一月／周夢蝶

渾天儀／阮囊

北京人／菩提

論述：

談「時代脈搏」與詩的濃縮／
　　張健

其他：

・第 28 期／1961 年 3 月 10 日

創作：

燈下的回頭人／羅門

季節病／浮塵子

望鄉天使／辛鬱

我小小的葡萄牙人／葉珊

淡水溪／高去帆

十二月之逝／張健

光游離在榕葉上／曹介直

在花瓣上／修江上

逝水／吳宏一

有贈／周夢蝶

朝聖日／葉維廉

贈詩首 —— 呈光中兄誌念（有

　後記）／辛鬱

殘像／ㄇ影

其他：

詩・詩人・詩友（詩訊十二則）

・第 29 期／1961 年 4 月 10 日

創作：

失題／周夢蝶

迴廊／張健

患者之死／菩提

推窗的那女子／李國彬

水鄉／吳宏一

劇中人／周鼎

羅門近作兩首：（我美麗的小

　巴黎、初夏・半露性的現代

　標題）／羅門

譯詩：

阿波里那克斯先生／T.S Eliot

　作・余光中譯

論述：

「現代與現代詩人」／本社

其他：

詩・詩人・詩友（詩訊十三則）

・第 30 期／1961 年 5 月 10 日

創作：

死巷／張健

古玩店的老板 —— 給罵我的舅

　舅／管管

羅門作品兩首：（Ⅰ白蘭地酒

　櫃似的下午、Ⅱ辦公室裡困

　睡的白髮老者）／羅門

瞬間的跌落／夐虹

落葉在風季裡飄墜／露莎

不題／鄭林

懷歸人／吳宏一

譯詩：

八月漫步／Theodore Roethke

　作・念汝譯

論述：

現代詩問題舉隅／張健

作・余光中譯
其他：
詩・詩人・詩友（詩訊七則）

・**第 39 期／**1962 年 2 月 10 日
創作：
沒有地址的人／修江上
歲尾贈詩二首：（苦苓樹下、
　再寄黃用）／葉珊
夜／白浪萍
女子／王憲陽
在昨夜的夢中／清涼
湧現／秦松
夜景／劉延湘
落／王渝
詩之短章：（存在、時間）／
　吳瀛濤
金門菊的推想／李國彬
玩具／管管
其他：
詩・詩人・詩友（詩訊七則）

・**第 40 期／**1962 年 3 月 10 日
創作：
新詩三首：（海眺、寂寞，方
　場、節日）／夏菁
Sphinx／覃子豪
遲到者／方莘

瓶中歲月／浮塵子
二月，在南方／吳宏一
雨季的臉／菩提
臘月記／羅英
蘋果季／羅英
從這一剎那起／周夢蝶
陽光詩抄之八：（展、豐收之
　後）／張健
其他：
詩・詩人・詩友（詩訊十三則）

・**第 41 期／**1962 年 4 月 10 日
創作：
星晨之筵 ── 於「藍星」歡宴
　菲律賓文藝訪問團的午筵席
　上／蓉子
拋開我的詩，弟弟。／劉延湘
詩兩首：（白剖、有感）／夏
　菁
我父與我／菩提
夜寐／劉國全
關於海的／白翎
寫實作品兩首：（一個異邦女
　郎、俯視在陰暗裡的銅像）
　／羅門
論述：
偶感獻曝／張健
又記（讀「試論現代詩的得失」

譯詩：
風在四點鐘躍起／T.S.Eliot
　作・方莘譯
其他：
詩・詩人・詩友（詩訊十二則）

・**第 45 期／1962 年 8 月 10 日**
創作：
下次的約會／余光中
詩兩首：（車往西部、南方）
　／夏菁
羅門近作兩首：（在回流裡、
　南方之旅）／羅門
十二月之什：（一月、二月、
　三月、四月、五月、六月）
　／張健
夢寐梧桐／葉珊
月，仍落著／吳蕪
雲／方莘
入夏短章／江聰平
我呆立在路邊／黃懷雲
時鐘／胡品清
其他：
詩・詩人・詩友（詩訊九則）

・**第 46 期／1962 年 9 月 10 日**
創作：
醒／余光中
陽光詩抄之十二：（七月、八

月、九月、十月、十一月、
　十二月）／張健
悵／曠中玉
月／周鼎
蝶舞息時／夐虹
簪櫻岩的下午 ── 獨遊深坑鄉
　野有感／藍采
醒著的雕塑 ── 贈柏林兄和他
　的小妳妳／菩提
明天／王渝
新詩兩首：（八月、復活）／
　夏菁
手術台上／吳宏一
不再／楊蘊
論述：
懷舊人・盼新人／本刊
其他：
詩・詩人・詩友（詩訊十四則）

・**第 47 期／1962 年 10 月 10 日**
創作：
馬尼拉之夜／羅門
啊！不滅的太陽／曠中玉
中元夜／余光中
澎湖詩抄：（依然只有海、開
　闊之間）／張健
岡上黃昏 ── 為祖父逝世五週
　年而作／曹逢甫

刊出）

· **第 51 期／**1963 年 2 月 10 日
創作：
悼佛洛斯特／羅門
霧季／ㄇ影
死亡前／藍菱
悼佛洛斯特／藍采
秋／吳昇夐
寂，不眠夜／曠中玉
早晨／王渝
相思樹下／菩提
論述：
佛洛斯特的啟示／夏菁
其他：
詩·詩人·詩友（詩訊十五則）

· **第 52 期／**1963 年 3 月 10 日
創作：
迷人的小浪／葉珊
待 ── 題夢蝶兄肖像／夏菁
雲／劉祺裕
盆地之冬／藍采
尋／洛冰
蛹／曹逢甫
春分日／ㄇ影
花期／（朱槿、月季）／浮塵
　子

四月 ── 贈給 SM 的生日／吳
　晟
菊園上／東陽
其他：
詩·詩人·詩友（詩訊十則）
註：本期以四分之一篇幅為周
　夢蝶做專輯，除夏菁及劉祺
　裕二首外並刊出余光中〈天
　狼星〉詩中摘錄的「孤獨國」
　一節及許以祺在武昌街周夢
　蝶書攤旁為周夢攝蝶拍攝相
　片一幀。

· **第 53 期／**1963 年 4 月 10 日
創作：
頭／方莘
春寒／葉珊
那浪子·那月月／藍采
譯詩：
安格爾作品三首：
悼愛奧華陣亡將士 ── 之十五
　／余光中譯
美國的孩子：（十四行兩首：1、
　99）／夏菁譯
論述：
詩人方莘／邱剛健
其他：
方莘畫像／韓湘寧作

安格爾、余光中、長田好枝合
　攝照片一幀
詩・詩人・詩友（詩訊八則）

・第 54 期／1963 年 5 月 10 日
創作：
水聲／胡筠
影子／王渝
朔月／王憲陽
這裡最春天／藍采
絕響／周夢蝶
像是黃昏／葉珊
巒大山／周鼎
其他：
介紹二十三本藍星詩叢
羅門第二本詩集《第九日的底
　流》的封面・莊喆設計
詩人羅門在他的書房中照片一
　幀
詩・詩人・詩友（詩訊十四則）

・第 55 期／1963 年 6 月 10 日
創作：
蝶翼／葉珊
圓通寺／周英雄
紫雲英 —— 花期之三／浮塵子
那夜 —— 回聲之一／張健
南窗／王憲陽

譯詩：
賀內沙爾作品二首：（恐怖爆
　炸靜寂、給 A）／胡品清譯
余光中英譯唐詩二首：（杜甫
　〈望嶽〉、李白〈聽蜀僧濬
　彈琴〉）／余光中譯
葉珊自譯作品一首：
　"Bivouacking"／葉珊譯
其他：
余光中漫畫像／林星嶽作
葉珊站在韓湘寧畫前照片一幀
詩・詩人・詩友（詩訊十四則）

・第 56 期／1964 年 3 月 31 日
創作：
楓的感覺／葉珊
奧義／張健
三月／夏菁
也塑膠玫瑰／蓉子
囚／周夢蝶
譯詩：
西班牙現代詩選：余光中譯
那 吉 他 ／ Federico
　Garcia-Lorca
庭院／Jorge Luis Borges
捉星／Juan Ramon Jimenez
主啊，樹幹崩裂／Leopoldo
　Panero

論述：

藍星的誕生／本社

其他：

藍星詩社十週年紀念藍星部份
　　作者簽名式（製版刊出）

詩・詩人・詩友（詩訊八則）

註：本期起刊頭改用龍思良設
　　計的新圖案，原有的圖案縮
　　小後移入改為橫排的版權
　　欄・並取消「主編：藍星詩
　　頁編輯委員會」字樣。

編按：藍星詩刊自 1958 年 11
　　月 10 日創刊，至 1963 年 6
　　月 10 日出刊第五十五期後，
　　因故停刊八個月至本期重新
　　出發。

・**第 57 期／1964 年 12 月 10 日**

創作：

投影／張健

教堂／驥

桃花・武昌街／王憲陽

獵犬 —— 你的神是人／冂影

輓歌 —— 輓一齣悲劇的女主角
　　／蓉子

星期六／吳宏一

你走後，林中 —— 給光中／夏
　　菁

回歸線上／菩提

長巷／楓堤

人行道上／路衛

譯詩：

勞倫斯短詩三首：（一、祈禱
　　者、二、蚊虫知道、三、自
　　憐）／夏菁譯

論述：

新局面，新風格 —— 祝本刊第
　　七年／編者

其他：

詩・詩人・詩友（詩訊八則）

・**第 58 期／1965 年 1 月 10 日**

創作：

菲爾費德印像／葉珊

尋墳 —— 弔亡友耀彰／楊浪

逍遙遊／羊刃

獨白 —— 廿五足歲自壽／張健

冷清／吳宏一

密月／趙天儀

論述：

談詩人藝術家存在的價值／羅
　　門

其他：

詩・詩人・詩友（詩訊七則）

編者小記

讓思念瀰漫三月／淡瑩
傳奇／羊刃
火奴魯魯／周鼎
新婚之夜／趙天儀
深處／修江上
抒情的短笛／賴慶雄
午夜書／鄭牧
譯詩：
譯詩三首：（歌、愛，耗盡月
　光、如鳥適應樹枝）／Louis
　Simoson 作・許達然譯
其他：
詩・詩人・詩友（詩訊十則）

・**第 62 期**／1965 年 5 月 10 日
創作：
寂寞的半旗／張健
五月在落霞道／淡瑩
有寄／鄭牧
不回歸／陳贊柏
對鏡／黃啟芳
七層下／余光中
長別／東陽
圓舞／林間
其他：
詩・詩人・詩友（詩訊十七則）

・**第 63 期**／1665 年 5 月 10 日

創作：
神經網／余光中
尋夢者／東陽
他是一首現代詩／夏菁
一對廊柱／張健
輓歌／陳贊柏
時光那冰冷的顏面／敻虹
都市／周鼎
靜物／林間
譯詩：
街／Sami Ferliel 作・許達然譯
帶我在你底心裡散步／
　Unicorn Ride 作・許達然譯
寂寞非海／Unicorn Ride 作・
　許達然譯
其他：
詩・詩人・詩友（詩訊六則）
王憲陽小啟二則

註：《藍星詩頁》自 1958 年
　12 月 10 日創刊，至今近 7
　年，本期出版後停刊。

銘謝：本編目之《藍星詩頁》
　除大部分為自藏本與影本
　外，特感謝梅占魁、麥穗、
　向明、曾進豐、張默、王慈
　憶等先進，以及《創世紀詩
　刊》提供之補充資料。

附錄五：《藍星季刊》目錄

菲詩人未惹衣錦還鄉／南山鶴

譯詩：

我／傑遜 著・西蒙 譯

論著：

與菲詩人論詩／覃子豪

研究：

里爾克與梵樂希／葉泥

資料：

現代詩用語辭典／本刊輯譯

創作：

菩提樹下／夏菁

南湖大山二輯：（羊星牧、秋
　祭、努努嘎里台、南湖居）
　／鄭愁予

植物兩題：（野菠蘿、馬尾松）
　／向明

樹中之樹：（樹中之樹、前夜、
　界）／商禽

第九日的底流：（八、九）／
　羅門

穿牆人／周夢蝶

近作二首：（迴眸在迴廊、五
　時之後）／張健

近作二題：（最後的玫瑰、伊
　甸之曲）／辛鬱

黃花詩抄：（噴泉的都市、散
　髮節、沉默、歸途、落照）

　／葉珊

舞及其他：（舞、隕落、虛無
　的人）／西蒙

偶然／于歸

巴黎詩抄：（艾菲鐵塔、鄉愁）
　／胡品清

白色正午外三題：（白色正午、
　照鏡、門外一人、山中）／
　王渝

馬祖近作：（憶舊、壁山）／
　張效愚

佛心集：（預言、向你膜拜）
　／吳宏一

我們的存在／劉國全

讀畫二題：（贈、跡）／秦松

海外之頁：

串星者及其他：（串星者、落
　雲、藍塵）／雲鶴

血廊／林方

晨外二題：（晨、會、智慧的
　一章）／藍菱

歸程：（歸程、未題、溶解）
　／浪村

近作二題：（酒吧的黃昏了、
　一切不再沉默了）／艾鴻

陳跡／劍鴻

附錄六：《藍星年刊》目錄

· **《藍星年刊》1964（1964 年詩人節出版）**

創作：

山・爬山者：（山、爬山者）／夏菁

華岡組曲：（夕照、星月夜、雲霧季、風雨季）／胡品清

作品二首：（四月一輯、願）／吳宏一

星夜的流浪／高準

人像一輯：（十年 ── to Ivy、導航者 ── 一位老師的塑像、給裴
　　蘭卡斯特 ── 觀「豹」片後、四月之戀 ── 給荷蘭公主愛蘭）
　　／張健

驚蟄後的紀念（詩二）：（驚蟄後、紀念 K.H.）／葉珊

時間廣場及其他：（時間廣場、你在何處、秋陽下）／王渝

昨日之歌／藍菱

作品二首：（星光、晨）／韻玲

睡眠於大風上的人／方莘

青空／辛鬱

月眉老店／管管

作品二首：（煉獄、斷流）／曠中玉

作品第 19 號／帆影

燈節／王憲陽

收穫：（第五季、收穫與播種、飢荒、囚獄・數山蔭道上）／李
　　春生

前夜／王祈

憂鬱的都市組曲：（我們的城不再飛花、室窗閉塞、廟堂破碎、
　　睡、選事、黑貓的五月）／蓉子
閃在腦屋裡的霓虹燈／羅門
外外集：（醒之外、灰燼之外、逸之外、邏輯之外）／洛夫
死亡！它是一切／羅門

譯詩：
西班牙詩人嘉西亞・洛爾卡詩選：科爾多巴、月光光、不貞的婦
　　人／余光中譯
騎士之歌／西 F・G・Lorca 作・施穎洲譯
法國現代詩人亨利米壽作品：回憶、書簡／胡品清譯
英國詩人勞倫斯詩選：蜂雀、歌劇散場、沒有什麼可以挽救、白
　　馬、一朵白花、神！
神！／夏菁　譯
匈牙利詩人卜納德詩選：布達佩斯之秋、太早的春天、大湖／蓉
　　子譯

余光中譯中翻英詩六首：
Variations on night 2／方莘
On the cremation of Chin Tzu-Hao／夏菁
Mackinley Fort／羅門
Bivouacking／葉珊
Exceeding red is the lover's blood ／余光中
We step across a land of mist／蓉子

論述：
創刊號有感／編者
現代詩的基本問題／羅門

評藍菱的《露路》／張健

其他：
詩壇動態（詩訊十一則）
編後話

· **《藍星年刊》1971（1971 年出版）**

創作：

受擊的太陽（獻給負傷的詩神）／羅門

面壁手記／羊令野

非金屬的輪唱：（1.趙錢孫李如是觀、2.不題、3.都是一類、4.風
　　花雪月、5.乾河）／辛鬱

俯仰人／張健

驛站／彭邦楨

夸父／大荒

作品三首：（1.缸、2.甕 3.某少女之頭及頭后的獅子）／管管

等待／碧果

荼蘼的闇閣／于還素

作品五首：（1 .無題之秋 ── 贈羅門蓉子亢儷、2 .天空的爭吵
　　── 詩人的夢之一兼贈方思、3 .新蓮花落 ── 詩人的夢之二兼
　　贈沙牧、4 .橫過夜 ── 一贈周夢蝶、5.樹啊，請靜靜地攀升
　　── 贈林亨泰和葉泥）／張默

普羅佛／蘇凌

夜班／羅青

晨起／蕭蕭

魂／蘇紹連

春的水仙花／彩羽

獸的定位／景昕
娃娃酒店／施繼善
四月詩抄：（1.黃昏、2.在惠濟寺的陽台上、3.石門）／王憲陽
作品三首：（1.自言自語、2.投入、3.不變的）／林煥彰
業／翱翱
秋水／王潤華
作品三首：（眾樹歌唱 ── 記溪頭台大實驗林、城內城外、四月
　　之鏡）／蓉子
天空外五首：（天空、海邊別墅、車禍、斑馬線上、過了站的乘
　　客、禮拜堂內外）／羅門

譯介：
單調的迴響 ── 論艾略特的詩／林綠譯

論述：
論羅門的意象世界／蕭蕭
論羅門的技巧／陳慧樺
從批評過程中看讀者批評者與作者／羅門
詩的預言／羅門
詩人與藝術家內在生命定期檢驗／羅門

其他：
編前話
莊喆作品（現代畫）‧羅門解說
詩壇動態（詩訊二十則）
編後話

銘謝：本編目之《藍星年刊》，為羅門、蓉子夫婦所親贈。

附錄七：《藍星詩叢》

（附錄七、八為參考附錄，且與引用書目多有重複，暫不附出版資料）

余光中：《藍色的羽毛》

夏菁：《靜靜的林間》

辛魚：《擷星錄》

覃子豪：《向日葵》

鍾鼎文：《白色的花束》

青芬：《十二月的獨步》

吳望堯：《玫瑰城》

吳望堯：《地平線》

羅門：《曙光》

周夢蝶：《孤獨國》

白萩：《蛾之死》

向明：《雨天書》

黃用：《無果花》

張健：《鞦韆上的假期》

葉珊：《水之湄》

余光中：《萬聖節》

辛鬱：《軍曹手記》

蓉子：《七月的南方》

覃子豪：《畫廊》

王憲陽：《走索者》

葉珊：《花季》

羅門：《第九日的底流》

古貝：《火祭場》

藍菱：《露路》

吳宏一：《回首》

張健：《春安・大地》

王潤華：《患病的太陽》

蓉子：《蓉子詩抄》

羅門：《死亡之塔》

向明、彭捷、楚風、鄭林、蜀弓：《五弦琴》

附錄八：《藍星叢書》（包括詩集）

覃子豪：《詩的解剖》
覃子豪：《論現代詩》
覃子豪：《法蘭西詩選》
羅門：《現代人的悲劇精神與現代詩人》
敻虹：《金蛹》
張健：《中國現代詩論評》
張健：《汶津雜文集》

夏菁：《落磯山下》
余光中：《望鄉的牧神》
羅門：《心靈訪問記》
蓉子：《維納麗莎組曲》
向明：《狼煙》
余光中：《敲打樂》
余光中：《在冷戰的年代》
余光中：《焚鶴人》
蜀弓：《方眼中的跫音》
余光中：《聽聽那冷雨》

註：附錄七、附錄八，主要參考《藍星季刊》復刊號（1974
　年 12 月），頁 103。